让我们一起追寻

王 仲 | 译

Michael Jones

〔英〕迈克尔·琼斯 | 著

The Black Prince
Copyright© Michael Jones 2017
This edition arranged with Head of Zeus Ltd 2018
through Andrew Nurnberg Associates International Limited.
Simplified Chinese translation copyright© 2020 by Social Sciences Academic Press(China)

本书中的插页图片和章前图由达志影像公司和 Wikimedia Commons 提供

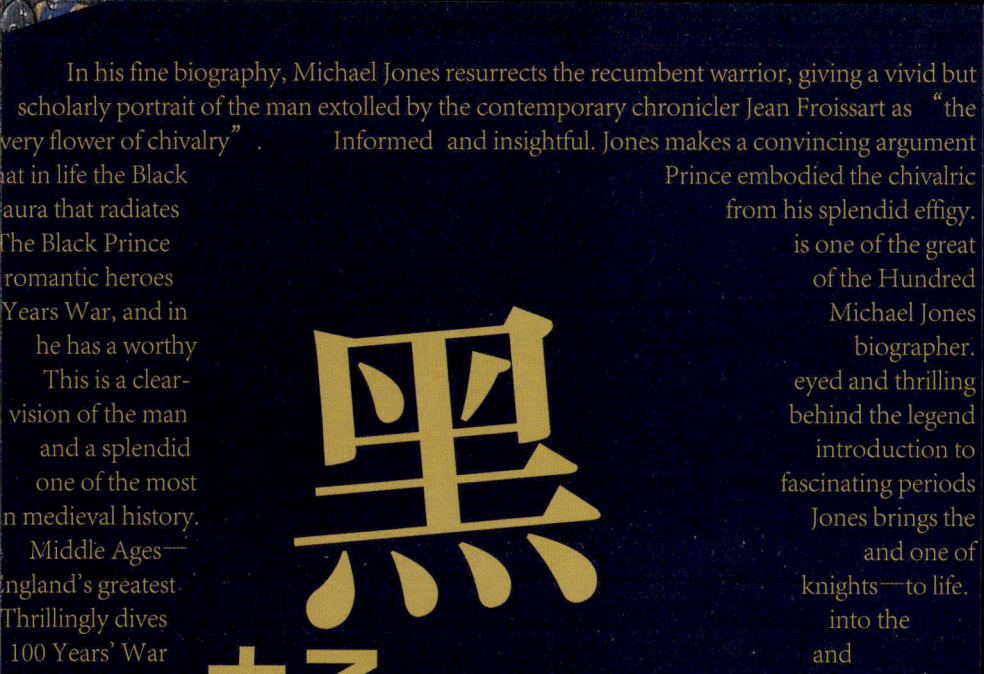

黑太子

The Black Prince

中世纪欧洲骑士精神之花的传奇

In his fine biography, Michael Jones resurrects the recumbent warrior, giving a vivid but scholarly portrait of the man extolled by the contemporary chronicler Jean Froissart as "the very flower of chivalry".

Informed and insightful. Jones makes a convincing argument

hat in life the Black　　　　　　　　　　　Prince embodied the chivalric
aura that radiates　　　　　　　　　　　　from his splendid effigy.
The Black Prince　　　　　　　　　　　　is one of the great
romantic heroes　　　　　　　　　　　　　of the Hundred
Years War, and in　　　　　　　　　　　　Michael Jones
he has a worthy　　　　　　　　　　　　　biographer.
This is a clear-　　　　　　　　　　　　　eyed and thrilling
vision of the man　　　　　　　　　　　　behind the legend
and a splendid　　　　　　　　　　　　　introduction to
one of the most　　　　　　　　　　　　 fascinating periods
n medieval history.　　　　　　　　　　　Jones brings the
Middle Ages—　　　　　　　　　　　　　and one of
ngland's greatest　　　　　　　　　　　　knights—to life.
Thrillingly dives　　　　　　　　　　　　into the
100 Years' War,　　　　　　　　　　　　and
its shining star,
Edward the Black
Prince. A strong
biography of a man
who has inspired
great love across
the ages—a must
for shelves and
ollections devoted
o medieval times.

社会科学文献出版社
SOCIAL SCIENCES ACADEMIC PRESS (CHINA)

tem sereto proximo suo: hunc persequebar
Superbo oculo et insaciabili corde: cum h
hoc non edebam. Oculi mei ad fideles terre
ut sedeant mecum: ambulans in uia inma
culata hic michi ministrabat. Non habi
tabit in medio domus mee qui facit super
biam: qui loquitur iniqua non direxit in
conspectu oculorum meorum. In matu
tino interficiebam omnes peccatores terre:
ut disperderem de ciuitate domini omnes o
perantes iniquitatem.

Domine exaudi oratio
nem meam: cla
mor meus ad te uen
iat. Non auertas faciem tuam a me: in

本书获誉

黑太子是英法百年战争中最具浪漫主义色彩的英雄人物之一，理应由迈克尔·琼斯这样出色的作家为他著书立传。本书拨开传说的迷雾，直击黑太子的真实形象，条理清晰、扣人心弦地讲述他的故事，出色地介绍了中世纪最引人入胜的历史时期之一。

——丹·琼斯

迈克尔·琼斯生动地描写了中世纪的历史和英格兰最伟大的骑士之一。本书用激动人心的描述带领读者投身百年战争，走近战场上的明星黑太子爱德华。它有力地记叙了一位在不同时代都受到热爱的人物，在中世纪题材的读物中既是必读之作，又是收藏首选。

——《柯克斯书评》

迈克尔·琼斯把使黑太子声名远扬的那些战役和战斗写得极具临场感，准确地描述了黑太子善恶集于一身的复杂性。

——《泰晤士报》

让人着迷……使我们最伟大的英雄人物回到他应该在的位置。

——《每日邮报》

精彩至极。迈克尔·琼斯指出不应随随便便地苛责黑太子，论证过程令人信服。本书写作技巧纯熟，字里行间透露出作者的博学，定能吸引大批读者。

——《旁观者》周刊

迈克尔·琼斯用精湛的叙事技巧，呈现了伍德斯托克的爱德华如何变成富有骑士精神的武士王子的代表。琼斯详尽地记载了爱德华王子的军事指挥能力，还清楚地解释了军队的动向与策略。极好的人物形象刻画。

——《出版商周刊》

引人入胜。历史爱好者和偏爱杰出人物的读者会发现本书非常值得一读。

——《图书馆杂志》

目 录

关于命名法、计量单位、货币单位和资料来源的说明 ……… 001
重大事件时间表 …………………………………………… 001

序　　幕 …………………………………………………… 001
第一章　分裂的国度 ……………………………………… 009
第二章　愿景 ……………………………………………… 049
第三章　成人仪式 ………………………………………… 089
第四章　美女与野兽 ……………………………………… 123
第五章　大劫掠 …………………………………………… 167
第六章　普瓦捷 …………………………………………… 203
第七章　阿基坦亲王 ……………………………………… 253
第八章　南征西班牙 ……………………………………… 307
第九章　命运之轮 ………………………………………… 349
第十章　利摩日 …………………………………………… 377
第十一章　风中残烛 ……………………………………… 411
后　　记 …………………………………………………… 437

附录：黑色宣传和利摩日屠杀 …………………………… 444
注　释 ……………………………………………………… 448
参考文献 …………………………………………………… 472
致　谢 ……………………………………………………… 484
索　引 ……………………………………………………… 487

关于命名法、计量单位、货币单位和资料来源的说明

命名法

按照惯例，对所有法国国王、瓦卢瓦家族（House of Valois）成员，以及所有布列塔尼和勃艮第公爵的名字，我都采用了英语化的拼写形式。书中通常以贵族头衔称呼中世纪的贵族。然而，如果其头衔不断发生变化，我也按照惯例，以其出生地称呼。例如，格罗斯蒙特的亨利（Henry of Grosmont），他就先后拥有德比伯爵（earl of Derby）、兰开斯特伯爵（earl of Lancaster）、兰开斯特公爵（duke of Lancaster）等头衔；再例如冈特的约翰（John of Gaunt），他在格罗斯蒙特的亨利死后，接过了兰开斯特公爵的头衔。为了加以区分，我对阿拉贡国王佩德罗四世（Pedro IV）采用了英文化的拼写形式彼得四世（Peter IV），对与他同一时代的卡斯蒂利亚国王佩德罗一世（Pedro I）则保留其原名。在本书中，为了区分伍德斯托克的爱德华（Edward of Woodstock）以及他的父亲英王爱德华三世（Edward III），我常称前者为"黑太子"（the Black Prince）或"太子"（the Prince，而非"王子"，为的是将他与他的兄弟们区分开来），尽管"黑太子"是后世才出现的说法。

计量单位

身高以公制单位计，括号中标注的是换算过的英制。距离则反之，以英制单位计，括号中标注的是换算过的公制。

货币单位

14世纪的英格兰使用的是一种银本位货币。计量单位为英镑（pound sterling, £），1英镑价值相当于1.5个银马克。1英镑等于20先令（shilling, s），1先令等于12便士（pence, d）。从1334年起，又出现了一种以诺布尔金币（noble）为基础的金币货币体系。1诺布尔金币相当于6先令8便士。这种货币极少使用。不过，这套货币体系在法王约翰二世（John II）的赎金计算过程中，以及黑太子先后在加斯科涅（Gascony）和阿基坦（Aquitaine）公国引入金币体系时，发挥了重要作用。

法国当时同样使用银本位货币。货币单位是图尔里弗尔（*livres tournois*），也就是图尔镑，以及波尔多里弗尔（*livre bordelaise*），也就是波尔多镑。后者在加斯科涅公爵领使用，后来也成了阿基坦公国的货币。与英镑相似，1图尔镑和1波尔多镑也等于20法制先令（*sous*，苏），1法制先令又等于12法制便士（deniers，德涅尔）。1英镑相当于5图尔镑或波尔多镑。法国的埃居金币[*écu d'or*，金币背面的图案为国王持纹章盾，纹章盾在法语中为*écu*（"埃居"）]也称克朗金币（crown），在1337年至1355年铸造。最初，每埃居约值4英制先令，但到黑太子1355年大肆抢掠时，铸币质量发生下滑，币值也贬值到略少于3英制先令。在法王约翰二世的赎金谈判过程中，埃居金币的价值被定为半个诺布尔金币，也就是英制3先令4便士。法王查理五世（Charles V）的诸多功绩之一正是铸造了一种币值稳定的货币。

佛罗伦萨的弗罗林金币（florin）在英法两国都有流通。在14世纪的欧洲，这是最接近国际价值标准的一种货币了。其价值略少于3英制先令。黑太子在西班牙征战时，也有一些交易是用卡斯蒂利亚的多卜拉金币（dobla）完成的。这种金币在卡斯蒂利亚国王阿方索十一世（Alfonso XI）在位期间大量铸造，价值略少于4英制先令。

黑太子1355年9月抵达波尔多后，就在加斯科涅的货币体系中加入了一种新的金币——金狮币（*léopard*）。（具体引入日期是9月29日。）其币值与英格兰的诺布尔金币相当（6先令8便士），不过到14世纪50年代末，它的实际价值仅略高于6英制先令。1362年7月阿基坦公国建立后，黑太子获准以自己的名号和形象铸造金银货币。其中最有趣的两种金币是金阁币（*pavillon d'or*，于1364年铸造，在第七章中有描述），以及1368年夏铸造的勇气金币（*hardi d'or*）。这两种金币也都与诺布尔金币等值。

勇气金币是1368年1月黑太子在昂古莱姆（Angoulême）与阿基坦各阶层谈判的产物。为了换取征收炉灶税（*fouage*）的权力，黑太子承诺维持币值稳定（金阁币的金含量此时已经下降，币值因此下跌到英制5先令6便士左右）。勇气金币的设计似乎暗示着困难即将到来。黑太子的剑居于金币的突出位置，被他握在手中。背面的铭文"我的力量来自主"颇具军事意义，似乎他已经预见到法王将发动攻势。但该金币铸造之后仅仅几个月，黑太子就卧病在床了。

资料来源

为了讲述黑太子的生平,我广泛参考了一系列文献,既有一手记载也有二手转述。这些文献都在参考文献部分列出,也在注释部分中有所提及。对于其中一份文献,也就是钱多斯传令官①(在 1385 年前后)创作的《黑太子生平》(*The Life of the Black Prince*),应当简单说明一下。我们不知道这位传令官的名字,但是他似乎来自埃诺(Hainault),并且似乎与编年史作者让·傅华萨(Jean Froissart)相识(傅华萨经常引用传令官的作品,尤其是与黑太子 1367 年出征西班牙的经历相关的内容)。这位传令官在 14 世纪 60 年代在阿基坦为黑太子效力,因此传令官关于黑太子出征纳胡拉(Nájera)的描述来自他的亲眼所见,尤为值得注意。

传令官作品中的段落以散文形式呈现,而其原文则是一首大约 4000 词的法语诗。今天,为了方便起见,该作品的标题被定为《黑太子生平》,但是这个标题可能会让它的中世纪作者大为困惑。作者的意图是讲述主人公"威尔士和阿基坦最尊贵的亲王"的"军功"和富有骑士精神的义举。这首诗现存两份手稿:一份保存在牛津大学伍斯特学院,另一份则在伦敦大学图书馆[米尔德雷德·波普(Mildred Pope)和埃莉诺·洛奇(Eleanor Lodge)在 1910 年根据牛津的手稿整理了一份可靠的散文式译文;戴安娜·泰森(Diana Tyson)则在 1975 年对两份手稿进行了对比]。这份文献对黑太子充满赞

---

① 此人没有留下姓名,我们只知道他是黑太子的好友约翰·钱多斯(John Chandos)的传令官,故而以"钱多斯传令官"称之。本书页下注为译者注或编者注,若无特殊情况,后文不再说明。

誉，鲜有批评，需要小心对待——对所有一手资料都应当小心。然而这篇诗作讲道，黑太子率领军队，冒着冬日严寒，穿过龙塞斯瓦列斯山口（pass of Roncesvalles），翻过比利牛斯山，并在纳胡拉之战（战斗发生在"一片美丽的平原上，这里既无灌木，亦无高树"）开始前，于果园的橄榄树下扎营。读到此处，我们又会意识到，黑太子的生平是关于人的震撼心灵的故事——既有胜利，也有悲剧。

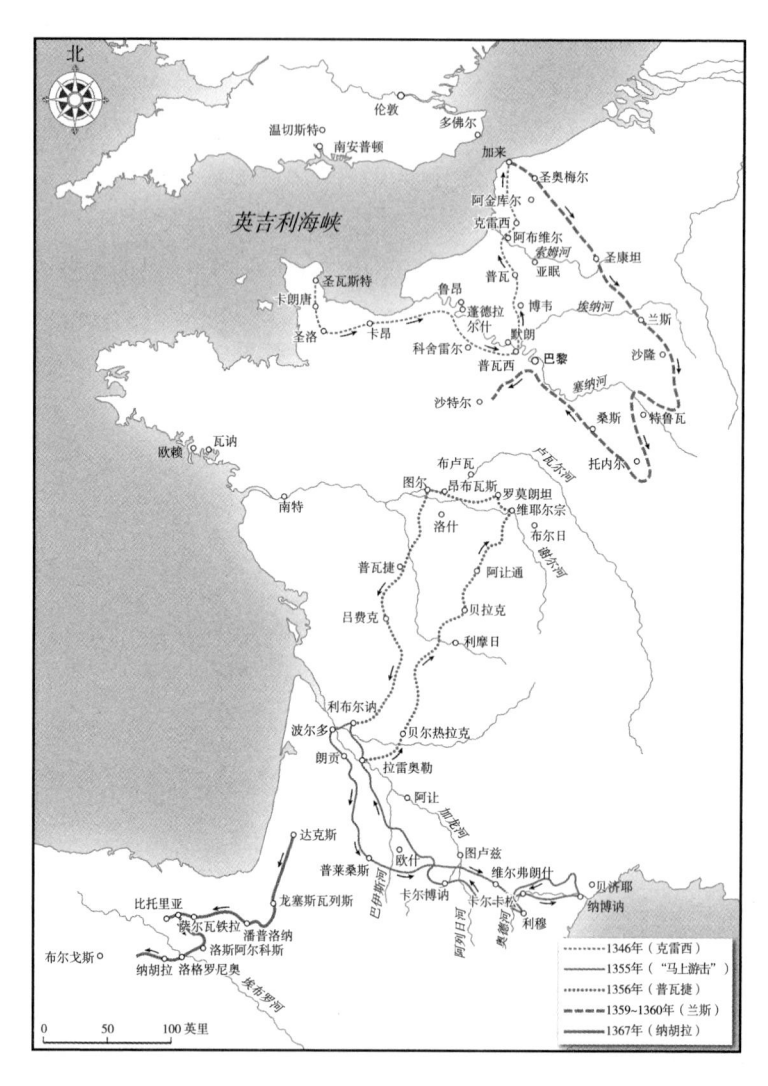

黑太子的征战

1355 年和 1363 年的阿基坦公国

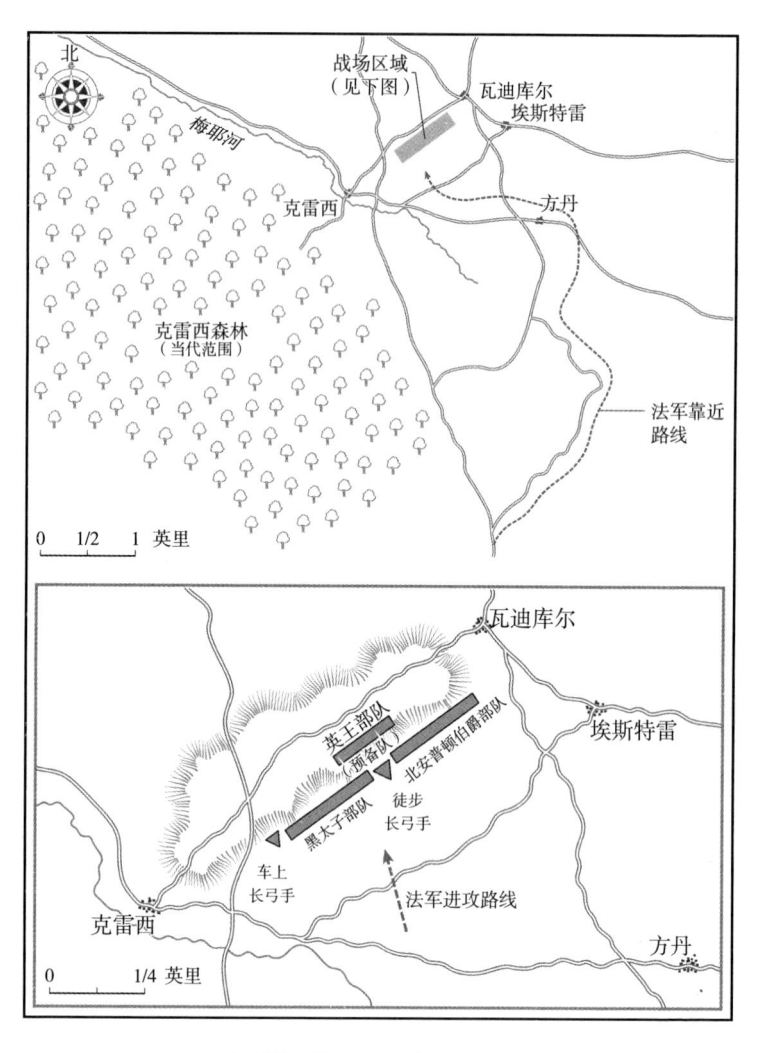

克雷西会战，1346 年 8 月 26 日

战前部署

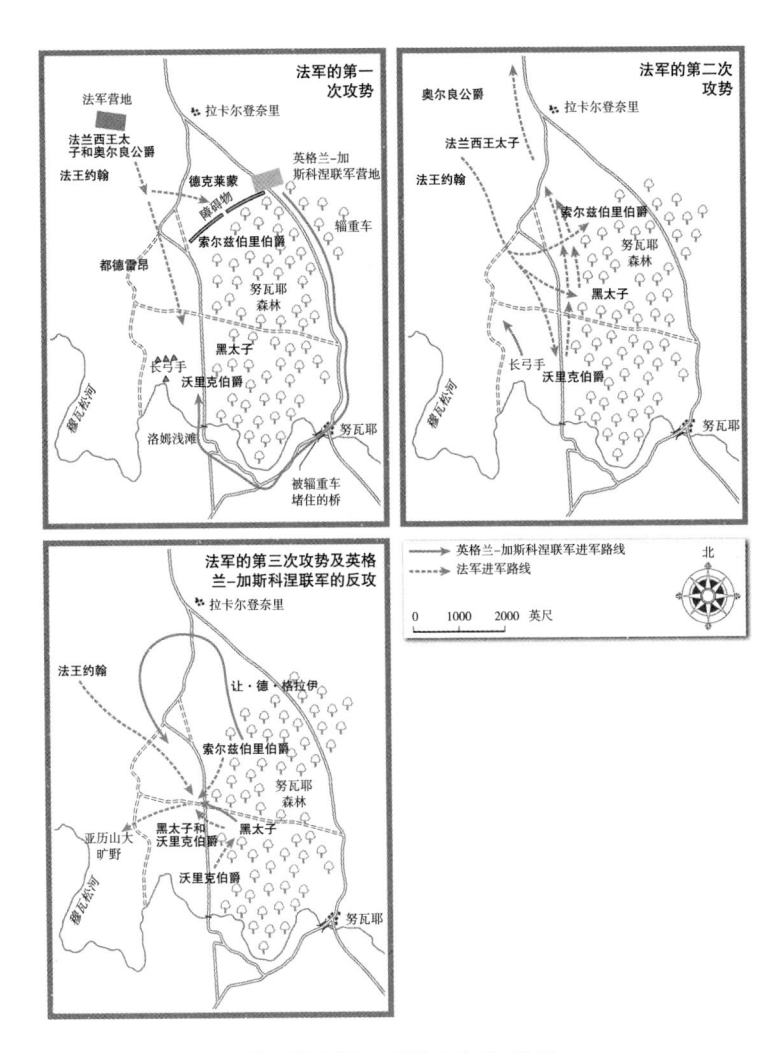

普瓦捷会战，1356 年 9 月 19 日

(基于贝克著作与《佚名编年史》中的内容)

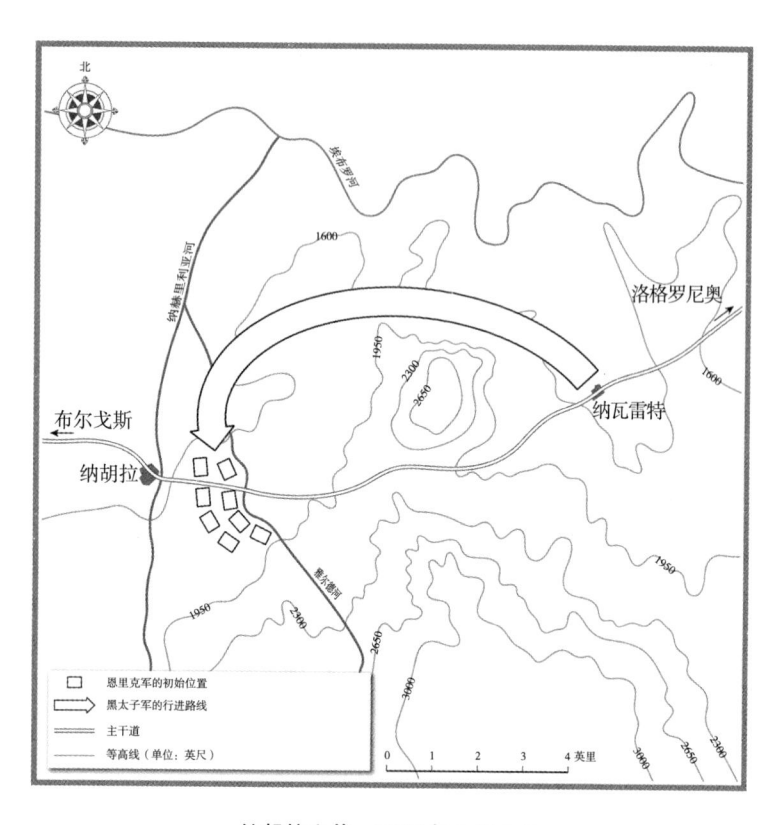

纳胡拉之战，1367 年 4 月 3 日

重大事件时间表

1330年6月15日	英格兰国王爱德华三世和王后埃诺的菲利帕的长子爱德华在牛津郡的伍德斯托克宫出生,后世称他为"黑太子"。
1330年10月19日	爱德华三世和部分亲信发动政变,在诺丁汉城堡逮捕了伊莎贝拉王太后的宠臣马奇伯爵罗杰·莫蒂默;从此,时年17岁的爱德华三世真正开始统治自己的王国。
1330年11月29日	经过三天的审判,莫蒂默被判犯有叛国罪并被处死。他的罪名之一是谋杀国王的父亲爱德华二世。伊莎贝拉则实质上被逐出政府和宫廷,并被软禁在诺福克的赖辛堡。
1332年6月16日	黑太子的妹妹伊莎贝拉出生。
1333年3月18日	黑太子受封切斯特伯爵。
1333年7月19日	英军在哈利登山战役中大胜苏格兰军队;爱德华三世报了他父亲在班诺克本战败之仇。
1334年2月前后	黑太子的妹妹琼安出生。
1337年2月9日	黑太子受封康沃尔公爵。
1338年7月16日至 1340年2月21日	在爱德华三世外出征战期间,黑太子被任命为英格兰的"护国公"。后来,在1340年6月22日至11月30日,以及1342年10月5日至1343年3月2日,黑太子还两次出任这一职务。
1338年11月29日	黑太子的弟弟安特卫普的莱昂内尔出生。
1340年3月6日	黑太子的弟弟冈特的约翰出生。
1340年6月24日	爱德华三世在斯勒伊斯海战中击败法国海军。
1341年6月5日	黑太子的弟弟兰利的埃德蒙出生。
1343年5月12日	黑太子受封威尔士亲王。

续表

时间	事件
1344年1月19日至22日	盛大的比武大会在温莎举行,以爱德华三世创立圆桌骑士团①告终。
1344年10月10日	黑太子的妹妹玛丽出生。
1345年7月3日	黑太子随父亲一起乘船前往斯勒伊斯参与为期三周的谈判,讨论佛兰德伯爵领的未来。
1346年7月12日	爱德华三世与黑太子率领大军在科唐坦半岛的圣瓦斯特-拉乌格登陆。
1346年7月20日	黑太子的妹妹玛格丽特出生。
1346年8月26日	克雷西会战:英军面对法王腓力六世的军队大获全胜,黑太子在英军前锋中作战英勇,首立战功,"赢得马刺"②。
1348年9月2日	黑太子的妹妹琼安在波尔多附近(在去与卡斯蒂利亚国王阿方索十一世的合法继承人佩德罗成婚的路上)因瘟疫去世。
1349年4月23日	新成立的嘉德骑士团在圣乔治日举行首次会议。
1350年1月1日	爱德华三世和黑太子共同击退了法军对加来的攻势。
1350年8月29日	温切尔西海战:英军击败卡斯蒂利亚和热那亚联合舰队。
1355年1月7日	黑太子的弟弟伍德斯托克的托马斯出生。
1355年7月10日	黑太子被任命为爱德华三世在加斯科涅的总督。
1355年9月16日	黑太子率军抵达波尔多。
1355年10月5日	黑太子率军在法国南部开展"大劫掠"。
1355年10月28日	黑太子出其不意地在图卢兹以南率军渡过加龙河,智胜阿马尼亚克伯爵的部队。
1355年11月8日	黑太子的部队抵达征途的最东端纳博讷。
1355年11月28日	黑太子率军返回加斯科涅。
1355年12月2日	黑太子的英格兰-加斯科涅联军在拉雷奥勒正式解散。
1356年6月25日	黑太子离开波尔多前往集结地拉雷奥勒,即将在拉雷奥勒召集一支新的英格兰-加斯科涅联军。

① 后改名为嘉德骑士团(Order of the Garter)。
② 原文为"wins his spurs"。据记载,战斗中英军前锋遭到法军冲击。当黑太子派人向爱德华三世求援时,爱德华三世回复说"让这小子赢得自己的马刺"(Let the boy win his spurs),意为让黑太子证明自己。

续表

时间	事件
1356 年 7 月 6 日	黑太子率军从拉雷奥勒启程,开始了对法国南部的第二次劫掠。
1356 年 8 月 4 日	由于阿马尼亚克伯爵决定入侵加斯科涅,黑太子在贝尔热拉克耽搁了几周时间,最终决定兵分两路,自己率小股部队北上。
1356 年 8 月 31 日	黑太子围攻罗莫朗坦。
1356 年 9 月 4 日至 1356 年 9 月 8 日	法军主力离开沙特尔,意在拦截并消灭黑太子的部队。
1356 年 9 月 19 日	黑太子率领英格兰-加斯科涅联军在普瓦捷会战中大败法军,并俘虏了法王约翰二世。
1356 年 10 月 5 日	黑太子率军凯旋,回到波尔多。
1357 年 5 月 3 日	黑太子和约翰二世抵达普利茅斯。
1357 年 5 月 24 日	伦敦举行盛大仪式,欢迎黑太子和约翰二世。
1359 年 10 月 28 日	爱德华三世和黑太子率军在加来登陆,准备发动对兰斯的战役。
1360 年 3 月 10 日	兰斯战役的高潮是爱德华三世和 13 岁的勃艮第公爵菲利普·德鲁弗尔的谋士们达成协议,这说明爱德华三世作为英格兰和法兰西两国国王在兰斯加冕的情况有可能发生。但英军此时已日渐疲乏,无法让法军与自己交战。
1360 年 4 月 13 日	"黑色星期一":英军在逼近巴黎时,于博斯地区遭到强力风暴的袭击,损失大量兵力、马匹和补给。这个可怕的不幸事件被视为上帝的警告,于是双方重新开始和谈。
1360 年 5 月 8 日	《布雷蒂尼条约》签署。
1360 年 7 月 8 日	由于英法之间的谈判已经完成,法王的赎金安排也已商定,黑太子护送约翰二世离开伦敦(途中在坎特伯雷大教堂短暂停留,进行捐赠),并在多佛尔与他分别。
1360 年 10 月 24 日	《布雷蒂尼条约》在加来正式获得批准。
1361 年 10 月 10 日	黑太子与肯特的琼安在温莎举行婚礼,国王、王后以及坎特伯雷大主教出席。
1362 年 7 月 19 日	黑太子受封阿基坦亲王。

续表

日期	事件
1363年6月29日	黑太子、肯特的琼安、他们的侍从人员和以沃里克伯爵为首的大批随从抵达波尔多。
1363年7月9日	黑太子开始在圣安德烈大教堂接受加斯科涅贵族宣誓效忠。
1363年8月4日	黑太子抵达贝尔热拉克,接受更多贵族的效忠,并开始巡视阿基坦。
1363年8月18日	在佩里格停留五天后,黑太子抵达昂古莱姆城堡,这里后来成了他最喜爱的居所之一。
1363年8月23日	黑太子抵达科尼亚克。
1364年1月12日	黑太子1363年在拉罗谢尔和普瓦捷度过了秋季,之后南下阿让,并在那里度过了圣诞节。他还接受了富瓦伯爵加斯顿·费布斯的效忠,成为后者除贝阿恩子爵领外的全部领地的领主。
1364年4月8日	法王约翰二世作为自己赎金未支付部分的抵押回到英国后,染上疾病,死于伦敦的萨伏伊宫。
1364年9月29日	欧赖之战打响,这是布列塔尼爵位继承战争中的一次关键战役。黑太子的好友约翰·德·孟福尔在约翰·钱多斯爵士率领的英格兰军队的支持下,击败并击杀了他的对手布卢瓦的查理。次年,约翰·德·孟福尔成为布列塔尼公爵。
1365年1月27日	黑太子的长子昂古莱姆的爱德华出生。
1365年4月2日	阿马尼亚克伯爵来到昂古莱姆向黑太子宣誓效忠,但坚持要求将黑太子的纹章从罗德兹移走。这些纹章是黑太子的管家托马斯·维腾霍尔爵士设置的。宣誓效忠仪式因此被推迟。
1365年4月27日	黑太子举办盛大的比武大会,庆祝儿子受洗。
1365年7月12日	阿马尼亚克伯爵在波尔多与黑太子会晤;在一阵尴尬的对峙之后,他最终宣誓效忠,黑太子也接受了他的效忠。
1365年9月7日	黑太子与布列塔尼公爵约翰·德·孟福尔签订互助协议。
1366年3月22日前后	布列塔尼公爵约翰与黑太子的继女琼安·霍兰德在南特举行婚礼。
1366年8月1日	黑太子在巴约讷会见流亡中的卡斯蒂利亚国王佩德罗。

续表

1366年9月23日	经过一次时间紧张的谈判,黑太子和卡斯蒂利亚的佩德罗在利布尔讷签订协议。
1367年1月6日	黑太子的次子波尔多的理查(即未来的理查二世)出生。
1367年1月13日	位于达克斯的英格兰-加斯科涅联军获得冈特的约翰率军增援。
1367年2月20日	黑太子的主力部队冒着冬日的恶劣天气,从龙塞斯瓦列斯山口越过比利牛斯山。
1367年2月28日	佩德罗的非婚生兄弟特拉斯塔马拉的恩里克向黑太子发出挑战书。恩里克此前已经夺取卡斯蒂利亚的王位。
1367年3月11日	纳瓦拉的查理安排杜·盖克兰的手下奥利维耶·德莫尼"俘获"自己。黑太子害怕其中有诈,离开了纳瓦拉王国,从西方向布尔戈斯进军。
1367年3月19日	黑太子在比托里亚附近遭到恩里克和杜·盖克兰率领的卡斯蒂利亚和法国军队阻击。
1367年3月25日	恩里克的弟弟特略和法军元帅都德雷昂出其不意地夜袭英军营地,并且全歼了由威廉·费尔顿爵士率领的一支侦察部队。
1367年4月1日	黑太子改变了自己前往布尔戈斯的路线,先是原路返回,在洛格罗尼奥渡过埃布罗河,再进军纳瓦雷特。特拉斯塔马拉的恩里克为了阻止黑太子向南行军,在纳胡拉的纳赫里利亚河畔建立了坚固的防御阵地。
1367年4月3日	黑太子在纳胡拉获胜,使佩德罗重获卡斯蒂利亚王位,但恩里克设法从战场上逃离了。
1367年5月2日和6日	利布尔讷的条约内容在布尔戈斯重新商定,佩德罗被迫大幅增加自己要支付的金额。
1367年8月13日	特拉斯塔马拉的恩里克和安茹公爵路易签订《艾格-莫尔特条约》。
1367年12月27日	黑太子与他在纳胡拉俘虏的贝特朗·杜·盖克兰就赎金问题达成一致。
1368年1月17日	黑太子释放杜·盖克兰。
1368年1月18日	阿基坦的代表大会,即所谓的"三级会议"在昂古莱姆召开,讨论的问题为征收炉灶税(财产税的一种)。

续表

日期	事件
1368年1月26日	经过一星期的谈判,在黑太子做出一些让步后,大会批准了炉灶税,税率定为公国内每户10苏(加斯科涅先令),为期五年。一小部分贵族拒绝接受。
1368年6月30日	法王查理五世同主要申诉人阿马尼亚克伯爵和阿尔布雷男爵达成互助协定。
1368年10月7日	黑太子的弟弟克拉伦斯公爵莱昂内尔(在爱德华三世存活的儿子中排行第二)逝世。
1368年11月18日	黑太子的健康状况首次出现恶化迹象。他卧病在床,由波尔多最好的医师之一皮埃尔·德曼尼照顾。
1368年11月23日	查理五世召黑太子前去参加巴黎的议会。
1369年1月27日	黑太子向阿基坦的所有领主、主教和城市写信说明阿马尼亚克伯爵叛乱之事。
1369年2月10日	为爱德华三世及其家人服务二十年的资深医师纪尧姆·阿蒙被派往黑太子处。
1369年2月28日	查理五世给阿马尼亚克伯爵写信,警告他在法律层面的上诉程序完成之前不得起兵反对黑太子。
1369年3月23日	特拉斯塔马拉的恩里克在蒙铁尔杀死了佩德罗一世,再次成为卡斯蒂利亚国王。
1369年6月3日	英法重新开战。
1369年8月15日	黑太子的母亲菲利帕王后去世。
1369年8月23日	就在成功夺回永河畔拉罗什后不久,詹姆斯·奥德利爵士在旺代的丰特奈-勒孔特患病去世,可能是死于瘟疫。
1370年1月1日	约翰·钱多斯爵士在吕萨克去世。
1370年9月19日	黑太子夺回利摩日。
1370年9月29日前后	黑太子的长子昂古莱姆的爱德华去世。
1370年10月2日	查理五世任命贝特朗·杜·盖克兰为法兰西骑兵统帅。
1370年10月11日	黑太子任命他的弟弟冈特的约翰为自己在阿基坦的总督。
1370年11月5日	爱德华三世撤销炉灶税。
1370年12月2日	爱德华三世和纳瓦拉的查理起草了一份协议,但黑太子不愿表示赞成。

续表

1370年12月4日	贝特朗·杜·盖克兰在曼恩地区的蓬瓦兰击败了罗伯特·诺尔斯爵士的部分兵力（由菲茨沃尔特男爵率领），打破了英军的不败传说。
1371年1月上旬	黑太子携妻子和尚存的儿子离开波尔多，前往英格兰。
1372年6月23日	彭布罗克伯爵率领的一支前往加斯科涅的远征部队在拉罗谢尔周边海域被卡斯蒂利亚舰队全歼。
1372年8月23日	比什男爵让·德·格拉伊在苏比斯被法军俘虏。
1372年9月8日	拉罗谢尔向杜·盖克兰指挥的一支法军投降。
1372年11月5日	黑太子正式将他在阿基坦的所有权利上交给爱德华三世。
1373年3月21日	杜·盖克兰在希泽获胜，使查理五世的军队迅速收复了普瓦图。
1373年7月1日	冈特的约翰率军在加来登陆。这次大规模劫掠跨越了大半个法国（约翰于大约六个月之后的12月24日抵达波尔多），但收效甚微。
1374年9月25日	调查在弗林特展开，意图找出欧文·劳格赫的潜在支持者。劳格赫是一位威尔士军人，也是卢埃林的后代。查理五世当时正鼓动他夺取威尔士公国。
1376年4月28日	所谓的"善良议会"召开。爱德华三世和黑太子都因身体有恙而没有出席。
1376年6月1日	黑太子的健康状况恶化。爱德华三世命人将他移至威斯敏斯特宫。
1376年6月8日	黑太子去世。
1376年9月29日	黑太子葬于坎特伯雷大教堂。
1377年6月21日	爱德华三世去世。
1377年7月5日	爱德华三世葬于威斯敏斯特教堂。
1377年7月16日	黑太子的儿子加冕为理查二世。

序　幕

我走进了坎特伯雷大教堂。这里是许多人朝圣的目的地，高大的哥特式教堂中埋葬着在12世纪殉道的坎特伯雷大主教。我在寻找一座华美的墓冢，就在圣托马斯·贝克特（Thomas à Becket）①的神龛附近。不过，我要找的墓并不属于某个中世纪僧侣，而是属于一位武士王子，他是英格兰有史以来最伟大的军事领袖之一。他于1330年在伍德斯托克（Woodstock）出生，与他父亲一样，受洗名为爱德华。他一生都在追寻骑士的理想，不论是在亲临战场厮杀时，还是在参加比武大会时，抑或是在追求后来成为他妻子的美丽的肯特的琼安（Joan of Kent）时。

墓冢本身由黄铜薄片打造而成，这是一种散发着金黄色光芒的铜合金。铜制的伍德斯托克的爱德华安息在教堂的唱诗席旁，身着全套板甲，甲胄上刻着三狮和鸢尾花，也就是英格兰王室和法兰西王室各自的徽标。这位爱德华的父亲是英格兰国王爱德华三世（Edward Ⅲ）。爱德华三世凭借他的母亲伊莎贝拉（Isabella，爱德华王子的祖母）宣称自己有权继承法国王位，爱德华王子则在战场上为父亲的继承权而战。爱德华王子的面容充满力量和自信，身边放着一把打磨得明晃晃的剑。他

---

① 英格兰国王亨利二世的大法官兼上议院院长，同时也是坎特伯雷大主教。

中等身材，但是身体的每一寸都为战场而生。

许多年来，他的手甲、盾牌、头盔头冠、剑鞘和铠甲罩衣（一种穿在铠甲外的带衬垫的外套）都挂在他的墓冢上方。它们构成了他的丧徽，在他的葬礼中被送进教堂，之后又被挂起展示，供后世瞻仰。最近，这些物件被装进了玻璃箱内，以便获得更好的保护。之后，它们还会经历一段时间的保护评估，然后才会再次回到公众视野。而在这期间，我得到了一个难得的机会，得以近距离观察爱德华王子的这些遗物。

戴上手套之后，我拿起一只手甲，欣赏其精细的工艺。手甲由铜鎏金制成，与墓冢雕像的材料相似。它的手腕处狭窄而袖口处宽大，呈沙漏状，使穿戴者得以自由活动。一些手指甲块和其中一个指关节处的小狮子状的指虎（称为"小刺"）被保存至今。这件手甲品质极高，其工艺既令人惊叹又富有美感。

爱德华王子的铁制巨盔是以铁板铆接而成的，看起来仍然威风凛凛。这顶头盔集保护和装饰功能于一身，就连头盔上的呼吸孔都被排列成王冠的形状。盔顶上还有一顶"冠冕"（一种高级天鹅绒帽子，是贵族身份或者特别荣誉的标志），以及一个华美的纹章图案。纹章中是一只狮子，其长长的尾巴似乎在不断摇摆。它由模压皮革制成，表面包裹着一层镀膜。狮嘴大张，仿佛正要发出怒吼。

爱德华王子的盾牌则轻得让人吃惊。这面盾牌以包裹着一层层皮革和帆布的白杨木制成，是一面装饰用盾，上面有三狮和鸢尾花的图案。这面盾牌没有让人可将其绑在手上的皮带，说明它是用于葬礼的。此外还有铠甲罩衣，以红色和蓝色的丝绒为材料，同样展示了英格兰的三狮和法兰西的鸢尾花。这些图案都由镀金线刺绣而成。罩衣带有衬垫，以棉花填充，以缎子为内衬，它被穿在盔甲外面以加强防护，需要在身前以绳带系紧。罩衣的长度让我非常吃惊——从肩膀到下摆大约有 1 米（3 英尺 4 英寸）长。这就意味着爱德华王子的身高最多只有 1.67 米（5 英尺 6 英寸）。他在战场上的力量并非主要源自体格。

大教堂档案馆中的文件显示，爱德华王子是位才智敏锐而又特别虔诚的战士。他于 1363 年下诏，要求以圣三一之名创立他自己的小教堂，还在诏书里详细说明了要进行何种宗教仪式、吟诵哪些祈祷词。爱德华王子对细节的追求还扩展到了教士们的衣着和个人津贴，以及宿舍的位置等方面。在诏书中，他的语气显得干练而务实。

这些文件显示，爱德华王子是个能够直击问题本质的人。他在 1359 年 2 月 17 日给他沃灵福德（Wallingford）的管家写信，指出后者提供的信息不足，并且指示了要改正的事项。在信的最后，爱德华王子写道："所有事项都要在 5 月 8 日前移交到位于伦敦的国王御前会议，以便迅速解决。"他在身边聚集了一批有才华的随从，并牢牢地掌握着他的权益和收入来源。尽管如此，他的骑士生活仍然总是让他感到手头拮据。

爱德华王子战功赫赫，甚至在他仍然在世时，他的战斗功勋就已是传奇了。1346 年 8 月 26 日，当时只有 16 岁的爱德华和父亲一起参加了克雷西会战（Battle of Crécy）并大胜法军。十年之后的 1356 年 9 月 19 日，爱德华王子已经成长为可独当一面的指挥官。他在普瓦捷（Poitiers）扭转战局，以少胜多，还生擒了法王约翰二世。这是百年战争中英格兰方面最重大的胜利之一。1362 年，他成为阿基坦的统治者，在波尔多设立了华丽的宫廷，用个人魅力折服了众多勇敢不羁的加斯科涅贵族，让他们前赴后继地加入他的事业。

五年之后，他率领一支英格兰-加斯科涅联军翻过比利牛斯山，进入西班牙［途经龙塞斯瓦列斯山口；七个世纪前，罗兰伯爵（count of Roland）正是在这里为查理曼的大军殿后并英勇战死的］，在纳胡拉再次以少胜多，帮助被同父异母哥哥篡位的卡斯蒂利亚国王佩德罗夺回王位。爱德华王子在军事领域迅速崛起，光耀英法，让整个欧洲都浮想联翩。编年史作者让·傅华萨将他视为骑士美德的模范（至少在他军事生涯之初）。

爱德华被后世称为"黑太子"。在 1385 年前后，当钱多斯传令官撰写献给骑士精神楷模的长诗《威尔士和阿基坦最尊贵的亲王之生平与军功》（*La Vie et Faites d'Armes d'une tres noble Prince de Wales et Aquitaine*）之时，这一绰号还不存在，而且实际上要到 16 世纪时才开始为人所用。这一称号在古文物收藏家约翰·利兰（John Leland）16 世纪 40 年代初的笔记中被发现，最早见诸印刷品是在 1569 年出版的理查德·格拉夫顿（Richard Grafton）的《格拉夫顿编年史》（*Grafton's Chronicle*）中。二十多年以后，在莎士比亚的《亨利五世》（第二幕第四场）中，法国国王查理六世说，他的同胞害怕亨利国王，是因为后者是"得胜者的后代"：

> 他的祖先曾经拿我们当作一块肥肉
> 曾经踏遍了我们的土地
> 而他　就是这些血腥的侵略者的后代啊
> 且想一想我们时刻记在心头的耻辱

——就是当年那一败涂地的克莱西一役

我们的公卿,全教那个名字都阴森森的黑太子爱德华掳了去①

现在这个"阴森森"的名字已经成为指称爱德华王子的标准方式。有些人认为,"黑太子"的"黑"指的是他首次战斗时身穿的黑色铠甲(但是相关证据很少);还有人认为,这外号源自他在法国作战时残忍的行事风格。我在观察他的墓冢时,注意到他在比武大会上所用徽章的背景色是黑色(颜色也是马上枪术水平展示中的一种元素)。不论"黑太子"的称号从何而来,它现在代表的是对战士精神的全心推崇,也体现了当时欧洲贵族阶层以武会友的风俗。

1688年,古文物收藏家约书亚·巴恩斯(Joshua Barnes)为爱德华三世和他的儿子黑太子写了一本历史传记,在书中赞扬了黑太子的战功。大约七十年后,大卫·休谟(David Hume)在他的《英国史》(*History of England*)中,同样歌颂了黑太子的丰功伟绩。实际上,在18世纪和19世纪,黑太子都完全被视为英雄人物。1903年9月16日,一座黑太子的骑马雕像在利兹(Leeds)的城市广场落成。雕像的铭牌将他赞颂为"英格兰骑士精神之花"。然而,现代学界对他多有批判,说他没有行政管理才能,还多次出现政治判断失误。黑太子被认为过于关注自己的军事生涯,不懂变通执政手段,欠缺军事以外的能力。我注视着黑太子的墓冢,心想或许法国那些大多未经充分研究的手稿能够带来新的信息。

---

① 译文引自朱生豪译本,"克莱西"即克雷西。

比如说，穆瓦萨克（Moissac）修道院的编年史修撰者艾默里克·德·佩拉克（Aymeric de Peyrac）就记载了一个富有魅力、诙谐幽默、直来直去、受人爱戴的黑太子。他回忆说，黑太子请一位以歌声动听而闻名的僧侣主持弥撒。仪式结束后，黑太子向这位僧侣致敬，又说道："你经历了这么多的不幸，你的好友也都离你而去，我感到很遗憾。"那位僧侣看起来有些吃惊，问黑太子为什么要这么说。黑太子回答道："我注意到在弥撒中，你匆匆念完了生者祷词，却在亡者祷词上花了很长时间。"那位僧侣看了看黑太子，微笑着说："我认为生者能够更好地照顾自己，而那些受困于炼狱的灵魂才真正需要我的帮助。"那是一个充满暴力、瘟疫频发的时代。瘟疫往往会没有先兆、非常迅速地袭击一个个居民点，而战士们也必须随时随地做好面对死亡的准备。黑太子沉思了一会儿，似乎迷失在思绪中，然后也对僧侣笑了笑，道了谢。二人从此成了朋友。

黑太子在临终前的几年里始终饱受病痛困扰。1370 年，他甚至需要有人用担架抬着，才得以参加利摩日（Limoges）的围城战。这也是他参加的最后一次军事行动。根据让·傅华萨的记载，黑太子因每况愈下的健康状况和节节败退的战事而越发沮丧，于是下令洗劫这座城市并屠城。这样一位代表骑士精神的英雄，曾经让整个欧洲都赞不绝口，此时却突然违背骑士准则，做出如此残暴之事，其转变太过极端，因此成了大众津津乐道的话题之一。不过，在此我不禁自问：傅华萨的记载真的符合事实吗？

利摩日的真相为何暂且不论，当时英格兰国运已称得上阴云密布。黑太子因健康问题放弃了他的阿基坦公爵领，在生命的最后几年中卧床不起。他于1376年6月8日去世，死时仅有45岁。九年之后，他的儿子，也就是当时已经登基掌权的英格兰国王理查二世（Richard II），为他建成了华丽的墓冢。但这时，英格兰国内派系纷争严重，局势动荡，国家分裂，再无对外征战之意。黑太子在坎特伯雷的墓冢成了一个已经逝去的时代的纪念碑。

但那是怎样一个光荣的时代啊！看着这座壮丽的墓冢，我想到的是黑太子在遗嘱里清清楚楚地说明了葬礼的各项安排，而他的儿子理查也一丝不苟地照办。不过还是有一处例外。黑太子要求将自己葬在教堂的地下墓穴中，而理查将父亲的墓冢和纪念碑建在了唱诗席旁，尽可能地靠近圣托马斯·贝克特的神龛。新国王并没有继承父亲的军事才能，但仍然希望黑太子墓能够成为后人瞻仰的圣地。我站在黑太子墓旁，能感到这一意图蕴含的巨大力量。在中世纪的天空中，黑太子就像流星一样光彩夺目、转瞬即逝。他战功累累、勇武过人，且恪守骑士准则，在他的时代中成为众人瞩目的焦点。而如果我们能正确地还原黑太子在军事上的声誉，他也同样可以让现代人着迷不已。

第一章
分裂的国度

1330年6月15日，英格兰国王爱德华三世和王后埃诺的菲利帕（Philippa of Hainault）在伍德斯托克的王宫喜得一子。孩子出生时，国王正身处一小段路途之外，得到消息后就立刻赶往妻子的床前。路上，他还赏给向他报告喜讯的仆人托马斯·普赖尔（Thomas Prior）40银马克（26英镑13先令4便士）的终生年金，在14世纪的英国这是相当可观的一笔财富。这婴儿是夫妻俩的第一个孩子。夫妻俩按照孩子父亲的名字，给他取名爱德华。

这对初为父母的夫妻当时十分年轻而富有魅力。国王时年17岁，生得仪表堂堂：身高有将近1.85米（6英尺），体格强健，五官坚毅而端正，留着一头柔顺的长发。当时年轻英俊的爱德华国王与那个年代色彩艳丽、材质奢华、大量使用皮毛和珠宝的服饰风格十分契合。他天性外向，喜欢炫耀，热衷于比武大会和各种大场面的仪式。他还聪颖迷人，能够轻松地与各行各业的人交谈，往往能给人留下深刻的第一印象。虽然爱德华表面上看起来天性随和，但他也勇猛过人、胸怀大志、十分傲慢，而且精力过人——不过这些特质在当时还没完全展露出来。

爱德华的妻子当时16岁，性情温和，待人和善。她真切地爱着自己的丈夫，之后还会陪丈夫出征，而且也是一位模范母亲。除了黑太子外，她和爱德华三世还有8个孩子活过了婴儿期。与同时代的其他王后相比，菲利帕王后对自己的孩子要用心得多。编年史作者让·傅华萨赞扬她"充满智慧，令人愉快，为人谦逊虔诚"。她十分勤劳聪慧，后来还资助了众多学者和艺术家。

爱德华和菲利帕在儿子出生之后，度过了一段快乐的时光。爱德华去附近的森林里打了猎，还在接下来的一个月里为庆祝喜得贵子、母子平安而举办了比武大会。菲利帕收到了绣着金色松鼠的奢华天鹅绒袍子，因为她最喜欢的宠物正是松鼠。他们还派人从附近的牛津找来了一个奶妈，还另外聘了一个保姆来摇摇篮。这两个人后来都收到了丰厚的津贴作为回报。

但是在1330年夏天，这对夫妇的生活仍然布满阴云。要理解为何会有这种情况，我们就需要回溯到大约五年前，看看促成他们订婚、完婚的特殊背景。黑太子的故事在很大程度上讲述的是黑太子和爱德华三世之间紧密而又麻烦不断的父子关系，而且这一关系贯穿了黑太子的整个成年生活。因此，为了更深入地理解这对父子的关系，我们首先要审视爱德华三世的成长经历，尤其是他快要成年的那段时间的经历。

†

爱德华三世在1325年时也只是一个年轻的王子。不久之后，他就会经历一系列令他既受伤又困惑的变故。这些变故不但会把他的生活搅得天翻地覆，还会在情感上给他留下永久的创伤。不论是福是祸，这些事件都决定了他今后会成为什么样的人、什么样的国王。

那一年9月，只有12岁的爱德华王子按照父亲爱德华二世（Edward II）的意愿，渡海前往法国，为英国王室手中的阿基坦公爵领向法国国王查理四世（Charles IV）宣誓效忠。这是一个能够让爱德华王子走上国际舞台的好机会，他的父亲爱德华二世也为此对他进行了全面的培训。爱德华二世期望儿子能够遵从贯穿其成长过程的忠诚与服从原则，不辱使命，完成效忠仪式。

宣誓效忠是一种重大的仪式，仪式中封建制度中的受封者以正式、公开的方式宣布自己是封建领主的臣下，向其效忠，为其效力。爱德华王子要向法王查理宣誓效忠，从而让父亲获得管理阿基坦公爵领的权利。这次仪式将在法国首都举行，意在终结两国间的一场短暂而又难分胜负的战争。在这之前，两国已经进行了几个月的艰难谈判，为效忠仪式打下了外交基础。六个月之前，爱德华二世的法国王后伊莎贝拉，也是法王"美男子"腓力四世（Philip IV "the Fair"）还存活的子嗣中最年轻的一位，为了化干戈为玉帛，亲自前往巴黎和自己的哥哥查理谈判。

1325 年 3 月 21 日，伊莎贝拉曾向丈夫发回第一封报告信，承认自己的哥哥很难对付，预计谈判还需要更多时间。而到了 9 月，谈判已经有了成果。爱德华王子只要完成宣誓效忠仪式，就将正式确认他母亲和舅舅之间的协议。从送儿子去巴黎这件事来看，爱德华二世和伊莎贝拉夫妻俩的关系称得上同心协力、团结合作——他们的儿子在出发之时，肯定也是这么以为的。在这封篇幅冗长、口气亲切的信中，并没有任何夫妻不和的迹象。伊莎贝拉在信中多达五处将丈夫称为"我最真诚的心上人"。

这样亲昵的称呼应当不会使爱德华王子吃惊。1325 年 9

月时的他完全有理由相信，自己的家庭是幸福的。爱德华王子或许会对他父母恋情中的一件轶事颇为熟悉。1313年6月，大约在他出生八个月之后，他的父母访问法国，住在蓬图瓦兹（Pontoise）附近。由于天气炎热，夫妻俩就睡在一顶丝质大帐中。一天晚上，大帐着火了。多亏爱德华二世反应迅速，抱起妻子就冲了出去，两人才幸免于难。编年史作者巴黎的若弗雷（Geoffrey of Paris）以赞许的口气讲述了这段故事。这不仅展示了爱德华二世的勇气（若弗雷补充说，虽然英格兰国王"全身赤裸"，但他还是冲回火场，救出了其他人），还显示了国王的浪漫情怀。若弗雷这样写道："爱德华救下了伊莎贝拉，最重要的原因就是他以一种特别的方式爱着她，可以说这就是'典雅爱情'。是爱让他出手相救。"

爱德华和伊莎贝拉夫妻俩彼此忠诚，这显然让若弗雷印象十分深刻。他还记载过另一件事：一次，他们在经过一夜的"夜间调情"之后睡过头了，错过了与伊莎贝拉的父亲法王腓力四世的会面。若弗雷还记载说，那一天晚些时候，夫妻俩在巴黎一座特别建造的塔上，观看了一场盛装游行，"周围环绕着贵族女士和少女"。那是个幸福又美满的场景。

此外，爱德华二世不仅是模范丈夫，还是位宠爱孩子的父亲。当伊莎贝拉怀上爱德华王子的弟弟约翰时，爱德华二世很快就买了一匹栗色马，"用来为王后装载杂物"，还另外拿出4英镑买了一些丝绸，用来给王后制作马车里的坐垫。两年后，当爱德华二世的第一个女儿埃莉诺（Eleanor）出生时，他花了500马克（333英镑13先令4便士）举办庆祝宴会。二女儿琼安（Joan）出生时，喜出望外的国王来到王后所在的伦敦塔，对她的仆人们慷慨赏赐；但他发现王后分娩时有一点点雨水渗过房顶，滴在了王后的床上，于是把伦敦塔的主管解职了。

但这一切都不过是表象。爱德华王子于 1325 年 9 月 22 日和母亲在万塞讷城堡（Château of Vincennes）团聚，两天后又顺利地完成了为阿基坦的领地向法王宣誓效忠的仪式。他以为，在法国短暂停留之后，按照父亲的指示，他就会和母亲一起回国向父亲汇报成果。然而，伊莎贝拉面对法兰西国王的宫廷上下发表了一番令人目瞪口呆的讲话，将在婚姻生活中积攒的不满一股脑地发泄了出来。伊莎贝拉明确表示，她已经不愿再回到自己那形同虚设的婚姻中去了。

> 我认为婚姻是一男一女的结合，双方维持共同的生活。现在，有人拦在我和我丈夫之间，想要切断我们间的联系。我宣布，除非那个入侵者被赶走，否则我不会回去——我还要丢弃婚服，穿上寡妇守丧的服装，直到我向那个法利赛人①完成复仇。

这番话让在场所有人目瞪口呆，对爱德华王子来说一定也是一次突发的变故。幸福家庭的假象正在他身边破碎。他到这时才知道，他的父亲和王室管家小休·德斯潘塞（Hugh Despenser the Younger）陷入了极富激情的热恋。德斯潘塞正是伊莎贝拉口中的"法利赛人"。而更可怕的是，在政治上，德斯潘塞也对爱德华二世有相当大的影响力。

---

① 即 Pharisee，原指历史上犹太教的一个支派，其主要特征之一是关注律法的字面细节而忽略其中的逻辑和道理。

在他母亲将这件事挑明前,爱德华王子对此一无所知。王室的孩子们多在精心挑选的谋士的照顾、督导下长大。这也在一定程度上将孩子们与流言蜚语隔绝开来。1322年9月,爱德华王子在约克险些被一支四处劫掠的苏格兰部队生擒。从此以后,护子心切的爱德华二世命人把爱德华王子严密保护起来,这使王子不但远离政治生活,还几乎与外界隔绝。

1322年3月,爱德华二世和几位重臣之间的矛盾经过长期发酵之后终于爆发:重臣们公然起兵反叛。这场叛乱最终被镇压下去,几位叛乱领导人不是战死就是被处决〔或者像罗杰·莫蒂默(Roger Mortimer)那样被判处终身监禁〕。在这之后,公然反对国王的声音消失了,至少最初几年如此。休·德斯潘塞身为王室管家,可以决定谁能够觐见国王,还能监视宫廷中的人。恐惧和怀疑无处不在。

当时的编年史作者们对德斯潘塞手中的大权和影响力多有批评。他们认为,这些都是德斯潘塞靠利用、操纵热恋中的国王而得到的。杰弗里·贝克(Geoffrey le Baker)① 就曾写道,有人将德斯潘塞视为"王外之王,或者更准确地说,他是国王的国王……而且德斯潘塞极度放肆,经常阻止某些贵族与国王谈话"。其他人的言辞更为犀利,称德斯潘塞"傲慢无礼、妄自尊大、贪得无厌、恶贯满盈",还说他"比任何人都更倾向于作恶"。

但最让人厌恶的是国王和德斯潘塞之间的感情,以及几

---

① 又称斯文布鲁克的沃尔特(Walter of Swinbroke),著有《爱德华二世和爱德华三世治下的英格兰编年史》(*Chronicon Angliae temporibus Edwardi II et Edwardi III*)。

乎可以肯定其存在的性关系。《佚名编年史》（The Anonimalle Chronicle）就批评国王的宠臣和爱人德斯潘塞使国王过上了"残忍而堕落的生活"；而威斯敏斯特教堂的编年史作者雷丁的罗伯特（Robert of Reading）则记录了国王对德斯潘塞的极度迷恋："他将国王指挥得团团转，就像拿着一根稻草逗猫一样。"

伊莎贝拉王后身处比较安全的法国宫廷，公开宣称她把德斯潘塞看作不共戴天的仇敌、危险的敌手。前一年秋季，德斯潘塞说服国王剥夺王后的所有土地和大部分仆从，这让伊莎贝拉知道了德斯潘塞对国王有多么巨大的影响力。德斯潘塞原本计划利用这件事来羞辱伊莎贝拉，却引发了丑闻：有人认为，德斯潘塞采用如此极端的措施，是因为他计划让教宗宣布国王和王后的婚姻无效。伊莎贝拉公开指责德斯潘塞，既展现了她的怒火，也说明她对这个"拦在我和我丈夫之间"的男人十分恐惧。

伊莎贝拉于是开始穿上寡妇的服饰，来证明自己和丈夫之间已经产生隔阂。即便是在正式场合，她也是这样一身装束。相关记录显示，爱德华王子在1325年10月常常与伊莎贝拉一同进餐。其实，伊莎贝拉几乎不让爱德华王子离开自己的视线。她将爱德华王子的一小队随从打发回国，让他完全处于她的影响之下。

或许正是在这段时间，爱德华王子从母亲那里听说，他的父亲之前还有另一位宠臣皮尔斯·加韦斯顿（Piers Gaveston），不过那是14世纪的头十年间发生的事了，那时爱德华王子还没有出生。国王当时公然与加韦斯顿调情，深深地伤害了还不满20岁的王后，也使不少贵族渐渐疏远国王。爱德华二世如此不管不顾地与加韦斯顿谈情说爱，对这种不当行为，他本人负有相当大的责任，不过加韦斯顿这个宠臣最终被当成了替罪羊。加韦斯顿于1311年被流放，这也是他第三次受此惩罚。在结束流放，回到英格兰之后，他最终被反对国王的贵族处死。

爱德华二世随即声称，1312年11月他长子的出生对自己产生了极大的积极影响，让他能够放下对加韦斯顿的回忆，改善与王后的关系。伊莎贝拉一定非常希望丈夫能杜绝这类风流韵事，但德斯潘塞的平步青云让她的希望彻底破灭了。不过这一次，她已经不再是那个身处异国、沉默寡言的小女孩了，而是一位坚强、坚定且性情刚烈的女人。她的这种性情正变得越来越明显。

我们只能猜测爱德华王子的反应。他一定对他的母亲相当同情；而对他是如何看待他父亲的，我们无从得知。伊莎贝拉称，她还爱着丈夫，但是德斯潘塞对她妒火中烧，让她性命堪忧，所以她无法返回英格兰。伊莎贝拉或许确实是这么认为的，不过她祭奠自己那破碎婚姻的时间也并不太长。到1325年11月底时，伊莎贝拉王后就开始了和威格莫尔男爵（lord of Wigmore）罗杰·莫蒂默的婚外恋。莫蒂默曾经起兵反叛，也是爱德华二世的敌人，于大约两年前逃到了法国。这段恋情因政治利益而产生，由两人对休·德斯潘塞的共同仇恨驱动。

伊莎贝拉知道，罗杰·莫蒂默会成为一个十分有用的盟友。他不但在威尔士边疆区（Welsh Marches）有大片土地，还曾经担任爱德华二世在爱尔兰的全权代表，而且干得成绩斐然。由于对德斯潘塞在威尔士的权势不满，莫蒂默与国王关系恶化，并于1322年起兵反叛。这次叛乱的主要目的就是将德斯潘塞从爱德华二世身边赶走。叛乱失败后,莫蒂默被判处终身监禁,然后被关押在伦敦塔。一年之后,他就以一种匪夷所思的方式成功越狱:他设法下药迷倒了狱卒,逃出伦敦塔,之后流亡到了法国。

身为重臣的莫蒂默野心勃勃,为人勇猛刚烈,而且和伊莎贝拉王后一样有着敏锐的政治嗅觉。爱德华王子当时可能已经在心中渐渐疏远自己的父亲,或许还对莫蒂默颇为欣赏。他们两人都非常崇尚骑士精神,对比武大会和亚瑟王的传奇故事十分热衷。与爱德华二世不同,莫蒂默生来就是当战士的料。在巴黎,远离爱德华二世宫廷中的钩心斗角,莫蒂默可能有机会给爱德华王子讲述爱德华二世在战场上失败的指挥经历。莫蒂默或许会给爱德华王子讲讲 1314 年夏天在斯特灵(Stirling)附近的班诺克本(Bannockburn),罗伯特·布鲁斯(Robert the Bruce)率领的训练有素的苏格兰军队,如何巧妙地击败了英格兰大军。爱德华二世在战术上十分无能,还与手下的贵族们争吵,没能将大家团结起来共同退敌,更是不知道该如何掌控自己的军队。莫蒂默可能还会进一步指出,八年之后,面对苏格兰的入侵,爱德华二世应对不力,不仅使国家蒙羞,还让王后和爱德华王子陷入险境。

莫蒂默的观点很有说服力。当时英格兰国内有很多人认为,在爱德华二世治下,英格兰丢失了尚武的传统。虽然莫蒂默起兵叛乱,他却表达了这些人的心声。来自诺森布里亚(Northumbria)的编年史作者托马斯·格雷(Thomas Gray)爵士一定会赞同这样的观点。格雷的父亲参加过班诺克本之战,也参与了英格兰和苏格兰边境地区断断续续的艰难战事。格雷认为,国王最大的缺点就是缺乏骑士精神。他还认为,只有爱德华二世高贵的对手们，才是仅有的行事与亚瑟王相近的一群人。亚瑟王是传说中的不列颠统治者，其事迹深受中世纪贵族们痴迷。在拜兰（Byland）的协议签订、1322年英格兰对苏格兰作战以惨败告终后，格雷在《阶梯编年史》（Scalacronica）中对于爱德华二世这样写道："于是，国王回到家中，过着和平、安静的生活，完全没有留下荣耀和英勇之事迹。"

莫蒂默正代表了爱德华二世身上所缺乏的品质，不过伊莎贝拉和她的新情夫还是谨慎行事。他们很有可能已经制订计划，要推翻爱德华二世，并且很快就开始考虑招兵买马、入侵英格兰之事宜。在这样的计划中，王子是最适合充当挂名首领的人选。到1325年12月时，他们就已经在密谋让王子与埃诺的威廉（William of Hainault）的女儿之一成婚（三年前，爱德华二世短暂地考虑过这门婚事，但是并未采取行动），以换取埃诺人的资金、舰船以及兵力。威廉伯爵的弟弟约翰①还公开提出愿意接纳伊莎贝拉，帮她对抗爱德华二世。

伊莎贝拉和莫蒂默不太可能对爱德华王子和盘托出他们的计划。爱德华王子即使对父亲的统治和父亲对待母亲的方式失望，也很有可能仍然对父亲保有爱意。大约五十年前也有一位爱德华王子，也就是之后的爱德华一世（Edward I），他是一位强大的战士、强硬的国王。他对他的父亲亨利三世软弱、低效的统治感到不满，但在危机和叛乱到来时，仍然忠于他的父亲。伊莎贝拉和莫蒂默熟知这段历史。最有可能的情况是，他们告诉王子说，这次入侵的目的并不在于推翻国王，而在于除掉国王的那位可恨的、腐败堕落的情人德斯潘塞——实际上，

---

① 亦称博蒙特的约翰（John of Beaumont）。

他们已经开始对英格兰国内的支持者们宣传这种说法了。剩下的事情可以徐徐图之。

爱德华王子在这一连串事件的发生过程中基本上是无法作为的。他无意中陷入了一个危险而变化莫测的境地,而爱德华二世和德斯潘塞也通过密探搜集的情报察觉到了暗流的涌动。爱德华二世对伊莎贝拉的意图感到恐惧和怀疑,于是试图将儿子从王后身边引开。12月初,爱德华二世用直截了当的口气给王子写信,说:

> 亲爱的儿子,尽管你还年幼,但我仍然要提醒你,你从多佛尔(Dover)离开时我给你的任务和命令。你当时自愿回答说,你不会为了任何人、在任何时间违背我的命令。现在,你的宣誓已经被我亲爱的兄弟(内兄)、你的舅舅法兰西国王接受,因此请你向他告别,同你的母亲一道尽快回到我身边;就算她不愿前来,你也必须立刻返回,因为我非常想与你会面、谈话。因此,不要为了你母亲或是其他任何人一再逗留。

爱德华王子很抱歉。他回复说,他很想按父亲的指令行事,但因为母亲不放行,他没法回国。这种说法或许有一些真实性,可是爱德华二世的行为越来越有威逼恫吓的意味。爱德华王子的领地被置于王室管辖之下,而且治安官们还收到指令:只要王后和王子回到英格兰,就马上逮捕他们。

1326年3月18日,爱德华二世再次给儿子写信。国王这时已经听到流言,说爱德华王子和埃诺伯爵的一位女儿缔结了婚约,怀疑有人刻意隐瞒了此事。国王警告王子说:

> 上帝的震怒、众人的憎恶和我的愤慨,你都无法躲避……没有我事先同意并提出意见,你绝不能结婚,或者任由别人安排你的婚事,因为你这么做会给我带来最大的伤害,让我的内心深受折磨。而且你说你是因为你母亲不放行才无法回国,我对此感到非常不安,因为她不允许你完成你生来就背负的使命。

接下来,国王写了他自己在情感方面的苦楚,也表达了对伊莎贝拉王后的真实看法:

> 你和所有人都看到了,她公开地、不顾及恶名地站在莫蒂默一边,容他待在她身边,明知这与她的职责相悖,也有害于王室的利益。莫蒂默是背叛我的人,是我的仇敌,其权利已被剥夺,其人已被判有罪。王后在自己的住所和旅途中与他这个恶人亲密相伴,全然不顾我、我的王位以及国家的秩序……如果说她还有什么行为比这更为恶劣,那就是允许你和这个敌人建立关系,让他成为你的顾问,让你在众目睽睽之下与他产生联系,给你我二人,给王位,给我国的法律及传统都造成了巨大的伤害,而这些本来都是你应该维护的事物。

这样的一封信只会使年轻的爱德华王子愁眉不展,但国王还用更具有威胁意味的口气写道:

> 我对你并不满意;你也不应令我不满,不论是为了你母亲还是为了其他人。以你对我的信仰、亲情和忠诚之

名,我命令你即刻回到我身边,不允许有反对意见或任何借口,因为你母亲已经写信给我说,如果你想回来,她不会阻拦……亲爱的孩子,不要对我的命令视若无睹,因为我听说,你已经做了许多不该做的事。

年轻的爱德华王子成了他父母争斗中的筹码。1326年6月19日,爱德华二世给儿子写了最后一封言辞激烈的信,在信中严厉地谴责道:

你并未回到我身边,没有像个好儿子那样谦卑地遵从我的命令……而是与叛徒、我的仇敌莫蒂默相伴……还违背命令,未与我商议就颁布禁令与诏书……除我之外,没有其他人能替你做主,也不应当有。

在这封信的最后,国王明确地威胁道:

你要清楚地知道,如果你违背我的意愿,继续任性妄为,那么你余生都将为此追悔;你将受到重罚,你的例子将被用来警告其他胆敢不遵从领主和父亲之命的儿子。

至此,国王和王子之间的通信就中断了。

中世纪晚期,君主和贵族们在将自己视为大规模家族争斗的玩家时,依据的是制作精美的族谱和家谱。它们通常由统治者和达官显贵委托编纂。血统观念是他们采取行动的准绳,而其中最重要的是家族的延续。爱德华二世和儿子关系破裂,意味着家族链条中有一环断裂了。这样的断裂在感情上的影响与政治影响相比要更加深远。这是因为，在爱德华王子的儿子，也就是爱德华二世的孙子黑太子长大成人的过程中，这会对黑太子父子之间的关系产生重大影响。

接下来，重要事件接二连三地发生。伊莎贝拉和莫蒂默在王子的陪伴下离开了法国国王的宫廷，为入侵英格兰做准备。埃诺的约翰（John of Hainault）向他们提供了一批船只和一小股部队（大约有1500人）。获得他协助的代价是联姻。1326年8月27日，爱德华王子和埃诺的菲利帕在蒙斯（Mons）的大教堂正式订婚。爱德华王子以《圣经》起誓，将在两年内迎娶菲利帕。这份婚约完全没有提到他的父亲爱德华二世，也显然与国王的意愿相悖。国王的死敌罗杰·莫蒂默充当了这份婚约的保证人。

埃克塞特（Exeter）主教沃尔特·斯蒂伯顿（Walter Stapeldon）深受爱德华二世信赖，曾经多次代表国王出使他国。他（在1322年代表爱德华二世出使时）见过埃诺伯爵的所有女儿。对于当时8岁的菲利帕，他是这么描写的：

> 她的头发不可谓不美丽，发色介于蓝黑和棕色之间。她的头颅形状分明，额头高耸宽广……她的眼睛呈近黑的棕色，眼眸深邃。她的鼻子较为平滑均匀，鼻尖处略显宽扁，但绝非扁平鼻。她的嘴唇较为丰满，尤其是下嘴唇……下排牙齿较上排牙齿略为突出，但并不明显……她的颈项、肩膀、整个躯干以及下肢的形状均比较优美……此外，她全身上下的皮肤都呈棕色，与她的父亲十分相似，在我们看来，她整体而言称得上可爱。

菲利帕后来向编年史作者让·傅华萨透露了他们夫妻俩浪漫的首次见面。她说,爱德华三世当年14岁,在她的姐妹中偏爱她,也选择了她。在那个8月,年轻的王子"最钟情于,也最常以充满爱意的双眼望向菲利帕,而不是其他人;同时,菲利帕也比她的姐妹更了解王子"。当伊莎贝拉王后走形式地问王子是否愿意娶埃诺伯爵的一位女儿为妻时,王子据说是这么回答的:"我愿意,与其他地方相比,在此结婚更令我欢快,而且我愿与菲利帕成婚,因为她和我兴趣相投、两情相悦。我还清楚地知道,在我向她告别时,她悲伤地落泪了。"

这确实是个令人向往的故事:一位年轻的王子和一群女孩度过了一段时光,爱上了其中一个女孩,选择她而不是她的姐妹做他的妻子。这让人不禁想起了巴黎的若弗雷记载的爱德华二世和他的王后在一群侍女的陪伴下开心地观看游行的欢乐小插曲。然而这两段故事的背后,都掩藏了没那么浪漫的事实。

菲利帕是埃诺伯爵四个女儿当中的老三。1326年8月时,她的两个姐姐,玛格丽塔(Margareta)和乔安娜(Joanna),都已经结婚两年半了。她们的婚礼——新郎分别是巴伐利亚的路德维希(Ludwig of Bavaria)① 和于利希的威廉(Wilhelm of Jülich)——已于1324年2月在科隆一起举行。这样一来,埃诺伯爵就还有两位女儿可成为爱德华王子的新娘人选:和王子年岁相近的菲利帕,还有比她小得多的妹妹伊莎贝拉(Isabella),而伊莎贝拉当时还是个幼儿。在这样的情况下,爱德华王子更喜欢与菲利帕共处实在是不足为奇。

---

① 后成为神圣罗马帝国皇帝路德维希四世,亦译作路易四世。

这桩婚约其实是无情的政治算计的产物，与少年少女的喜恶毫无关系。虽然菲利帕当时可能没有意识到，但她实际上是在协助自己的婆婆推翻自己的公公，而且自己的未婚夫还在这一计划中被当作筹码。这桩婚约还是不合法的，原因有二：爱德华王子当时已有正式婚约，订婚对象是卡斯蒂利亚国王阿方索十一世（Alfonso XI）的妹妹埃莉诺（Eleanor）；此外，爱德华王子的法定监护人，也就是他的父亲爱德华二世，坚决反对与埃诺伯爵联姻，并未同意这门婚事。菲利帕想要掩盖这一切，后来还编造出一个美丽的故事，将她订婚的前因后果包装成甜蜜的童话，或许也是可以理解的。

但完全忽略菲利帕所讲述的故事也是不明智的。考虑到爱德华和菲利帕后来夫妻感情深厚，这桩婚姻也相当成功，持续时间长达四十年，他们很有可能确实十分喜欢对方，而且无论促使他们走到一起的政治因素有多么冷酷，1326年时的他们也确实很喜欢与对方共处。另外，早在那时，他们兴趣上的共同点已经初露端倪，那就是对骑士精神和宫廷爱情故事的喜爱。慢慢地，这份兴趣会成长为一种再创造的能力：以华丽的排场、庆祝活动和宗教仪式，使那个理想世界具象化，从而令亲眼得见者痴迷不已、精神振奋。

不过，在1326年，爱德华和菲利帕共度的时光十分短暂。仅仅几周之后，他们就分离了。爱德华王子随伊莎贝拉和莫蒂默的入侵舰队一同出航，于9月24日在萨福克（Suffolk）的奥韦尔河（Orwell）河口登陆。爱德华二世和德斯潘塞身边的一小撮亲信听说大兵压境后，陷入了举棋不定的瘫痪状态。

德斯潘塞这时在全国大部分地方都深受憎恶。10月15

日，伦敦发生了一次支持叛军的人民起义，这正说明了爱德华二世和他的情人德斯潘塞已经失去人心。爱德华二世的一些支持者在街头被杀害，其他人则逃离了伦敦。10月26日，伊莎贝拉和莫蒂默宣布，以王子的名义代理政事。第二天，德斯潘塞的父亲老德斯潘塞被捕，并在布里斯托尔（Bristol）被处决。德斯潘塞和手足无措的国王试图逃往爱尔兰，但是风暴使他们无法渡海。不久后，他们就在威尔士被活捉。爱德华二世被关押在沃里克郡（Warwickshire）的凯尼尔沃思城堡（Kenilworth Castle），德斯潘塞则被押往身在赫里福德（Hereford）的伊莎贝拉王后驾前。

1326年11月24日，伊莎贝拉和莫蒂默享受着他们的复仇时刻。即使是在当时那个残酷、血腥的时代，德斯潘塞被判处的刑罚都过于可怕。当时爱德华王子只有14岁，已经在学习如何在政治上做到冷酷无情，因此被要求前往现场观看。在王后、她的情人莫蒂默、爱德华王子及他们的一群支持者眼前，德斯潘塞被丢到赫里福德的市集广场上。德斯潘塞头戴一顶荆棘王冠，胸前的板子上写着《诗篇》中的一句经文："勇士啊，你为何以作恶自夸？"德斯潘塞的罪名被一一宣读，经过审判，他将被处以绞刑，以及开膛剖腹与肢解之刑。于是刽子手用绞架把德斯潘塞吊了个半死，然后砍断绳索，放他下来，再把他绑在梯子上。

在14世纪，因叛国罪而被判处死刑的贵族通常不会在还有一口气的时候被肢解，而是会以干净利落的方式处决，以示对其社会地位的最后一点尊重。可德斯潘塞被处决时，刽子手毫无这方面的顾忌。德斯潘塞所受的刑罚极其残忍、屈辱，这是因为伊莎贝拉王后在感情争夺问题上睚眦必报。爱德华王子目睹的是一场具有仪式感的阉割。按照伊莎贝拉和莫蒂默的命令,刽子手首先割下了德斯潘塞的阳具和睾丸,并且将其投入犯人面前的火堆中。然后,德斯潘塞被开膛破肚。最后,他被降回地面,斩首示众。他的首级后来被放置在伦敦塔桥上,而遗体被切成四块,分别送往约克、卡莱尔(Carlisle)、布里斯托尔和多佛尔,然后被挂在城墙上示众。这是为了发出明确的警告:伊莎贝拉如今已决心废黜爱德华二世,对反对者绝不留情。

1327年1月24日,在爱德华二世缺席的情况下,一次议会会议举行了。会上,爱德华二世被强制退位。他的儿子诏告全国,开始作为爱德华三世统治英格兰。2月1日,14岁的爱德华三世在威斯敏斯特教堂加冕,而他的父亲依然身陷囹圄,从此以后就被称为卡那封的爱德华(Edward of Caernarfon)了。一个月之后,被废黜的前国王被转移到了一处看守更严密的监狱——格洛斯特郡(Gloucestershire)的伯克利城堡(Berkeley Castle)。

至此,所有实权都落入了伊莎贝拉和莫蒂默手中;新的政府虽然名义上尊爱德华三世为王,但其实想的都是如何假公济私。1327年3月31日,伊莎贝拉和莫蒂默同意了《巴黎条约》(Treaty of Paris)的条款。这些条款对英格兰王室而言可谓丧权辱国:英格兰王室在加斯科涅的领地面积大幅缩水,还要向法国支付一笔补贴。年轻的爱德华三世虽然不情愿,但也只得同意。接下来,苏格兰人就南侵了。

伟大的指挥官年轻时偶尔会经历灾难性的失败,但他们会从中吸取教训。他们的军事才能既来自成功经验的积累,也要归功于失败的教训。爱德华三世接下来要经历的这次战役糟糕透顶，但这也在一定程度上催生了他自己以及他的长子黑太子后来的赫赫战功。黑太子经常听人说起这次战役。他们都绝不会忘记苏格兰的这次入侵。

来自佛兰德（Flanders）的编年史作者让·勒贝尔（Jean le Bel）是埃诺的约翰当时的随从之一。1327年夏季，他在威尔河谷（Weardale）目击了英军对抗苏格兰军队的过程。这场战役也是爱德华三世的战场首秀。两国之间的停战协议已经被撕毁。苏格兰伟大的战争领袖罗伯特·布鲁斯虽然当时抱病在身，但还是认为爱德华二世已被废黜，而且身陷囹圄，因此这正是出兵试探新政府强硬程度的好时机。于是他召集重臣，组织部队，下令主动出击，骚扰和劫掠英格兰北部地区。勒贝尔对这些强硬的入侵者十分感兴趣：

> 他们要进入英格兰的时候，会全员骑马：骑士和侍从骑着健壮的上等战马，普通士兵就骑着矮个挽马。他们轻装上阵，不带马车或是辎重车队，而且只需要极少的口粮就能坚持下去，比如挂在马背上的区区一袋燕麦……因此，他们能比大多数部队行军更远也就不足为奇了。他们闯进英格兰，大肆烧杀抢掠，最后把牛羊都围捕带走。他们是一批非常狡猾、非常机智的士兵。

苏格兰人的劫掠深入英格兰北部地区。而伊莎贝拉和罗杰·莫蒂默之前在废黜爱德华二世时，曾着重宣扬老国王对苏格兰的败绩。这时，他们意识到有必要进行强硬回击，于是在约克召集了一支大军。名义上，爱德华三世是这支军队的指挥官，他还有一小批参谋人员［包括他的两位叔叔伍德斯托克的埃德蒙（Edmund of Woodstock）和布拉泽顿的托马斯（Thomas of Brotherton），以及他的堂兄兰开斯特的亨利（Henry of Lancaster）]。这支由国王率领的军队收到苏格兰人入境抢掠的消息后，就北上到了达勒姆（Durham）。他们的策略看起来非常简单：在泰恩河（Tyne）河畔拦住撤退的苏格兰人，迫使他们出战。但年轻的爱德华三世很快就会学到，在战争中，即使是最简明、最周密的计划，也还是有很多变数，可能会出差错。

最初，英格兰军队想跟着一个个村庄遭劫掠后留下的浓烟追踪敌人，但是苏格兰人的移动速度显然要快出不少。意识到这一点以后，英军又想出了一个新的计划：每日午夜后动身向泰恩河急行军，以赶在敌军之前占据河畔的有利地形。让·勒贝尔和其他埃诺人都是受雇的职业士兵，而雇用他们就是为了增强英军的战斗力。他以职业士兵的视角，带着些许困惑，描述了接下来在7月20日发生的事情：

> 所有人都开始极其匆忙地骑行前进，穿越荒地，走过凹凸不平的土地，翻越山坡和峡谷。在匆忙中，军队的不少补给和驮马就这样被抛下了。虚假警报不断出现，不停有人叫喊说前面的人已经与敌人交战，大家都必须赶去帮忙……但当我们赶到的时候，发现那只不过是一只受惊的鹿或是其他野生动物……就这样，年轻的国王当天和他的军队一起骑马穿越了这片既无大路，也没有小道、小径的不毛之地。

由于预计一天之内就会开战，辎重车队被抛弃了。骑兵日出时出发，日落时到达泰恩河河畔。这一天，他们完成了约28英里（45公里）的越野行军，而且根据勒贝尔的说法，"除了解手和拉紧马鞍的带子"，士兵们一刻未停。英军先头部队从海登（Haydon）附近的一处浅滩过了河。大部分士兵精疲力竭，靠着太阳的位置辨认方位，最终与先头部队在泰恩河北岸会师并扎下营寨。勒贝尔继续写道：

> 我们的士兵都非常疲惫。那天晚上，士兵们躺在河边，手里都抓着自己坐骑的缰绳，因为在黑暗之中看不到有哪里可以拴马。我们的辎重被我们丢弃在了很远的地方，所以没有稻草、燕麦或是其他饲料可以喂马。我们自己只有一点点面包，是我们之前就挂在马鞍后面的，但是都被马汗浸透了。我们也没法生火取暖……甚至连脱掉盔甲也不行。

之后，情况也没有好转：

> 第二天早晨，大家醒来的时候都希望要么能与苏格兰人打一场，要么继续行军，建起一座完整的营寨。但这时开始下雨，而且雨势很大，河水也上涨了，我们无法渡河。我们既没办法搞清楚我们到底在哪里，也不知道哪里有食物。于是，当天我们只能斋戒，而我们的马只能啃食泥土和树叶。

国王和顾问们尝试寻找一些急需的补给。最终，确实有人送来了一些补给，但勒贝尔清晰地记录了这些人是如何趁机肆无忌惮地坐地起价、大敲竹杠的：

> ……第二天确实来了些人，骑着小马和骡子，带来了一篮篮烤得不好的面包和一桶桶劣质葡萄酒，还有一些其他货物。这就是军中大部分人要赖以度日的物资了。于是，在这个被世界遗忘的地方忍饥挨饿之后，我们现在要花六个或者七个英制便士才能买到一块烤得不好的面包，而这块面包原本只值一法寻①。而四加仑的酒本来只需四便士就能买到，但我们得付出二十四到二十六便士。

英军之所以如此匆忙，就是因为要赶在苏格兰人之前抵达泰恩河，但这些苏格兰人迟迟没有现身。此外，天气也不肯好转：

> 除了这些倒霉事外，还有下了一整周的雨。我们的马鞍、布衣和皮衣全都泡烂了，马背也都长疮流脓了……有些马的马蹄铁脱落了，我们没法重新钉上。到了晚上，我们也没有东西给它们遮风挡雨。我们中的大多数人对于湿冷的天气同样毫无防护。在这一整周的时间，我们甚至没法生火，因为柴火太过潮湿，还长出了青苔。

就这样，英军在这种恶劣的环境中过了七天。有些人觉得一切都好，因为他们成功地阻止了苏格兰人凯旋；但大部分人并不是很高兴。士兵中还开始出现传言，说那些建议向泰恩河行军的人本想背叛国王。7月26日，这种遏制敌军的战略又突然被

---

① 即 farthing，英国旧货币，币值为四分之一便士。

弃置一旁。英军已经受够了这处"不适而困苦"的简陋营寨，开始向上游移动，并且派出侦察小队，试图确定敌军的位置。

最终，爱德华三世承诺，将赏赐能告诉他敌军位置的人以骑士爵位，英军才终于获得了苏格兰军队位置的情报。侍从托马斯·罗克斯比（Thomas Rokesby）轻而易举地获得了这份奖赏：他并没有进行多少有效的侦察，而是误入了苏格兰军队的阵地，并且立刻被俘。为了虚张声势，苏格兰人将他释放，条件是罗克斯比要带个口信给爱德华三世和他的顾问们，那就是"你想与我们交战，我们也同样渴望与你交战"。于是，英军再次出发，这次是朝着东南方的威尔河（Wear），终于在斯坦霍普（Stanhope）发现了在此扎营的敌军。

两军于是摆开了阵形，但是苏格兰人的阵地地势更高，两军间还有威尔河相隔。对方在人数上处于劣势，又占据着有利的防御地形，自然没有要出击的意思。勒贝尔回忆说：

> 年轻的国王骑马来到部队前方，给我们的士兵提振士气。他言辞优雅，勉励我们勇敢战斗，维护我们的荣誉，又命令我们要遵守纪律，在他下令之前不得越过军旗。之后不久，我们保持着队形小步前进，试着把苏格兰人从高地上引下来。可是我们的对手毫无动作，而渡河攻击他们对我们来说又太过冒险。

英军的指挥官已经乱作一团。兰开斯特的亨利作战经验最为丰富，曾经在佛兰德、威尔士和苏格兰人战斗。他想主动出击。罗杰·莫蒂默当时在军中并没有正式职务，但还是禁止亨利出击。于是英军又熬过了一夜。他们全副武装，蜷缩在坚硬的地面上,想多少睡一会儿,但是被对手吵得睡不着。勒贝尔写道:"苏格兰人看到我们想要休息,就从黄昏到黎明不断地全力吹响捕猎的号角,制造最嘈杂的噪声,就好像他们是来自地狱的魔鬼,专程前来掐死我们。"

次日,疲惫的英军派出了一队精锐弓箭手渡河,试图激怒苏格兰人,但小队被轻易地击退了。英军实在没有办法,甚至派出了传令官向对手宣读声明,要求他们要么投降,要么迎战。勒贝尔对这种战术体现的绝望感到吃惊,也觉得苏格兰人的答复有些黑色幽默的意味:

> 听完之后,他们商讨了一番,然后回答说,两者都不想选。他们说,英王和他的顾问们可以看出,他们身处英王的国境之内,并且已行烧杀抢掠之事;如果这让英王感到困扰的话,他完全可以冲上来进行补救,不然他们在这里想待多久就待多久。

英军在这场战役中已经想了无数个计划,这时又尝试了一个新的。英军向北移动,想围困住敌军,逼迫他们投降。但苏格兰人有别的想法。8月5日,经验丰富的威廉·道格拉斯(William Douglas)爵士率领一支敢死队夜袭英军大营,直捣大营中心。勒贝尔清楚地知道,对手的决心和信心都远超己方军队。他记载道:

> 道格拉斯在军事上很有魄力,十分果敢,韧性十足。他率领一支约两百人的精锐部队,在午夜前后从离我军相当远的地方渡河,为的是趁我们不备发动袭击。他直接冲

到我们当中,他的士兵则喊道:"道格拉斯!道格拉斯!你们都要死了,英格兰的领主们!"他的部队确实让我军损失了三百多人,而威廉爵士则策马冲向国王的营帐。爱德华被护送到安全地带时,道格拉斯得意地砍断了拴住营帐的绳索(导致营帐坍塌),然后又骑马离开。

尽管遇到了小挫折,但爱德华三世的顾问们还是确信他们已经困住了苏格兰人,可以让敌军断粮,从而不得不投降或者出战。这些顾问真是活在幻想的国度里。他们本以为,河谷以北的沼泽地带完全可以阻断苏格兰人的逃跑路线,但是那一片并没有他们想象的那么难以通行。苏格兰人夜间开始步行行军,牵着自己的马匹,蹚过了这片沼泽地带,之后就回苏格兰去了。8月7日早晨,英军醒来以后,发现敌军已经不见了。英格兰这次出动大军,本想与苏格兰军队正面交锋,最后却一无所获。编年史作者们说,年轻的爱德华三世发现敌人已经跑远,因深感挫败而泣。

这次亲征戛然而止。爱德华启程回到约克,按照编年史作者亨利·奈顿(Henry Knighton)的说法,爱德华"极度忧伤","因为在他的统治之初,事态也没有变得更好,反而充满了耻辱,他为此十分难过"。大众的看法更为直接:这次出征使"英格兰全国名誉受损,遭人耻笑"。伦敦的《不列颠人纪事》(*Brut Chronicles*)① 甚至指控莫蒂默两面三刀,与敌军私通。苏格兰人的劫掠对英格兰北部地区造成了极大的破坏,

---

① 又称《不列颠人散文集》(*Prose Brut*),是一系列有关英格兰历史和传说的中世纪散文的总称。原文以诺曼法语写成,从特洛伊的布鲁图斯(Brutus of Troy,法语为 Brut)创立不列颠的传说开始讲述,故得此名。

以至于当年夏季晚些时候征收平信徒补贴税时，时人认为英格兰最靠北的三个郡，即坎伯兰（Cumberland）、诺森伯兰（Northumberland）和达勒姆，一个便士都交不出来。

让·勒贝尔和他的埃诺同乡们也回家了。仅他们的薪酬这一项花费就高达41000镑，令英格兰国库空虚。勒贝尔认为，这次出征威尔河谷体现出英格兰在军事上极度无能，如果不是亲眼所见，他很难相信英军竟会差到如此地步；他还认为，他记载的内容将会让英格兰成为欧洲的笑柄。对于运气不佳的爱德华三世，勒贝尔用十分礼貌的外交辞令写道："从未有这么年轻的国王进行过如此困难而危险的远征。"然而，爱德华三世绝不会忘却这次失利。他下定决心，他以后领导的远征绝不能再次失败；之后，他还决定在战场上锤炼自己的儿子黑太子。

1327年9月23日，爱德华三世获知，他的父亲已于两天前在伯克利城堡去世。据《不列颠人纪事》记载，官方的解释是爱德华二世因悲伤过度而病死。但爱德华二世死亡的时机对莫蒂默非常有利，这令人生疑。尽管有很多人越来越不喜欢伊莎贝拉和莫蒂默，但支持爱德华二世重登王位的人很少。不过，还是有一批新政府的反对者准备营救爱德华二世，而新政府也对此高度警惕。因此，罗杰·莫蒂默很有可能下令杀害了爱德华二世。有人认为，爱德华二世可能是被勒死或者闷死的。但由于爱德华二世此前先是与皮尔斯·加韦斯顿调情，后来又同真正的性爱狂魔和权臣德斯潘塞有染，因而出现了一种可怕的传言，说爱德华二世是被鸡奸致死的。14世纪40年代，本笃会的编年史作者雷纳夫·希格登（Ranulf Higden）这样描述爱德华二世的死法："前国王爱德华被从凯尼尔沃思城堡押到伯克利城堡。在那里,他被人用一根烧红的铁棍插入肛门并因此死去。"爱德华二世于12月20日葬在格洛斯特大教堂(Gloucester Cathedral)。

在统治初年经历挫折后,爱德华三世终于在1327年12月底度过了一小段愉快的时光。埃诺的菲利帕穿过海峡,来到了英格兰。护送她的是国王的两位密友,巴塞洛缪·伯格什(Bartholomew Burghersh)和威廉·克林顿(William Clinton)。他们一行人在圣诞节前抵达伦敦。1328年1月26日,爱德华和菲利帕在约克大教堂(York Minster)完婚。《不列颠人纪事》记载了婚礼的盛况,以及菲利帕受到的热烈欢迎:

> 场面十分喜庆,领主、男爵和骑士,还有名门望族的夫人和美丽的未婚少女,所有人齐聚一堂,华丽的服装和珠宝令人眼花缭乱。还有马上比武大会,供骑士们争夺女士们的青睐。更有舞会、欢歌,以及越来越丰盛的宴会。这些庆祝活动持续了足足三周时间。

为了准备这次庆典,共有2400英镑花在了购置银器、珠宝和餐盘上,此外爱德华三世还买了华丽的金布。菲利帕向丈夫赠送了一册精美的14世纪法国寓言诗《福韦尔的故事》(Roman de Fauvel)的绘图手抄本,里面有两首乐曲(都是世俗歌曲,曲调轻快幽默)的乐谱副本可供婚礼时演奏。

这样的庆典让爱德华得以从别处的政治现实中暂时脱身,喘一口气。1328年5月4日,议会正式核准了《爱丁堡条约》(Treaty of Edinburgh)。根据该条约,英格兰被迫彻底放弃苏格兰宗主国的地位,承认罗伯特·布鲁斯为苏格兰国王,且罗伯特的儿子大卫（David）和爱德华三世的妹妹琼安将联姻。伊莎贝拉和莫蒂默拍板同意了条约中的条款，爱德华被迫签署了这份文件。但他后来拒绝出席大卫和琼安的婚礼，以示对这份条约的不满。

于是一切就这样继续着。接下来的两年中，罗杰·莫蒂默继续巩固他的权势，确保自己荣升马奇伯爵（earl of March），还为他的家族成员和一小撮朋友谋取利益。贵族们变得越来越躁动不安，但是没有人能够集结反对莫蒂默的力量。爱德华三世依旧很被动——他还年轻，缺乏经验，而且他之前的经历自然也让他缺乏信心。他仍然受制于伊莎贝拉和莫蒂默，统治着一个分裂、破碎的国度。

†

英格兰之前经历了漫长、困难的转型。从1066年起，英格兰是英格兰-诺曼底王国的一部分；在安茹的亨利（Henry of Anjou），也就是后来的亨利二世（Henry II）与阿基坦的埃莉诺（Eleanor of Aquitaine）成婚之后，英格兰又成了更为广阔的金雀花帝国的一部分。金雀花王朝控制的地域北抵英格兰和苏格兰的边境，南至法国南部。但在13世纪英王约翰和亨利三世治下，金雀花家族在欧洲大陆的领地大多落入他人之手，只剩下加斯科涅（阿基坦公爵领的一部分）。在13世纪的最后三十年，武士国王爱德华一世（Edward I）曾经试图重塑英格兰的身份认同。他控制了威尔士，试图征服苏格兰，还根据蒙茅斯的杰弗里（Geoffrey of Monmouth）著于12世纪的《不列颠诸王史》（History of the Kings of Britain），大力推广亚瑟王的传说，促进他的子民形成一种使命感。

爱德华一世一度小有成就。同时代的人为他在征战中展现的力量而震惊。他在威尔士新建了一批城堡，稳定了局势；他的儿子（未来的爱德华二世）就出生在直属国王的卡那封城堡，并且被封为威尔士亲王（Prince of Wales）。1296 年，爱德华一世发起一系列疾风骤雨般的战事，征服了苏格兰。此外，爱德华一世还在庆功比武大会上援引亚瑟王的事迹（在蒙茅斯的杰弗里笔下，亚瑟王被描述成一位坚定的领袖，率领凯尔特不列颠进行了一系列征战），引发大众无限遐想。王座上又一次坐着一位强大的军事领袖，这激起了人们的自豪感和自信心。

但爱德华一世对苏格兰的征服没能持久。威廉·华莱士（William Wallace）和罗伯特·布鲁斯先后起义，慢慢消磨了爱德华一世的力量，耗光了他的国库。他的儿子爱德华二世于 1307 年继位，这位新国王不但在军事方面完全不称职，而且在其他方面同样无能。1314 年，民众对于新亚瑟王的期盼在班诺克本被砸得粉碎——班诺克本的惨败是英格兰人在整个中世纪遭受的最为惨痛的失利。

军事只是治国的部分内容。一位好国王要能让各种政治力量团结在他周围。13 世纪，英格兰经历了宪法方面的深刻变革。1215 年的《大宪章》（Magna Carta），以及 1258 年至 1259 年的《牛津条例》（Provisions of Oxford）和《威斯敏斯特条例》（Provisions of Westminster）为王权戴上了镣铐，而且（自 1265 年起）议会也开始成形。14 世纪的英格兰君主需要获得政界的赞成来作为其统治的基础，而要想把国家治理得井井有条，维持好与贵族的关系就至关重要。

1330 年，英格兰的贵族包括大约 50 名伯爵和男爵（他们有权和主教们在议会上院一同议事），还有大约 400 名骑士（他们代表的是各个郡，其中部分人经过选举可以和各城镇指定的市民一同在议会下院议事）。要赢得贵族阶层的尊重，国王应当公正地做出裁决，并且在赏赐奖金、土地和官职时做到一视同仁、雨露均沾。国王还得是个能征善战的领袖。最重要的是，国王要能组建一个超越派系纷争的宫廷，让大家因国王之伟大而感到自豪、团结，为自己国家的未来命运和在欧洲基督教诸国中的地位而感到欢欣鼓舞。爱德华二世在以上所有方面都一无是处，而这一点在伊莎贝拉和莫蒂默治下也没有得到改善。

1330 年 3 月，有流言散播开来，说爱德华二世并没有死，而是设法逃到了欧洲大陆。虽然这些流言毫无根据，但足以令伊莎贝拉和莫蒂默忧心忡忡。仅仅因为最模糊的影射之语，爱德华三世的叔叔肯特伯爵埃德蒙 [Edmund, earl of Kent，爱德华一世与其第二任妻子法兰西的玛格丽特（Margaret of France）所生的第二个儿子，也因此是王位的潜在竞争者之一] 就遭到逮捕，并被指控犯有叛国罪。尽管爱德华三世有意赦免埃德蒙，但莫蒂默不但否决了这一提议，还下令将埃德蒙处死。莫蒂默的决定引发了广泛不满，以至于无人愿意执行死刑。最终，王室随从中的一位无名之辈站出来，砍了埃德蒙的头。爱德华三世的一举一动都受到罗杰·莫蒂默的探子监视，连他收发的信件也常遭窥视。还有流言说，莫蒂默让伊莎贝拉怀了孕，他们已经有了篡位计划。

爱德华三世的儿子在 1330 年夏季出生，这让他振作起来。接下来发生的事情在托马斯·格雷爵士的《阶梯编年史》以及《不列颠人纪事》中都有生动翔实的记载。国王与他最信任的密友秘密地谋划着。1330年10月,伊莎贝拉和莫蒂默搬到了诺丁汉,准备在这里召开会议,商讨国事。他们俩先于国王抵达,在城堡中安顿下来,由莫蒂默的手下护卫。爱德华三世和以威廉·蒙塔古(William Montagu)与威廉·克林顿为首的一小队支持者,决定要以武力强行逮捕莫蒂默。这个计划风险极高,非常危险,但他们当时已经别无选择。蒙塔古就直截了当地说:"与其被狗吃,不如把狗吃了。"

爱德华三世和支持者们向诺丁汉进发。10月19日夜色降临时,他们快马加鞭,全速向城堡冲去。城堡的守将威廉·伊兰德(William Eland)告诉爱德华三世说,守军大部分在城墙上站岗放哨,要不就把守着城堡大门。但是伊兰德知道悬崖上有一条秘密地道,可以直达堡垒内部。爱德华一行人潜入堡垒,冲进伊莎贝拉的套间。在解决了少数几个仍在抵抗的仆人和守卫之后,他们又闯进伊莎贝拉的卧室,发现莫蒂默正躲在窗帘后面。据杰弗里·贝克记载,伊莎贝拉甚至还向爱德华三世求情,求他饶莫蒂默一命。她喊道:"好儿子,好儿子,可怜可怜高贵的莫蒂默吧。"

很难确定伊莎贝拉是不是真的看到了儿子,但莫蒂默确确实实地被拖出城堡,并被火速押往伦敦。全国各郡的治安官都接到命令,要宣告莫蒂默被捕的消息,还要宣布,国王承诺"以与君主尊严相称的方式,根据权利和理性"来进行统治。11月26日,莫蒂默在威斯敏斯特受到议会审判,被控的罪名中就包括谋杀前国王。他被判犯有叛国罪,在泰伯恩(Tyburn)这个"惯常处死窃贼之地"被处以绞刑。杰弗里·贝克评论说,这对贵族而言是十分屈辱的下场。伊莎贝拉被软禁在诺福克(Norfolk)的赖辛堡(Castle Rising),禁止参与任何政治活动。她的下场几乎与流放无异。

年轻的爱德华三世果断采取行动,树立了国王的威信,全国都为此感到如释重负。托马斯·格雷爵士回忆说:"那是喜庆的时节。国王和同伴们全心享受着比武大会、狩猎、宴会以及盛大的仪式。"1330年圣诞节,爱德华三世的宫廷设在吉尔福德(Guildford);那时的场面尤为壮观,还举办了许多场马上比武。据圣保罗教区的编年史作者记载,1331年4月,在达特福德(Dartford)的比武大会上,国王"表现得非常好,尽管他年纪尚轻,又多次受到重击,但仍十分顽强地坚持了下来"。同一位作者还记载说,同一年的9月22日,在齐普赛街(Cheapside):

> 整个市场区域……都被结实的木材和木板围了起来,人行道上也铺上了沙子……比武大会举行期间,国王和他的所有骑士都聚在伦敦……和他们一同前来的还有全王国最为高贵美丽的一些女士,她们都身穿红色天鹅绒长袍,头戴白色驼毛布帽。

1331年12月,爱德华三世和菲利帕在英格兰西南部各郡巡游,造访了卡德伯里(Cadbury)和格拉斯顿伯里(Glastonbury),蒙茅斯的杰弗里在书中将这两个地方与亚瑟王和他的王后吉尼维尔联系在一起。国王夫妇对骑士故事的热爱成了他们夫妻感情的源泉,也让宫廷生活更加丰富多彩。菲利帕除了向爱德华赠送绘图手抄本《福韦尔的故事》外,在三年后还为他定做了一只银杯,杯上雕满了城堡、旗帜、神话动物,它们把一位国王簇拥在正中。夫妻俩也都为自己的长子倍感自豪。1331

年夏天，菲利帕的母亲埃诺伯爵夫人来访时，爱德华三世就给小王子准备了一批合适的衣服，以便孩子能得体地出现在外祖母面前。

也正是在爱德华三世统治初期的一次比武大会中，他选中了云开日出的图案作为自己的纹章。图中，一阵风吹散云层，使隐藏其后的太阳显现出来。中世纪的人酷爱双关，而爱德华三世的出生地温莎（Windsor）拆开来看就是"风"（winds）和"金"（在当时的宫廷用语法语中，"金"就是 or）。那是个对视觉图像十分敏感的时代，这样的设计正体现了诺丁汉政变之后宫廷上下的情绪。

但国王已经将心思转到战事上了。苏格兰人羞辱了他，还把英格兰北部搅得鸡犬不宁。爱德华三世决心要复仇，但他并不急于求战。不断举办的比武大会不仅是宫廷生活的消遣，也是一种训练，有着重要的军事功能。在比武大会上，参与者的武艺日益精进，集体对战也越发协调一致。1314 年，在班诺克本，英格兰军队进行了一连串零星战斗，却无法作为整体接敌。爱德华决心避免重蹈覆辙。

他还决定要尽可能地利用一种杀伤力极强的武器——长弓，发挥其射速快、能穿甲的优势。没有得到保护的英格兰长弓手在班诺克本很快就被苏格兰骑兵的冲锋击溃；而在 1327 年的威尔河谷之战，长弓手们又过于冒进，离大部队太远，再次被骑兵冲散。爱德华三世吸取了教训。1332 年 8 月 12 日，在杜普林沼泽（Dupplin Moor）的一次交战中，一小队长弓手在战术阵形和地形的掩护下，发挥了极大的作用，给爱德华三世留下了深刻印象。他意识到，在适当的条件下，长弓手可以成为他对付苏格兰的一张王牌。

1333年5月，爱德华三世已经做好准备，要将他的计划付诸实施。他率领一支装备精良、训练有素的部队来到了英格兰和苏格兰的边境，并且开始围攻贝里克（Berwick）。这个地方从1318年起就被苏格兰人占据，爱德华三世想将其收复。不过，他也想引苏格兰军队出战，而且要在他所挑选的战场上。他的对手过于自信，又低估了英格兰国王和他的军队，于是落入陷阱。7月19日，两军在贝里克西北方2英里（3.2公里）外的哈利登山（Halidon Hill）对战。

爱德华三世将长弓手们安排在军队的两翼，这样他们就能在下马的重装骑兵的保护下，尽可能地发挥弓箭的作用。他预计苏格兰人会主动进攻，又敏锐地发现了一个对己方有利的地形复杂的区域：两军之间有一大片泥泞的溪床，其两侧都有陡峭的土坡。这样的地形会拖慢苏格兰人的前进脚步，让他们成为长弓手的射击目标。最关键的是，敌方士兵集结时，这片泥地正好在他们的视线之外，所以他们对此一无所知。苏格兰的编年史作者温顿的安德鲁（Andrew of Wyntoun）懊恼地写道：

> 他们前往哈利登，做好了战斗准备，因为他们（比英格兰人）人数更多，也自认更为精锐。他们排成整齐的队列，向着敌军前进；但他们没有认真考虑地形的影响。

苏格兰人决心对敌人毫不留情，因此向前推进，以为能够轻松获胜。爱德华三世等的正是这一刻。他已经花了大力气为长弓手们准备了数量充足的箭——仅伦敦的治安官们就送来了195束（每束24支箭），而这只占最后射出的总箭数的一小部分。当苏格兰军队在小溪边跌跌撞撞地行军时,长弓手们向他们发起了一轮又一轮的射击。《不列颠人纪事》以狭隘的民族主义口吻记载道:

> 英格兰军队的乐师们敲响了战鼓,吹响了喇叭和长管,苏格兰人则发出了他们难听的战吼。每块英格兰阵地的两翼都配有精锐的长弓手。两军接战之时,长弓手们射出了密密麻麻的箭雨,就像阳光中的光线一样密集。成百上千的苏格兰人中箭倒下,剩下的于是开始逃命。后排的仆人们看到军队损失得如此惨重,就带着马先行逃跑了,将他们的主子困在此处。

一队苏格兰士兵"被箭射中面部,严重受伤,失去视力",还没抵达英格兰军队的阵线就被迫折返;还有一队士兵虽然也在箭雨中损失惨重,但还是向爱德华的下马重装士兵发起了攻击,然而他们被迅速击退。苏格兰人的阵线开始崩溃,爱德华感觉此时正是乘胜追击、确保大获全胜的好机会——这样一场胜利将会减轻多年来军事上的羞耻感和伤痛。《不列颠人纪事》继续写道,字里行间难掩兴奋之情:

> 在这样的情形下,英格兰的士兵们翻身上马,向敌军发起冲锋,追上并砍倒他们。可以看到,勇敢高贵的爱德华国王和他的部下不知疲倦地追杀着敌军。苏格兰的旗帜被砍成碎片,带有家族纹章的罩袍浸满了鲜血,苏格兰人的尸体遍布原野。虽然不时会有一小撮人振作起来,试图阻击英格兰军队,但总是以失败告终。于是,就在那一

天,按照上帝的旨意,苏格兰人虽然有人数优势,但在英格兰人面前并无用处——就像二十只羊在五条狼面前占不到便宜一样。

这是一次压倒性的胜利。参战的9名苏格兰伯爵中,有6人战死。在战场上获封的200名骑士中,仅有5人幸存。一份苏格兰的史料这样哀叹道:"如此多的贵族战死,列出所有死者的名字会让记录过于冗长,并无大用,只是徒增伤悲。"英格兰方面的伤亡则十分轻微。

让·勒贝尔记载了六年前失败的威尔河谷之战,这一次却没有亲临现场。他清楚地认识到,英格兰发生了翻天覆地的变化。他写道,爱德华三世"因他的壮举受到所有人的爱戴,不论地位高低;他带着愉悦的心情和众人的膜拜回到了英格兰"。全国各地都举办了感恩弥撒和游行活动。伦敦全部教士和市民一同游行,将伦敦的圣物从圣保罗大教堂运到圣三一教堂再返回,一路上都在赞美上帝和爱德华三世,为胜利而欢欣鼓舞。还有人为爱德华三世创作了欢庆的歌曲,称他已经报了班诺克本战败的一箭之仇。就像勒贝尔写的那样:"大家都说,他就是第二个亚瑟王。"

在战役之初,菲利帕和年幼的太子陪着爱德华三世北上,在到达达勒姆后才与之分别。母子俩住在当地的一处小修道院里,等待国王归来。一家人团聚的场面格外令人欣慰。夫妻俩在爱德华二世被废黜时以及爱德华三世统治初年经历了许多困苦和伤痛,这时已经心怀理想,看到希望的曙光了。不过,爱德华三世对于他已故的父亲的记忆仍然带有敌意和怨恨,因此他在携家人一同南下的途中,在格洛斯特大教堂拜谒了爱德华二世的墓冢，试图放下那些苦涩的回忆。

一个新的机遇正在向爱德华三世和他的儿子招手，那就是武士的道路。他们不再受人算计和操纵，而是主动出击，创造自己的未来。他们将团结一致，共同战斗，用战斗的荣耀治疗过往的伤痛。而这场战斗的对手正是英格兰最大的敌人——法兰西王国。他们将赢得崇高的骑士声誉，受到全欧洲每个宫廷注目，洗刷爱德华二世统治时期的耻辱。黑太子的命运就在这样的过程中铸成。

第二章

願　景

关于黑太子早年生活的细节信息十分匮乏。给他施洗的亨利·伯格什（Henry Burghersh）是林肯（Lincoln）主教，也是爱德华三世的大法官，他的家族在黑太子成长和受教育的过程中，将会扮演非常重要的角色。黑太子从出生起就被视为未来的切斯特伯爵（earl of Chester），因为传统上这是专属国王长子的爵位；黑太子和他的仆从每年可从该郡获得500马克（333镑13先令4便士）的津贴。在实际操作中，黑太子的小门户（负责照顾他的那一批仆从）和王后的门户合二为一，他也通常随母亲在英格兰四处游历，或是与她一起住在王室寝宫里，其中最受他们喜爱的一处寝宫在伍德斯托克。

1332年6月，黑太子的妹妹伊莎贝拉出生；另一个妹妹琼安也于次年降生。1333年3月18日，黑太子正式受封切斯特伯爵，这也是他的首个爵位，不过这块领地的收入还是被归入王后的门户，因为他还和母亲住在一起。对爱德华三世一家来说，华贵的外表是很重要的，因此从1334年起，年幼的太子就有了专属裁缝威廉·斯特拉顿（William Stratton）。黑太子与母亲在伍德斯托克庆祝圣灵降临节时，斯特拉顿就为当时仅3岁大的黑太子制作了精美的丝绸袍子。

黑太子童年时的宫廷热衷于比武大会、礼物赠送、宴会和庆祝活动。黑太子在3岁时还有了自己的施赈官，即负责发放救济、进行捐赠的官员。这说明，虽然他当时还年幼，但已经

46 开始参与王室出访了,而且人们也期望他能通过仆从积极参加这些活动并赠送合适的礼品。正是这样的环境构筑了他的世界观。

7岁时,黑太子获赠了他的首套盔甲。这套盔甲比一般盔甲小,但是在比武大会或战场上所需的每一件物品或装备它都有。黑太子有自己的可随时搭设或拆除的战时帐篷,还有一把属于他的剑。这些玩具不但价值不菲,而且体现了爱德华三世对黑太子的殷切期望,即便黑太子还是个孩子;爱德华三世要求他的继承人在这个崇尚骑士精神的世界里做到游刃有余,并且对它的规则烂熟于心。1336年,黑太子首次出席比武大会,他的裁缝特意给他做了一件毛皮镶边的披风。在接下来的几年中,黑太子先是比武大会的忠实观众,后来(从13岁时开始)成为积极的参加者。一同参加的还有他的朋友们、经过挑选的侍从以及其他战士。

黑太子幼时参加的这些军事和仪式性活动,使他成年后也能自己举办类似的活动。爱德华三世希望通过这些活动给他的家族重新灌输自豪感。然而,在他大权在握的头十年,也就是他的长子慢慢长大成人的那段时间,他并没有获得所有人的认同。职业军人托马斯·格雷爵士不屑一顾地写道,国王在统治早期的"生活就是马上枪术比赛、比武大会,以及对女士的讨好,直到有更严肃的事件发生"。让格雷满意确实很难,因为他是个强悍的战士,他的世界观是在与苏格兰的艰难作战中形成的。即使是在爱德华三世取得了哈利登山大捷之后,格雷对国王也少有溢美之词,甚至反而讽刺道:"战斗结束后,英格兰国王就班师回到南方。在那里,他孜孜不倦地参加着和平的军事活动。"格雷的这番评述与他之前对爱德华二世1322年出征苏格兰的评论如出一辙。他看重的是征战中坚忍不拔的品质，而不是宫廷里的各种活动。

爱德华三世刻意将比武大会办得十分铺张奢华，招致了一些人的不满。有些人认为这毫无必要，纯粹是浪费钱财；还有人觉得参加这些大会的人不过是沉浸在虚荣的世界中罢了。14世纪30年代到40年代初期常见的这种对爱德华三世的批评，会在大约二十年后重现，不过批评的对象将变成黑太子在阿基坦的宫廷。因此我们应当仔细审视这种"虚荣的世界"，寻找其真正的意义，这一点非常重要。如果我们不能对此有深入的理解，就很难理解黑太子这个人，以及他成年后代父统治阿基坦时采取的政策。

✝

比武大会于12世纪时出现在西欧。虽然老兵格雷对它们嗤之以鼻，但其实比武大会经常办得相当粗犷、暴力。在最初的比武大会中，参与者分成两队，以剑和枪为武器，在一大片标记好的场地内骑马打斗。13世纪，比武大会开始引入马上枪术比赛：在一个封闭的场地，即所谓的"竞技场"内，两名骑士在观众的注视下进行一对一决斗。比武大会的仪式感越来越强。到1285年时，在洛林（Lorraine）的肖旺西（Chauvency）举行的一次比武大会上，马上枪术比赛和各种庆祝活动持续了一整周时间。当地诗人雅克·布雷特克斯（Jacques Bretex）对其进行了详细记载，为我们打开了一扇通往那个奇异世界的窗户。

提前数周，这场大会将要举行的消息就已公布。参赛骑士来自四面八方。传令官负责传递消息，在大会开始后还承担起了司仪的职责。他们与今天的体育赛事解说员类似，通过纹章辨认参赛骑士的身份，在格斗开始前呼喊、通报格斗者的名字，并且在适当的时候对其表现予以称赞。城堡里的一场晚间舞会拉开了这次比武大会的序幕。最重要的骑士以及他们的女伴都参加了舞会。布雷特克斯记载说，这场舞会一直进行到午夜之后，很久才结束。

第二天早晨，所有的参赛者都参加了弥撒，之后大家都前往城堡外的马上枪术比赛场地。那里已经事先特别搭建了木制观众席，女士们就坐在观众席上观战。虽然比武大会基本上是贵族的专属活动，但当地的普通人也会参与其中，帮忙组织、筹办大会，还会在之后的庆祝活动中服侍来参加活动的贵客。每当有骑士身着华丽的铠甲进入竞技场，拉开架势，开始面对面冲锋时，传令官就会进行现场解说。在上午的比赛中，所有的骑士在命中目标时，都"折断了他们的长枪"。受伤人数高得吓人：第一位出场的马上枪术选手随坐骑摔倒，摔断了手臂；在第五场对战中，两匹马在疾驰中相撞，马上的两名骑士昏迷不醒，人们一度担心他们是不是死了，不过他们显然只是遭受了严重脑震荡。

大家并没有被这些不幸事件吓得魂飞魄散。实际上，它们是来参加比武大会的人所喜闻乐见的。在比赛间隙，传令官面向女士们明确地解释说，骑士们冒着肢体残缺甚至失去生命的危险，为的就是赢取她们的青睐。这天中午和下午又有两队骑士先后抵达，而马上枪术比赛一直持续到日落。然后，女士们就从看台上走了下来，与大家一同回到城堡，参加宴会以及歌唱比赛。每个人都在歌唱比赛中一展歌喉。接下来又是一场舞会。等到大家都回房休息时，已经很晚了。

在接下来的一天里,身强力壮、武艺高强的选手们捉对厮杀。传令官的赞美之词也越来越夸张,比如可见下面这一段:

> 看啊,热拉尔(Gerard)爵士在战斗中因勇气和魄力而显得精神抖擞。即使摘下头盔,他的战斗热情也没有因此熄灭,而是转变成了谦卑、忠诚和慷慨的品质。不管是在竞技场中,还是在城堡的庆典上,他都展现出了这些品质。

庆祝活动的规模也更加盛大。当天晚上,除了歌舞之外,还有戏剧和"消遣活动"。第四天则为大家提供了休息的机会,有人开始讲故事,愉快地吹嘘自己的战斗功勋,也有人对其他骑士的说法进行善意的嘲弄。

比武大会的高潮是一场团队比武。伴随着长短号的声音和鼓点,参赛者们在指定地点集合,他们身上的铠甲和马的鞍具在阳光下闪着寒光。模拟战斗就此开始。战斗中禁止使用长枪,大家手持剑锤开始格斗。这场战斗的场面十分混乱:头盔被打落在地,武器破损折断,战士脸上挂彩。有一队参赛者甚至因过于沉浸在打斗中,而撞上了观众席。越来越多的人受伤不起,被抬出场外。在日落前,最终胜出者从坚持到混战尾声的少数几名骑士中选出。晚餐后又有一场舞会(由那些尚能跳舞的人参加),舞会中有人用歌声称颂骑士和获得他们青睐的诸位女士。等到大家都上床睡觉时已经接近黎明,不过究竟谁睡在谁的床上,布雷特克斯对此十分谨慎,没有写明。大家休息了几个小时之后,起床再次参加弥撒,最后合唱一曲,就各自启程回家了。

爱德华三世的祖父爱德华一世也组织过和布雷特克斯记载的这场比武大会差不多奢华的盛事。1284年（肖旺西比武大会的前一年），在内芬城堡（Nefyn Castle）就有一场比武大会，庆祝爱德华一世征服威尔士，有一大批骑士参加了这次活动。大会的舞会上，由于宾客数量太多，专门用于跳舞的上层房间的地板坍塌了。令人称奇的是，似乎在场的宾客中并没有人因此受重伤。

与12世纪早期相比，这时的比武大会的激烈程度略有下降。比武专用的铠甲内加装了衬垫，可以提供更好的防护效果。格斗区域的标识也更加清晰显眼。爱德华一世发布了对这种大会进行监管的条例，限制了每名骑士的随从人数，并且禁止他们携带实战武器。他还坚持要求，大部分马上比武活动要使用钝枪钝剑。尽管有这些规定，但在比武中受重伤甚至不幸身亡的风险依然存在。

爱德华一世的儿子爱德华二世对骑士比武毫无兴趣，不愿举办比武大会，令贵族们十分不满。爱德华三世于是尽快恢复了比武大会的举办，还为其注入了新的元素——更为华丽的服装和面具。他和密友威廉·蒙塔古经常相互赠送比武大会的服装，还经常身穿他们自己设计的服装，或是带有12世纪末法国诗人克雷蒂安·德特鲁瓦（Chrétien de Troyes）笔下亚瑟王故事中的场景、人物之图案的服装。他们还各自率队参加大会。

教会坚决反对这些精心策划的比武大会，以及大会偶尔体现出的享乐主义倾向。约克郡的缪斯修道院（Meaux Abbey）的编年史作者就十分严厉地写道，在爱德华三世统治早期：

国王和英格兰的贵族们在全国各个城市、市镇举办比武大会，也邀请贵族女子参加。但鲜有已婚妇女是随丈夫前往的。通常都是丈夫以外的男士选中了某位女士，用她满足自己的性欲。

亨利·奈顿则注意到，每当有比武大会举行时，

> 一批女士就会现身，身着奇装异服，仿佛要参演戏剧一般。有时可能会有四五十位女士。她们代表了全国最艳丽、最貌美的那批女士，但很难说其品行是最端正的。她们身穿带有罩帽的多彩长袍，镶满金银的腰带松松垮垮地挂在臀部以上、肚脐眼以下的部位……

国王的朋友格罗斯蒙特的亨利是有名的马上比武选手，也是武艺高强的斗士。他参加了1331年9月在齐普赛举行的那场颇具盛名的比武大会，在随后对苏格兰的征战中也是爱德华三世的主将之一。他升迁得十分迅速，到1336年时就已经成了国王在苏格兰边境地区的总督。他后来写了一本宗教专著——《神圣医药之书》(Le Livre de Seyntz Medicines)。书中除了宗教方面的内容外，还有不少直白的回忆，讲的正是当年的比武大会带来的纵欲机会。

在书中，格罗斯蒙特的亨利写道，比武大会令人激动不已，他自己也以穿着精美的盔甲为荣。他还提到，在马上枪术比赛的过程中，他会脚蹬马镫，特意将两腿伸直，这样女性观众就能更清楚地看到他的小腿。他在书中完全没有提到他自己的妻子——他们的婚事早在两人都还年幼时就安排好了，似乎双方并无多少感情，而且她显然没有陪同他出席这样的场合。

亨利十分性感、和善，喜爱奢华的生活。他尤其喜欢华丽的服饰和宝石戒指。他曾典当他的部分财宝，帮助想为出征筹集资金的爱德华三世，而那次他拿出的财产中就包括多达7顶冠冕和11个头环。

同其他许多贵族一样，格罗斯蒙特的亨利既喜爱狩猎，又热爱跳舞。他自己位于莱斯特（Leicester）的城堡中就有专门的舞厅，而且自认是一名出色的舞者。他还对宴会上精心烹调的丰盛食物情有独钟，此外还热衷于饮酒至大醉。他坦然承认道，自己喝酒"是为了让自己和朋友们失去意识，因为这样做的感觉很好，教人快活"。在经过一整天颇为辛苦的马上比武后，他会在之后的宴席上暴饮暴食，直到他的双腿"不及前来赴宴时那么稳健有力，无法带我离开"。他也承认，曾与许多不同的女人做爱，有时"因肉欲而感到无比欢愉"，还沉迷于"被女人赞美，然后被爱抚，最后被抛弃"的快感。他既因贵族女士性感的气味而悸动，又为平民女子热烈的回应所吸引。在比武大会上，这两种伴侣都不难找。

不过，这些回忆在这部作品中只占一小部分。格罗斯蒙特的亨利把这些回忆分享出来，为的是展现与七宗罪对抗的内心斗争；他将七宗罪比作恶魔的诱惑，正在试图突破城堡的高墙工事。他的作品赞颂了基督教信仰的救赎能力，提倡过一种道德上自律的生活。为了做到这一点，他放弃了肉体的快感，转而成为一位热忱的十字军战士，先是在西班牙，然后在普鲁士，"时刻准备着自己出钱出力来与基督教的敌人战斗"。

对于与他同时代的人来说，亨利首先是一位武艺高强、坚韧不拔的战士,不论是在军事上还是在骑士精神上都颇有见地。让·傅华萨将他描述成"一位伟大的、久负盛名的战士";就连托马斯·格雷爵士都为他折服,称赞他是"一个充满荣誉感的人,在一切战事中都勇敢进取"。随着黑太子逐渐长大成人,格罗斯蒙特的亨利也不再是过去那个荒淫的廷臣,而是成长为爱德华三世最重要的将领之一。他1345年在加斯科涅的欧贝罗什(Auberoche)和贝尔热拉克(Bergerac)取得的胜利,为他在国际舞台上树立了声望。

比武大会是骑士们赢取奖金和名望的机会,但更重要的是,这些大会可以为他们提供训练:不论是骑术还是武器的运用,单挑还是团队格斗,步战还是马战,一应俱全。此外,比武大会还有助于培养并促进袍泽之情。中世纪有些统治者深谙此道,有些则对此不甚了了。在12世纪英格兰国王亨利二世下达了比武大会禁令后,编年史作者豪登的罗杰(Roger of Howden)记载道,国王的儿子理查,也就是后来的狮心王理查(Richard the Lionheart),就前往欧洲大陆寻找参加比武大会的机会:

> 因为他知道,战场上的技能只能通过练习获得。如果一名骑士从未见血,从未在遭到对手击打时听到牙齿相撞的声音,或是从未被敌手用全身体重压在身下,那么他就不适合上战场。

理查继位后撤回了父亲的命令,为比武大会颁发许可,因为他看到,法国人"更为凶猛,也更加训练有素,他不愿本国的战士因缺乏勇气或是武艺不精而遭到耻笑"。

†

53　　爱德华三世也否定了父亲的政策，转而培养既有作战能力又声名远扬的骑士。他一方面参考了英格兰过去伟大的武士国王的传统，另一方面也吸收了他妻子的故乡埃诺的宫廷文化。埃诺伯爵威廉就经常以亚瑟王圆桌骑士（蒙茅斯的杰弗里称颂圆桌骑士为亚瑟王手下战士的杰出代表）的故事为蓝本举行比武大会和其他庆祝活动。这种常办比武大会的生活方式受到爱德华三世的鼓励，但隐藏在天鹅绒手套下的是锁链手甲。在宴席和庆祝活动中，爱德华三世思考的常常是战事。有一件事足以说明这一点。

　　1334年11月，爱德华三世和他的宫廷收到消息说，苏格兰方面又有造成威胁的军事动向。国王并没有被冬季的恶劣气候吓倒，决定立刻挥师北上。爱德华三世的反应展现了他的勇气和决心：他想彻底击碎1327年出征威尔河谷的惨痛回忆的阴影。1334年的天气也很糟糕，约克郡缪斯修道院的编年史作者这样记载道："圣马丁节（11月11日）前后出现了严重的霜冻天气，并且开始下雪。到处都结了冰。没有人能记起上一次目睹这么糟糕的天气是什么时候了。"爱德华三世率领几百名士兵，冒着风霜和雷雨一路向北，于11月下旬抵达了纽卡斯尔（Newcastle），并且在此补充了兵力和补给。他的目的地是罗克斯伯格（Roxburgh）的城堡，它位于苏格兰边疆区（Scottish Marches）特威德河（Tweed）和蒂维厄特河（Teviot）的交汇处。虽然这座城堡的战略位置极佳，非常适合当征战时的大本营，但苏格兰人早在班诺克本之战那一年，也就是1314年，就攻下了这里并将其拆毁。到1334年时，罗克斯伯格只剩一片废墟了。

在如此严酷的寒冬,要在这样一座只剩空壳的城堡里扎营,这实在难称诱人,但是爱德华三世毫不动摇。他命令纽卡斯尔的木匠们打造能够拆分成几个部分的木制建筑,以便随军携带、现场组装。这些建筑中包括一座塔楼、一个大厅以及一些附属房间和设施。然后,国王就率军向罗克斯伯格前进,准备在那里用这些预制房屋安营扎寨。

并非每个人都活着抵达了目的地。即使是在条件最好的时候,冬季作战都是极大的挑战,更不用说当时的条件十分恶劣。部队越过苏格兰边境,抵达安嫩河谷(Annandale)时,恰逢河水水位上涨。骑兵统帅爱德华·德博恩(Edward de Bohun)试图搭救一名落入河中的士兵。他骑马蹚水进入安嫩河,想把落水者拉到马上;但那名士兵惊慌失措,手脚乱舞,反而把德博恩拉到水里,最后两个人都溺死了。德博恩在诺丁汉的政变中发挥了重要的作用,在哈利登山之战中也指挥着军队的一翼。他的死对爱德华三世来说是重大的损失。

爱德华三世要求北部各郡提供增援,为自己的部队补充兵力。但是随着气温不断下降,许多骑士对国王的召唤置之不理。爱德华三世还记着德博恩的英勇牺牲,绝不会接受这种轻慢。12月15日,他给尼古拉斯·德梅斯尼尔(Nicholas de Mesnil)以及另外28名编造各种借口拒绝勤王的骑士写信。信的开头,他这样写道:

> 我已经率军来到我们在苏格兰边境地区的土地上,为的是保卫我国和居住其中的人民的安全。苏格兰人已经准备对我们开战,意欲闯入我们的王国,烧毁我国的土地。

他们还在不断积攒力量，正变得越来越强大。

介绍完背景之后，爱德华三世直入正题：

然而，尽管我给你们写了信，要求你们来追随我，并携带数量充足的马和武器，来帮助我击退我们的敌人，你们还是不断违背我的命令，令我的部队身处险境，对我的话置若罔闻。这样做，你们就是在延迟我们征战胜利的到来。这会使你们颜面扫地、蒙受耻辱。我对此感到吃惊，也（对你们的所作所为）感到愤怒，而且理应感到愤怒。

然后，国王毫不含糊地下令说：

那么我就再次命令你们，带上你们能调集的一切兵力前来我处，不得编造理由；如不从命，你们将被视为放弃所有财产。我要求你们最迟在新年抵达罗克斯伯格，而且要装备精良，带足十五天的口粮和补给。我现在还要警告你们，如果你们不服从命令，再次忽略我的征召，再次令我身处险境，还以自己的行为鼓励周围的其他人效仿的话，我将严惩不贷，让他人引以为戒。

罗切斯特（Rochester）主教手下的教士威廉·迪恩（William Dene）对此赞许道：

英王决定将苏格兰人从英格兰国境赶回去。为了击退他们，国王在罗克斯伯格过了冬；支出十分高昂，而且天气也格外恶劣。与他同行的还有他的几位重臣和一些年轻的骑士,但大家手下的士兵都不算多。尽管如此,没有人比国王更好地忍耐了艰苦的条件和恶劣的天气,也没有人比他更投入地工作——与此同时,他还用言行和赏赐极大地宽慰了他的将士……就这样,他提振了将士们的决心。

菲利帕王后也在 12 月来到了罗克斯伯格,与丈夫共度了一周时间,和他共同经历征战中的困苦,而把孩子们留在后方。这是个勇敢的决定。黑太子当时 4 岁,他后来一定听过母亲在罗克斯伯格这个荒凉之地的见闻——多变的天气、危险和激动并存的体验,以及父亲和战友间的袍泽之情。这些想必会令他印象深刻。

威廉·迪恩回忆说,爱德华三世会和他手下的将士一同站岗执勤,或是一起烤火,与他们打赌、说笑、讲故事,以此提升部队的士气。士兵们说,他说过这样一句话:"我与众卿同杯共饮。"爱德华三世做好了与将士们一起面对困苦的准备。他的儿子黑太子似乎将他听到的关于罗克斯伯格的故事牢记在心。黑太子成年后计划自己的征战时,会特意拿出一笔钱用于每日的赌博,这样他就可以和士兵们一起放松消遣。据杰弗里·贝克记载,黑太子在普瓦捷赢得自己最著名的一场胜利时(他在那里和士兵们共同忍耐了恶劣的环境和艰苦的条件,还和他们在战斗前线并肩作战),同样的一句话也在黑太子麾下的士兵中口口相传:"我与众卿同杯共饮。"

爱德华三世在罗克斯伯格的行动规模有限,因为他只是想威慑苏格兰人,阻止他们组织起劫掠的部队。但在 1335 年夏季,他率领一支规模更大的军队重回苏格兰,而且更为深入敌境。根据威廉·迪恩的说法,这是当时一段时间内最为有序、补给最充足的军队;这支军队对敌方发起了强有力的打击,"焚烧、摧毁——还抢夺了许多战利品"。爱德华三世还重启了他祖父爱德华一世的一项政策:为苏格兰王位的另一位争夺者爱德华·巴里奥(Edward Balliol)提供支持,打击罗伯特·布鲁斯的幼子大卫的统治基础。爱德华三世对苏格兰的征战卓有成效,已经迫使大卫暂时流亡法国,而大卫的支持者仍然在苏格兰进行抵抗。不过,到夏季攻势结束之时,在8月18日,一批苏格兰贵族转而对巴里奥宣誓效忠,这使大卫·布鲁斯的阵营遭到严重削弱。

这时,爱德华三世可以进行谈判,达成一份内容与1328年那份耻辱的条约截然相反的协议。一个新的方案是,巴里奥将会当上苏格兰国王,王位在他去世前将一直属于他,而大卫·布鲁斯将成为巴里奥的继承人。如果爱德华三世能够争取到各方对这一方案的支持,他就能取得一次外交上的胜利。但大卫·布鲁斯这时已经将流亡宫廷设在了加拉尔堡[Château-Gaillard,位于诺曼底地区的莱桑德利(Les Andelys)],成了法兰西国王腓力六世(Philip VI)的傀儡。继续煽动苏格兰人抵抗爱德华三世对腓力六世更为有利,因此大卫听从法国方面的建议退出了谈判,并且命令他仍在苏格兰的支持者们继续战斗。

1336年夏季,爱德华三世指派的苏格兰总督格罗斯蒙特的亨利再次打击了大卫的支持者。6月底,爱德华三世亲自赶来与亨利会合。爱德华三世此前收到消息说,法国方面计划提供增援兵力,加强大卫的实力。对爱德华三世来说,如果来自法国的部队真的在苏格兰出现,他就必须亲自到场迎战,因为这事关荣誉。

为了能亲自迎战可能出现的增援法军,爱德华先是匆忙赶到英格兰北部,然后又从贝里克快马加鞭赶往珀斯(Perth)与亨利会合。这是一项令人震惊的壮举——在两天多一点的时间内,爱德华三世马不停蹄、不眠不休地前进了多达104英里(167公里),而与他同行的只有100名重装骑兵。这次奔袭的路线有一部分要穿过敌军控制的土地,按照威廉·迪恩的说法,这令国王和他的随从们"身处最危险的境地";但是迪恩又写道,英军士兵"见到国王驾临,不禁喜极而泣,并为国王的勇气鼓掌欢呼"。

爱德华在军事指挥中展现了非凡的活力,而他大约两周后从珀斯出击的征程,更是展现了他的魄力。他收到的消息称,巴里奥的支持者之一阿索尔女伯爵(countess of Atholl)被布鲁斯的士兵围困在洛欣多布(Lochindorb)城堡;被困的有女伯爵本人,她的一批侍女(托马斯·格雷爵士在此十分反常地加入了一句说明,称"她们都是十分美丽的女子"),以及一小股守军,而且他们的补给日渐减少。爱德华三世于是决定主动出击,为女伯爵解围,而之后他的这次行动又以信的形式被报告给菲利帕王后。故事开始于1336年7月12日,星期五:

> 我们的领主英格兰国王那一天极为突然地从珀斯出发,以至于没有几个人接到命令,事先准备好武器装备。他只带了400名重装骑兵和400名长弓手,当天夜里在田野中宿营。第二天上午,他骑行20英里,率军抵达了布莱尔-阿索尔(Blair-Atholl)城堡。之后一天,他又率军行进了30英里,翻越了阿索尔的险峻山地,穿过了苏格

58

兰地势最高、最难以通过的部分地域。

爱德华三世现在已经接近了布鲁斯手下正在围攻城堡的士兵。不论是城外的士兵,还是城堡内的守军,对此都一无所知。信中继续写道:

> 次日(7月15日),国王收到关于攻打洛欣多布城堡、围困阿索尔女伯爵的苏格兰军队之位置的情报,然后不顾一切地疾行16英里,解散了辎重队(因为马上就要开战),前进到距离城堡不足2英里的地方,近到甚至可以看到攻方的帐篷。敌人突然发现了国王的军队,于是四散奔逃了。

爱德华三世和追随者们高举胜利的旗帜,骑马进入洛欣多布城堡,并且受到了守军的热烈欢迎:

> 女伯爵反复对国王表示感谢,向他讲述自己和女士们所忍受的困苦,还补充说,城堡中除了一桶几乎不值钱的酒和两蒲式耳①稻谷之外,已经没有别的粮食了。她还说,甚至连可供躺下休息的稻草也一根不剩了。

这封信不遗余力地强调,爱德华三世来得正是时候。仅在最后一天,爱德华三世和他手下的士兵就总计骑行了约40英里

---

① 蒲式耳是英制计量单位,主要用于测量固体物质体积,多用于测量各种谷物。1 单位英制蒲式耳相当于 36.37 升。

(64公里),"走过了路况非常恶劣的道路,损失了不少马,而且他们自己的补给也严重匮乏,甚至全军都找不到一整块牛肋肉可供分食"。解围之后,人们从周围的乡村运来了牛羊,还很快买来了葡萄酒、啤酒、面包和腌鱼。那天晚上,"大家吃饱喝足,十分高兴"。

爱德华三世展示了非同凡响的勇气和活力,为他手下的将士们注入了一股新的使命感和自信心。他基本上控制了苏格兰低地地区,还向北劫掠,最远到达了阿伯丁(Aberdeen)。这确实是了不起的成就。然而对苏格兰的战事也不总是一帆风顺。接下来的一年,爱德华三世的好友威廉·蒙塔古围攻布鲁斯支持者驻守的邓巴(Dunbar)。在围城战之初,蒙塔古还满怀自信;他带来了一大批各式各样的攻城武器,对城堡发起一波波冲击。苏格兰编年史作者温顿的安德鲁记载道:"威廉·蒙塔古爵士准备得十分充分。他命人搭建了一批强有力的投石机,这些机器将坚硬而沉重的巨石投向城堡的城墙。"驻守此地的是邓巴伯爵夫人阿格尼丝(Agnes),她有很强的抵抗决心。她很清楚,爱德华三世因及时解了洛欣多布城堡之围而广受赞誉,也知道蒙塔古是爱德华三世的重要将领之一,因此决定动用她的幽默感,嘲讽蒙塔古一番。编年史作者安德鲁是这样写的:"在英军朝城堡射击完毕之后,一位衣着华丽得体的年轻贵族女士在攻城士兵的注视下,用一块毛巾清洁城墙。这样一来,他们就能看到她,而且会因此更加怒火中烧。"

在英军又一次进攻被击退后,伯爵夫人从城垛中间探出身子,朝蒙塔古挥了挥手,用法语(那个年代骑士使用的语言)向他喊道:"别了,蒙塔古先生。"英军这样久攻不下,苏格兰人又如此嘲讽他们的将领,把英军的攻势转变成了敌方自己的宣传攻势。对此，爱德华三世感到不安，于是下令放弃攻城。

这时，爱德华三世脑子里已经有了更为重要的事情——他越来越关注法国的动向。这是因为爱德华三世已经做出一个很不寻常的决定：他要争夺法国王位的继承权，主动出击，打到敌人家里去。

†

爱德华三世的这一举动对他自己和他的儿子都会产生深远的影响。为了理解这一决定，我们必须要回溯到大约十年前，也就是1328年。那一年2月上旬，卡佩王朝（Capetian dynasty）的最后一位国王查理四世去世，没有留下男性子嗣。当时有两位主要的继承者人选：爱德华三世，因为他的母亲是查理四世的妹妹伊莎贝拉王后；以及查理四世的堂兄瓦卢瓦伯爵腓力，他则是与查理四世血缘关系最近的男性旁系亲属。次年上半年，法国贵族们推选瓦卢瓦伯爵为国王，使其成为法王腓力六世。

英格兰方面并未立刻对这次推选结果提出异议。爱德华三世当时15岁，仍在很大程度上受制于伊莎贝拉和莫蒂默，而伊莎贝拉那时候正致力于巩固她在英格兰的权势，因此不愿挑起对法战争。在大约两年半之后，也就是在爱德华三世处死莫蒂默、驱逐伊莎贝拉并掌握实权之后，他仍与腓力六世保持着友好的关系。1332年，两位国王甚至还讨论过一同加入十字军东征的事宜。使这一切发生逆转的，是腓力六世对苏格兰的大卫·布鲁斯的支持。

爱德华三世在哈利登山对苏格兰大获全胜，令腓力六世既吃惊又失望。第二年,也就是1334年,他选择向大卫·布鲁斯的流亡宫廷提供保护,为的是重获对英格兰新国王的政治和外交优势。与此同时,腓力六世还就爱德华三世对阿基坦公爵领的控制,提出了越来越严苛的条件。当爱德华对此提出抗议时,腓力提出,与阿基坦相关的任何协议都要与苏格兰联系起来,但英格兰方面完全无法接受这一提议。腓力还开始暗示说,他十分乐意使用武力来为满足自己的要求提供支持。从1335年起就有传言说,腓力六世的舰队将向苏格兰运送部队,以支持大卫·布鲁斯的部下,甚至可能直接入侵英格兰。爱德华三世就像被一只钳子夹住,而且它越夹越紧了。

短期内,爱德华三世一边继续对苏格兰采取军事行动,一边与法国谈判。但是这两方面都让爱德华越来越焦虑。由于腓力保护着大卫·布鲁斯,爱德华也向曾发动叛乱反对腓力的阿图瓦伯爵(count of Artois)罗伯特(Robert)提供庇护。1337年,当腓力六世威胁要没收英格兰王室控制的加斯科涅时,爱德华三世便将自己争夺法兰西王位的依据和意向提交给议会讨论。

在外交事务上先发制人的做法十分符合爱德华三世的性格。1328年伊莎贝拉和莫蒂默没有更强硬地提出爱德华有权继承法兰西王位这件事,或许确实让爱德华感到愤愤不平。然而,他即将踏上的这条道路是相当有风险的。法国有比英格兰更多的人口,经济也更发达,还有一支强大的海军,可以突然发动反击。最关键的一点是,英格兰对苏格兰的战事仍未结束:爱德华三世必须要在欧洲大陆上寻找盟友,而建立有效的盟友关系又需要时间和金钱;这还意味着,他需要保有国内贵族以及全国各政治派别和阶层的支持。

托马斯·格雷爵士对国王选择的新道路感到十分吃惊。他写道，1337年2月召开的议会讨论了如下措施：

> 议会达成一致，认为国王应提出对法兰西王位的合法声索，放弃对国王的对手瓦卢瓦的腓力的一切效忠并对其宣战。为了达成这一目标，使节被派往德意志，开始构建（反法）同盟关系网。

当时的神圣罗马帝国皇帝巴伐利亚的路德维希是爱德华三世的连襟，但他是否真的做好了与法国为敌的准备还有待观察。格雷还记载说，爱德华三世开始赏赐他的主要贵族支持者，因为爱德华知道，战斗的负担有很大一部分要落在这些支持者身上："国王慷慨地将他的财产赠给贵族中的善人。格罗斯蒙特的亨利被封为德比伯爵，威廉·德博恩（William de Bohun）获封北安普顿伯爵（earl of Northampton），威廉·蒙塔古获封索尔兹伯里伯爵（earl of Salisbury）。"

尽管如此，腹背受敌还是十分危险的。格雷担心，一旦对法开战，国王将顾此失彼，手中的资源会难以为继。他提醒说，当爱德华和贵族们忙于新的战争时，"由于缺乏良好的管理，在苏格兰赢得的许多城堡和堡垒可能会得而复失"。格雷还记载了威廉·蒙塔古的担忧，蒙塔古"那时是御前会议中最受国王信任的人之一"：

> 蒙塔古认为，国王与德意志建立的同盟关系不会带来任何有利结果，而且德意志方面提出的（结盟）条件会带来极大开销，让英格兰无法承受。他认为，德意志方面

只是在贪婪地谋取私利。

蒙塔古最后说,他认为必须先了结对苏格兰的战事。格雷赞同这一观点,还对欧洲大陆的盟友提出了如下看法:"他们会花掉大量财富,却不能使我们获得真正的优势……会使得全国不得不征收新的税种,给人民带来沉重的负担。"

不论风险为何,新的舞台正在显现。在1337年2月的议会上,爱德华三世为他的儿子黑太子设计了一个新角色。国王知道,要真正展开外交攻势,他就需要把宫廷移到国外,设在埃诺和佛兰德伯爵领,至少要短暂地设在那里,因为这两个地方较为支持爱德华声索法兰西王位。爱德华三世的计划在他的内兄埃诺伯爵威廉的支持下展开。威廉那时已经越来越不信任腓力六世,于是开始代表英格兰国王组织一支同盟力量。宫廷移至国外后,就需要用时间来转移权力,而当权力真的发生转移时,爱德华三世就得下放部分权力。他的设想是,他在国外时,英格兰将由一个特别委派的治国会议来治理。爱德华三世未雨绸缪,决定让他的儿子以"护国公"的身份来领导这一会议。

这一选择令人吃惊,因为当时黑太子只有6岁。黑太子的领导角色因而在很大程度上只能是象征性的:他将会出席某些正式场合,被告知一些与整体政策有关的事项;日常的治理工作则将交由他人完成。考虑到这一点,爱德华三世选择了让经验丰富的顾问、可靠的贵族和教士来当治国会议的成员,让他们承担日常治理的职责。尽管如此,爱德华三世也希望儿子能够接受"在岗培训",对国家大事耳濡目染。对一个幼童来说,即使这些只是名义上的职责,也是沉重的负担。

爱德华三世是在弟弟埃尔特姆的约翰（John of Eltham）突然去世之后做出这一决定的。约翰天生就是当战士的料，而且他早期的军旅生涯和黑太子后来的经历十分相似。他还只有16岁时就在哈利登山之战有杰出的表现；三年后，他被任命为与苏格兰接壤的北部边境地区的守备官，这说明他的军事指挥能力得到了认可。此前，他已经出任过"护国公"，而且备受国王喜爱，几乎肯定会再次被委任这一职位。然而，1336年9月13日，约翰在对苏格兰进行了一番颇为成功的劫掠之后，突然在珀斯去世。约翰死亡的前因后果算不上清楚——他死于致命的高烧，而威斯敏斯特教堂的编年史作者则暗示约翰可能是被布鲁斯的手下毒死的。

约翰去世时只有20岁。爱德华三世命人对约翰的遗体做了防腐处理，又和自己手下的骑士一同将遗体从苏格兰护送回了伦敦。约翰的遗体先是放在圣保罗大教堂内供人瞻仰，随后于1337年1月15日葬在威斯敏斯特教堂。爱德华三世还为约翰的墓冢定制了一尊尤为精致的雪花石膏雕像。

爱德华三世难以接受弟弟的离世。威斯敏斯特教堂的编年史作者记载说，爱德华三世曾经做了噩梦，梦境正好与约翰之死有关。在约翰下葬后不到一个月的2月9日，原属约翰的康沃尔（Cornwall）伯爵领得到扩大，被转封给了黑太子，还升级为公爵领，从而产生了沿袭至今的康沃尔公爵爵位①。爱德华仍在为约翰的死感到悲痛，但也下定决心要让黑太子接过约翰的衣钵。爱德华三世希望为黑太子建立起自己的门户，因此

---

① 根据英国传统，康沃尔公爵爵位通常被封给英格兰国王（后为英国君主）的长子，但公爵的子嗣并不能自动承袭公爵之位。

将康沃尔公爵领的收入拨给黑太子调用。

根据当时的记录，黑太子十分喜爱各种游戏，不论是玩球还是玩骰子——这对一个小孩来说很正常。他还对骑术和驯鹰感兴趣；此外也热爱音乐，因为他经常付钱给宫廷乐师。然而，黑太子身边的状况正在发生重大改变。他不再与母亲同住，并且有了自己的一批仆从和官员。康沃尔公爵领的范围并不仅限于康沃尔郡，而是包括了其他一些地点，比如在赫特福德郡（Hertfordshire）的伯克姆斯特德城堡（Berkhamsted Castle）和萨里郡（Surrey）的肯宁顿（Kennington）的住所，这两处都离首都伦敦不远，有便利的地理位置。巴塞洛缪·伯格什是深受爱德华三世信任的一名仆从，也是一位出色的战士和外交官（他的弟弟就是为黑太子施洗的亨利·伯格什），他当上了黑太子的内廷总管。此外，年幼的爱德华王子还要出席正式场合。

黑太子这时的导师是学者沃尔特·伯利（Walter Burley），他教授的课程包括读写、拉丁文和算术，旨在让黑太子对于治国理政有一些基本的理解。此外，黑太子还上哲学和宫廷礼仪课，并接受武术训练。

爱德华三世密切关注儿子的成长。1337年，教宗本笃十二世（Benedict XII）曾派出两名枢机主教到访伦敦，试图阻止英法全面开战，而在伦敦城外迎接他们的正是黑太子。他身穿一件紫色天鹅绒制成的新长袍，头戴一顶特别制作的帽子，其红色镶边上嵌有珍珠，在一大群贵族的陪同下将两位枢机主教护送进城。考虑到黑太子已开始在公众场合露面，爱德华三世特意设法保证了儿子的衣着足够隆重华丽。黑太子有许多绣着银色玫瑰的精美帽子，还有一条点缀有37块珐琅和234颗珍珠的宽缎带腰带。黑太子还被赠予织工精细的挂毯，这说明他可能在伦敦有自己的房间，甚至还可能有一整座房屋供他居住。其中一块挂毯上有玫瑰枝条的图案，还有美人鱼举着黑太子的纹章。他的仆从队伍中有一批骑士侍从、贴身男仆，还有一名管家。黑太子生病的时候，伦敦最好的医生前来为他问诊；还有一名宫廷乐师前来为他演奏乐曲，祝他早日康复，并因此获得了奖赏。

英格兰和法兰西已经距离公然敌对不远了。爱德华三世于1338年7月出国，将他的大部分侍从和家眷迁到了安特卫普（Antwerp），那里也成了他的新基地，而当时8岁的黑太子就成了"英格兰护国公"。政府的一切政令都以黑太子的名义发出，他还会出席一些国事场合，而宫廷中没有随爱德华三世出国的人也都聚集在了黑太子身边。黑太子的母亲和妹妹们则同父亲一起渡海去了佛兰德。

爱德华三世出国期间，黑太子大部分时间都待在伦敦塔中。1338年7月20日，一道命令要求伦敦塔筹建一支由20名重装骑兵和50名长弓手组成的守备部队，还要用木栅栏加强防御工事。由于国王不在国内，人们害怕法国人可能会从海上向首都伦敦发动突袭，而此时的"护国公"黑太子自然在这些戏剧性的事件中扮演了一定角色。果然，到10月，腓力六世的船队就攻破了南安普顿（Southampton）、普利茅斯（Plymouth）和怀特岛（Isle of Wight）。而在伦敦，市政府接到命令，要求他们在泰晤士河河床上打入木桩，阻止敌军靠近。

在爱德华三世发出指令说"关闭我们的城门，加强城防，防备敌军攻击"之后，协调英格兰的国防事务的似乎是黑太子。这当然只是表象，因为实际工作是由其他人完成的，也就是由阿伦德尔伯爵（earl of Arundel）、亨廷登伯爵（earl of Huntingdon）以及坎特伯雷大主教约翰·斯特拉福德（John Stratford）领导的治国会议。不过，黑太子还是有了领导和指挥方面的初体验。这一时期，信使频繁地往返英吉利海峡两岸，将官方文件不断从爱德华三世那里送到英格兰治国会议手中。爱德华三世最关注的问题就是钱。在出发之前不久，英格兰的经济被爱德华三世放到了战时体制下。而早在1338年8月4日，他就已经在向治国会议写信，抱怨他们没有给他送来足够多的资金了：

> 我曾告知诸位，在我们抵达安特卫普时，我希望在此地已有资金和物资，供我们和我们即将进行的事业使用。然而我们发现，根本没有任何物资抵达。所幸我从我附近的朋友那里借到了一笔钱，否则我将永远因此事蒙羞，我本人和英格兰王国的声誉也将因此受损。

爱德华三世为此愤愤不平，要求所有物资被"全速"送至他那里，还要求他的顾问们"尽可能地认真对待这件事"。黑太子则在一定程度上避开了父亲的怒火。1338年10月21日，黑太子带着些许自信给母亲写了一封信，这也是他现存最早的一封信。在信中，他显然对获得委任当上"英格兰护国公"十分自豪。虽然这封信是在一名教士的指导下写成的，不过爱德华三世不断索要资金和物资造成的压力也是显而易见的。黑太子先是在信的开头向母亲送上常规的问候：

> 我最亲爱、最尊敬的女士，我怀着我所知的一切尊崇，谦卑地向您问好，并且乞求您的恩宠。我最尊敬的女士，收到消息说您一切都好让我感到十分宽慰，我也向上帝祈祷，求他长久地以他的恩泽保佑您。

接下来，他不可避免地谈到了国王的资金短缺问题：

> 我最亲爱的女士，您最近写信要求我尽快向身处国外的我王运送资金和羊毛，听到下面的消息您一定会很高兴：最富荣光的女士，我和我主（国王）的治国会议已经竭尽所能地执行您的命令，目前最后一批羊毛（税）已经征收完毕，会和所有资金一同尽快送往我王处。

羊毛垄断计划是由爱德华三世的顾问们于1337年制订的。王室将以标准价采购国内当年产出的羊毛，再运至欧洲大陆出售，这可产生相当可观的利润。一个商人协会将负责这一计划的实施，并与王室分享利润。理论上，这一笔收入将为爱德华三世即将发动的战争提供军费；但实际上，资金缺口还是相当大。黑太子深知爱德华三世对此极为不满，因而在信的结尾部分语气显得既颇受困扰又意志坚定："但无论如何也无法筹集更多的援助资金了，这一点我已经另行写信告知国王。我最尊敬的女士，愿圣灵与您同在。"

爱德华三世在欧洲大陆尽力组织他的同盟，不过在这一过程中他也浪费了越来越多宝贵的时间。毋庸置疑，他为此付出了许多精力，在德意志和佛兰德四处进行外交访问。然而，随着时间的推移，让·勒贝尔发现，虽然爱德华在安特卫普新设立的宫廷十分奢华、热情好客,却没有产生具体的成果:"高贵的爱德华国王大摆排场,为他的盟友们提供了美味佳肴,并对他们极为尊重,之后又礼貌地与盟友们商谈,将自己的计划和盘托出,以便询问他们的想法,并请求他们尽快履行承诺。"但爱德华三世得到的只是一些模棱两可的回答。勒贝尔继续写道:

> 这些贵族对爱德华国王说,他们尚未做好万全准备,或是尚未进行充分商议,因此不能对他的要求做出回应。他们要先回到自己人那里,然后在将来找个时间再度前来,那时他们才能给出完整的答复。国王知道这一次自己无法从他们那里获得任何帮助,于是与他们约定了再度会晤的时间。

等到约定的时间临近,爱德华三世迎来了新一轮的借口:

> 爱德华国王的盟友们又告诉他,他们会依照自己的承诺做好准备,组建部队(并加入反法联军),但首先国王要处理一下布拉班特公爵(duke of Brabant)的事情,因为布拉班特公爵是诸位盟友中分量最重的,但他似乎并未全心全意地为抗法做准备。

于是爱德华三世就去找布拉班特公爵:

> 高贵的国王与公爵约定了会晤时间,发现公爵并未真心进行准备工作,便向公爵展示了其他盟友寄来的回信;

国王还友好地请求公爵不要辜负自己……公爵闻听此言，顿时惊慌失措，表示他还需要就此事再做商议。

于是国王又回到了起点。

爱德华三世已经尽力了。1338年11月29日，他在安特卫普又迎来了一个儿子，取名为莱昂内尔（Lionel）。为小王子的出生，国王举办了盛大的庆祝活动，不过国王的盟友们似乎仍没有采取实质性行动；看起来要等爱德华夫妇俩生出一大帮孩子之后，盟友们才会真正忙碌起来。托马斯·格雷爵士当时随爱德华三世住在安特卫普，他又一次表达了对类似庆祝活动的不满。他是这么评价爱德华三世逗留在安特卫普的这些日子的："他在那里逗留了十五个月，并没有进行任何战斗，只是整天参加比武大会，享受奢华生活。"

实际上，爱德华三世的生活并非像格雷想象中的那么无忧无虑。那时，爱德华国王已经在从意大利的银行家族巴尔迪（Bardi）和佩鲁齐（Peruzzi）大量贷款，且累积了巨额债务。过了一年多的时间，爱德华的军事同盟才初具规模。他组建起了一支英德联军，此外还有一些来自佛兰德的兵力。神圣罗马帝国皇帝、巴伐利亚的路德维希从萨伏伊（Savoy）到西里西亚（Silesia）的欧洲各地都招募了士兵，让他们加入爱德华三世的军队。然而，执行爱德华国王的战略带来了简直可称天文数字的巨大开销，因此爱德华三世在国外期间，英格兰治国会议一直承受着巨大的压力。

1339年10月，黑太子代表父亲召开了议会，围绕珀斯守军向苏格兰投降的激烈争吵占据了会议的大部分时间。爱德华三世认为，守军指挥官托马斯·乌特雷德（Thomas Ughtred）

应当坚守更长时间，而且也有充足的资金和物资可用来坚守，因此想通过议会治乌特雷德的罪。乌特雷德是一名能力过硬、为人可靠的战士，他对遭到如此指责感到非常气愤，因为补给根本就没有到达珀斯，也因此坚持要求议会还他清白。最后，乌特雷德的声誉得到了保全，但英格兰已经在资源上严重不足，陷入了左支右绌的境地，这一点也再清楚不过了。

议会在几周之后休会，没能就向国王提供更多资金达成一致。11月1日，爱德华三世向黑太子和顾问们写了一封信。在信的开头，他恼怒地写道：

> 之前我已经多次告知诸位我在布拉班特逗留如此之久的原因，现在诸位也已经完全理解了。最近，我几乎没有从英格兰收到任何（资金）援助，这对我是很大的损害，令我身边的人陷入了可怕困境，还令我们的盟友对整件事极为不满。

爱德华三世接下来把话题转向了军事事务，语气也变得乐观起来。他的军队终于集结完毕，他也决心与敌军直接交战。为此，他已经进入了法国北部，准备与法国国王作战。在计划经过这么久的延迟后，爱德华决心要逼迫对手做出反应，因此他采取了野蛮的劫掠战术。爱德华三世直截了当地向黑太子和顾问们写道："圣马修日前夜（1339年9月20日），我开始在康布勒齐（Cambrésis）地区［即康布雷（Cambrai）周边］实施焦土战术，并且接下来的一周都将在这里继续焚烧、掠夺，直到这一地区完全被摧毁——这里的谷物、牛羊和其他物资不是被掠走，就是被烧毁。"爱德华三世随后率军继续深入法国，扩大他军队的破坏面积:"每日我军都在不断前进,我军将士将行进路线两侧 12 里格①(20 英里)范围内的一切事物都焚烧、摧毁……我要尽我所能地大肆破坏。"

腓力六世也集结起自己的军队,前来应战;与此同时,爱德华三世那笨拙的联军已经开始显出疲态。10 月 23 日,两军在小城比龙福斯(Buironfosse)附近摆开阵势。爱德华三世对这次遭遇早有准备:"那一天,我们在天亮前很久就已经进入了战场,摆开了阵势,做好了战斗准备。"他还告诉黑太子说:"几个敌军的探马被擒获,他们告诉我说,法军先头部队就在不远处,也准备好开战了。"但腓力拒不出战,反而转入防御态势。

他下令在营寨周围挖掘壕沟,砍倒大树,防止我军发动攻击。我一整天都全副武装,直到晚上才放松下来,因为那时我意识到不会再发生什么了……第二天,我再次发出挑战,但是他却毫无动静。最终(一天后,即 10 月 25 日)我发现,敌军已经急匆匆地四散逃离了。

爱德华三世于是率领英德联军返回了佛兰德。这次出征称不上多么令人印象深刻,不过他确实向对手发出了挑战,又看着敌军撤退,因此他获得了一个宣传的机会。1340 年 1 月 26 日,在根特(Ghent)的市集上,爱德华三世举起自己绘有英格兰和法兰西两大纹章的盾牌,正式宣布自己为英格兰和法兰西国

---

① 即 league,欧洲旧时长度单位,原指一个人在一小时内可行走的路程,具体数值在不同时期、不同地域有不同规定。

王。他是一位在图像的意义上十分敏锐的国王，这是他宣告自己野心的大胆一步。现场的人看到，爱德华的纹章被分成四个部分，分别展示着英格兰王室的三狮图案和法兰西王室的鸢尾花图案。此事对爱德华三世来说是一个分水岭。勒贝尔记载道："从这时起，爱德华在一切事务中，都自称英法两国的国王。"

†

1340年2月21日，爱德华因资金耗尽而从佛兰德回到了英格兰。这次回国注定短暂，因为他只是想向议会索要更多资金。此时，爱德华三世已经在佛兰德完成了和布拉班特公爵的反法联盟谈判，正计划通过联姻进一步巩固结盟关系：他准备让黑太子迎娶布拉班特公爵约翰（John）的女儿玛格丽特（Margaret）。爱德华三世还在集结一支舰队，并计划率领一支新的军队返回佛兰德。然而，他无休止索取资金的行为招致了对他外交政策的猛烈批评，因此他亟须取得一场切实的军事胜利。

与此同时，黑太子时而四处玩乐，时而履行出席正式场合的义务。1340年4月底，他在拜弗利特（Byfleet）与伙伴们放松消遣。他在玩一种名为"单棍"的赌博游戏时，输了12便士给约翰·钱多斯，这也是这位黑太子将来的导师和重要军事顾问首次在历史记载中留下印迹。5月25日，黑太子在肯宁顿向爱德华三世在佛兰德的主要盟友之一于利希侯爵（marquis of Juliers）赠送了一只镀金珐琅杯。6月上旬，黑太子又来到了贝里圣埃德蒙兹（Bury St Edmunds）。因为他的父亲即将出海，他还在圣埃德蒙（St Edmund）的神龛和当地教堂的圣物前献上了供品。接下来，黑太子又向东行进，来到了俯瞰斯陶尔河（Stour）河口的霍尔布鲁克（Holbrook）。爱德华三世的舰队正在河口集结。

那时的场面很有戏剧性。爱德华三世原本计划让他的部队乘海船去布鲁日（Bruges），在那里与佛兰德盟军会合并发动新的攻势。他已经集结了100多艘船。但是法军预测到了爱德华三世的行军路线，因此用一支舰船数量多出一倍的舰队封锁了茨文河（Zwin）河口，挡住了英格兰舰队的去路。很多人都觉得爱德华三世的舰队规模不足，而敌方舰队过于强大。坎特伯雷大主教兼英格兰大法官约翰·斯特拉福德就力劝爱德华三世再等一等。编年史作者埃夫斯伯里的罗伯特（Robert of Avesbury）记录了这一刻：

> 大主教提醒爱德华说，他的敌人法王腓力已经意识到爱德华的计划，并且集结了一支强大的海军力量，准备在佛兰德的茨文港对抗爱德华。大主教建议爱德华再等一等，组织一支更为强大的军队；如果现在就渡海，爱德华和他手下的将士就可能面临全军覆没的命运。国王说，他还是选择渡海。

斯特拉福德知道，法国人在海上占据着优势。法国的船只由地中海的桨帆船改造而来，航速飞快，操纵简便。英格兰则没有专门的海军；只是征用了一批吃水深、圆船身的商船（这种船被称为柯克船）。英国人在船头和船尾加装木制"堡垒"，并在桅杆上加装瞭望台，供长弓手射击敌船使用，这就算把它们改装成战船了。这些船可以搭载不少士兵，但是在开阔海域上显得过于笨重、难以操控。斯特拉福德担心遭遇惨败，威胁爱德华三世说，如果国王不推迟登陆计划，他就辞去大法官一职。埃夫斯伯里的罗伯特继续写道：

> 国王于是叫来了他的舰队司令，并问司令渡海有多危险。舰队司令的回答与之前大主教的差不多。爱德华国王于是气愤地说："你和大主教都给我讲大道理。无论如何，我还是要渡海。根本没有什么好怕的，你们要是感到恐惧的话，大可留在家里。"

舰队司令罗伯特·莫利（Robert Morley）很勉强地答应与国王同行。国王又"好言相劝"，说服了斯特拉福德。但是危险仍然切实地存在：法国舰队得到了热那亚桨帆船的增援，正在以逸待劳，就等着爱德华三世渡过英吉利海峡。6月22日，英格兰的舰队做好了出航准备。黑太子乘坐小船前往爱德华三世的座舰"托马斯"号与父亲道别。黑太子与爱德华三世同几位船长简短交谈之后，舰队就扬帆起航了。黑太子清楚，他们都身处极为险恶的境地。

黑太子接下来借道科尔切斯特（Colchester）和切姆斯福德（Chelmsford）返回伦敦，一路上赏赐了多位地主的园林看护人。他是想通过狩猎来让自己散散心，但很难真正放松下来。他已经听到消息，说法国人要拦截他父亲的舰队，准备在海上大战一场，将英国海军全歼。他留了一位信使在哈里奇（Harwich），"打探他父亲渡海的消息以及敌军的动向"；这位信使甚至还雇了船，扩大了打探、搜寻消息的范围。另外一位信使在奥福德（Orford）逗留了六天，执行的也是类似的任务。黑太子显然是在担心父亲性命不保。

然而，让爱德华三世如此大胆地渡过海峡并迎战敌军的，绝非匹夫之勇。他相信，自己船上挤得密密麻麻的重装士兵以及长弓手足够精锐，因为他们中有许多人都在苏格兰经历过战争的锤炼。国王还知道，敌方许多舰船上的水手缺乏战斗经验。爱德华三世要在对战法军时掌握主动权，主导战斗的走向，这一点至关重要。他决定主动出击，说明他已经做了充分准备。

黑太子在国内焦急地等待消息时，国王的舰队终于在佛兰德海岸的斯勒伊斯（Sluys，也作斯鲁伊斯）附近看到了敌方舰队。《不列颠人纪事》写道：

> 国王和他的舰队（6月24日）天一亮就起航了，而当他们发现敌军的时候，那景象十分可怕，令人几乎不敢直视。法军的船被粗壮的锁链牢牢地拴在一起，（还安装有）堡垒、木制的胸墙和壁垒。尽管如此，爱德华国王还是对身边的人说："诸位爱卿，我的兄弟们，不要灰心——你们反而应该放松心情。今天随我参战的人都是在为了正义的事业而战，也会因此得到全能的上帝的保佑；且各位不论获得什么战利品，都可以保留。"国王讲完之后，他身边的人都踊跃地去与敌军战斗了。

爱德华三世十分善于鼓舞士气，而且对他来说，还有一个有利因素，那就是敌军指挥分散、不够团结。热那亚的舰队司令巴尔巴韦拉（Barbavera）指出，应当拆除锁链，出海迎敌，而且他说得确实有理；但法军统帅贝乌谢（Béhuchet）反其道而行之，坚持要舰队保持防御阵形。爱德华三世看出了对手的举棋不定，决定抓住机会，主动出击。他命令手下的船只三艘一组地向法军驶去，每组中有两艘装满了长弓手，另一艘则搭载着重装士兵。这一战术非常有效。爱德华手下的将士利用敌方舰船被锁链锁住、动弹不得的劣势，用抓钩钩住敌船，一艘接一艘地杀过去。每艘敌船都先要遭到英军长弓手的箭雨射击，然后再要面对重装士兵的接舷肉搏。

经过艰苦的战斗，法军舰队的第一排舰船全部被英军俘获。第二排舰船上的法军惊慌失措，有的甚至跳入海中逃生。一位伦敦的编年史作者记录道："战斗十分激烈、残酷，从中午一直打到深夜。"最终，英格兰大获全胜。瓦卢瓦的腓力的旗帜被砍倒，爱德华三世的三狮和鸢尾花旗取而代之。英军的损失微乎其微，而法军的大部分舰船被俘获，还有成千上万的水手溺亡。

四天之后的 1340 年 6 月 28 日，黑太子收到了他父亲的信：

> 亲爱的儿子，我知道你急切地盼望收到我这里的捷报，了解自我离开英格兰以来所发生的事件。上帝以他神奇的力量将胜利赐予我，我也要竭尽所能地感谢他。我要告诉你，俘获的敌方帆船、桨帆船和驳船总数多达 190 艘，不过有 24 艘船逃脱了。还有一些船之后在海上被俘。（法军的）重装士兵和其他士兵总数达到了 35000 人，其中只有 5000 人逃脱；据我方生擒的一些俘虏交代，其他人都已经死了，他们的尸体遍布整个佛兰德的海岸。

没有人预料到英格兰人会赢得这场战斗。《不列颠人纪事》记载了在爱德华三世的将领间流传的笑话："腓力有那么多士兵在此地葬身鱼腹,如果上帝赋予海里的鱼说人话的能力,那么这些鱼从此以后就会说法语,因为他们吃了很多法国人。"

†

虽然爱德华三世在斯勒伊斯海战中赢得了一场震惊世人的大胜,但他所期待的关键政治机遇并没有因此到来。他围困了图尔奈(Tournai),希望能再次引腓力六世出战。然而,腓力这一次没有上钩,最后爱德华把资金都耗尽了。法国的编年史作者批评腓力缺乏战斗精神,他们的英格兰同行则批评爱德华三世挥金如土。威廉·迪恩就此评论道:"国王在斯勒伊斯取得的胜利并未能完全挽回他的名声,因为他虽然自称法兰西国王,却并没有取得对法兰西的控制。"计划的实现还要再等一等。

爱德华三世赢得法兰西王冠的愿景就此产生,但其带来的阵痛极为强烈。他花费了近50万英镑,大多数统治者一辈子也见不到这么多钱;他的债务违约行为还使得巴尔迪和佩鲁齐这两大意大利银行家族垮台,因为他的贷款大部分来自它们:佩鲁齐家族于1343年爱德华三世抵赖欠款后不久就破产了,巴尔迪家族两年后也进入了破产清算程序。爱德华带着一腔怒火回到英格兰,把气都撒在了大臣们身上。他开销巨大,而且再次和大法官兼大主教约翰·斯特拉福德发生冲突,几乎引发一场制度危机。第二年,爱德华三世回到法国,插足布列塔尼爵位继承战争(War of the Breton Succession),不过这次的阵势要小一些。这场战争在一定程度上只是次要事件;现在爱德华三世不得不采取一种更为现实、谨慎的政策。

爱德华三世在布列塔尼期间,黑太子再次短暂出任了

"护国公"。1342年12月5日,爱德华三世给黑太子写信,如往常一样指示他"催促我的大法官和司库给我送钱"。国王在信中表现出了谨慎的乐观:

> 亲爱的儿子,请知悉我已经围困了瓦讷城(Vannes),这是布列塔尼地区除了南特(Nantes)之外最好的城市;(攻下瓦讷)我就能更好地迫使布列塔尼服从我的旨意……希望上帝的力量助我成功,因为在我到达此地后,他已经为我提供了良好的开端。

但这座城市拒不投降。爱德华三世不得不再次达成停战协议。1343年3月,他又回到了英格兰。国王回国之后,黑太子断断续续的"护国"工作也就到此为止了。为了回报黑太子的贡献,在大约两个月之后的5月12日,国王正式册封黑太子为威尔士亲王。

接下来的一年,也就是1344年,国王宣布,他有意组建一个由300名骑士组成的圆桌骑士团,以复兴亚瑟王的荣耀。他在温莎举行了盛大的比武大会,并且在1月20日庄严宣誓,将建立一个圆桌骑士团,它"和英格兰旧王亚瑟创立的骑士团一样,地位也将与之相当"。他还下令让木匠和石匠对温莎城堡的圆塔进行改建,以便为骑士团提供合适的活动场所。但是爱德华三世也知道,对法作战要真正取得成功,就必须彻底改造军队、改革军队组织架构、改进军事战术。于是他就着手进行这项工作了。

我们可以从1344年至1345年黑太子门户账目的片段中一窥他生活的一些细节。有些记录记载了在国外购买马匹的大笔开支：一位仆人曾前往布拉班特，一共购买了32匹马。在黑太子之后的军旅生涯中，他对马的养殖与训练产生了浓厚的兴趣，不但拥有多达7处马场，还喜欢向他最亲近的伙伴赠送战马。约翰·钱多斯爵士还获得了一笔供他购置武器装备的专款，好让他参加在温切斯特（Winchester）举行的一次比武大会；黑太子本人似乎也参加了这次大会。他帐下一共有大约120人，包括一大批经验丰富的战士、外交官和行政官员。

1344年，与法国的和谈在阿维尼翁（Avignon）进行，但最后以失败告终。1345年，爱德华三世对腓力六世发起了一系列军事行动。北安普顿伯爵受命率领一小支军队前往布列塔尼；格罗斯蒙特的亨利则率军前往阿基坦。国王自己于1345年7月3日出发前往佛兰德，准备就新一届反法同盟展开谈判，而且这一次黑太子也一同前往。他们离开了港口桑威奇（Sandwich），来到了斯勒伊斯，并在这里和佛兰德的领导人雅各布·范阿特维尔德（Jacob van Artevelde）会晤，与其讨论组织新军事同盟的事宜。然而，到了7月24日，阿特维尔德就在根特的一次暴乱中遇刺。在听到这一消息后，爱德华三世父子就回了英格兰。

在英格兰，各项计划已经付诸实施，次年出征诺曼底的准备工作做好了，而且黑太子也会参与这次行动。黑太子这时已经15岁，之前深受父亲的比武大会影响，也对父亲对法国和苏格兰的军事胜利耳熟能详，因而产生了成为富有骑士精神的领袖的愿景。国王自己已经找到了一项高贵的事业——赢取法兰西王冠，因为他认为那本应属于他；黑太子也希望能全身心地参与这项事业。黑太子之前已经接受了治国理政方面的培训，现在他要和父亲一同走上战场了。

第三章
成人仪式

1346年夏季，爱德华三世考察了几个可能的出兵方向，它们都很有吸引力。他可以与由格罗斯蒙特的亨利率领的、已经在加斯科涅活动的一小股英军会合，并且带去大批增援；他也可以在低地国家①与休·黑斯廷斯（Hugh Hastings）爵士所率部队会合，进行更有效的军事干预。但是爱德华三世希望尽可能地刺激和挑衅对手腓力六世，因此决定向别处出兵。爱德华三世准备率主力部队在诺曼底登陆，劫掠诺曼底公爵领内富饶的农业土地，刻意破坏法国贵族的领地，以刺痛腓力六世，迫使他率兵迎战。爱德华国王相信，自己那14000人的军队足以达成这一目标。

国王已经为这次攻势准备了很长时间。征兵官（这一官职负责为军队挑选士兵）在英格兰的每个郡中忙于征兵。数百艘船已经集结在了朴次茅斯（Portsmouth）。爱德华三世还决定以一种更为专业的新征兵方式来招募他军队的核心力量，那就是从他手下经验最为丰富的将领的扈从中招募。他们将会以一种称为契约（indenture）的法律文件的形式，与国王订立合同，文件中明确了薪酬、服役时间，以及队伍中骑士、重装士兵和长弓手的数量，不论是骑兵还是步兵都被纳入其中。国

---

① 欧洲西北部沿海地区，地域范围大致相当于今天的荷兰、比利时、卢森堡和法国北部滨海地区。

王要求这些士兵都有适当的装备,并且接受过良好的训练。

1346年7月12日,爱德华三世在科唐坦半岛(Cotentin peninsula)的圣瓦斯特-拉乌格(Saint-Vaast-la-Hogue)登陆。他一下船就不慎跌了一跤,一头栽在沙滩上。在场的人都有些惊慌,但爱德华三世十分机智地说,这是个好兆头,因为法兰西的土地把他当作自己人,正在欢迎他回家。

这个故事或许是虚构的,但无论如何,爱德华三世一抵达诺曼底就封黑太子为骑士,并将他指派为先头部队的指挥官——这在军中是个责任重大也充满荣耀的职位。黑太子的部队要在前方开道,负责侦察探路,也会最先与敌军相遇。国王挑选了一批有经验的将领来辅助黑太子,包括北安普顿伯爵和沃里克伯爵。不过,国王的意图十分明显:他要培养黑太子的军事才能。黑太子不会因其地位或阶级而免于面对战斗的风险,而是要和他手下的将士一同经历刀光剑影。爱德华三世希望儿子能够赢得荣誉和声望。如果黑太子能够在经历这次战事后全身而退,这就可以算作他进入战士精英阶级的成人仪式。

爱德华三世对他的军队保持着严密的掌控,并向士兵们宣读了纪律条例。国王考虑到自己宣称应当继承法国王位,便采取了一种"胡萝卜加大棒"的策略:如果平民能迅速投降,那么他们的生命和财产将不受侵害;否则他们就要自负后果。这支军队确实要劫掠法国的土地,但决定权还是在爱德华三世手中。

经过五天的准备,爱德华三世的军队开始了行军。黑太子的内廷总管巴塞洛缪·伯格什当时跟随黑太子加入了先头部队,记录了部队先锋的激动情绪。7月17日,他在给家人的信中写道:

> 我们已经抵达了诺曼底被称为科唐坦的地方，全军安然无恙，士气高涨。我们一登陆，我主太子殿下就获封骑士。我们攻下了巴夫勒尔（Barfleur），沃里克伯爵还与敌军打了遭遇战，并赢得了胜利。其他许多骑士也与法军进行了搏斗，这样的事情随时都在发生。而敌军本应保卫这一地区，却躲进了他们的城堡和经过加固的市镇中……国王已经开始率军深入，准备以征服的方式争夺法兰西王位，愿上帝赐予他恩泽。

受封骑士的仪式是一名战士生命中的重要时刻，会对他产生持续且重要的影响。到 14 世纪时，这一仪式已经发展得十分完备。最初它只需一句简单的祝福，后来则需要举办特别的仪式和丰盛的宴会——只要时间和条件允许。不过，在战场上或是在征途中的重要时刻受封骑士又有所不同。然而，即便在这样的特殊情况下，这种场合还是蕴含了可观的力量，因为这是一个授予勇气的过程。不但授予者通常是身经百战的领主，而且仪式是在全军将士的注目下进行的。对于黑太子成为骑士的这一时刻，我们应当既关注他外在的经历，也考察他内在的思维。在中世纪的骑士道中，出征和战斗不但意味着厮杀中的残酷现实，还代表了在仪式和象征世界中的一种抽象存在。

†

在英军开始行军之时，黑太子一定回想过成为骑士的那一刻。有一位特别的骑士的作品或许能够在一定程度上帮助我们了解黑太子的心路历程，这位骑士就是法国人若弗鲁瓦·德·

夏尼（Geoffroi de Charny）。德·夏尼不但与黑太子生活在同一个时代，两人之后的人生轨迹甚至还一度在十分富有戏剧性的情境下交会。若弗鲁瓦·德·夏尼是一名武艺精湛的战士，还有高尚的品格。他的作品《骑士精神之书》（*Le Livre de Chevalerie*）著于1350年前后，详细说明了骑士行为的基本原则。

德·夏尼认为，在战场上的实力不但是骑士所能展示的最重要的品质，还可以为其赢得荣誉。他认为，这种实力是来自上帝的馈赠，因此需要不断对此保有感恩之心。这种实力是一系列战士美德的集合：力大无穷、韧性十足、武艺精湛（不论是骑马作战还是步行格斗），以及勇气和决心。而这些美德正是骑士声望的基础。正如编年史作者让·傅华萨所说："没有实力，一位绅士就无法赢得荣誉或是俗世的声望，如同柴没有火就无法燃烧一样。"德·夏尼说得更为简单直白："谁做得越多，谁就越有价值。"

若弗鲁瓦·德·夏尼对骑士精神的解读充满了一种虔诚感，同时他也理解为正义事业而受苦的重要性。他强调说，成为一名骑士十分艰难，因为要不断将身体推向忍耐的极限，还要时常在战场上冒着生命危险战斗。一名战士会目睹"箭矢和长矛如雨点般落下，周围的地面上躺满了战友的遗体"。"战士骑于马上，可以转身逃命，然而逃命便会令他荣誉尽失。"最后，德·夏尼用一个反问句结尾："若有人能让自己经历如此磨难，难道他不配被称为伟大的牺牲者吗？"

德·夏尼对于不断征战时的艰苦条件和时常与人厮杀的武人心中怀有的恐惧都不避讳。但他对战争的残酷性和破坏性有所粉饰，还为骑士这一职业披上了道德的外衣。他坚称，尽管战争充满了暴力，但可以取悦上帝。他对骑士身份的描述深深地吸引了14世纪的战士阶级。首先，他写道：

> 当一个人受封成为骑士时，他首先应当忏悔自己所有的罪过，以使自己处于洁净的状态，然后才适宜参加圣餐仪式。在受封成为骑士的前一夜，他应当沐浴清洗，洗去罪过和罪恶的生活留在身上的所有污秽，把它们留在水中。这样做之后，他应当带着纯净之心离开浴盆。接下来，他应躺在一张崭新的床上，床上铺着干净的纯白床单，他应好好休息，就像一个因罪过而历经艰辛、备受恶魔折磨的人那样。这张床象征着他已经为过去触怒上帝的言行做出补救，在平息了上帝的怒火之后带着清白的良心安眠。

德·夏尼接下来描述了仪式的下个步骤：

> 之后，其他骑士应当来到床边为他穿衣。他应当身穿崭新的亚麻衣物，其他物品也都应当是全新的。污秽和罪过已经从他身体上洗去，而新的衣物则象征着未来他也能保持高洁、一尘不染。

他又阐释了这一仪式的象征性意义：

> 然后，他应当在其他骑士的帮忙下穿上红袍，这象征着他已经宣誓要为了对主的信仰，以及为了保卫和维持神圣教会的律法而洒下热血。在此之后，其他骑士应当为他

牵来一匹黑马，这象征着他不但来自尘土，也将回归尘土，须自知必有一死；还意味着他也无法确知死亡到来的时刻，因而必须摒弃一切傲慢之心。其他骑士还应取一根白色腰带，系在他腰间，象征着他应时刻被贞操与洁净所环绕。他还应当肩披一件红色披风，以示谦卑。

在教堂进行守夜仪式后，大家就会让这位即将成为骑士的人独处，好让他向上帝祈祷，请求上帝宽恕他的罪过。

第二天，其他骑士带他去虔诚地听弥撒……负责颁发（骑士）勋章的骑士应在新骑士的脚上装一根镀金马刺。正因为黄金是最令人垂涎的金属，所以才要将其装在脚上，令新骑士的心不再向往黄金。接下来，颁发勋章的骑士要为新骑士系上一把佩剑。由于剑有双刃，新骑士因此必须随时保持正义、理智和公正，永不背叛基督教信仰或是神圣的教会的权益。

这就是一名骑士的内心世界：他要在这样一个以暴力和痛苦为基础的职业中寻找意义和道德价值。钱多斯传令官曾记录黑太子的生平，他是这样评价黑太子的：

从孩提时代起，他就一心想着高尚的事迹、勇气还有忠诚。他就是受着这样的教育长大的……最突出的是他的特别天赋。国王在渡海前往诺曼底前，在儿子身边安排了众多充满勇气、声名远扬的骑士。黑太子高贵而勇敢……最重要的是，他十分热爱神圣的教会与神圣的三位一体。

之后，黑太子会逐渐成长为一个有着深刻而真挚的虔诚思想的人。但在此时，对16岁的黑太子来说，周围的一切都十分喧闹忙碌、令人激动。他是国王的儿子和继承人，因此获得了全军的关注。而在这次征战中，黑太子可以靠英勇的事迹赢得声誉。

1346年7月17日，英军开始向内陆挺进，一路烧杀劫掠，接受了卡朗唐（Carentan）的投降，还攻下了圣洛（Saint-Lô）。腓力国王收到这一消息时，表现得十分果断、坚定。他向手下的贵族放出召集令，命令他们各自征集部队、率部前来，之后又去了圣但尼修道院（Abbey of Saint-Denis），展开了法国王室的战旗——红色王旗（*Oriflamme*）。苏格兰国王大卫·布鲁斯在哈利登山之战的惨败后，在法国过了几年流亡生活，最终在五年前，也就是1341年回到了苏格兰。考虑到爱德华三世此时不在英格兰国内，腓力于是催促大卫发动攻势，入侵英格兰。

但爱德华三世已经对腓力采取类似动作了。与他的远征军同行的就有一位叛变的法国贵族若弗雷·达尔古（Geoffrey d'Harcourt）。达尔古曾遭指控，说他图谋将诺曼底公爵领从腓力长子的手中夺走，并因此被罚以流放。爱德华三世抓住机会，热烈地欢迎达尔古来到自己的宫廷，还邀请他加入自己的军队。达尔古渴望复仇，同时也深知诺曼底对战争毫无准备，因此强烈建议英军在诺曼底登陆。

达尔古还向爱德华三世进言说，应当对此地的乡村进行劫掠；而爱德华本来也有此意，不需要说服。他立刻允许达尔古率领一支由重装士兵和长弓手组成的精锐部队，出击至距离大部队约20英里（32公里）处，一路放火，大搞破坏。一位法国的编年史作者记载道:"他们发现乡村地带十分富饶、物产丰富,谷仓里装满谷物,房屋中到处是各式财宝。他们将房屋付之一炬,将牲畜——羊、猪、公牛和母牛——带回国王那里。"

达尔古在英军主力的一侧进行劫掠。为了保持平衡,爱德华三世派出他的骑兵统帅沃里克伯爵在另一侧开展同样的工作。英军就这样继续前进。

> 高贵的英格兰国王和他的儿子太子殿下率军一小段路一小段路地前进着,并且总能轻松找到补给和落脚点,因为乡间的人毫无防备,没有藏匿任何东西。这些平民着实吃惊不小,因为他们已经很久没有经历战争了,甚至很久没有见到全副武装的人了。但他们现在目睹了士兵毫无怜悯的屠杀,看着后者点火焚烧、摧毁周围的一切。

随着爱德华三世率军逐步逼近卡昂(Caen),法国人也越来越慌乱。因为腓力六世仍然身在巴黎,法兰西元帅、厄镇伯爵(count of Eu)拉乌尔·德布列讷(Raoul de Brienne)召集了当地贵族和城镇民兵,试图组织抵抗。在德布列讷的准备工作完成前,爱德华国王已迅速出击,在7月26日率军抵达卡昂后立刻发起进攻。黑太子在父亲的批准下,领导了这次突击。让·勒贝尔如此描述战斗的开端:

> 起初,市民们的抵抗还十分坚决,但他们看到了英格兰国王的旗帜以及那么多的精锐战士(他们从未见过这样的战士),他们的内心充满恐惧。此后,就再没有人能够阻止他们退回城内,不管法军统帅是否乐意看到此种局面。

黑太子和他的部下在日出后不久就向卡昂进发，很快就杀进了城内。德布列讷已经尽其所能，不但加固了城堡，还将手中剩下的兵力部署在了奥恩河（Orne）的桥梁上；奥恩河将卡昂一分为二，而这座桥是连接两个城区的重要通道。勒贝尔记载说，这座桥"还加装了栅栏和闸门"。法军在此英勇地进行了抵抗，但是被黑太子的部队迂回包围了。卡昂的防御工事此前没有得到很好的维护，"城墙破败，而且河水水位较低，英格兰人得以从多处渡河，包围敌军"。

黑太子的部队向城堡门楼逼近，厄镇伯爵于是退到了门楼的上层。在这次进攻中打头阵的都是出身低微的长弓手，他们已经杀红了眼，一路追着伯爵，还砍倒了他手下的众多将士。有那么一段时间，冲上来的英军中并没有贵族，而且渐渐杀向伯爵的长弓手似乎并不打算接受敌人的投降。这一天看起来即将成为伯爵的死期。此时，伯爵朝窗外一瞥，突然认出了站在外面的一位战士，此人就是托马斯·霍兰德（Thomas Holland）爵士。他是爱德华三世的将领之一，德布列讷曾与他在普鲁士的十字军东征中并肩作战。德布列讷向霍兰德大声喊叫，于是霍兰德和他的战友们立刻穿过人群，赶到德布列讷身边，接受了投降。德布列讷逃过了一劫。

接受敌军投降和俘虏敌军的命令通常要到战斗接近尾声时才会下达，因为在看管一群俘虏的同时，士兵们很难全身心地投入战斗。但霍兰德不愿等待这样的命令，而是出手营救了一位值得尊重的对手，这一举动极具骑士精神。霍兰德是一位果敢的战士，他的军功和声望那时也在迅速积累。我们之后还会介绍更多他的事迹。

其他人就没有德布列讷那么幸运了。根据中世纪的传统，拒不投降的城镇居民被视为放弃得到人道待遇的权利。爱德华国王被卡昂的抵抗激怒，允许他手下的士兵洗劫这座城市。让·勒贝尔沉重地写道："每个人都目睹了自己的母亲和姐妹被杀害，自己的妻女被奸污，自己的房屋被洗劫、烧毁。"爱德华随从中的一位教士在给菲利帕王后的信中表现得颇为洋洋自得，对受苦的民众鲜有同情：

> 在街道上、房屋中和花园里，有一大批法国人被杀，既有骑士和侍从，也有平民百姓。具体死亡人数难以统计，因为尸体都被剥去了衣服，夺走了财物，难以辨认身份。我方没有损失任何贵族，除了一位侍从。他在战斗中负伤，两天后去世。

7月29日，巴塞洛缪·伯格什再次向英格兰国内写信，传递了黑太子所在的先头部队的更多消息。英军这时已经占领了卡昂。伯格什相信，虽然他们刚出征不久，但是对手已经完全被吓住了："我们在拉乌格登陆并再次出发、开始劫掠之后，在我们到达卡昂之前，不论在城镇还是乡间，都没有什么人敢于真正挑战我们。"伯格什接下来描述了他们赖以获胜的战术：

> 我们尽可能地接近这座城市，然后长弓手们就直接冲向了吊桥，并且向那里进行了几轮齐射……之后他们又在障碍物处与敌军肉搏，表现得优异而高贵，将抵抗者全部击溃……就这样，我们得以进入这座城市。

接下来就是对杀敌数和俘虏人数的统计。对中世纪的人来说，这是判断一切军事行动成功与否的准绳：

> 法军元帅以及当时他身边的所有人都向托马斯·霍兰德爵士投降了，唐卡维尔伯爵（count of Tancarville）则被太子手下的一位骑士俘获，所以成了太子的俘虏。另有120~140名英勇的法军骑士战死或被俘……还有5000个侍从和市民在战斗中丧生……到目前为止，我们的事业开展得非常顺利，赞美上帝！

黑太子及其手下在击败敌方守军的过程中起到了重要作用，这让伯格什十分自豪。用钱多斯传令官的话说，"他在卡昂夺取了大桥，攻克了这座城市，在战斗中表现出色，因为他这个年纪的人总是十分渴望获得名望和好的声誉"。先头部队士气高昂，伯格什也在信的结尾处乐观地写道：

> 国王在城里逗留了两三天。这里补给充足，由国王的手下驻守。国王现在打算直接向敌军进发，了结整场争端，不论上帝做出了怎样的决定。我们的船只已经进入了通往卡昂的（奥恩河）河口，摧毁了约100艘地方船，还（派出突袭队）用焚烧等手段对乡间造成了相当大的破坏。以上就是目前我能提供的所有消息了。

爱德华三世的军队继续向东进军，穿过诺曼底地区。巴约（Bayeux）和利雪（Lisieux）这两座城市不战而降。腓力六世从巴黎向鲁昂（Rouen）急行军，意欲阻止英军渡过塞纳河并攻入诺曼底首府。一位被称为"瓦朗谢纳市民"（Bourgeois of

Valenciennes）的编年史作者记载道，8月7日，托马斯·霍兰德爵士只带了两名战士就脱离英军大部队，一路纵马狂奔，来到鲁昂郊外的大桥南端。在肾上腺素的驱使下，霍兰德冲进了一群吃惊不小的法军士兵，砍死多人。之后，他向目瞪口呆的市民们挥舞着自己的旗帜，喊道："圣乔治保佑英格兰！"然后他骑马离开了。

然而，鲁昂并不是爱德华三世的目标。他转而南下，沿着塞纳河左岸向巴黎进军。法军猝不及防，只能在河对岸跟随爱德华三世的节奏行动，还先后将蓬德拉尔什（Pont-de-l'Arche）、韦尔农（Vernon）和默朗（Meulan）的桥梁拆毁，但并没有真正试图阻止英军前进。在拉罗什吉永（La Roche-Guyon）又发生了一件事，足以证明英军的魄力：

> 罗伯特·德费勒斯（Robert de Ferrers）爵士率领几位战士，乘坐一艘小船偷偷地渡过了塞纳河，随后向此地的坚固城堡发起了进攻。守军一开始还进行了抵抗，但这一小队士兵先是冲进了外堡，随后又杀进了内堡，于是守军失去信心，放弃了抵抗。

这些不怕死的战士让守军将领感到非常震惊。他完全不能理解为什么这一小队士兵要进攻这样一个防御完备的城堡。于是，他试图寻求一个合理的解释，认为英军主力一定很快就会赶到，然而并没有其他部队前来增援。不知所措的守军甚至没有退回到堡垒中，而是直接就投降了。这次战斗还有个颇有骑士精神的结局："城堡中有许多贵族妇女，德费勒斯将她们释放，她们全部毫发无伤，没有遭受羞辱……之后他就回到了英军主力所在地，向国王讲述自己的英勇事迹。"

腓力六世此时还在召集部队。这位身处困境的国王先是决心要尽快与英军交战，但后来丧失了信心，决定先招募更多士兵。他的犹豫不决招来了批评之声。爱德华三世的宫廷牧师理查德·德温克利（Richard de Wynkeley）写道："尽管我们在这一地区烧杀劫掠……但他（腓力）不敢越过塞纳河，与我们（在战场上）面对面；而为了保卫他的王国，他本来应该这么做。"让·勒贝尔则更为尖锐："比起保卫国家，法国国王更关注自己的安全和舒适……这样的行为只会削弱他在自己子民心中的地位。"这也正是爱德华三世的目的：他要羞辱对手腓力，还要向法国国民证明，腓力作为国王，未能履行保卫国民的职责。

爱德华和他的部队已经非常接近巴黎了。惊恐的巴黎市民们已经可以通过城外的烟柱得知英军的动向。加尔默罗（Carmelite）修会的修士让·德韦内特（Jean de Venette）著有一部百年战争的编年史，他这时恰好在巴黎城内：

> 英国国王进军至圣日耳曼昂莱（Saint-German-en-Laye），将这座城市洗劫一空，还放火烧毁了那里的王宫。他还烧毁了附近的村庄，甚至摧毁了法王不久前完成重建的蒙茹瓦塔（Tower of Montjoye）。任何一个巴黎人，只要能爬上一座塔楼，就可以看到这一切的发生。周边地区火光冲天，英军又距离巴黎如此之近，这令城中所有人震惊。没有人能想到他们还会目睹这样的景象。

圣但尼修道院的僧侣米歇尔·平图昂（Michel Pintouin）就苦涩地说："它们可是法国国王的寝宫和特别居所——这些地方被毁，给我国带来了极大的耻辱。"

8月14日，腓力终于准备完毕，要采取行动了。他先是给爱德华三世写了一封战书。爱德华此时在普瓦西（Poissy），距离巴黎只有18英里（29公里）远。他收到战书，十分高兴，在回信中写道："不论你什么时候前来，都会发现我已经做好了与你交战的准备。愿上帝帮助我，这是我最期待的一件事。"但爱德华并不愿意在当时那种补给线过长的情况下开战，而是想要主动选择交战的时机和地点。既然现在他的对手已经承诺要出战，那么爱德华决定将法军引向北方。要做到这一点，爱德华就必须使用一些计策。

爱德华三世派遣黑太子率领先头部队去劫掠巴黎的郊区。这项任务十分危险——黑太子的部队将远离英军主力，很可能要承受法军主力的袭击。但他出色地完成了任务。爱德华三世希望法国人认为英军准备全体向南进发，深入法国腹地，但这只是虚晃一枪。当腓力前去阻挡这不存在的攻势之时，爱德华三世命令他手下的木匠修复在普瓦西横跨塞纳河的断桥。爱德华要向北进军。

英军如此突然地改变行军方向，令腓力始料不及、大吃一惊。之前，他以为英军无法渡过塞纳河，因此只在东岸留下了一支弱小的民兵部队充当守军。爱德华三世和他的士兵这时充分体现了他们的高超武艺和作为战士的职业水平。他们连夜悄悄修好了桥，而对面的哨兵对此毫无察觉。8月17日天一亮，修缮工作就完成了。英格兰的骑兵呼啸着冲过了河，守军因而惊慌失措，四散奔逃。

接下来，爱德华三世迅速向北进发。黑太子仍在先头部队中，急切地盼望着进行战斗。8月18日，黑太子请求父亲许可他对附近的一座城镇发动攻击，但被拒绝了。国王提醒说，法军主力已经离得很近，自己不希望浪费时间和兵力。8月19日，黑太子所在的先头部队遭遇了率军前来支援腓力六世的波希米亚盲人国王卢森堡的约翰（Jean of Luxembourg）。腓力则亲自率领法军主力，正在追击爱德华三世。三天之后，也就是8月22日，英军抵达了皮卡第地区（Picardy）的小城艾赖讷（Airaines），它在普瓦西的大桥以北100英里（160公里）处，距离索姆河（Somme）只有7英里（11公里）。腓力和卢森堡的约翰已经合兵一处，到了英军以东15英里（24公里）处的亚眠（Amiens）。

和上次一样，法军摧毁了所有桥梁；也和上一次一样，爱德华三世设法破解了困局。爱德华获知，河流上有一处浅滩，就在索姆河入海口附近一个叫塞涅韦尔（Saigneville）的小村庄处。在这里，结实的白色泥土呈条状贯穿整个河床，可供12人并排涉水走过，而且河水只有他们的膝盖高。当地人给这处浅滩起了个绰号——白舌滩。第二天，全军原地休整。爱德华三世向各个方向都派出了侦察兵，还与主要将领密切商谈。英格兰人在这次出征中原本是信心满满的，但这时一些令人不安的流言开始在军中流传。有人说，正在追击他们的法军规模庞大；还有人说，所有能渡河的地点都被敌军控制，而且己方的补给即将耗尽。

8月24日是圣巴索罗缪日，那天日出后不久，英军得到拔营命令，向河边行进。早上7点前后，英军在索姆河左岸摆好了阵形。他们距离海边只有不到8英里（13公里）。索姆河这时已经变宽了很多，河面上还有不小的浪头。在对岸，敌军士兵似乎正在集合。英军等得越久，敌军人数似乎就越多。

中世纪的指挥官会向一小批精挑细选的将领发出手写的命令，或是对身边受他喜爱和信任的贵族们做演讲，从而激励士气。在特殊情况下，他还可能骑马从阵列前走过，停下来和几位普通士兵聊聊天。但是如果要向全军演讲、触及官兵内心、说明某项事业的意义、提振士气，那就需要一定的戏剧感了。在那个夏日的清晨，接下来要发生的事情成了中世纪战争史上最富戏剧性的片段之一。

†

为了理解当时的环境及其意义，我们首先要回顾一下国王所知道的情报。他知道存在着这样一处浅滩，不过那片边缘有石块的白色土地只有在水位最低时站在水边才能看到。他知道，只有在退潮时才能从那里渡河，而且可供渡河的时间很短，之后水位又会再度上涨。他也知道，当地的放牛人时常会利用此处驱赶牛群过河，但让一支成千上万人的军队从这里过河没有先例，更不用说军中还有不少身披重甲的战士，以及载满补给辎重的车队。他更知道，当地的法军已经在河对岸现身了，他的士兵如果渡河，几乎肯定需要杀出一条血路才能上岸。

最重要的是，爱德华三世一定清楚，由于通道狭窄，计划几乎没有回旋余地，如果有哪里出了差错（考虑到后有大批法军追兵；时间十分有限，水位将迅速上涨；对岸被敌军牢牢控制），那么等待他的将是灾难性后果。一切都有赖于国王和他最信任的将领能默契配合，完美地实施计划。黑太子此时已经进入了国王最信任的小团体，并且和爱德华三世手下经验最丰富的将领一同参与议事。不过，军队中的大部分士兵对这一计划一无所知。

英军保持着严明的纪律。一队重装骑士在北安普顿伯爵的率领下，骑着马列好了队，然后冲下了河。令大家吃惊的是，河水只到达了马膝的高度。英军长弓手也骑马跟在后面，沿着这条通道冲了过去，还向敌军射出一阵又一阵的箭雨。然后，北安普顿伯爵和他率领的骑兵冲进了对岸的法军阵地，敌军立刻作鸟兽散。

水位这时开始上涨。黑太子和先头部队一起涉水通过，一大批士兵紧随其后。英军想尽办法将辎重车队的马车和货车连推带拽地拖过了河。潮水开始回流，河水水位也大幅上涨。白舌滩已经消失在河面下，腓力的先头部队也开始出现在索姆河的左岸。但这时，英军已经成功渡河，而这处浅滩要再过十二个小时才可能让人再次通过。

8月24日下午，当英军在蓬蒂厄（Ponthieu）连绵起伏的乡间行军时，大家显然都在讨论当天早上的神奇经历。史料记载，士兵们对于爱德华三世如何知晓有白舌滩这样的地点十分好奇。有人认为，它或许是由一队侦察兵发现的；还有人说，当地的居民为了得到赏赐，透露了这一地点。大部分士兵相信是上帝伸出了援手，认为这说明爱德华三世是被上帝选中来领导他们击败法国人的人。

实际上，蓬蒂厄伯爵领是爱德华三世的祖产，在他声称自己有权继承法兰西王位之前很久，他就已经从母亲那里继承了这块土地。此前，爱德华还曾于1329年和1331年两次造访此地,甚至还在这里打过猎。根据约克郡缪斯修道院那位消息灵通的编年史作者的说法,在爱德华三世抵达索姆河之前很久,他就已经知晓了有这样一处浅滩。既然爱德华三世对地形地貌的观察是如此的敏锐,那么他也很有可能在之前造访蓬蒂厄时就已经发现了一处理想的战场——一道长长的山脊,其后有一片树林,山脚就是克雷西村(Crécy)。在爱德华三世于1346年7月29日向英格兰治国会议发出的一道命令中,我们找到了一条线索,可以说明早在此次出征之初,爱德华三世就已经拿定主意,要将此地选作决战地点。当时爱德华正要离开卡昂,准备向东行军至塞纳河河畔,然后再向南直赴巴黎。他要求会议为他提供新的兵力以及补给物资,尤其是长弓、箭矢以及弓弦。但最关键的是,他要求将上述的兵力和物资运至索姆河口的小港口勒克罗图瓦(Le Crotoy)。这里距离白舌滩只有一小段路,距克雷西也不过15英里(24公里),这可有力地说明爱德华三世已经在考虑将克雷西作为开战地点了。他相信,英军在这里能够守住阵地,与法军一战。

如果说爱德华三世已经事先将克雷西选作决战地点,那么他也很有可能早就知晓白舌滩的存在及位置,因为通过白舌滩后他就可以赶到克雷西。这也体现了爱德华三世的"演技":在骑兵开始渡河前,他选择不向军中大多数人透露白舌滩的信息,这样当时的戏剧性转折才能为他所用。穆里马斯的亚当(Adam of Murimuth)和埃夫斯伯里的罗伯特这两位编年史作者都表示,许多普通士兵觉得自己目睹了神迹,还将爱德华三世和《旧约》中的领袖兼先知摩西相提并论。他们都想到了同一个故事,不管他们是在书中读到它的,还是在讲道中听到的,抑或是在教堂的壁画上看到的:摩西带领以色列人逃离埃及,红海挡住了以色列人的去路,但随后又奇迹般地分开了,让他们得以通过,之后又重新合流,挡住了埃及的追兵。这与在白舌滩发生的事情惊人地相似。

爱德华三世可能预见到了把自己与摩西这位著名领袖联系起来的好处。如果确实如此,那么他在白舌滩计划并上演了这样一出好戏,为的就是要诱使人们建立这样的联系。虽然爱德华三世的纹章上有代表英格兰和法兰西两国王位的图案,但对许多人来说,爱德华争夺法兰西王位与自己并没有什么关系,因为这是国王的事情,不是他们自己的事情。而且爱德华在欧洲大陆的征战使得赋税增加,也让不少人十分不满。

然而,到8月24日这一天结束时,爱德华三世已经获得了普通士兵的支持。他们将爱德华三世视为一位具有近乎超自然能力的领袖,认为他能够带领他的子民逃离受法国人的野心奴役的命运。加斯科涅虽然由英格兰控制,但法国主张自己领主权益的方式令爱德华本人和英格兰国民都深感受辱。法国还以其舰队威胁英格兰的沿海地区,更是指使苏格兰入侵。白舌滩的事之后,事件的逻辑就很清楚了:爱德华三世是希望通过争夺法兰西王位,来解放他的子民。对于军中的将士来说,这是一个值得为之战斗的事业。

两军间真正的战斗即将到来。第二天,英军放缓了行军的速度,并且在克雷西的树林里安营扎寨。爱德华三世选定的战场就在附近。8月26日,爱德华三世命令部队在克雷西村和瓦迪库尔(Wadicourt)之间的一处山脊高地上摆开阵势。高地后方是一片树林,可以防止敌军前后包夹;山坡上的梯田也为英军提供了额外的正面保护。

接下来,爱德华三世开始进行战斗部署。他命令所有人下马,准备好徒步作战。黑太子受命指挥右翼,北安普顿伯爵则负责指挥左翼。国王本人坐镇中军,还找到了一个制高点——高地顶端附近的一处磨坊,他可以在这里观察战况。爱德华三世还下令,三军都要配有相同数量的重装士兵和长弓手。编年史作者们对这些安排非常感兴趣,因为它们体现了一种中世纪战事中前所未见的作战方式。负责投射的远程攻击兵种通常被部署在大部队的前方,而不是在阵形当中。

也正因为这样的安排比较新奇,关于英军的具体部署情况出现了一些不同的说法。让·勒贝尔回忆说,国王没有将长弓手安排在两翼,而是将他们分散布置在战线上。杰弗里·贝克则说,在每支部队中,大部分长弓手被布置在略微偏向重装士兵两侧的位置,"就像双翼一样","在这样的阵形中,他们不会阻碍自己的战友,还可以让敌人遭到交叉齐射的打击"。最有可能的情况是,每支部队中,大部分长弓手位于阵地两侧,而阵线中则部署着少数长弓手构成的小队,他们可以在放箭之后退回到重装士兵后面。

为了进一步加固防御阵地,爱德华三世还让所有辎重车在军阵之后围成一个圈(称为"车阵"),并且让所有的战马被保护在圈中。他还命令士兵"迅速在前线附近挖出许多一英尺深、一英尺宽的小坑;这样一来,当法军骑兵靠近时,他们的战马就会陷进去"。这些小坑被草叶掩盖,法军是看不见的。

爱德华三世还带上了一些原始的野战炮。这些早期的大炮当时刚发明不久(火炮和火药被投入应用只有几年时间,而且只在攻城战中用过),国王准备在战场上使用它们,说明他对最新的军事技术很有兴趣。这可以说是一次试验:爱德华三世只带了几门火炮,发射的是箭矢和葡萄弹,而不是更大的炮弹。但国王希望至少轰鸣的炮声能够让法军的战马受惊。这些火炮被装在小推车上,运到了位于部队两翼的阵地。

爱德华三世、黑太子和几位主要将领听完了弥撒祷词,就去巡视阵地、鼓励士兵了。爱德华三世用"言语、举止和赏赐"来鼓励士兵。敌军就在不远处。法军在阿布维尔（Abbeville）集结完毕,他们的探马很快就发现了英军,并且将英军的位置报告给了法国国王。8月26日下午,腓力六世的军队出动了。法军士兵排成长队,沿着蜿蜒曲折的道路从阿布维尔向克雷西进军。但法军的人数太多了,以至于法国国王离他的先头部队越来越远。

这时,正确的行动方案应当是：对英军阵地进行完善的侦察,重新集结全部法军,休息一夜,第二天早晨再开战。然而,分散在腓力前方的贵族们非常不耐烦,希望能够尽快开战。让·勒贝尔称,对这些贵族来说,马不停蹄地与英军开战事关荣誉,非常重要。腓力六世发出了多道命令,要求他们不要匆忙开战,但他们都置若罔闻：

> 没有一位领主愿意掉转马头。他们一直拒绝服从国王的命令,除非他们前面的领主先回头。然而,队伍前列的领主们也不愿意回头,因为他们认为这似乎是一种耻辱。因此,在自尊心的驱使下,整列纵队都在继续前进,直到英军阵地映入其眼帘。英军已经分为三部,摆好了阵势,以逸待劳。这时,为了各自的荣誉,大家都认为必须立刻发动攻击。

腓力意识到情况有变后,为了至少在表面上维持自己对军队的掌控,已经将"谨慎"二字抛在了脑后。他尽管还没到达战场,但仍然准许手下对英军立刻发起冲锋。为了支援先头部队,热那亚十字弓手和轻装步兵领命沿着拥挤的道路赶往前线。在总攻计划中,法军将对爱德华三世的部队发起好几次大规模的骑兵冲锋。但这时腓力还看不到战场,也没法维持军队的秩序。腓力身边经验丰富的将领们在一旁目睹了这一切,都目瞪口呆、又惊又怕。圣奥梅尔(St Omer)的编年史作者就懊悔地评论说:"国王这样做,与所有通晓战事的人都意见相左。"傅华萨则在总结这场战斗的混乱开局时更为直接:

> (我与之交谈过的人中)没有人能够理解或是解释法军一方为何彻彻底底陷入了混乱。我们只能说,战斗于当天傍晚开始,此前法国方面没有试图观察敌方位置并进行相应部署。实际上,法军在开战前完全没有进行适当的准备工作。

在这一自讨苦吃的混乱局面中,首先遭殃的是热那亚十字弓手。他们到达战场时,没有随身带上他们的大盾,而这些尺寸超常的盾牌本可以在他们装填十字弓箭矢时提供保护;此外,他们也缺少箭矢。他们的装备和物资这时还处在大堵塞的困境中,在十字弓手们身后好几英里的地方被人和器械拦住了去路。尽管如此,十字弓手还是井然有序地向前行军。然而,迎接他们的是来自爱德华三世那些等候多时的长弓手的一轮轮大规模齐射。正如傅华萨所记载的:

> 英军的长弓手们将箭雨倾泻在热那亚人身上,它们的

分布密集而均匀，令热那亚人像纸片般纷纷倒下。当热那亚人发现箭矢穿透了他们的手臂、头颅、脸庞时，他们不知所措，开始撤退，他们之前从未遭受过如此精确的射击。

热那亚人身后的法军骑兵越聚越多。突然，法国人的耐心耗尽了。为了尽快冲到英军阵线前，他们不顾一切地直接从正在撤退的十字弓手中冲了过去。勒贝尔为此感到惊骇不已："骑兵没有等待，而是以混乱的方式发起了冲锋，大家都混在了一起。这样一来，骑兵们就把热那亚十字弓手困在了法军骑兵和英军之间，将许多人踩死，或者像一群群的猪猡一样，被热那亚人绊倒。"

法军的第一次进攻很快就以失败告终。英军长弓手向法军兵力最集中的地方射击，箭无虚发："他们将战马和骑手射穿或射伤。中箭的骑士栽到地上，陷入困境，如果没有好几个人过去帮忙的话，甚至无法站起身来。"带有倒刺的箭头撕裂了战马的皮肉。勒贝尔还写道："有些战马不愿前进，还有的像疯了一样跳向空中；许多马畏缩不前，在原地上下跳动。"地面上很快就布满了死尸。

但夜幕降临后不久，法军的主力抵达了战场。

到目前为止，爱德华三世的作战计划堪称完美，而他的长弓手们在其中厥功至伟。长弓手们所用杉木弓的拉力远超45公斤（100磅），需要强健的体魄和高超的技巧才能发挥其最大功效。在训练有素的人手中，这样一张弓可以十分精准地射击，威力也很大。一张拉力为68公斤（150磅）的长弓可以将一支60克（2盎司）的重箭射到约210米（230

码）处,轻箭的射程更是可以达到275米（300码）。一支宽头箭（一种通常用于射击马匹的箭镞）可以轻易地穿透链甲,而更锐利的"锥头箭"甚至对穿板甲的人也能造成致命伤。

以上都是英军长弓手的巨大优势。他们的劣势在于面对肉搏时容易大量伤亡。虽然有的长弓手会身穿"镶甲"（将金属板用铆钉镶入布料的短上衣）、"板甲夹克"（与前者类似,但金属板是缝在布料内的）或是链甲,但绝大多数只穿了紧身上衣或是皮外套,甚至头部都没有保护性装备。因此,英军中的长弓手只有在得到适当的保护后,才能将战斗力发挥出来。在克雷西,爱德华三世为他的长弓手们挑选了一个绝佳的阵地——它在一条山脊之上,后有树林遮蔽,长弓手面前还有人造的壕沟。

爱德华三世还花了很大精力将长弓手整合到战斗阵形中。他开始进行军事改革,建立了一种叫作"契约招募"的体制。在这种体制下,将领们以合同为依据、以职业素养为要求,为国王征募士兵。这样就有利于人员连续服役,并且有助于培养战友情谊。长弓手会每50人或100人组成一个中队,每个中队由一名经过实战检验的士兵出任队长。在布列塔尼爵位继承战争中,北安普顿伯爵在莫莱（Morlaix）作战时试验了这种长弓手与重装士兵混编联合作战的方式,并取得了胜利。

而在克雷西,法军的主力这时出现在战场上。这支部队包括多达25000名骑士、侍从和其他骑兵,人数几乎是英军的两倍。这支装甲部队决心要将英军完全冲垮,而且先头部队的失败反而让他们变得更加坚定,愿意战斗到日落甚至进行夜战。

很快，爱德华三世的部队就要承受一波接一波的骑兵冲锋，而他的长弓手们只能在有限的时间内维持集中的火力。

每名长弓手配有 48 支箭，它们被分为两束。爱德华三世还准备了一些箭备用，就存放在长弓手阵地后方的车辆中；战斗开始后，它们也会被运到前方。一名训练有素的长弓手每分钟可进行七八次瞄准射击。这种齐射很可能是在严格的指挥下进行的，因为大规模的、协调的射击会产生十分令人恐惧的心理效应，远超"随意射击"。但是这种箭雨在最高强度下只能维持二十分钟左右。如果爱德华三世与殊死战斗的敌军陷入消耗战，那么长弓手的效率就会大打折扣。

英军前方的壕沟会逐渐被战死的骑士和战马填满；同时，法军骑兵部队对英军重装士兵的冲击也会越来越疯狂。骑兵冲入战线时的冲击力不亚于涨潮时的浪头。在敌军冲入战线时，士兵们会放低或者放下武器，与左右两边的战友挽起手来一起承受冲击，还会被撞得喘不上气；但他们必须不惜一切代价坚守住阵线。一旦法军找到突破口，就会有越来越多的骑兵从这里冲进来，将英军分割包围。而当他们守住阵线、敌军开始撤退时，他们又要用手边能找到的一切武器去攻击敌军的战马，这是因为敌军的骑兵会撤退，转个圈，然后再次发动冲锋。英军能够承受的损失是有限度的。

爱德华三世深知这一风险，因此在挑选战场时也尤为注意。梯田沿着山脊向下延伸开去，阻挡着法军骑兵的去路，迫使他们挤在英军阵地右侧的一条狭窄的小路上。这样的地形会限制法军前进的步伐，损耗他们的气势；通过这段小路之后，法军骑兵才可能重新展开攻击。位于小路咽喉处的正是黑太子的部队。在这里，敌军的冲击力是最大的。

哪里有危险，哪里也就有机会，因为梯田会使得法军不断涌向一处越来越拥挤的空间。随着士兵源源不断地进入这个小小的空隙，这里将变得无比拥挤，法军士兵不但无处挥动武器，还会动弹不得，甚至会无法呼吸。这里将成为众多法军士兵的葬身之所。

1332年，在杜普林沼泽，也就是爱德华三世取得对苏格兰的首次胜利的地方，那支人数处于劣势的英军部队就是在一条隘路上摆开阵势的。重装士兵只需要防御正面约180米（200码）的宽度；长弓手位列两侧，所在地势略高。这一阵地位置的关键就在于其能引发漏斗效应。有一位编年史作者记载道，只有通过"一条地峡般（狭窄）的通道"才能靠近他们，在它的尽头，重装士兵已经列好了战阵，而"长弓手的部署位置使得他们可以从两翼攻击敌军"。在英军坚守阵地的同时，苏格兰人相互碰撞，丧失了冲击力和协同性，成了长弓手的活靶子。大批苏格兰士兵就这样挤进了一片极为狭小的战场，被对手困住，而箭雨又迫使他们紧紧地挤在一起，许多人因此窒息而死。一位编年史作者这样写道：

> 苏格兰人的先头部队在箭雨的打击下伤亡惨重，被驱赶到他们第二波部队附近，所有人挤在一处狭小的空间内，相互倾轧。他们彼此过于接近，造成窒息，并且因此而亡，而非死于刀剑。他们成批成批地死去，令人惊异。他们这样相互紧挨，就像被绳子捆起来一样贴在一起，死得非常痛苦。

在克雷西，爱德华三世知道，如果黑太子成为法军的目标，就会引来越来越多想要击败黑太子的敌人，那么在黑太子他们前方的狭小空间内，拥挤就会逐渐加剧。随着太阳逐渐落下，腓力六世既不能发出有效的命令，也无法控制他手下的部队，就会有越来越多的法军士兵堆积在此，相互推挤。随着法军骑兵沿着"漏斗"不断前进，越来越靠近黑太子的旗帜，他们的巨大人数会使得人马不断挤向"漏斗"中部。在后方，人和马会开始相互推搡，无法轻易移动。这样就会造成致命的后果：人太多，空间太少且还会迅速缩小，致使人的密度迅速增大，从而对向前的行进突然产生阻碍。这时，试图冲向英军阵地的人太多，反而会危及冲锋者的生命。于是，法军的人数优势反而成了弱点，不但没有消耗英军兵力、削弱英军阵地，反而造成对法军自己不利的局面。

我们不清楚对以上这些，黑太子理解了多少，或者说爱德华三世向儿子解释了多少。黑太子十分勇敢，希望能坚守阵地、赢得荣誉。然而，不但他所在的部队将承受很大压力，他本人也会处在极度危险的境地。反过来，如果他能够守住阵地，那么爱德华三世就可以扭转局势，将法军彻底击溃。

随着夜幕降临，法军对爱德华三世的部队发起了一波又一波的进攻，黑太子则率部在法军潮水般的进攻中筑起了一道"防波堤"。让·勒贝尔这样描述当时的情形：

> 年轻的太子展现出了惊人的勇气，不但身先士卒，站在阵线最前方，还刺穿敌军战马，击落敌军骑士，砸扁敌军的头盔，并且他还一直不忘鼓励身边的将士，扶起跌倒的战友。他为所有人树立了榜样。

黑太子部面前的地面上已经堆满了骑士和战马的尸体，但法军仍在不断进攻。他的部队这时确实承受了极大的压力——他手下的一名骑士去了爱德华三世那里求助。国王正在英军主力阵地后方，率领着充当预备队的一小股部队。爱德华三世询问此人，黑太子是否战死或受伤，得到的回答是黑太子安然无恙，但是遭到猛烈的攻击，需要援助。根据傅华萨的说法，爱德华三世是这样回答的：

> 回到他和其他派你来的人那里，告诉他们我的决定：只要我的儿子还活着，不论发生什么，他们都不得再度求援。告诉他们，我的命令就是让这小子赢得自己的马刺，因为我希望，如果上帝愿意的话，这一天能够属于他；他和他的战友们应当赢得今日的荣耀。

法军的人数优势开始逐渐显现："法军骑士和侍从冲破了长弓手的阵线，开始与剩余的重装士兵用剑和长枪肉搏。"黑太子本人被打倒在地，其旗帜也倒伏下来。幸好他手下的侍从托马斯·丹尼尔斯（Thomas Danyers）爵士扎进法军阵线，才把旗帜抢了回来。阿朗松伯爵（count of Alençon）手下的士兵围住黑太子，还试图将头部受击的黑太子拖走，但被击退。爱德华三世这时非常忧虑，甚至不顾自己之前的命令，派出了一小队骑兵精锐去救援黑太子。这一小股支援部队抵达时，黑太子已恢复意识，站起来重新投入战斗。

夜幕降临，战斗在月光下继续，但法军的攻势已经在减弱。腓力六世战斗得十分英勇：他有两匹战马战死，脸上也为英军箭矢所伤。随着法军战线逐渐崩溃，他才十分不情愿地在贴身卫兵的保护下离开了战场。英军则赢得了一场不可思议的胜利。

第二天早晨，传令官们清点了战场上的死者，腓力六世的弟弟阿朗松伯爵，以及一大批其他的法国重要贵族都在其中。根据爱德华三世自己的估算，法国方面的战死者包括80名贵族、至少1542名骑士和侍从，以及一大批普通士兵。英军方面的损失不到300人。法军的损失是如此之惨重，堪称前所未见。让·勒贝尔评论说，在一场战斗中就有那么多的王公贵族殒命，没人见识过这样的事情。杰弗里·贝克则描述了大部分阵亡法军士兵的惨烈死法："他们进攻英军时，阵前的人被剑矛砍倒、刺死，但大部分人是在阵中被活活挤死的，身上连一丝伤痕都没有，因为那里实在是太过拥挤了。"

这场战斗证明了爱德华三世的战术十分有效。这场战斗是他国王生涯中的关键时刻，让他得以向腓力六世复仇（爱德华三世早年曾被迫接受向法王宣誓效忠的苛刻条件），同时在军事上也是一项惊人的成就。对于爱德华三世军中的牧师托马斯·布拉德沃丁（Thomas Bradwardine）而言，英军在克雷西取得胜利是神迹的体现。在他对爱德华三世和其他将领的致辞中，他说："是上帝在你们当中着力，让你们依照他神圣的恩典去渴望并且达成了胜利。"应当有不少人同意这种说法。

第二天早晨，爱德华三世和儿子一同去视察战场。爱德华向黑太子提问说，现在对参加战斗有什么想法；但黑太子没有回答。不过，当父子二人发现波希米亚国王卢森堡的约翰以及他的追随者们的遗体时，都深受触动。卢森堡的约翰是那个时代的杰出战士，乐善好施，充满魅力，也是骑士精神的著名代表人物,"值得尊敬,在战场上十分英勇",还是腓力六世的密友。他在立陶宛东征时染上了眼疾,具体来说是结膜炎;尽管腓力六世的私人医生居伊·德肖利亚克(Guy de Chauliac)给约翰进行了两次手术,但他的视力已无法恢复;到了克雷西会战的时候,约翰已经几乎完全失明,但他还是决心最后一次参加战斗。他和他的追随者们将战马拴在一起,然后一同向英军阵线冲去,好"让他再砍几下敌人"。最后,人们发现他们都死在黑太子所率部队的阵前,死时其战马仍然拴在一起。

卢森堡的约翰死得十分英勇。他的追随者们也展现了绝对的忠诚:他们没有抛弃他,而是同他一起策马奔向几乎必死的结局。黑太子停下脚步,看着已经战死的对手。他拿起约翰的鸵鸟羽毛徽章,决心把其用于自己的徽章,以纪念约翰的英勇事迹。[不过"我效力"(Ich dien)并非取自卢森堡的约翰;这一句座右铭和"高尚的勇气"(Houmont)都是黑太子的原创,最早于1363年开始使用。]将战马拴在一起的皮绳也深深地打动了黑太子,因为这是战友情谊的生动体现。这群战士生前团结一心,死时也共赴黄泉。

14世纪的军医阿德恩的约翰(John of Arderne)对此事十分好奇,甚至还在他所著的关于如何治疗痔瘘的医学论文(著于1376年,也就是黑太子去世那一年)的页边画了鸵鸟羽毛的图案。阿德恩的约翰消息灵通,写道:"国王爱德华三世的长子爱德华在他的纹章上方加上了一根鸵鸟羽毛。这根羽毛的图案取自在克雷西战死的波希米亚国王的徽章。"

许多在克雷西与黑太子并肩作战的骑士都成了他一生的挚友和伙伴,比如约翰·钱多斯爵士和詹姆斯·奥德利

（James Audley）爵士。1346年9月12日，黑太子向他任命的切斯特法官托马斯·费勒斯（Thomas Ferrers）爵士写信称："我想让你知道，上帝看护着我，也授予我恩典，令我在此次出征中立下了值得称道的、光荣的战功。"黑太子代表了若弗鲁瓦·德·夏尼所欣赏的战场实力。他证明了自己。

第四章
美女与野兽

爱尔兰的编年史作者约翰·克林（John Clynn）回顾了1347年出现的一个异象。这起事件发生在北非的黎波里（Tripoli）的西多会修道院中，相关消息很快就传遍了欧洲。一名僧侣正在修道院院长面前做弥撒，在圣餐仪式之前，一只鬼手突然出现了，开始在放有面包和葡萄酒的那块布上写字。这只鬼手写下的信息在现代人看来显得莫名其妙，但会让中世纪的人惊慌失措、忧心忡忡。这段话里既有破碎的预言，也有古怪的符号象征，二者交织在一起，有一种奇怪的说服力：

> 黎巴嫩高大的雪松将会被点燃，的黎波里将会被摧毁……基督教的灾难啊！未来会恶战不断，战死者无数，饿殍遍地，生灵涂炭，政局动荡……东方的野兽会用蛮力征服全世界……敌基督将会降临。要警惕。

14世纪时，人们对预言十分热衷，又很害怕上帝的惩罚。而在《启示录》中，敌基督的现身就意味着世界末日即将到来。而"东方的野兽"的威胁很快就有了一个非常恐怖的特指含义。在克林记载的异象出现一年后，从黑海返回的商人们将一种烈性疾病带回了意大利。乔万尼·薄伽丘（Giovanni Boccaccio）写道：

112　　　　1348 年，比其他所有城市更为美丽、高贵的佛罗伦萨被瘟疫光顾了。有人说，人类感染上这种疾病是因为行星的排列呈不祥之象；还有人说，这是一种惩罚，象征着上帝对我们邪恶生活方式的怒火。不论原因为何，这种疾病多年前源于东方，曾在那里造成无数人丧生，又不幸地向西传播，毫不留情地一路横扫，从一处祸害到下一处，威力越发骇人。

这种疾病就是鼠疫，由老鼠身上的跳蚤传播，感染淋巴系统，造成淋巴结发炎、内出血；此外还有肺鼠疫，通过与患者直接接触传染，影响肺部。鼠疫非常致命，一个人可能入睡时还十分健康，但直接在睡梦中染病去世。这种疾病又传播得飞快，法国医生西蒙·德科维诺（Simon de Covino）觉得好像一名患者"就能感染全世界"。到 1348 年 1 月时，鼠疫已经蔓延到了法国南部的马赛。疫情沿着海岸线和内河航道继续传播，经朗格多克（Languedoc）的海港传入西班牙，还沿着罗讷河（Rhône）北上，到 3 月时已经抵达了阿维尼翁。与此同时，在意大利，疫情已经从西西里传播到了热那亚和威尼斯，然后又到了佛罗伦萨和罗马。在 6 月至 8 月，这种疾病传播到了波尔多和巴黎，又进入了勃艮第和诺曼底地区。

1348 年 6 月，黑太子过完 18 岁生日后不久，鼠疫就传入了英格兰。生活在瘟疫中的经历给他留下了深深的印记。他的一个妹妹因瘟疫丧生（十三年后鼠疫卷土重来时还会再带走他另外两个妹妹的生命），此外还有深受他信任的仆人和战友去世。瘟疫带来的破坏和死亡对黑太子的世界观产生了与克雷西会战同等重要的影响。要完全理解这一点，我们就要审视在

1346年英格兰获胜之后欧洲所发生事件的脉络,尤其要考虑在黑死病抵达英格兰的几个月前,黑太子和他父亲的动向。

†

1348年夏初,英格兰正沉浸在一系列军事胜利的荣光之中,并且在与法国的谈判中达成了有利的停战协议。英格兰国内的气氛欣喜异常。用一位编年史作者的话来说,就好像"一轮新的太阳正在升起,照耀着一个长久和平、物资充盈、胜利荣耀的国度"。两年前,也就是1346年9月,刚刚在克雷西取得大捷的爱德华三世包围了港口城市加来(Calais)。这座城市防御体系完备、城墙坚固、壕沟宽阔,更驻守着让·德维埃纳(Jean de Vienne)这位经验丰富的指挥官。但爱德华三世决心夺取此城。他为士兵们搭建了临时棚屋,从英格兰和佛兰德来了援军,还用上了火炮、投石机和云梯。法王腓力六世非常忌惮爱德华三世的军队,不愿冒险再次交战,于是向苏格兰求援,向苏格兰国王大卫二世游说称:"英格兰防守力量空虚,因为大部分士兵和国王在一起……如果你迅猛地发动攻击,就能造成极大的破坏。"

苏格兰国王大卫及时做出了回应,率领12000多名士兵入侵英格兰。然而,1346年10月17日,在达勒姆附近的内维尔十字(Neville's Cross),大卫的军队被约克大主教率领的一支人数只有苏格兰一半的当地部队打败。英军长弓的威力再次被发挥得淋漓尽致,而在之后的肉搏战中,苏格兰国王被俘。在接下来的十一年中,他都被囚禁在伦敦塔。苏格兰方面的威胁就这样被一举解除了。

在加斯科涅,格罗斯蒙特的亨利利用了腓力六世过于小心谨慎的特点，率军闯入了普瓦图（Poitou），洗劫了圣让当热利（Saint-Jean d'Angély）、吕西尼昂（Lusignan）和普瓦捷等城镇。法国人几乎没有进行抵抗。在普瓦捷，格罗斯蒙特的亨利的部队"带走了金银和无数珍宝"。根据傅华萨的说法，战利品极为丰富，以至于"只有缀有金银或是有毛皮缝边的面料"，士兵们"才会动手取走"。10月底，这支部队回到了波尔多，"满载而归"。

在法国北部，爱德华三世继续收紧对加来的包围。这场围城战打得十分艰难。爱德华三世在冬季的几个月中难以为士兵们提供补给和军饷，因此不得不面对逃兵和突发疾病等问题。1347年3月初，黑太子突然患病。他的医生之一威廉·布莱克沃特（William Blackwater）提前获得了5英镑的薪水，"以便他遵从命令，迅速来到黑太子身边"。黑太子病情恶化，又被转移到了贝尔格（Bergues）的圣伊丽莎白医院（hospital of St Elizabeth）。这里在加来以南大约30英里的地方，受到佛兰德伯爵的资助和保护。由于布鲁日、根特和伊普尔（Ypres）这几座城市已经起兵反抗腓力六世、支持英格兰国王，并且有一小股英格兰-佛兰德联军守卫着爱德华三世的东侧，贝尔格对患病的黑太子来说确实是个安全的避风港。爱德华三世十分担心儿子的健康，甚至离开了围城战战场去探视他。

所幸黑太子最终完全康复了。3月13日，如释重负的爱德华三世承诺在斯勒伊斯附近的小岛卡赞德（Cadzand）上建立可"照顾附近穷苦百姓"的修女院和医院，以示对黑太子患病期间所受照顾的感谢；黑太子本人也在这份协议上盖了章。这个月月底，父子二人又重新投身围城战；到了6月初，守城一方显然已经严重缺乏口粮了。腓力六世终于又组织了一支军队,但爱德华三世封锁了所有通往加来的道路,让腓力无法援助那里的守军。8月初,腓力六世率军撤退,爱德华三世也接受了加来守军的投降。此后两百多年间,加来一直掌握在英格兰手中。攻克加来是爱德华三世的又一次重大胜利。

1347年10月,爱德华三世与法国方面达成了停火协议,然后回到伦敦。在接下来的一年中,他的主要目标就是庆祝他在战事上的胜利,并且重新树立他在议会中的权威。国王从议会那里赢得了一项增税,将会在接下来的三年内征收;议会还同意进行司法系统改革,并且确认了对法停战协议。当瘟疫横扫法国的时候,爱德华三世(或许他并不真正明白瘟疫有多么可怕)举办了一系列盛大的比武大会。1348年2月,他在雷丁身着有老鹰图案的服饰参加了马上枪术比赛;5月,他又为他自己、黑太子以及一批骑士定做了蓝白相间的精美长袍。他在埃尔特姆(Eltham)和温莎也举行了比武大会。

1348年6月24日,在温莎举行的大会上,黑太子带着一大批随从亮相,随从们的外袍和马衣都是黑太子赏赐的。这时的爱德华三世和黑太子已经花了不少钱来定制徽章和服装。被囚禁在英格兰的几名法国贵族以及大卫二世都获准参加比赛,这一决定恰到好处地展现了英方的骑士风度。最终,厄镇伯爵拉乌尔·德布列讷赢得了给最佳选手的奖项。在同期举办的宴会上,黑太子对音乐的喜好显露无遗:他将一匹战马赏赐给了一位令他满意的吟游诗人。当时,被俘的贵族在囚禁于国外期间,也能获准将家中的一些物件带到身边,以改善生活条件。因此,黑太子得以从厄镇伯爵那里购买一些乐器,它们是四件镀银并饰有珐琅的管乐器。

在这种对盛大排场的推崇中,一种具有象征意义的装饰图案渐渐地凸显出来。爱德华三世、黑太子以及他们的追随者的不少礼服上都装饰有刺绣镶边的吊袜带。爱德华三世知道，卡斯蒂利亚国王阿方索十一世创立了一个骑士团，其成员都身着白色罩袍，佩戴朱红绶带。1343年，格罗斯蒙特的亨利在访问卡斯蒂利亚时曾经见过这批精锐骑士，并且在回到英格兰后向爱德华三世讲述了所见所感。绶带骑士团（Order of the Sash）是骑士准则和战场上的忠君精神的象征；这也启发了爱德华三世，他决心找一个属于自己的象征符号，以团结战士中的精英。

在14世纪的大部分时间，吊袜带都是男士用品；女性直到15世纪晚期才开始使用吊袜带。以其最简单实用的形式而言，这就是一块布料，男士们将其系在大腿上部，用于固定裹腿。不过，从爱德华三世统治初期开始，吊袜带成为时尚的标志和价值不菲的装饰性配件，多以精细的丝绸制成，有时候还装在腿部盔甲上。这种吊袜带是用于炫耀、供人欣赏的。1332年，爱德华三世的制甲师兼礼服主管科隆的约翰（John of Cologne）就制作了一副珍珠吊袜带，供国王在伍德斯托克佩戴。1337年，时年7岁的黑太子在收到自己人生中的第一套盔甲的时候，也得到了一副红色天鹅绒吊袜带。格罗斯蒙特的亨利就特别喜爱吊袜带。在《神圣医药之书》中，他承认说，他以在马上枪术比赛场地上打扮得风流潇洒为荣："在我看来，吊袜带很适合我。"

到1348年夏季时，吊袜带的用途已经不仅仅局限于装饰了——它成了一种骑士徽章。在埃尔特姆的比武大会上，爱德华三世曾身穿一件蓝色长袍亮相，长袍上饰有12根吊袜带和座右铭"心怀邪念者应感到羞耻"（Honi soit qui mal y pense）。吊袜带也时常出现在黑太子仆从的账单中，比如有一项账目就写道:"为太子制作的 24 根吊袜带,供他授予嘉德骑士团①的骑士。"

王室仆从的记录十分碎片化,但它们显示,在瘟疫到来之前的数月中,爱德华三世和黑太子正在筹备成立一个骑士团,以与卡斯蒂利亚的绶带骑士团相抗衡。这样一个骑士团需要一个基地,以供其成员会面。1348 年 8 月 6 日,国王要求温莎城堡以圣乔治之名建设的新教堂尽快完工,并且要求由他精心选出的 24 名骑士到此觐见。

与此同时,黑太子已经建立了他自己的完整仆从班子,包括骑士和侍从、军械库主管、负责照看战马的马夫、教堂中的教士、理发师、驳船主管、厨房的帮厨、传令官和信使等。他还做了一些准备工作,打算积极参与领地的管理。他不但在战场上证明了自己,也因此获得了独立。

黑太子的生活方式有一个显著特点:他对亲近之人出手非常大方。1348 年,他送出的新年礼物就包括给他父亲的一只镶珐琅金杯,以及给他母亲的一枚饰有三颗红宝石的胸针。他的妹妹伊莎贝拉和琼安都收到了精美的别针。琼安的别针尤其可爱:它整体上呈一个女人的形状,女子头顶有一颗红宝石,周身有三枚钻石,外围还有珍珠和绿宝石组成的花环。黑太子的部分仆从也收到了珠宝:巴塞洛缪·伯格什和他的儿子(与其父同名)收到了镶有红宝石和蓝宝石的胸针;约翰·钱多斯获赠一枚华丽的胸针;黑太子的医生约翰·高德斯登(John Gaddesden)则得到了一枝黄金玫瑰——这是在向他三十多年前写下的医学著作《医学玫瑰

---

① 嘉德骑士团名称中的"嘉德"即吊袜带(garter)的音译。

经》（Rosa Medicinae）致敬。

高德斯登原先是爱德华二世的医生。他曾成功治愈爱德华三世（当年还是只有两岁的婴儿）的天花，并且没有在病人脸上留下丝毫疤痕，这让他声名鹊起。《医学玫瑰经》中就记载了他治疗的流程。这本书是第一部由完全在英格兰接受医疗训练的医生完成的医学著作，汇集了那个时代各个方面的医疗知识，是关于 14 世纪医药科学、草药配方和民俗的综合性著作。这些知识即将接受最为严峻的考验。

†

1348 年 8 月，瘟疫最终还是越过英吉利海峡，来到了英格兰南部。一位编年史作者以严峻的口吻写道：

> 这种可怕的传染病从普利茅斯和南安普顿传入，并传播到了布里斯托尔，让城里的所有人都病倒了。极少有人能活过两天。这种残酷的疾病之后就在全国蔓延开来。不论老幼、贫富、正邪，所有人都可能会染上这种病。在万圣节（11 月 1 日）前后，它抵达了伦敦，每日都造成大批患者死亡，令公墓"尸满为患"。

1349 年，瘟疫蔓延到了英格兰北部，然后是苏格兰和爱尔兰，之后又传播到了斯堪的纳维亚。到 1350 年时，欧洲大部分地区的疫情都已告一段落，不过在 14 世纪余下的时间里它还会间歇性地反扑。据让·傅华萨估计，在第一次鼠疫大暴发中，"世界上三分之一的人口都去世了"。按当时欧洲人口的三分之一估算，大约有 2000 万人死去。

这场瘟疫在欧洲各地都造成了灾难性的后果。在法国南部的阿维尼翁，在疫情最严重时据说每天有400人死去，7000户受到感染的人家被隔离，还有一处墓地在六周内就接受了多达11000具遗体。墓地都被填满之后，在群葬坑挖掘完毕前，人们只得把死者的遗体抛进罗讷河。在伦敦，尸体在这样的群葬坑里层层堆叠，最后甚至堆得比坑缘还高。不论在哪里，患者都成批成批地死去，活人甚至来不及将他们安葬。

由于人们害怕被感染，许多患者在未经临终忏悔、无人为其祷告的情况下就被埋葬了。教宗克莱门特六世（Clement VI）认为有必要免除所有因瘟疫而死的人的原罪，因为他们当中有许多人在临终前都没有教士在旁。一位英格兰的主教准许普通信徒像当年的耶稣门徒一样相互聆听临终忏悔，还补充说，如果找不到人来行临终傅油礼，"那就只能依靠信仰了"。这些都是没有办法的办法。

流传至今的文献向我们揭示了瘟疫破坏的规模之巨：勃艮第富饶的村庄日夫里（Givry）原先有约1200人，当地教区的记录显示，在十四周的时间内，共有615人死亡，而在此前十年这里平均每年只有30人死亡。在黑死病到来之前，人口约为10万的几个欧洲城市是巴黎、佛罗伦萨、威尼斯和热那亚，佛兰德的根特和布鲁日、莱茵河边上的科隆，以及意大利的米兰、那不勒斯和罗马各有约6万居民，而伦敦人口在8万上下。瘟疫席卷了上述所有城市，并且杀死了这些城市从三分之一到一半不等的居民。

佛兰德的图尔奈有一位编年史作者这样描述当时不断攀升的死亡率：

> 瘟疫先是始于一个教区，然后蔓延到其他地方。每天，死者都被搬运到教堂来，先是5个人，然后是10个人、15个人，再到20个甚至30个人。丧钟先是早晚敲响，之后又变成整日整夜地敲。城市当中的每一个人，不论男女，都越来越恐慌——没人知道该怎么办。

在锡耶纳（Siena），有一半人口死于瘟疫；由于有大批石匠和工头死亡，而幸存者又"忧郁悲伤"，将当地大教堂扩建成巴西利卡式大教堂的计划只得搁置，而且再也没能重启。一位城史编纂者描述了人们因害怕感染而放弃其他本能的情景："父母抛弃了孩子，妻子抛弃了丈夫……不论是靠报酬还是友谊，都找不到任何人来埋葬死者了……我亲手埋葬了我的5个孩子，还有许多人也有类似的经历。"

这种恐惧是人们难以想象的，就像这位锡耶纳的编年史作者所说：

> 我不知该如何讲述瘟疫的残酷无情。似乎每个人看到如此巨大的痛苦，都会呆若木鸡。人类的语言很难描述这可怕的事实。真的，没有目睹过如此恐怖景象的人可以说是有福了。患者几乎立刻就死去了。他们的腋下、裆下会肿胀起来，甚至在还说着话时就栽倒在地……人们挖出了许多大坑，坑里堆满了尸体。人们日日夜夜、成百上千地死去，然后就被扔进这些坑中，被泥土覆盖。而这些坑一旦填满，新坑马上又开挖了。

尸体层层堆叠，往往只靠薄薄的一层泥土隔开。甚至连患者的财物也成了危险之物。加布里埃尔·德穆西（Gabriel de Mussis）是来自意大利皮亚琴察（Piacenza）的律师，他记录道：

> 有些已经感染瘟疫的热那亚人将他们的商品出售，结果买家，以及他的家人、仆从和邻居都染上了病。有一名男子想要立遗嘱，他和公证员、听他忏悔的教士和被叫来充当见证人的人一同死去。第二天，他们被一同埋葬。瘟疫已经像这样夺走了无数人的生命：教士、贵族、年轻人、女人，尤其是孕妇。继续写下去太让我痛心了。我受不了了，我写不下去了。

对有钱人来说，逃跑是唯一的出路。城里的穷人死在他们的斗室之中，"只留下尸臭向邻居告知死讯"。乡间的农民在路上、在田间地头、在家中倒毙。约克郡缪斯修道院的一位编年史作者写道："瘟疫非常厉害，人们在赶路时也会倒毙，而且有许多村庄和民户连一个活人也不剩了。"

幸存者也死气沉沉，既不收割已经成熟的小麦，也不看管牲畜。在英格兰各地，绵羊，也就是利润丰厚的羊毛行业的核心，成千上万地死去。编年史作者亨利·奈顿报告说，在一个地方就有5000只绵羊死亡，"瘟疫使它们的尸体腐败不堪，不管是鸟还是野兽都不愿碰它们一下"。奈顿继续写道：

> 绵羊和公牛在地里漫步，从作物上踩过，没有人去将它们赶走或是聚拢。各个地区都有不计其数的牛羊死去，因为牧人和劳工都太过缺乏了……一切物品都非常便宜，

因为大家都恐惧死亡，已经很少有人会考虑财富或是任何形式的财产了。先前价值40先令的马现在半马克（6先令8便士）就能买到，一头又大又肥的牛只要4先令，一只羊只要12便士，而一头大个头的猪只要5便士。

奈顿还补充说，当时幸存的仆人和劳工少之又少，"大家都不知道该找谁帮忙干活了"。

虽然无名大众在瘟疫中的死亡率最高，但也有不少贵族因此丧生。卡斯蒂利亚国王阿方索十一世是唯一一位在瘟疫中丧生的在位君主。而阿拉贡国王彼得四世在六个月的时间内失去了妻子埃莱奥诺尔（Eleonor）、女儿玛丽（Marie）和一位女性表亲。在法国，王后让娜（Jeanne）和她的儿媳卢森堡的博讷（Bonne of Luxembourg）都死于瘟疫。爱德华三世的二女儿琼安则在前往西班牙与卡斯蒂利亚国王长子佩德罗（Pedro）联姻的途中染病去世。

琼安与黑太子还有三个兄弟、三个姐妹，他们一起在安全快乐的家庭环境中长大。琼安于1348年7月乘船前往波尔多。瘟疫尚未在英格兰登陆时，就已经有一些关于这种疾病的传言，但是其强致死性并不为爱德华三世的宫廷所知。一支由4艘船组成的小船队载着时年15岁的公主以及她的仆从和财产从朴次茅斯出发。船上的财物包括她的婚礼礼服，以金丝编缀的华丽厚重的丝绸制成；1件红色天鹅绒套装，上有24枚镀银镶玛瑙的纽扣；5件缀有金色星月图案和钻石的紧身胸衣。此外还有一些绣着玫瑰和三狮图案（英格兰王室的标志）的裙子、礼服、日常便装和骑装。同行的还有她的未婚夫作为礼物派来的一位西班牙吟游诗人、两名高级王室官员、众多仆人和100名长弓手组成的随行护卫队。琼安甚至将她的可移动的小教堂也搬上了船，包括一块装饰精美的圣坛用布，还有一张雕刻着巨龙和藤蔓的沙发。为了保证她前往卡斯蒂利亚的旅途舒适而顺利，英方开销着实不小。

波尔多当时是英格兰控制下的加斯科涅的首府，本应是琼安旅途中轻松愉快的一站，结果却恰恰相反。一到波尔多，市长就在码头上迎接他们，并且报告说波尔多城已经被一种可怕的疾病控制了，登陆的风险太大。但公主的顾问们对这一警告置若罔闻。不出几天，队伍的领头人、前英格兰大法官罗伯特·鲍齐尔（Robert Bourchier）就病倒了：他身上长出了肿瘤般的淋巴结肿块，开始时只有杏仁大小，后来长到了鸡蛋那么大；他的皮肤布满了深色斑痕；他不断发出刺耳的咳嗽声，还不停地呕吐。公主看到身边的随从们不断病倒，惊慌地逃到了附近的一个叫洛雷莫（Loremo）的小村庄。然而，逃到加斯科涅的乡间也无济于事，她还是在1348年9月2日去世了。

等到爱德华三世获知女儿的死讯时，瘟疫已经侵入了英格兰。他下令在全国各地进行祷告和宗教游行，徒劳地希望上帝能将英格兰从瘟疫中解救出来。他还给卡斯蒂利亚国王写了一封非常私人化的信，并在信中将他死去的女儿比作殉难的天使：

怀着深深的悲痛，我们不得不告诉你，不分老幼与贫富的、毫不留情的毁灭性死神，已经带走了我们的女儿。她在我的诸位女儿中品德最为出众，也最受我们喜爱。我们内心因为这一变故而感到极度悲痛，没有人会对此感到吃惊。但是我们信任上帝，也将我们的生命交给他，因为他曾帮助我们多次走出险境。我们要感谢上帝，因为我们自己家庭中的一员已经先我们一步上了天堂——她未受任何污染，也接受了我们纯洁的爱护。她会十分乐意为我们的过错向上帝求情。

琼安的死让爱德华三世和他的家人都感受到了深切的悲痛，而这样的痛苦在社会的各个角落都能见到。约克郡缪斯修道院的编年史作者记载说，他所在的修道院有42名僧侣，只有10人在瘟疫中活了下来；什罗普郡（Shropshire）的村庄黑尔斯欧文（Halesowen）有一半的成年男性、三分之一的成年女性和大量儿童死亡；在伦敦商界，独桅快船公会的全部八位管理员和金匠公会的四位管理员都在1350年7月前去世。布料大师、曾经四次出任市长的约翰·普尔特尼（John Pulteney）爵士也死于瘟疫；同样遭此命运的还有加来总督约翰·蒙哥马利（John Montgomery）爵士。

在短短三个月间，来自德比郡（Derbyshire）的富裕自由民农夫威廉·威克布里奇（William Wakebridge）就失去了他的父亲、妻子、两位兄弟、两位姐妹和一位姑嫂。悲痛欲绝的威克布里奇写下了死者名单，捐赠了一座小教堂用来纪念死者，还要求教士们"每日为死者的灵魂做弥撒——直到永远"。赫特福德郡阿什韦尔（Ashwell）圣玛丽教堂的塔上有涂鸦写道："最悲惨、凶残、烈性的传染病……只有一小部分人得以幸存，讲述这可怕的故事。"

这种传染病后来被称为黑死病，该别称最早见于1631年的一份医学文献，到19世纪时才被广泛使用。1348年，它被称为"传染病"或是"大致死病"。当时的人们想不明白这种疾病是如何传播的。1348年10月，腓力六世要求巴黎大学医学部写一份关于"这种威胁人类生存的疾病"的报告。医生们摆脱不了星相学的束缚，将这种疾病归咎于土星、木星和火星的恶性排列。老鼠和跳蚤这两种鼠疫载体所起到的致命作用当时无人知晓；对通过空气传播的肺鼠疫，大家也是知之甚少。为连续三任教宗当过医生的居伊·德肖利亚克甚至猜测，瘟疫是通过视觉传播的——只要看上病人一眼就可能染病，就好像疾病的传染力真的能转换成光线一样。

中世纪医学认为，每个人的健康状况和脾气是由体内四种液体或特质——黑胆汁（忧郁）、黄胆汁（易怒）、黏液（冷静）和血浆（乐观）——的平衡，以及它们与十二星座的各种排列组合决定的。人们认为，人的一切情绪都受这四种特质左右，每一种特质又掌管着身体的一个特定部位。瘟疫患者通常会接受多种手段的治疗，但其目的都是将有毒物质引出体外：放血、服用泻药清肠、割出创口、火烙或是热敷。药物则从没药和藏红花药水到鹿角粉药片应有尽有，但它们都没有什么疗效。

医生们建议在地板上撒气味甘甜的草药，还要用醋和玫瑰水清洗手、口、鼻；装有各种外来香料的香盒应当在外出时随身携带。14世纪，污水处理离理想状况还差得很远：虽然户外厕所、化粪池、污水管和公共厕所都已经出现，但它们并没有完全取代开放式的阴沟，而阴沟内的污秽又时常会渗进水井或是水源。随着街道清洁工和污水搬运工在瘟疫中丧命，城市变得越来越肮脏，使得感染的风险进一步增加。爱德华三世在给伦敦市长的信中直截了当地抱怨说，道路"被人类排泄物弄得腐臭不堪，空气也变得有毒，对路人造成了极大威胁，尤其是在现在这个传染病肆虐的时期"。国王下令，街道要"照旧"清洁打扫。

有些城市实行了严格的隔离措施。瘟疫一传播到托斯卡纳地区的比萨（Pisa）和卢卡（Lucca），邻近的皮斯托亚（Pistoia）就下令禁止到上述两座城市旅行或经商的本市市民回城。米兰的统治者乔瓦尼·维斯孔蒂（Giovanni Visconti）采取了严酷的措施：他命令把瘟疫患者待过的房屋一律用墙封住，不管患病与否，活人都要和死人一起被封死在里面，于是这些房屋也成了他们的坟墓。

对绝大多数人来说，关于这场瘟疫的唯一解释就是它是上帝对人类罪过的一种审判。西方基督教的领导人教宗克莱门特六世在1348年9月的公告中宣称："上帝令基督教徒遭受传染病侵袭，这是上帝降下的一种责罚。"克莱门特自己则通过焚烧香料来净化身边的空气，维持了健康，逃过了这一责罚。他的医生居伊·德肖利亚克命人在教宗的房间里点上两个大火堆，还要求教宗在阿维尼翁炎热的夏季中每天坐在火堆之间。这种方法之所以奏效了，或许因为它驱走了跳蚤，以及它要求教宗在房间中独处。

克莱门特六世是一位追求学识的教宗，为艺术创作和科学研究提供了许多赞助，还鼓励对死者进行解剖，"以使这种疾病的源头为世人所知"。他同时也是一位挥金如土的教宗，注重感官享受，曾斥巨资买下1000件貂皮长袍供他一个人穿。由于与法国王室的冲突，教廷在14世纪初一度从罗马迁到了阿维尼翁；连续有七任教宗在阿维尼翁过着富足华贵的生活。克莱门特六世在一处俯瞰罗讷河的岩层上建成了一座城堡式的华丽宫殿，它不但有广阔的房顶和大量尖塔，其内部还有众多庭院，被称为教皇宫（Palais des Papes）。这座宫殿内有众多宴会厅、花园、金库以及办公室，甚至还有一处专供教宗使用的蒸汽房，它通过锅炉加热。宫殿里铺满地砖，上面饰有花卉、神兽和精美的纹章。意大利人文学者弗朗切斯科·彼特拉克（Francesco Petrarch）在14世纪40年代写道："我住在西方的巴比伦。在这里，教宗们身披紫袍，浑身珠光宝气；枢机主教们富裕、无礼又贪得无厌；教士们在放纵的宴席上饱食终日，还骑着身披金饰的白马招摇过市。"

许多普通人在面对瘟疫这样的天灾时，选择完全背弃教会的教导，沉浸于享乐，并且为这一变故寻找替罪羊。在德意志、法国南部还有瑞士，犹太人就成了替罪羊。对犹太人的袭击最早于1348年春季发生在纳博讷（Narbonne）和卡尔卡松（Carcassonne）；在这两个地方，犹太人遭到诬陷，说他们在水井中下毒，因此他们被拖出房屋处以私刑。在萨伏伊，9月开始出现针对犹太人的正式法律诉讼，而在那之后，指控和袭击犹太人的现象迅速在西欧蔓延开来。值得肯定的是，克莱门特六世确实试图控制这种反犹趋势。他明确地表示：瘟疫会感染包括犹太人在内的所有人；没有犹太人居住的地方也一样遭到了瘟疫侵袭；在其他地方，犹太人也像其他人一样饱受瘟疫之苦。但没有多少人听进他的话。

公众这时被一个叫作鞭笞派的民间宗教团体吸引了。这一团体正是在瘟疫期间发展壮大的。他们在自己身上重现耶稣所经受的鞭打，希望通过自己的受伤流血来弥补人类的罪过，为人类争取重来的机会。他们通常以几百人为一队，从一座城镇走到另一座城镇，大声地向基督和圣母玛利亚乞求怜悯，而围观民众会因为同情而流泪叹息。埃夫斯伯里的罗伯特这样描述

他们到达伦敦时的情形:

> 他们出现在圣保罗教堂和城中的其他地点,大腿到脚踝都有衣物覆盖,但胸膛袒露着。每人的右手都拿着一根分节的鞭子,鞭子上装有尖利的钉子。他们光脚前进,不断用鞭子抽打自己,直到鲜血直流,同时还一直吟诵、歌唱。

127 在很短的时间内,鞭笞派就遍布了欧洲各地。他们的领导人越来越自信,开始聆听人们的忏悔、赦免罪过,还要求人们悔罪。但这一运动并未阻止瘟疫的蔓延,教会和政府很快就开始采取压制措施。腓力六世下令禁止在公共场合进行自我鞭打,违者将被处以死刑。于是鞭笞派迅速销声匿迹,其消失就像他们的出现一样突然,"就像夜间的幽灵或是消失的鬼魂"。

当瘟疫席卷欧洲的城市和村庄时,许多贵族和主教选择前往乡间的住宅躲避。1348年11月,正当瘟疫侵袭法国北部时,爱德华三世和黑太子一同前往加来,去打消守军的疑虑。12月,伦敦每日有数百人死去,而爱德华将宫廷设在了伦敦塔。他的朋友和战友沃尔特·莫尼(Walter Mauny)爵士在史密斯菲尔德(Smithfield)购买了一大片墓地,并且在那里设立了一座小教堂,这样死者至少能被埋葬在获得祝福的土壤中。在困境中,这些都是展现勇气和领导力的举动。

到1349年春季时,爱德华三世已经被迫下令让法庭在当年休庭,还取消了议会的下一次会议。然而,在1349年4月23日,也就是圣乔治日,他在温莎城堡创立了他的骑士团——嘉德骑士团。骑士团一共有 26 位成员，他们是国王、黑太子，以及 24 名精心挑选的骑士。用杰弗里·贝克的话来说：

> 国王在温莎城堡举办了盛大的宴会……与国王一同出席的人都穿着赤褐色长袍，佩戴着金饰和靛青色臂章。他们的右腿上都有相似的饰物，也是蓝色的，还绣着嘉德骑士团的徽章。他们在这样的装扮下一同听了一场庄严的正式弥撒……之后按照顺序围坐在一张普通的桌子边……自称为嘉德圣乔治骑士团。

国王和黑太子共同拟定了骑士团的创始成员名单。根据骑士团章程的记录，重要的伯爵——兰开斯特伯爵格罗斯蒙特的亨利、索尔兹伯里伯爵、斯塔福德伯爵和沃里克伯爵，以及一批男爵，包括比彻姆男爵约翰·比彻姆（John Beauchamp）、罗瑟菲尔德男爵约翰·格雷（John Grey），以及莱尔男爵和莫恩男爵，都在这份名单上。名单中还有骑士，包括黑太子的朋友詹姆斯·奥德利爵士和约翰·钱多斯爵士，黑太子的旗手理查德·菲茨西蒙（Richard FitzSimon），黑太子的侍从总管之子小巴塞洛缪·伯格什，以及因在斯勒伊斯一役中作战英勇而获封骑士的奈杰尔·洛林（Nigel Loring，他后来当上了黑太子的管家）。此外还有托马斯·霍兰德（我们很快就会介绍更多关于他的故事）、他的兄弟奥托·霍兰德（Otto Holland）、罗杰·莫蒂默（Roger Mortimer）爵士（之前那位权臣莫蒂默死后，他的家族逐渐恢复了往日的荣光，此人正是他的孙子）、休·考特尼（Hugh Courtenay）、沃尔特·佩弗里（Walter Paveley）、迈尔斯·斯泰普尔顿（Miles Stapleton）、托马斯·威尔（Thomas Wale）和休·罗特斯利（Hugh Wrottesley）。除了这些英格兰人外，还有加斯科涅人让·德·格拉伊（Jean de Grailly），他是支持英格兰的加斯科涅贵族中的领袖人物；皮卡第人厄斯塔斯·多布赫西库（Eustace d'Aubrecicourt），爱德华三世在佛兰德期间他曾向国王施以援手；荷兰骑士侍从亨利·埃姆（Henry Eam），他与黑太子私交甚笃，1348年正式成为黑太子手下的侍从。

人选是按照英勇的事迹而不是社会等级确定的。所有被选中的人都曾经亲身参战。骑士团的人数是固定的（国王、威尔士亲王，再加上24名嘉德骑士），当有人去世时，其他人就会顶替他们（1349年休·考特尼和理查德·菲茨西蒙死于瘟疫后，北安普顿伯爵和萨福克伯爵被选中接替他们）。

骑士团成员每年必须一起庆祝圣乔治日，在正式场合必须佩戴吊袜带，且路过温莎时必须在嘉德教堂听弥撒。骑士团的章程主要是宗教性的，以庄严的笔触写成：

> 每年在圣乔治日前夜，圣乔治骑士团的所有伙伴应在温莎城堡举行会晤。不论他们是否身处英格兰王国境内，都应按时前来，且应当在此出席礼拜仪式。

在那样一个瘟疫肆虐的年代成立骑士团是一个非常勇敢的举动，而且随着时间的推移，也出现了许多与之相关的传说。其中一个故事围绕着一位20岁的女子展开，她就是肯特的琼安，傅华萨将她描述为"英格兰最美丽、最多情的女子"。

†

　　琼安的经历令人称奇。她是爱德华一世的孙女、爱德华三世的堂妹。1330年，当她只有两岁时，在罗杰·莫蒂默的要求下，她的父亲，也就是第一任肯特伯爵，因叛国罪被处决。在莫蒂默垮台后，国王和王后对肯特伯爵的幼女展现出了强烈的同情心。她先是在王宫中生活，后又随爱德华三世的密友索尔兹伯里伯爵威廉·蒙塔古的孩子们一同度过童年。1341年1月底，她嫁给了蒙塔古的儿子和继承人，一位年龄与她相仿的少年。

　　到目前为止，一切还没有什么异常。婚礼有很多宾客，也得到了国王的全力支持。这对年轻的新婚夫妇获封威尔士北部的莫尔德（Mold）的城堡和领地。虽然这个地方听起来可能不是特别浪漫①，不过两年之后索尔兹伯里伯爵就在马上枪术比赛中意外身亡，于是琼安的丈夫就成了伯爵，琼安也成了伯爵夫人。新任索尔兹伯里伯爵随国王出征，参加了克雷西会战，似乎即将开启一段成功的军旅生涯。根据后来的记载，他的妻子这时似乎也即将迎来激动人心的未来生活。据都铎王朝早期的历史学家波利多尔·维吉尔（Polydore Vergil）记载，一年之后，为了庆祝攻克加来，宫里举行了一场舞会，而年轻的伯爵夫人正是在这次舞会上有了令人惊艳不已的亮相。

　　众人尤其是国王，极为热情地欢迎她的到来。每位男士都被她的美貌惊得目瞪口呆；爱德华国王更是无法将视

---

① 莫尔德（Mold）一词有"霉""霉菌"之意。

线从她身上移开，因为他从未见过如此高贵、如此美丽的女士。他的心被不断跳动的爱击中，这份爱意之后还会持续很久很久。"

爱德华三世选择了伯爵夫人做他的舞伴。或许是因为国王跳得太过卖力，或许是在他们走入舞池之前就发生，总之有人看见肯特的琼安的吊袜带掉在了地上。（维吉尔似乎不知道，在14世纪中期，吊袜带还是只属于男性的饰物。）国王捡起了蓝色天鹅绒制成的吊袜带，笑了笑，然后将其系在了自己的腿上，还向在场的人说："心怀邪念者应感到羞耻！"在骑士团创立近两百年后，波利多尔·维吉尔是这样解释骑士团的缘起的：它来自14世纪的一次"走光"事件。可惜，维吉尔的故事完全没有获得任何同时代文献的佐证。不过，事实有时候会比虚构的故事更为古怪、更令人哗然。

1347年10月，克雷西会战的英雄人物之一托马斯·霍兰德爵士披露了一个令人震惊的消息。他宣称，由于他在1340年5月（在琼安与索尔兹伯里伯爵结婚前八个月左右）先与琼安结了婚，因此她与索尔兹伯里伯爵的婚配是无效的。他和琼安已经行了夫妻之事，并且将婚事保密。霍兰德还说，当他去普鲁士参加十字军东征时，琼安"不愿违背亲友的意愿"，"在他们的安排下"嫁给了伯爵。索尔兹伯里伯爵在琼安母亲的帮助和指令下，拒绝承认霍兰德的说法，并于1348年向教宗提出申诉。

如果我们假定托马斯·霍兰德爵士的说法是真实的，那么在这场秘密的婚嫁发生时，霍兰德是25岁，而琼安只有12岁。他们极为秘密地举行了婚礼，甚至没有教士在场，尽管托马斯爵士后来又声称他能找到目击证人。之后他们又立刻圆房，霍兰德甚至没有按照中世纪贵族婚姻的通常做法，等到新娘年满 14 岁，就迫不及待地与她交欢。然后，根据这种说法，在丈夫出国之后，琼安又被迫第二次缔结了婚姻，且这与她自己的意愿相左。

当时 19 岁的索尔兹伯里伯爵将妻子软禁在莫尔德城堡中。在霍兰德眼中，这是又一项可证明琼安被胁迫的新证据，不过也可以将其解读为伯爵在竭尽所能地挽回婚姻。不论哪一方的说法是真的，1348 年的琼安都不具备出席舞会并掉下吊袜带的条件。

大多数历史学家是从托马斯·霍兰德爵士的角度来讲述所谓的琼安的第一次婚姻的，这就使他的说法看起来更有真实性和正当性。他和琼安的关系被描述成真爱，但受到了琼安的亲友——为首的就是她的母亲玛格丽特（Margaret）——的阻挠。然而，根据霍兰德的说法，在他和琼安结婚并行房之时，琼安还是个孩子，而他的年龄是她的两倍多，这是一件不甚体面的事。后世将琼安称为"肯特的美女"，不过同时代的人给她起的绰号是"肯特的处女"，这或许带有更明显的嘲讽意味。

其实，霍兰德的故事存在严重漏洞。首先，他并未说明他是如何接触到琼安的。1340 年 5 月，琼安只有 12 岁，应当正在蒙塔古家族的严密监护下。如果霍兰德和琼安之间真的缔结了有效的婚姻，并且在他出征之前他们也已经圆房，那么他 1341 年年末回到英格兰，得知琼安已经嫁给索尔兹伯里伯爵时，竟然没有立刻向英格兰宗教法庭提出申诉，就显得十分可疑了。他接下来的行为就更令人费解了。霍兰德认为自己被索尔兹伯里伯爵取代，遭到了不公正的对待，但在 1345 年竞选择出任伯爵领地管家这个要和琼安的新丈夫密切合作的职位——如果这都是真的，也太匪夷所思了。

霍兰德爵士直接向教廷法庭申诉的举动也十分罕见，而且十分费钱。如果仔细推敲他的说法，那么在英格兰宗教法庭提出诉讼要便宜得多，也要快得多。霍兰德知道，索尔兹伯里伯爵这时囊中羞涩：除了特别分封给伯爵的位于威尔士北部的土地外，伯爵继承的其他土地的收入仍掌握在国王手中，因为他未达法定继承年龄。而霍兰德之前将厄镇伯爵的赎金权以12000个弗洛林金币（约合1800英镑）的价格卖给了爱德华三世，这时有不少钱。每个英格兰人都知道教廷因腐败而臭名昭著，非常喜欢收受贿赂。

于是，我们不难构建出另一种可能的情况，它大致是这样的：在托马斯·霍兰德爵士出任索尔兹伯里伯爵领地的管家之后，琼安开始与霍兰德搞婚外恋。由于伯爵时常离家，他们俩有充足的时间来培养感情。他们俩接下来炮制了秘密结婚的故事，为的是摆脱伯爵。在这个版本的故事里，琼安不再是个12岁的小女孩，而是一位17岁的少女；她爱上的则是一位身经百战的十字军战士，这个男人勇敢到只带两名同伴就敢骑马冲进法军控制下的鲁昂城，向目瞪口呆的敌军士兵挥舞圣乔治旗。索尔兹伯里伯爵或许能够理解他们俩的感受。

在这个故事版本中，以琼安的母亲玛格丽特为首的她的家人并不像霍兰德所说的那样强人所难。他们是真真切切地为琼安的言行感到震惊。玛格丽特一直支持着自己的女婿，尽管他已经被琼安抛弃，因为玛格丽特同情他，而且单纯地不相信霍兰德的说法。威尔士编年史作者阿斯克的亚当（Adam of Usk）就曾写道，琼安在婚姻问题上"十分狡猾"。

爱德华三世试图在这件事中保持公正中立，但收效甚微。1347 年 11 月，他派老朋友伊丽莎白·蒙塔古（Elizabeth Montagu），也就是伯爵的奶奶，前往阿维尼翁，或许是为了打探霍兰德说服教宗的可能性。她回国后，国王将伯爵本应继承的遗产中的一部分封给了他，让他有足够的资金打官司。但是国王和黑太子都更喜欢霍兰德，因为他们曾经并肩作战，而且两人也真的很喜欢琼安；与之相对，他们俩都从未真正喜欢过索尔兹伯里伯爵。

对伯爵来说，软禁琼安只是个短期解决方案，因为霍兰德又向教宗提出了第二次申诉。1348 年 5 月，教宗克莱门特六世命令坎特伯雷大主教设法令琼安获释，以便让她做证。琼安的证词对这桩官司来说举足轻重——如果没有她的证词来证实霍兰德的说法，法庭就无从做出判决。不过，看起来有好几个月她都失去了勇气，对此事不再发表任何言论。她的律师大卫·马丁（David Martyn）连续两次出庭时都未能代表她提交证言，于是案件的处理流程停滞下来。到了秋季，一位新的官员奉命负责此案，他就是贝尔纳·达尔比（Bernard d'Albi）枢机主教。或许是在霍兰德的催促之下，琼安选了一位新的律师，并且最终宣称：她和霍兰德自愿结婚并且已经圆房；她与索尔兹伯里伯爵的婚姻是在家人的逼迫下完成的，她完全是因为恐惧才同意了这门婚事。

琼安的母亲得知此事后火冒三丈，断绝了与女儿的联系。爱德华三世则邀请年轻的琼安和王室一起过圣诞。国王想到自己不久前刚刚殒命的女儿，以及正在国内肆虐的瘟疫，非常乐意和自己这个美丽的堂妹共度一段家庭时光。黑太子也十分高兴，送给琼安一只精美的银杯，还用她儿时的小名"雅妮特"（Jeanette）称呼她。

134　　到 1349 年 4 月，教廷法庭仍在处理这一案件。正是在这个月，索尔兹伯里伯爵和托马斯·霍兰德爵士一同被选为嘉德骑士团的首批成员。在圣乔治日之后举行的比武大会上，也就是在 1349 年 4 月 23 日，骑士团的成员被分为两队进行马上枪术比赛，一队由国王率领，另一队由黑太子率领。索尔兹伯里伯爵和霍兰德恰好被分在不同的队伍中，真真切切地是在为了同一个女人而战斗。虽然琼安可能并没有真的在爱德华三世面前让吊袜带掉落在地，但在嘉德骑士团成立之时，她的确是与骑士团成员相关的桃色新闻的焦点。

然而，骑士团背后的主要驱动力并不是性冲动，而是国王的崇高地位、克雷西和加来的战斗中产生的战友情谊，以及对爱德华三世有权继承法兰西王位这件事的笃信。这些基本上正是嘉德骑士团的座右铭所指。爱德华三世知道如何玩乐，但也非常在意作为国王的尊严，因此在那样一个前所未见的危机时期，绝不会做任何可能玷污王位的事。考虑到有些评论者批评比武大会，称这些场合会导致不道德的言行，爱德华三世特意没有在嘉德骑士团章程中提到比武大会，而是主要确定了宗教方面的规定。他很清楚，过于强调感官享受会弱化骑士团的道德使命。

索尔兹伯里伯爵和霍兰德之间的争端被搁置了，直到 1349 年 11 月 13 日，教宗才发出法令，宣布琼安与索尔兹伯里伯爵的婚姻无效，并命令她与托马斯·霍兰德爵士在教堂举办符合规矩的婚礼。琼安和霍兰德很快照办了。在接下来的几年当中，琼安为霍兰德生下了五个孩子，其中长子和父亲同名，也叫托马斯，次子约翰长大后也成了嘉德骑士团成员。

†

黑死病席卷欧洲的同时，反映其影响的艺术创作出现井喷式增长，而13世纪的一个故事"三个活人和三个死人"也重新获得人们的关注。这个故事讲的是三位年轻的贵族和三具腐烂的死尸之间的会面。死尸们对贵族们说："我们的过去就是你们的现在，我们的现在就是你们的将来。"这类探讨人必有一死的话后来被刻在了坎特伯雷大教堂里的黑太子墓冢上。

嘉德骑士团这样的骑士团体前有古人，后不乏来者，但它是唯一一个在瘟疫肆虐的时期建立的骑士团。其身份认知的核心在于精神层面，正如其章程强调的那样，是为了以得体的方式纪念死者：

> 兹规定，圣乔治日后一天，在成员们互相道别离开之前，应为所有逝去信徒的灵魂举行安魂弥撒，并且（圣乔治骑士）全团都必须出席。

当黑死病肆虐整个欧洲时，医生们在尽力治疗病患，教士们也照顾着将死之人。然而，或许只有士兵们能最好地理解这种疾病的一个基本特点，也就是它突然致死的特性，这会让死者没有时间为罪过寻求宽恕，进而无法确保自己的灵魂能安全地进入来世。瘟疫令人恐惧的原因之一就是突如其来的死亡，这种恐惧也是即将死于瘟疫之人和战士之间的一个共同点，因为战士们最恐惧的事就是未经忏悔就战死沙场，且死后遗体不是被葬在经过祝福的土地，而是被抛进万人坑。这种恐惧源自中世纪对于炼狱的笃信：炼狱是一种边缘地带，未经忏悔的灵魂就被困在这个介于天堂与地狱之间的空间。到了13世纪和14世纪，炼狱越来越多地与痛苦、火焰和苦难联系在一起。

136　　战争或瘟疫肆虐期间，人们有时会没有条件走完宗教流程。但士兵们能够理解当时席卷欧洲的精神方面的恐惧。那些足够富有的军人会向教廷申请用私人忏悔牧师和可移动的圣坛来举行弥撒。在黑太子的侍从中，奈杰尔·洛林爵士和约翰·钱多斯爵士都获得了这种特权。黑太子军中普通士兵的精神需求也能得到满足：根据教廷记录，钱多斯的随军牧师约翰·莱昂斯（John Lyons）就获准听取所有英格兰士兵的临终忏悔，"因为在过去，他们由于听不懂（说法语或加斯科涅方言的当地牧师的）话，临终忏悔进行得不尽如人意"。

嘉德骑士团章程为其成员规定了一些精神方面的义务。之前我们也提到过，所有成员都必须在每年的圣乔治日时出席在温莎举行的年度活动，而且第二天还要参加安魂弥撒。安魂弥撒亦称死者弥撒，是为灵魂的安息而举行的仪式，目的是将灵魂从受难之地带到安息之地。安魂弥撒的第一句是"主啊，请赐予他们永恒的安息"。除了这一象征性的纪念活动外，首批成员还资助了数百场弥撒，由教士们在全国各地的教堂中主持。

在中世纪之人的认知中，数字和重复具有很强的力量。人们相信，每重复一次弥撒，就能帮助一个炼狱中的灵魂向上攀爬一级阶梯，助其早日脱离苦海。嘉德骑士团有成员去世时，国王会命人为死者的灵魂做1000次弥撒。其他成员也要根据自己的等级和身份资助弥撒，从黑太子资助的700场到普通骑士的100场不等。如果把国王和嘉德骑士团其他成员资助的弥撒加在一起计算，骑士团成员去世后的三个月内，有大约

5000场弥撒会为他举行。即使以14世纪的标准来看,这也是个很大的数目。

对当时的人来说,这样的行为意味着即使有骑士团成员在征战途中死去而未留遗嘱(遗嘱中通常会写明,要为死者的灵魂举行弥撒),他的灵魂也不会在炼狱中受苦。1370年约翰·钱多斯爵士去世时,就没有事先立下遗嘱,但嘉德骑士团的同人出资为他组织了至少5300场弥撒。1372年,黑太子的弟弟冈特的约翰为死去的沃尔特·莫尼爵士组织了500场弥撒,因为莫尼是"我们最亲爱的同伴,也是嘉德骑士团的骑士"。莫尼是在约翰·格雷死后被选入嘉德骑士团的,而他也正是二十年前出资在史密斯菲尔德为瘟疫遇难者建立墓地的那一位骑士。

虽然对我们现代人来说,重复念诵这么多遍弥撒似乎很难理解,但这种做法能引起中世纪人的共鸣,让他们深刻地感受到虔诚。嘉德骑士团得体纪念死者的意愿并不仅限于其成员:其一年一度的安魂弥撒是为"所有死去成员的灵魂和所有基督徒的灵魂"而举行的,也会为所有在炼狱中受苦的灵魂提供帮助。这就让嘉德骑士团拥有了独特的精神身份和道德权威。

1349年夏,瘟疫仍在英格兰国内各处横行。那一年8月,爱德华三世给英格兰的主教们写信,批评瘟疫的幸存者缺乏仁爱,要求他们向上帝祈祷,乞求宽恕:

> 从瘟疫中幸存的少数人没有因此感到谦卑,这使我既吃惊又惊骇……现在他们的仁爱之心反而比往常更为冷漠。这似乎预示了更大的灾难,除非已经被他们的罪

过激怒的上帝能够因他们悔罪的举动和信徒的祷告而重新平静下来。

不过到了那年秋天,瘟疫终于开始偃旗息鼓了,大家一定都为此感到高兴和解脱。爱德华三世很快就发现自己又有一个新的机会,可再次对法国发动攻势。就公开的立场而言,两国在瘟疫降临后就已经停战,并且受临时停战协议的制约。可是,在1349年平安夜,爱德华三世获知了一个准备把加来送给法国人的阴谋。他应对的方法显得充满自信,甚至还有些炫耀的色彩。几天之内,他就组织了一支部队,由嘉德骑士团的骑士、国王的仆从和英格兰长弓手组成,并且亲自率军渡过了英吉利海峡。杰弗里·贝克记叙道:

> 国王十分想要守住这座城市,因为他花了许多力气,打了一年多围城战才将其攻克。于是,他在他的长子威尔士亲王、罗杰·莫蒂默爵士以及其他几人的陪同下,急忙渡过海峡,在阴谋开始实施的几天前抵达了加来。他到达加来以后,就为法国人精心准备了一场欢迎仪式。

爱德华三世获知,有人会为了一大笔贿赂,为敌人打开城门。涉事官员将此事透露给了爱德华三世。爱德华三世本可以加强守军的力量,中断阴谋的进程,但他设计了一个更为复杂的方案:假意让献城的阴谋按计划进行,与此同时,以他自己和黑太子为首、成员由他亲自挑选的"欢迎委员会"将会静候法国人的到来。爱德华三世的计策十分巧妙,杰弗里·贝克对此饶有兴致地记录道:

他在门楼的里面和周围都部署了骑士,还在他们面前建起一堵薄墙,但石块间没有粘合它们的东西,它们只是被垒在一起。他们还用灰浆把相连的墙体抹平,并精心把墙做旧,这样就不会有人怀疑墙后还藏着人。

我们可以感受到爱德华三世在进行这些准备工作时的欣喜之情,就好像他是在参加经过精心彩排的比武大会,而不仅仅是想要打退法国人。不过他也想要试试嘉德骑士团几位新成员的实力,而且在瘟疫肆虐之后能够重回战场也一定让他得以放松。爱德华三世还知道,对这座城市发动的突袭将由著名的骑士和作家若弗鲁瓦·德·夏尼领导。这一次,德·夏尼似乎不那么具有骑士精神,因为他想出的计划是贿赂加来城堡垒的守将,伦巴第人帕维亚的艾默里(Aimery of Pavia)。德·夏尼原以为,与忠心耿耿地为爱德华三世效力相比,艾默里会更愿意增加自己的私人财富。但是德·夏尼失算了:正是帕维亚的艾默里将这一计划透露给了爱德华三世。

而爱德华三世的计划还不止于此。杰弗里·贝克详细地记载说:

> 然后,他(爱德华三世)命人将吊桥的大梁部分锯开,但又保留足够强的支撑力供武装士兵骑马通过。他还命人在吊桥上方的塔楼地板上打了一个洞,并且在洞旁放了一块巨石。他命令一名受他信赖的骑士躲在那里,让此人在恰当的时候扔下石头并砸断吊桥。

爱德华三世、黑太子以及少数几名深受他们信赖的同伴在抵达加来后，设下了一个极为巧妙的陷阱。国王选择秘密进城，保持低调，法国人完全不知道他就在城中。爱德华三世指示艾默里收下贿金，并且要他告知德·夏尼的手下将于12月31日午夜献城。爱德华三世和黑太子准备亲自迎敌，在战斗中迎接新年的到来。令人称奇的是，吊桥上方的那位骑士接到的命令是要让人数合理的法军通过，再将桥砸断。爱德华三世希望公平战斗，打个痛快。

事情的开端对英格兰人有利。德·夏尼和他的先头部队按计划进入了加来，却发现他们和仍在城外的部队被分割开来，还被一大批英格兰士兵包围了。德·夏尼原本是自豪地手持自己的旗帜骑马进城的，现在也只得向同伴们大声叫喊，告诉他们必须坚守阵地，勇敢地战斗。然而，大多数法国士兵抱头鼠窜，被爱德华三世和他的骑士们四处追杀。爱德华三世不满足于击溃进城的敌军，又率部冲出城门，扑向城外的法军。杰弗里·贝克用轻描淡写的语气谨慎地评论了爱德华三世的这次冲锋：

> 我不敢说国王追击敌军是出于智慧还是军事上的谨慎，但无论如何，在如此危险的时刻做出英勇的举动，这表现了国王的勇武。承蒙上帝的恩典，他最终带着荣耀归来。

英格兰国王身穿没有特殊标记的铠甲，在参加战斗时隐藏了身份。他和大约30名同伴（一半是重装士兵，一半是长弓手）冲出加来城门追击敌人，但在这时，猎手突然变成了猎物。杰弗里·贝克以严肃的口吻写道："法军突然发现只有很少人在追击他们,便重新列好阵势。于是,80多名重装士兵即将迎战国王那边的16人。"

爱德华三世被围困在堤道上,身陷可能被俘或是战死的险境。当他手下的长弓手们准备逃跑时,爱德华三世向他们表明了自己的身份,说道:"我是温莎的爱德华。为我射箭!"这一小队士兵的士气为之一振,暂时抵挡了敌军的攻击。黑太子发现父亲身陷包围后,一路杀到爱德华三世身边,身后还跟着众多英方的守军。法军随即撤退,另有许多人战死或被俘。

爱德华三世确实"带着荣耀"从这场战斗中全身而退,但是也一度命悬一线。在离开加来之前,爱德华三世设宴款待若弗鲁瓦·德·夏尼和其他被俘的法军骑士,宴会的第一道菜由黑太子送上。德·夏尼因其违背骑士精神的举动而受到了表演式的训斥。另一位战俘厄斯塔斯·德里伯蒙(Eustace de Ribemont)在战斗中曾与爱德华三世短兵相接,这时因勇气而获得了称赞,并且被免除了赎金。不过,国王率领这支部队回到伦敦时,把最重要的赞誉留给了黑太子。爱德华三世对菲利帕王后说:"我的好夫人,一定要好好款待太子,因为如果不是他极为英勇地作战,我一定会被敌人俘虏。"

这就是瘟疫幸存者们的不服输精神——一往无前,英勇无畏,敢于直面死亡。那一年夏季又出现了一项新的威胁。在琼安公主不幸早逝之后,卡斯蒂利亚国王阿方索和法国建立了同盟,并且在1350年年初派出一支规模庞大的卡斯蒂利亚和热那亚联合舰队前往佛兰德,一路上不断袭击并击沉英格兰舰船,还将水手扔进海里。爱德华三世决心在这支舰队返航途中迎击它,并且为此招兵买马。1350年8月29日,当国王的舰队在温切尔西（Winchelsea）静候敌军出现时，他决定略施小计，提振部队的士气。让·傅华萨记载道：

> 国王身穿黑色天鹅绒外套，头戴一顶大小合适的黑色獭皮小帽，站在舰船前部。（当时在场的人说）他的战友们从没见过他如此欢乐。他命令乐师们演奏约翰·钱多斯爵士不久前带回来的一支德意志乐曲（钱多斯此前在普鲁士参加十字军东征）。钱多斯爵士当时也在场。国王请钱多斯爵士跟着乐师的伴奏献唱，为大家助兴。大家听到爵士的歌声也都十分高兴。爱德华三世不时地望向艉楼，因为他在那里安排了一个瞭望哨，这个士兵负责在西班牙舰队出现时立刻通报。在国王这样放松玩乐的时候，所有看得到他的人也都放松了下来。然后，瞭望哨跑过来报告说，西班牙舰队来了，于是乐声戛然而止。

信号发出之后，所有英方的船只都开始聚拢。爱德华三世的舰队里既有小型平底船，也有大型商船，每艘船上都挤满了重装士兵和长弓手。大多数嘉德骑士团的骑士也在这里，除了爱德华三世和黑太子之外，还有格罗斯蒙特的亨利、沃里克伯爵、北安普顿伯爵和索尔兹伯里伯爵（他们都出任了分队的指挥官）以及科巴姆子爵（Lord Cobham）雷吉纳尔德（Reginald）、约翰·钱多斯爵士、莱尔男爵约翰、沃尔特·莫尼爵士和托马斯·霍兰德爵士。以防万一，索尔兹伯里伯爵和霍兰德被部署在舰队的不同位置。

爱德华三世事先命人制造了一千面大盾牌，用于保护船上的长弓手。这些盾牌都被涂成白色，饰有被蓝色吊袜带环绕的王室纹章。它们看起来一定非常引人注目,把嘉德骑士团放在了英格兰军事力量的核心位置。

爱德华三世相信自己的战士更为勇猛,但西班牙人的船只更长、更宽、更高(被杰弗里·贝克生动地比喻为"俯瞰着小村舍的城堡"),因此英格兰的将士们需要驾船冲撞敌军船只并且与其接舷肉搏。国王以身作则,命令他的船长将船头直接指向为首的卡斯蒂利亚舰船。两艘船碰撞之后,对方的艉楼坍塌,上面的士兵随之落入海中。几分钟之后,国王的座舰又撞上了另一艘敌军桨帆船。但是很快,黑太子的船就深陷困境。傅华萨讲述道:

> 他的船被一艘大得多的西班牙船钩住,动弹不得。太子和他的手下吃了很多苦头,因为他们的那艘船多处断裂、穿孔,海水快速涌入——多亏船员们努力舀水,船才没有立刻沉没。太子的部队与敌船苦战,却没能击退敌军,因为对方防守严密。

最终,格罗斯蒙特的亨利发现黑太子处在危险之中。他命令自己的船掉转船头,从敌船另一侧钩住了它。黑太子也再次发动进攻。通过夹击,英军终于登上敌船开展肉搏,将敌军赶入海里。过了没几分钟,黑太子的座舰就沉没了。

战斗在黄昏时分结束。卡斯蒂利亚的舰队被击溃了:17艘船被俘,27艘船逃脱,剩下的都被击沉。为了庆祝这场胜利,爱德华三世将80名骑士侍从晋升为骑士。因为有大量卡斯蒂利亚人和热那亚人在此葬身海底,这场战斗之后获得了一个别称——"海里的西班牙人"。

†

1350年夏，瘟疫终于平息了。英格兰有三分之一到一半的人口死于这场瘟疫。人口的大幅减少让幸存下来的人可以要求获得更高的薪水以及更好的工作条件。于是，地主们发现他们的收益大幅缩水了。1351年的《劳工法令》（Statute of Labourers）试图将薪水维持在瘟疫前的水平，但是最终无法强制执行，因而也没能压制薪水上涨。

黑太子拥有大片土地，因此也经历了这些问题。在瘟疫到来前，他从威尔士领地获得的收入每年可达近5000英镑，但之后就迅速下滑：煤矿和锡矿收入降低了95%；对船只和渔获收的税更是全都没有了。约翰·温菲尔德（John Wingfield）爵士1350年被任命为黑太子全部领地的财务总管；他总是孜孜不倦地催促地方官员，毫不手软地维持雄心勃勃的现金出产政策，还发出了一长串的命令，有些甚至是"在我们的床上"或是"在我家的壁炉边"写下的。不过，黑太子仍然证明了他自己是个严厉但处事公平的地主。1351年9月，他指示他在康沃尔的征税官，要在缴税争议问题上"公正且正当地对待"佃户，还说他希望他们不受"压迫和勒索"之苦。

在黑太子目睹了真正的苦难生活后，他免除了那些为他耕地的佃农的地租，减轻了他们的贫困，鼓励他们留在自己的土地上。当有人向他申诉和请求赔偿时，他也愿意进行公平的听证。1352年5月，弗林特郡（Flintshire）霍利韦尔（Holywell）的铅矿矿工向黑太子提出申诉说，他们每年花费20先令向他购买的特许权利受到了侵害。黑太子很同情他们，命令手下的官员"仔细审查授予这些人权利的条款是怎样的，查明他们是否履行了与这些权利相对应的义务,给予他们公正,让他们不会再有机会提出合理申诉"。黑太子听说手下一位康沃尔的骑士欺压农民的恶行之后,便将这名骑士开除,理由是其行为"之前和现在都令我和我的子民、牧师及佃户感到愤慨并受到冒犯"。

1353年夏,黑太子在柴郡(Cheshire)的总管因当地的动荡局势而难以履职;他在诺斯威奇(Northwich)的主管休·哈姆森(Hugh Hamson)甚至在"为太子效力"时遇害。于是,黑太子宣布将于6月26日首次走访当地并举行司法集会。他说,这是由于他获知了"民众严肃的要求和申诉",它们讲述了需要他亲临此地纠正的"冤屈、过度征缴和恶行"。和黑太子一起抵达柴郡的还有他的议事会,他的全部主要官员——约翰·温菲尔德爵士、理查德·斯塔福德(Richard Stafford)爵士、小巴塞洛缪·伯格什、奈杰尔·洛林爵士(黑太子的管家)和约翰·钱多斯爵士——都是议事会成员。为了防止他的法官们遭到武装袭击,黑太子命令格罗斯蒙特的亨利以及斯塔福德和沃里克的两位伯爵将他们的扈从部署在附近。不过,这些部队最终没有出动,因为黑太子没有使用暴力,也没有使用逼迫的手段,就折服了对手。

1353年8月15日(圣母升天日),黑太子在切斯特城堡(Chester Castle)举办了一场盛大的宴会,邀请了许多柴郡的士绅。黑太子解释了他来到这里的原因;他后来也在发放的一份特许状中说:"柴郡目前的动荡局势和争斗,使我不得不来此探究如此无法无天之举背后的原因并加以制止。"他非常理解当地风俗的敏感性,也深知柴郡富有独立精神,因为它是一个王权郡,在王国中享有特殊自治权。虽然黑太子(通过处

145 以司法罚款）将从这些官司中获得金钱上的收益，但他也要给这里带来一些实际的益处。他倾听了百姓的冤屈，试着纠正错误；他开展了公共服务计划，想要改善默西河（Mersey）和迪河（Dee）的内河航行条件；最重要的是，他还赋予了柴郡新的特权，并通过自由权特许状的形式将其确认下来。他直接明了地向身边的人寻求支持。

8月19日，柴郡各界提出要缴纳5000马克（3333英镑13先令4便士）的罚款，分四年付清，黑太子对此表示同意。所有人都要"根据他们所拥有的土地、货物和动产等财富"支付这笔罚金，只有教士和年收入少于20先令的穷人可以免于缴纳。黑太子于1353年9月10日授予柴郡一份自由权特许状，以此结束了此次到访。

†

《盈利者和挥霍者》（*Wynnere and Wastoure*）以头韵体创作，写于14世纪中期，是与黑太子同时代的诗歌作品，很可能还出现在了1353年8月15日切斯特城堡的宴会上，其作者被认为是约翰·温菲尔德爵士的侍从。这是一首描写梦境的诗，作者梦见两军在一处平原上对垒，爱德华三世的营寨则扎在附近的高地上。国王派他的传令官过去调停，于是两支军队的将领——盈利者（代表财政谨慎）和挥霍者（代表铺张浪费）——各自向国王陈情，让国王定夺。

有意思的是，这首诗提到了黑太子委员会的大法官威廉·沙尔斯赫尔（William Shareshull）爵士，还提到了对武装抵抗的恐惧（"……沙尔斯赫尔和他们是一伙的，说我带兵扰乱了他的和平"）。这首诗更为重要的主题自然与时事有关：对金钱的追求、对收入的开发，以及账目的调查、报表与分享财富果实之愿间的冲突。在一定程度上，这些主题可能是为了回应人们之前对黑太子奢华生活习惯的批评。1348年12月23日，黑太子与他的父亲赌了一晚上，花费了多达105英镑，且他的债务还在不断增长。1350年8月，在登船前往温切尔西进行海战之前，黑太子起草了他的遗嘱。在遗嘱中他对国王提出请求，说如果他不幸战死，请允许他手下的人继续从他的领地上获取一年的赋税和其他收入，以便偿还他的全部欠款。

盈利者将挥霍者喜爱比武大会的倾向贬低为一种心血来潮的冲动消费，而这种冲动需要借不少钱来满足：

> "你在冬日大摆酒席，用尽我的存货，
> 铺张浪费，目中无人：
> 你手中的财富
> 无不来自赏赐赠送。"
> 但挥霍者反驳说：
> "我们的宴席和好菜可以喂饱穷人。
> 创造天堂的上帝也感到欣慰，
> 因为让基督的子民人手一份，
> 要好过堆叠贮藏、收进宝箱
> 整整七年不见天日。"

这场关于花钱和存钱的争论最终并没有见分晓（在这首诗现存部分的结尾处，国王的判决尚未讲完）。不过，这首诗还是就14世纪中期困扰英格兰的社会和经济问题提出了有趣的见解。自然，盈利者和挥霍者的观点都有可取之处，黑太子和当时的其他地主应当很清楚这一点。要招募手下，好的领主就要表现得十分慷慨，要靠设宴、赠物或赐金来换取手下效忠，要每年支付一笔固定金额的款项，还要按照契约（正式的、有法律效力的协议）付钱。但一位领主如果希望自己能持续性地赏赐手下的仆从，给他们一定的经济支持，就需要避免使自己背上沉重的债务负担。

这首诗到底是不是在描述一个真实发生的事件，或者说是不是以某件真事为根据创作，对此我们只能猜测。诗中描述了一些十分富丽堂皇的地方，而且黑太子对它们应当也非常熟悉。在诗中描绘的宴会厅中，各个显眼的位置都饰有嘉德骑士团的徽标：

> 屋顶和椽子都是红色，排列整齐，
> 闪亮的徽章装饰其间，
> 还各有一条蓝色吊袜带，显得金光灿灿。

后来，黑太子向温莎的圣乔治教堂，也就是嘉德骑士团的精神故乡，赠送了饰有老鹰和星辰图案的奢华红色挂带，它们与这首诗里的一些描写十分接近。

《盈利者和挥霍者》如果在一批聚集的观众面前被大声朗诵出来，就正好是黑太子所喜爱的那种娱乐形式。这首诗文笔出众，构思巧妙，谈到了那个时代经济上和道德上的两难困境。这首诗的作者和钱多斯传令官都曾发出感叹说，真正鉴赏诗歌的能力已经衰退，随之而去的还有诗歌令受众身临其境的能力。他们诉苦说，过去的领主会在宴席上为技艺高超的"欢乐制造师"留有一席之地，而现在这些人都被表演插科打诨的年轻艺人们取代了。

不管黑太子是听过别人朗诵这首诗,还是对其内容有所了解,他一定思考过诗中谈到的道德问题。随着黑太子在军事道路上不断前行,这首诗的辩证主题给了他一个提示,让他修正他追求骑士精神的生活方式,收敛他天生的慷慨,谨慎处理财政事务。而在这个提示中也暗含警告——黑太子如果做不到以上几点,或许有一天就要面对这样的对手:他不但能熟练运用上述财政技巧,而且非常乐意利用这些技巧打击黑太子。

†

1353年12月31日,黑太子在詹姆斯·奥德利爵士和约翰·钱多斯爵士的陪同下,来到埃尔特姆的王宫参加比武大会。黑太子似乎对他的铠甲不太满意,因为不久之后他就又定做了四套新铠甲,"由太子亲自设计","按照太子的铁匠罗杰(Roger)的指示"要在下一场比武大会前完成。1354年夏,黑太子巡游了他在康沃尔的领地,称"他想在下次出国前更加熟悉自己的佃户",并接受了佃户的宣誓效忠,平息了当地的一些争端。然后,黑太子回到了他最喜欢的居所之一——(赫特福德郡的)伯克姆斯特德城堡,此前他曾下令将其大幅整修增建,重建了高大的塔楼和幕墙,并在外围空地上筑起了一道新的木栅。

在黑死病肆虐后,黑太子真切地为他领地上佃户的健康和福祉担忧,但他从未忘记美丽的嘉德骑士团的装饰和徽章,就像《盈利者和挥霍者》的作者所描绘的那样。这些标志正是在如此痛苦、不断有人死去的时期创造出来的。很快,他就会再次展示自己的实力,直面敌人——瓦卢瓦王朝统治下的法兰西。

第五章

大劫掠

1355年1月，菲利帕王后生下了第五个儿子，即伍德斯托克的托马斯（Thomas of Woodstock）。两个月后，以宗教净化为目的的"安产感谢礼"刚一结束，爱德华三世便在伦敦举行了一场盛大的比武大会，庆祝小王子出生。黑太子与他的密友詹姆斯·奥德利爵士和约翰·钱多斯爵士一同参加了马上枪术比赛，还送给他们覆盖着黑红相间的天鹅绒的胸甲——这是十分慷慨的举动，与黑太子一贯的作风相符。参加大会的还有一位加斯科涅骑士，他就是让·德·格拉伊，人称比什男爵（Captal de Buch）。

德·格拉伊是嘉德骑士团的创始成员之一。这一次，他请求觐见爱德华三世和菲利帕王后。他对爱德华三世说，自己代表了加斯科涅所有支持英格兰统治的骑士，还说他们都希望看到国王采取措施，对付他们共同的敌人之一阿马尼亚克伯爵（count of Armagnac）。钱多斯传令官记下了这一幕：

> 比什男爵来自加斯科涅，是个果敢高贵的男子，敢于冒险，充满勇气，和每个人都处得很好。他受到了热烈的欢迎，太子看到他到来也很高兴。一天，他对国王和王后说："陛下，您知道加斯科涅有众多高贵的骑士是你们的盟友，为了你们而奋勇战斗，但他们没有属于你们血脉的将领领导。如果你们的顾问同意派一位王子前来，那么骑

士们就会更为英勇了。"

德·格拉伊指的是哪一位王子再清楚不过了。除了新生的小王子托马斯之外，另外三位王子莱昂内尔、约翰和埃德蒙分别只有16岁、15岁和14岁，而且均毫无作战经验。虽然国王之后会带上莱昂内尔和约翰参加1355年11月短暂出征加来的军事行动，并且将他们封为骑士，但他们都还没做好独立指挥部队的准备。而黑太子已经摩拳擦掌、迫不及待了。

加斯科涅人当时面对着一位极具威胁性的敌人，那就是阿马尼亚克伯爵让（Jean），一名经验丰富的武将和外交家。他此前在法王约翰二世的安排下出任朗格多克总督。阿马尼亚克伯爵做事井井有条，已经主动出击，侵入了加斯科涅，并攻克了一些城市和小堡垒。他不但富有、实力雄厚，而且咄咄逼人。到1354年年底时，他已经将一些加斯科涅贵族争取到法国一边了。

德·格拉伊很清楚，黑太子在克雷西会战表现出了十足的英雄气概，如果他能再奉命领兵前往加斯科涅，就将大大鼓舞加斯科涅人的士气，扭转战局。十年前，格罗斯蒙特的亨利就曾来到加斯科涅，率军打了一场效率极高的战役；德·格拉伊希望黑太子也能有这样的作为。他和黑太子已经建立了友谊：他们岁数相近，而且都是具有骑士精神的冒险者。

黑太子被出征加斯科涅的想法深深地吸引，甚至有些等不及了。1355年4月24日，他给自己在康沃尔公爵领的管家写信说，他已经"恳请国王让他成为前往海对岸的第一人"，也就是说让他独立领军出国作战。不过，爱德华三世并不急于进行任命。他知道，自己的儿子在克雷西和加来都已经充分展示了勇气,也知道让黑太子积累独立领兵指挥的经验是十分重要的。不过,问题的关键在于时机。

起初,国王考虑的是派一位更有经验的将领前往加斯科涅,人选就是沃里克伯爵。黑太子对出征一事非常积极,再加上德·格拉伊不断游说,让国王有些动摇。尽管如此,爱德华三世考虑到当时的外交背景,还是希望再仔细想一想。当年早些时候英格兰与法国在阿维尼翁的谈判已经中断,爱德华三世这时想要用英格兰的军力去支持反对法国王室的纳瓦拉的查理(Charles of Navarre,此人既是纳瓦拉王国的统治者,也作为贵族在法国拥有土地)在诺曼底发起的叛乱,同时想从加来出发进行劫掠。爱德华三世将此事交给御前会议讨论;到5月24日时,国王和会议决定要在法国各地重启军事行动。根据埃夫斯伯里的罗伯特的记载,作为这项计划的一部分,在这一天"决定已经做出:威尔士亲王、国王的长子爱德华殿下,应渡海前往阿基坦"。

英格兰和法兰西正在迅速走向再次全面开战。名义上,两国间自1347年开始就存在停战协议;虽然双方都在不断违背协议内容,但它还是先后于1353年和1354年两次续期。爱德华三世提出,自己愿放弃继承法兰西王位的权利,以换取大片土地作为补偿。法王约翰二世则越来越不愿意对英格兰方面让步。1354年冬,爱德华三世的代表格罗斯蒙特的亨利在阿维尼翁进行冗长曲折的谈判时,因参加奢华程度堪比教廷盛事的娱乐活动,竟然积累了多达5600英镑的支出。然而,约翰二世拒绝核准在吉讷(Guînes)签订的条约。该条约规定,爱德华三世控制的阿基坦将获得扩张,以补偿爱德华三世本人对法兰西王位继承权利的放弃。这时,英法的进一步冲突似乎已经不可避免了。格罗斯蒙特的亨利率领一支军队,被派往诺曼底;爱德华三世当年晚些时候也会亲自率军前往加来。同时,在英格兰国内,国王也下令为黑太子出征做好准备。

正式聘用黑太子为爱德华三世总督的契约于7月10日订立。这份契约规定了黑太子的权限和出征的范围;在与加斯科涅政务管理相关的所有事务中,以及订立停火协议和地方性协议方面,黑太子都可以全权代表国王,"就像国王亲自在场一样"。契约还称,"太子应获得一笔资金,它将足以用于调和当地民众以及太子认为对国王有益的其他事宜"。其中,"调和当地民众"的意思就是安抚对国王忠心耿耿的臣民,并且争取心存疑虑之人的支持;而这一切都要通过果断的军事行动来实现。

为了找到必备的船只,黑太子出征的日程被推迟了。他的部队有大约2600人,一半是重装士兵,一半是长弓手。等这支部队抵达加斯科涅后,还会有更多将士前来增援。黑太子想要组建的是一支可快速劫掠的部队。与他同行的有他自己的仆从和行政管理官员、一大批贵族〔包括沃里克、牛津、萨福克和索尔兹伯里的四位伯爵,科巴姆子爵雷吉纳尔德(1352年被选入嘉德骑士团)和莱尔男爵约翰〕,以及黑太子的两位特别顾问约翰·钱多斯爵士和詹姆斯·奥德利爵士。

嘉德骑士团对这支部队来说就是其不断跳动的心脏。骑士团的14名成员,也就是一半以上的成员随黑太子一同出征,而且他手下的所有分队指挥官都由嘉德骑士团成员出任。这一批人中既有经验丰富的老将,也有活力充沛的年轻人,而且大家对黑太子都十分忠心。骑士团的几位指路明灯般的老将包括沃里克伯爵、萨福克伯爵和科巴姆子爵雷吉纳尔德。他们三人已经参加过许多次军事行动，而且在克雷西会战时是爱德华三世的参谋会议成员。英格兰部队指挥层的一大优势就是他们之间的紧密关系和相互信任，而嘉德骑士团正是这些特质的代言人：他们非常乐于并肩作战，而且能够快速、自信地做出决策。

约翰·钱多斯爵士是嘉德骑士团成员，也是黑太子的好友。让·傅华萨称赞钱多斯天生具有骑士精神。傅华萨记载了钱多斯的第一项战功：在康布雷围城战中，钱多斯曾与一名法国骑士侍从单挑，在场的人都惊异于钱多斯的英勇。他还在1340年参加了斯勒伊斯海战，六年之后又在黑太子的先头部队中参加了克雷西会战。

当时35岁的钱多斯在他家族的德比郡分支中是领头人。他总是温文尔雅，懂得灵活变通，也总是极为热情地投身事业，却不太在意自己的得失（1350年，他就在温切尔西展示了自己的沉着冷静），或许可以说他就是嘉德骑士团精神的集中体现。黑太子经常向钱多斯赠送珠宝、服饰、马匹等礼物，很喜欢钱多斯的陪同，也非常看重他的意见，更将钱多斯纳入自己的内侍会议。他们俩在征战途中几乎形影不离，钱多斯的传令官也因此得以在之后写出记载黑太子生平的作品，这也成了本书关于这一时期的主要信息来源。另外两名嘉德骑士团成员奈杰尔·洛林和詹姆斯·奥德利也是黑太子的手下，他们在十年前都曾随格罗斯蒙特的亨利征战加斯科涅，对这次出征也跃跃欲试。

7月和8月的大部分时间，黑太子都待在德文（Devon）的普林普顿修道院（Plympton Priory）为出征做准备。黑太子的首席顾问和"事务总管"约翰·温菲尔德爵士也前来与黑太子会合，为准备工作注入了商业般的高效。有500名长弓手是从柴郡招募而来的，另有100名长弓手从弗林特郡前来。这两批长弓手是在柴郡的两位骑士，即约翰·丹尼尔斯（John Danyers）爵士和拉尔夫·莫伯利（Ralph Mobberley）爵士的建议下招募的。他们俩都加入了黑太子的参谋会议，加入原因却不一样。丹尼尔斯想重获黑太子的赏识和信任：三年前，他曾遭到黑太子手下行政官员的严厉指责；现在，他的罚款和其他罪过都暂时获得了赦免，前提就是他在黑太子军中尽忠效力。莫伯利则是想赚钱：他在柴郡东部的领地收入不断减少，因此他希望能够在战争中发财。他们都对各自的领地很了解。

黑太子希望付给士兵们的薪水能够物有所值。他采纳了丹尼尔斯和莫伯利的建议，不但精心挑选长弓手的队长，而且要求士兵们按时出现在部队集结地，否则将让他们受到法律制裁。来自切斯特的托马斯·布雷希（Thomas Brescy）收到了报酬却没有按时现身；黑太子在柴郡的官员们受命找到布雷希，命令他"全速"前往普利茅斯。如果布雷希以各种理由搪塞，或是拒不执行命令，官员们应当逮捕他，并将他关押在切斯特城堡内。

部队抵达德文海岸后，一小批逃兵得到了严厉惩处。当理查德·温斯坦顿（Richard Wynstanton）被发现带着6英镑离开了黑太子的部队后，立刻有人发出了命令，要求逮捕他，"直到他赔偿相关钱款"。之前去向不明的39名长弓手被关押起来，他们的财产被没收。黑太子意识到，一支军队的纪律必须在集结之初就建立起来，因此他对出色完成任务的士兵予以嘉奖，对没能完成任务的士兵加以惩戒，试图立好规矩。

黑太子要求顾问们就每日可能产生的开支起草一份预算。他天性慷慨，也十分相信好的领主应当与最亲近的追随者们分享财富。而要做到这一点，他就必须让自己手头随时都有现金可供分派。6月底，伦敦的商人们接到命令，要他们"购入黄金，供太子出征使用，以便太子在海外便利地支付"。为了让这种慷慨的举动真正有效，黑太子手下的官员们实施了一项明晰的财务计划。8月，黑太子的仆人约翰·亨茨沃思（John Henxteworth）被叫来记录账目，他做的部分账务记录留存至今，为我们提供了极为宝贵的信息。官员们筹集了资金，分配了开支，还制定了两个月的作战预算，甚至把马夫的报酬都计算在内。

这些财务安排非常清楚，通过它们我们不难感受到富有骑士精神的生活方式带来的负担：赠送礼物、盛大的排场，以及随之而来的经济压力。将领在战场上越成功，其负担就越重，且压力也越大。

军事行动总是能提供展示、炫耀的机会，让军事领袖可以用服饰给人留下深刻印象，更不用说黑太子还会与不少加斯科涅贵族首次会面。黑太子总是在考虑要如何让自己看上去最为得体，为此他总是把私人裁缝和乐师带在身边，还每天专门拿出一笔零花钱用于和朋友、伙伴一起赌钱。此外，他给他最喜欢的战马买了一副新马鞍，因为到了法国之后就不可避免地要骑马跋山涉水。

兰开夏郡（Lancashire）霍恩比（Hornby）的罗伯特·内维尔（Robert Neville）爵士是黑太子的战马总管，负责为出国征战提供战马、挽具、鞍具和饲料。这一职位责任重大，要负责的开销也十分惊人。尽管黑太子向罗伯特爵士支付100马克（66英镑13先令4便士）的年金，但罗伯特还是因这份工作带来的大笔开支而负债累累。1351年夏，他将自己在兰开夏的领地抵押给格罗斯蒙特的亨利,换来了一笔140英镑的贷款;两年后,他还向伦敦的商人们借高利贷。罗伯特预计自己在作战期间会非常忙碌,但也希望能够积攒一大批战利品来弥补自己的损失。

到8月中旬,陆上的一切都已准备就绪,但一直在刮的西南风意味着大多数船在9月初之前都没法出海。这一延迟又造成了新的问题:在这期间,士兵们仍然需要吃饭、发饷,因此已经感到极大经济压力的黑太子又不得不筹集更多资金。1355年9月8日,黑太子的舰队终于从普利茅斯起航,一路顺风顺水,一周之后就到达了波尔多。圣瑟兰(Saint-Seurin)的牧师会教堂显然为此松了一口气,记载道:"那一天,太子率领一支大军进入城中。"

黑太子入住大教堂边上的枢机主教官邸,并且立刻就与他的军事顾问和加斯科涅的贵族们会面议事。他们知道,派格罗斯蒙特的亨利率领另一支军队出征诺曼底的计划已经推迟了,而爱德华三世即便能在当年晚些时候按计划渡海前往加来,那也只会是一次短期的军事行动。因此,加斯科涅就成了英法开战的主战场。黑太子可以按自己的意志选择作战方式,但他还是选择了寻求建议。英格兰和加斯科涅的贵族们提出要狠狠地打击敌人的领地,且如果有可能的话,也应当主动寻找敌军开战。

9月21日,在圣安德烈大教堂(Cathedral of Saint-André),在波尔多市长和市民的注视下,黑太子宣誓就任阿基坦总督。他起誓说,要当一位善良、忠诚的领主,维护这座城市的风俗与特权;而市民们也宣誓对他效忠。在场观礼的人中有多位支持英格兰统治的加斯科涅贵族:阿尔布雷男爵(lord of Albret)

贝尔纳-艾兹（Bernard-Ezi）和他的儿子阿曼努（Amanieu），皮埃尔·德·格拉伊（Pierre de Grailly）和他的弟弟让，贝特朗·德蒙费朗（Bertrand de Montferrand），波米耶（Pommiers）、莱斯帕尔（Lesparre）和米西当（Mussidan）的三位男爵，以及大教堂的教士们。在场的所有人都明白，军事行动很快就会开始。

在这样一个正式场合，黑太子手按《圣经》起誓，还被要求用拉丁语念出他的任命书的全文。虽然这是一个必要的程序，但往往很难让围观的人群激动起来。然而，接下来发生的事情点燃了人们的热情。黑太子走出大教堂，站在外面的广场上。这一典型的即兴举动立刻就产生了效果：杰弗里·贝克引用当时一位士兵的日记，记载说："全城的人都围过来，想要见见他。"

太子于是明确地指出了这次作战的方向和目的，而且是从个人情感的角度指出的：他向聚集在面前的民众谈及自己对阿马尼亚克伯爵的憎恨——"他内心中生出对伯爵的无限怒火"，并决心要把伯爵打回原形。太子通常说法语或是英语，但是他可能事先排练过这次简短的讲话，或许说的是加斯科涅方言，也就是欧西坦语的一种方言。如果这是事实，那就是非常聪明的取悦大众之举。

黑太子说，英格兰-加斯科涅联军将会打到敌人的地盘上，惩罚阿马尼亚克伯爵和他的支持者。这支军队会向东进发，到阿马尼亚克伯爵的领地上大肆劫掠，以其人之道还治其人之身。这些说法都非常直截了当，令人耳目一新，加斯科涅的贵族们听了非常高兴。用编年史作者亨利·奈顿的话说："他们听了他的话感到非常高兴，回复说既然他已经提出要当他们的领主并保护他们,他们也会与他一同出征,并肩战斗,至死方休。"黑太子自己后来在写给温切斯特主教威廉·埃丁顿(William Edington)的信中以更加平实的方式描述了当时的情形:

> 我们都同意我们应当向阿马尼亚克进军,因为阿马尼亚克伯爵带领着我们对手的部队,还是我们对手在朗格多克的总督,并且在这一地区对我父王的臣下造成了比其他人都要多的伤害。

当时适合征战的季节已经快要结束,但加斯科涅的贵族们迫不及待地带来了他们的部队,一支编制完备的军队很快就集结完毕了。这支军队有5000名官兵,而且所有士兵都配有战马,连长弓手也不例外。此外,还有很多事务也在筹备中:备用箭矢被装上车辆;为了应对出征第一阶段的需要,军需官还额外采购了许多粮草,包括小麦、鱼类、腌肉和葡萄酒,以及给马吃的干草;还购置了用于维修军帐的帆布,搜罗了200公斤(450磅)蜡烛用于军营夜间照明;为黑太子的头盔定制了一批备用搭扣,准备了一批备用骑枪;黑太子的医师获得了一批白镴①药瓶;太子的糖果都装在木制小盒子里;用于放松休闲的骰子也准备好了。

太子没有忘记普通士兵。24名来自柴郡的长弓手得到了40先令的赏赐,以作为他们在波尔多的开销;有些士兵的战马在航行中生病死去,他们也都获得了新的坐骑。黑太子还向

---

① 一种锡铅合金。

拉尔夫·莫伯利爵士手下的一名长弓手威廉·劳顿（William Lawton）赠送了鞋子和绑腿裤。

10月5日早晨，一切都已准备就绪。太子在圣瑟兰的牧师会教堂参加了弥撒。他希望让手下的将士对接下来的征途充满热情，于是小心翼翼地将自己的剑和旗帜放在圣坛上接受祝福。随后，在聚集起来的诸位将领面前，黑太子高高地举起了他的剑和旗帜。据说，查理曼手下的杰出将领罗兰伯爵①就曾在同一座圣坛前进行过同样的仪式。这样的举动充满了精神力量，还有一丝表演的成分，因为它将黑太子与过去的英雄联系了起来，让黑太子的手下团结在一起，为同一个目标而战。当天下午，这支英格兰-加斯科涅联军离开波尔多，沿着加龙河（Garonne）河谷前进。

军队出征的前期往往是最令人兴奋的。黑太子率军进行的是一种叫"马上游击"（*chevauchée*）的活动，虽然字面上看其意思就是骑马出行，但在14世纪时，这个词指的是对军队行军路线两侧一定宽度内的地域进行残酷的烧杀劫掠。这个词会让人想到火焰、杀戮和荒凉。对于遭受劫掠的居民来说，他们唯一的罪过就是跟错了领主。这种劫掠行为的目的在于让敌方领主无法获得战争所需的物资和财富，同时令其蒙羞，并向其臣民展示他没有保护他们的能力。

"马上游击"结合了对受保护的阶层的暴力威胁和经济战、心理战和宣传战等元素，最深受其害的是穷苦的、无法自保的底层民众。领主损失的是颜面，他的子民们损失的却是粮

---

① 即《查理大帝传》（*Vita Karoli Magni*）记载的负责驻守法国和布列塔尼边境地区的贵族罗兰（Roland），也即法国英雄史诗《罗兰之歌》的主人公。

食、住所、积蓄、肢体乃至生命。然而,尽管这种行为会令我们非常震惊,但黑太子只是在按照当时已成为惯例的、被广泛接受的军事行为准则行事。苏格兰人1327年在英格兰北部,以及黑太子的父亲爱德华三世1339年在康布勒齐、1346年在诺曼底都做过同样的事情。太子的军队在为了共同的目标努力:在敌人的领地上搞破坏;如果可能的话,还要与敌军交战。

战争既可以体现骑士精神和军事政策,同时又是使用暴力、满足贪欲的机会。黑太子的将领之一,来自埃塞克斯郡(Essex)来耶马尼(Layer Marney)的罗伯特·马尼(Robert Marney)爵士是一位非常出色的战士,曾随北安普顿伯爵的部队在苏格兰和加斯科涅参加战斗,1340年参加了图尔奈围城战,六年后还参加了克雷西会战。但他经常被卷入法律纷争。1342年,他被指控与一伙恶棍一同闯入赫里福德伯爵在埃塞克斯的一处园林并偷猎野味。马尼在伦敦塔中被关押了一段时间,结果刚获释就又犯下一桩恶行:一名叫约翰·费伯尔(John Fabel)的骑士指控马尼将他绑架、囚禁并强迫他转让了价值1000英镑的遗产和地契。为了逃避诉讼,也是为了免于成为罪犯,罗伯特·马尼爵士参加了黑太子的远征军。埃塞克斯的士绅们听到这个消息,想必松了一口气——现在,要承受马尼的肆意妄为的是法国人了。

亚当·莫特拉姆(Adam Mottram)是麦克尔斯菲尔德(Macclesfield)的一名小地主,也是当地城堡的狱卒。太子1353年巡视切斯特时,莫特拉姆被控犯有袭击、私闯民宅和绑架等罪行;他承诺带一队长弓手参加太子的军事行动,才得以免于受罚。塔顿(Tatton)的理查德·马希(Richard Mascy)则被判犯有强奸罪和持械滋事罪;他同样与黑太子的官员们达成协议,准备用参军服役来换取免除罚金。这些都是非常强硬、坚韧的人,也惯于使用暴力。然而,在"马上游击"的过程中,这种暴力倾向得到了妥善引导,太子的军队在行军途中也因而维持住了纪律。

这支大军行进时,身后还跟着马队和车队。最初几天,黑太子的军队通过的都是友方领地,靠他们自带或是购买的口粮过活。他们快马加鞭,穿过了一片高树森林,来到了长满石南和荆豆的干旱土地上。10月9日,大军抵达了波尔多东南方向70英里(112公里)处的阿吕埃(Arue),此地位于一处陡峭悬崖的顶端,而悬崖下正是他们的劲敌阿马尼亚克伯爵的领地边缘。

在阿吕埃,黑太子将他的将士召集在一起,向部队额外分发了葡萄酒。他还新册封了一批骑士,这标志着军事行动即将开始。黑太子将部队分为三股:沃里克伯爵和科巴姆子爵雷吉纳尔德负责指挥先头部队,黑太子自己坐镇中军,萨福克伯爵和索尔兹伯里伯爵殿后。黑太子还下令展开他们的军旗。

黑太子十分看重身边之人的战斗经验,也对自己分派指挥权的方案充满信心。将士们看到率领先头部队的是41岁的沃里克伯爵托马斯·比彻姆(Thomas Beauchamp),都非常高兴。他经验丰富,作战勇猛,曾经随爱德华三世在法国和苏格兰征战。在克雷西会战前,他是最先跳下船并登陆拉乌格的英格兰军人之一,还带领一小队英军以少胜多,击退了想阻止他们登陆的大队法军。在克雷西会战中,爱德华三世将他部署在先头部队中和黑太子并肩作战。编年史作者们争先恐后地为他献上赞美。阿宾登(Abingdon)的修道院院长称沃里克伯爵是"最具活力的武士";托马斯·沃尔辛厄姆(Thomas

Walsingham）称赞他是"一位勇猛的战士"；还有一次，法军仅仅听说"魔鬼沃里克"来了，就转身逃跑了。

黑太子的军队这时以相当大的宽度呈纵列前进。10月12日，大军进入了阿马尼亚克伯爵的领地，随即开始放火。一根巨大的烟柱升腾而起，火焰向周围蔓延了很远。第一天就有三个小镇——加巴雷（Gabarret）、热乌（Géou）和庞雅（Panjas）——遭到焚毁；不过在大军扎营了两天的蒙克拉尔（Monclar），火却是被意外点燃的，而且烧得很旺，太子不得不撤到田中，好避开热浪。

黑太子的军队中有英格兰人、威尔士人、加斯科涅人，还有来自德意志和西班牙的雇佣兵。他一边维持纪律，一边用幽默拉近与士兵们的距离。黑太子从蒙克拉尔一处起火的房屋里逃出来后，开玩笑说他那一夜要在帐篷里过，因为帐篷是征战途中最安全的地方——这或许是拿1327年的事情说笑。当时，威廉·道格拉斯爵士直接向爱德华三世的帐篷冲过去并且将固定帐篷的绳索砍断，导致爱德华三世不得不从帐篷中狼狈逃出。10月15日，太子赏赐了他的裁缝亨利·奥尔丁顿（Henry Aldington）29英镑7先令，"以嘉奖他的服务"。黑太子发现有些士兵对他华丽的服装颇有微词，于是特意在全军面前将奥尔丁顿册封为骑士。不过，太子主持的仪式也有气氛沉重的。全军花了几天时间来悼念一位不幸牺牲的战友——指挥官、嘉德骑士团骑士莱尔男爵约翰［他在突袭埃斯唐（Estang）的一处小堡垒时负伤，最后不治身亡］。这样的仪式跨越了国籍和阶级的界限，令将士们切实地团结起来。

在接下来的十一天中，黑太子的军队在阿马尼亚克伯爵的领地上大肆搞破坏。这一地区有着山丘与浅谷、城堡与村庄，用杰弗里·贝克的话说,是一个"高贵、富饶、美丽的地方";但这一切都被付之一炬。这里堡垒的围墙都是很久以前赶工的廉价产物,根本抵挡不住英格兰-加斯科涅联军。联军在这个省份里一路挺进,留下一道宽阔的焦痕。士兵从主力的行军路线上发散出去,其探出距离可达10~15英里(16~24公里)。他们将周围的村庄和农田洗劫一空,给主力部队带回了粮食、干草、珠宝和钱币,而那些他们没有带走的东西都被烧毁了。

大军离开小城博尔马谢(Beaumarchés)之后,道路开始沿着一条山脊蜿蜒而上,迅速变得陡峭起来。他们现在在波尔多东南方向约115英里(185公里)处。在这里,他们可以看到山脊两侧的大片土地,以及正在袭扰农田和居民点的英格兰-加斯科涅联军骑兵。出于虔诚的信仰,黑太子之前就下令禁止袭击任何教会财产。杰弗里·贝克记载说,一座名叫巴苏(Bassoues)的城镇幸免于难,因为它属于欧什主教。但除此以外,黑太子的士兵什么都可以抢夺。太子向国内汇报说:"我们在阿马尼亚克的土地上策马前进,不断袭扰这一地区,这让我主我王的臣民们颇为高兴。"

然而,阿马尼亚克伯爵让不知所终。伯爵之前为应对入侵做了积极的准备,通知各个城镇加强城防,召集各地的部队,还从意大利请了雇佣兵来增强兵力。出于方便识别的目的,他命令手下戴上有白色十字的徽章。9月底,他还命令村民们尽快收割庄稼,免得粮食被黑太子的军队掠走。大批补给被存放在安全的地点,住在乡间的农民则被告知要时刻准备好前往最近的堡垒避难。

10月8日,来自热那亚的雇佣兵抵达了,于是伯爵派出了第一批援兵，去增援那些可能位于黑太子军队前进路线上的据点。但是法军的士兵素质不高，还与来自意大利的战友们发生了争斗。为了避免与英军野战，避免让黑太子获胜，阿马尼亚克伯爵决定坚守不出。他将他的部队集结起来，坚守在图卢兹（Toulouse）城中。这座城市城防坚固，而且伯爵又收到眼线报告说，黑太子的部队没有携带很多攻城器械，于是他令人摧毁了加龙河上的多座桥梁，寄希望于黑太子部队的士气被慢慢消磨。

法王约翰二世对这样的保守策略不太满意，因为这似乎是在将主动权拱手让给英军，于是他派出了援军。正当黑太子的军队在阿马尼亚克伯爵的领地上劫掠时，法兰西元帅让·德克莱蒙（Jean de Clermont）和骑兵统帅雅克·德波旁（Jacques de Bourbon）率领各自的扈从与伯爵会师。他们三人的兵力加在一起，人数远超黑太子的军队。因此德波旁提出要主动出击，阿马尼亚克伯爵则指出他们军中许多士兵素质低下，因而更倾向于防守。而在饱受劫掠之苦的当地百姓看来，他们三人犹豫不决、毫无作为。

黑太子的军队稳步向东推进，平均每天前进7~8英里（11~13公里），从一个河谷走到另一个河谷，越过一座座圆圆的山丘。大军在离开博尔马谢以东约20英里（32公里）的米朗德（Mirande）之后，向南能看到比利牛斯山白雪皑皑的山峰。他们攻克并洗劫了萨马唐（Samatan）——约翰·温菲尔德爵士带着残酷的满足感写道，这是个"和诺威奇（Norwich）一样大的城市"。10月26日，黑太子的军队抵达了小城圣利斯（Saint-Lys）城外，这座城市在图卢兹西南方向，距图卢兹约15英里（24公里）。法军指挥官们认为，黑太子要么会撤退,要么会攻城;但这两件事黑太子都没有做。

黑太子在这里停留了一整天,等他的探马搜集情报。探马们报告说,阿马尼亚克伯爵仍躲在图卢兹城中,而且"已经破坏了图卢兹南北两侧的所有桥梁"。黑太子东进的道路被加龙河和阿列日河(Ariège)阻挡,他找不到可以渡河的地方。此时,黑太子做出了一个令人吃惊的决定:他不但要求军队继续朝着无法渡过的两条河流向东进发,而且将自己的侧翼暴露给一支人数占优的敌军。

10月28日,英格兰-加斯科涅联军出发了。要到加龙河河畔,需要行军差不多一整天的时间。黑太子和他的部队于当天傍晚抵达了小村庄波尔泰(Portet)附近的加龙河岸边。他的将士们都盯着宽阔的河面。杰弗里·贝克回忆说,这条河"水流湍急,暗石密布,令人恐惧"。有些士兵想到了克雷西会战前的白舌滩,而黑太子也正在构思类似的"演出"。约翰·温菲尔德爵士就故作无辜地说:"我们部队中根本没人曾想到附近会有浅滩。"但黑太子和他最亲近的顾问们都知道,不远处确实有浅滩可供渡河。

阿尔诺·贝诺德(Arnaud Bernaud)是黑太子出征时的首席向导,也因此获得了丰厚的报酬。凡大军所到之处,贝诺德都会招募了解附近地理状况的当地人。黑太子的账目记录显示,在当月早些时候,也就是军队离开加龙河时,黑太子曾向两名当地向导支付了22先令的丰厚奖赏,这几乎肯定是因为他们向黑太子透露了上游的渡河地点。

有人散布流言说,从来没有人能骑马从这里渡过加龙河。尽管如此,黑太子还是下令渡河,于是人、马、车辆都开始蹚水渡河,而且大多数安全抵达了对岸。知晓秘密的约翰·温菲尔德爵士简短地说:"承蒙上帝的恩典,我们还是找到了(浅滩)。"黑太子的部队之后又成功渡过了被认为"更加危险"的阿列日河。黑太子选择在图卢兹以南分别渡过这两条河,而不是在略北的两河交汇处渡河,避开了更宽、更深的河水,可以说相当明智。

这是这次战役的关键时刻,黑太子的魄力为他带来了丰厚的回报。他在寄给国内的信中写道:"他们都很强硬壮实,因而成功渡河。"他在渡河时损失了一些兵力和物资,但是渡河的收益非常大。现在,他不但可以自行决定行军的方向,还极大地提高了部队的士气。黑太子的魄力和勇气与阿马尼亚克伯爵的谨慎和被动形成了鲜明对比。图卢兹的一位编年史作者记载说,当地居民对于伯爵未能迎击英军感到十分愤怒,甚至要求伯爵出钱承担战争带来的一切损失。黑太子则继续向东进击,将法军远远甩在身后。

这时的英格兰-加斯科涅联军即将沿着古罗马时代就有的道路穿越一片一望无际的平原,横穿朗格多克伯爵领。这里是富饶的农业区,而且整个地区都没什么防备:大多数城镇的防御工事非常简陋,因此无法有效抵抗黑太子的军队。黑太子的士兵们也越来越大胆,开始进攻沿途更大、更坚固的城镇。阿维尼奥内(Avignonet)于10月31日被攻克;第二天,卡斯泰尔诺达里(Castelnaudary)也被英军夺取。让·傅华萨这样描述对卡斯泰尔诺达里的突袭:

> 英军到达后就在城市外围展开队形,然后他们的突击队就开始向城墙冲锋。他们的长弓手组成了攻击小队,发射出极为密集的箭雨,让守军无法固守阵地。接下来,突

击队乘胜追击，一拥而入，夺取了这座城市。杀戮和暴力充斥了这座城市，城中到处都是入侵者。它被洗劫一空，所有资产都被掳走。英格兰人甚至不愿拿走大包布料，因为有太多盘子和金币可以拿。如果他们抓住了市民或是农民，就会要他交付赎金，如果他无法交付，他们就会将他伤害致残。之后，他们离开了这座城市，这处城堡损毁、城墙倒塌的燃烧着的废墟。

现在，法国人开始真正担忧起来了。蒙彼利埃（Montpellier）的公证员以被派去监视这支入侵军队的探马的汇报为基础，记录了黑太子军队的劫掠进程："英军一从波尔泰下游渡过加龙河，就开始劫掠这一带的每个城镇、村庄和城堡。"蒙彼利埃位于图卢兹以东150英里（240公里），对于黑太子的"马上游击"来说似乎太远了。可是，他的英格兰－加斯科涅联军几乎没有遭遇什么有效抵抗，势头越来越强劲。纳博讷子爵阿莫里（Amaury）亲自参加过几次侦察任务，也亲眼看到了同样残酷暴力的场景：

> 大批敌军日夜不停地劫掠。他们列队向我们的城镇和村庄挺进，用燃烧的火把照亮前进的道路。这是个非常恐怖的场景。我们从未见过如此程度的破坏。

黑太子的部队此时仍在纳博讷以西，距纳博讷有相当远的距离，但恐慌已经开始席卷整个朗格多克地区。编年史作者埃夫斯伯里的罗伯特记载说，人们"带着所有能随身携带的财产，一路逃到了阿维尼翁，为的是进入教宗的保护范围"。英军则为自己能轻而易举地进军感到震惊不已。黑太子写道："每天，我们的士兵们都能攻克很多城镇、城堡和堡垒。"1353年11月3日，英军抵达了卡尔卡松城外，卡尔卡松是朗格多克的主要城市之一。远眺这座城市让英军印象十分深刻。黑太子写道："这座城市看起来很美，也是一座伟大的城市。"约翰·温菲尔德爵士也给出了正面评价："它要比约克更大、更坚固，也更美丽。"

不过，卡尔卡松的美丽维持不了太久。这座城市被分为两个部分——拥有两层城墙、有堡垒俯瞰着奥德河（Aude）的城市区（Cité），以及位于河对岸、主要建于13世纪中叶的较新的市镇区（bourg）。这座城市的堡垒位于奥德河右岸，足有45米（150英尺）高，十分坚固，难以通过强攻攻克；且即使它被围困，里面的人也可以坚守数月。而市镇区没有城墙，几乎无法防御。英军到达时，当地的居民已经逃走了。这样一来，黑太子手下的士兵们就不受阻拦地占领了市镇区，掠走了居民们留下的所有财物。

双方随后达成了短暂的停战协议，市民们派出了一个代表团与黑太子谈判。这座城市十分富裕繁华，市民们也提出向太子缴纳一大笔钱，来换取黑太子高抬贵手。黑太子的确希望通过这次出征赚一笔，之前也接受了沿途几座小城的献金，并确保了这些地方不用遭受劫掠。卡尔卡松的市民们承诺给他的是一大笔钱——如果黑太子放过市镇区的话，他们就会付给他25万枚克朗金币（约合37500英镑）。

但在卡尔卡松，黑太子希望达成更重要的目标。他知道，他的父亲在将指挥权交给他之前，是有所顾虑的。国王即使面对自己的家人也不会感情用事，他评价黑太子的"马上游击"

时只会用一个标准，那就是成效大小。而黑太子的时间并不充裕：这次出征本来就经过好几次延误，而且征战季节也接近尾声，天气随时可能恶化。黑太子的委任期是六个月，只有让爱德华三世相信这次出征对整体战局产生了效果，委任期才可能延长。而居于核心位置的正是爱德华三世夺取法兰西王位的计划。

卡尔卡松是法国的重要城市之一。黑太子意识到，在这里的一举一动都能产生最强的宣传效果。因此，他并没有接受市民们的金币，而是告诉他们说，他来这里是为了"伸张正义，而不是赚钱"；他还说，市民们是在跟他们的合法统治者对着干，他们应当投降。对市民们来说，所谓的"对着干"其实是指他们不愿承认黑太子的父亲对法兰西王位有继承权，所以他们自然不会投降。他们即将为自己对法王约翰二世的忠诚付出代价，因为黑太子已经下定决心要暴露约翰二世无力保护卡尔卡松的事实，从而损害约翰在其子民中的声誉。黑太子还想以此嘲讽约翰二世在朗格多克的总督阿马尼亚克伯爵在军事上的无能。

11月6日，黑太子的部队有条不紊地在市镇区纵火。黑太子直截了当地写道："我们一整天都在放火，想将这里完全摧毁。"之后，他就率军离开了。这一举动冷酷无情，也经过缜密的计算；黑太子这么做的主要目的是取悦他的父亲。

这时，黑太子距地中海只有大约35英里（56公里）的路程了。如果英军能从大西洋一路挺进到地中海，并于沿途烧杀破坏，英格兰的强大和法兰西的懦弱就会以最突出的方式呈现出来。现在，黑太子的军队正在穿过平坦、多沙地的奥德河流域。随着天气变化，行军条件也变得越来越糟糕，但这支军队头顶大雨、脚踩泥地，并未放慢脚步，最终于11月8日抵达了纳博讷。和之前一样，黑太子的军队不费吹灰之力就占据了纳博讷的市镇区。从离开波尔多开始算，这支英格兰－加斯科涅联军已经走了近250英里（400公里），而且距地中海仅有咫尺之遥。

然而，他们在纳博讷的日子过得并不舒心。附近的城市区守军日夜不停地用投石机向黑太子的部队发动攻击，造成了严重伤亡。11月10日，守军开始向木制房屋发射火箭，黑太子和他的手下决定撤退。他们穿过燃烧的街道，身后还有愤怒的市民追击。市民们袭击落单的士兵，还破坏了黑太子的一些辎重车。这是黑太子首次遭遇真正的抵抗。

在纳博讷东北方120英里（193公里）处的阿维尼翁，教宗英诺森六世（Innocent VI）一直警觉地关注着黑太子的动向。这时他派出使者，呼吁英法重新达成停战协议。但黑太子敏锐地意识到，不论其结果为何，这样的谈判只会让他父亲产生负面印象，因此他不愿在此时止步。他让教宗的使者等了两天，然后在11月12日坚定地拒绝了他们的要求：

> 教宗派了两名主教来到我处，但我并没有与他们开启谈判，因为我尚未从我敬爱的主人和父王那里收到消息。我听说父王也已经率军渡过海峡、来到法国，考虑到这一点，我不愿缔结任何协议。于是我写信回复说，如果他们想要进行谈判，应当去我父王那里，我将忠实地执行父王的命令。

这样的缓兵之计确实奏效了。爱德华三世确实于10月底率领另一支英军在加来登陆。11月6日，他曾率军出击，试图与约翰二世开展野战，但约翰选择对这一挑战不做回应。然后，爱德华三世得到消息说，苏格兰人侵入了英格兰北部。就在黑太子让教宗使者到法国北部去面见他父王的这一天，爱德华三世已经登上了回英格兰的船。

约翰二世对于未能保卫卡尔卡松感到十分愤怒，要求他的指挥官们采取更为果断的行动。纳博讷子爵受约翰批评的刺激，集结了一批士兵来对抗黑太子的部队。黑太子召开了参谋会议，决定应当返回加斯科涅，不过他也做好了随时与敌军交战的准备。他估计可能很快就会与敌军遭遇，因此先是挥师向北，在卡佩斯唐（Capestang）的城堡过夜，并且将一批追随者册封为骑士。不过，第二天战斗最终还是没有发生：看起来，阿马尼亚克伯爵似乎没有直面对手的信心，并没有与纳博讷子爵合兵一处，而是率领部队撤回图卢兹城内。

英格兰-加斯科涅联军于是踏上了返程。11月15日是星期日，黑太子选择参加宗教活动；在出征途中这样做，高调地彰显了他对阿马尼亚克伯爵军事指挥能力的蔑视。这一天，黑太子确信法军不会采取任何行动阻碍他，于是拜访了位于卡尔卡松以西15英里（24公里）的普利尔（Prouilhe）的圣母修道院。黑太子和他的主要将领获准以平信徒的身份"虔诚地进入"这座多明我会修道院。这座修道院的占地之大和所辖领地之富饶都让杰弗里·贝克印象深刻。他写道："在修道院两处相互独立的回廊中，100名修士和传道士，以及140名女性隐居者得以依靠修道院地产的收益过活。"据传圣母玛利亚曾在普利尔通过异象向圣多明我显圣，并且给了他一本玫瑰经,以帮助他记住念诵祷词的遍数。然而,在黑太子拜访这座修道院时,他的军队在十二个小时内焚毁了四座法国城镇,法军则对此袖手旁观。

两天之后,黑太子又拜访了另一座修道院。他在贝尔佩什(Belpech)西北方5英里(8公里)处的布尔本(Boulbonne)西多会修道院会见了富瓦伯爵(count of Foix)——这里既是这一带最重要的修道院,也是富瓦伯爵祖辈的安息之地。伯爵名叫加斯顿·费布斯(Gaston Fébus),当时24岁,比太子小一岁。他是个充满魅力的年轻人,英俊、幽默又博学多才,后来他写了一本讲如何狩猎的手册,还写了一本关于祷告的作品。他统治着位于比利牛斯山北坡的两个伯爵领贝阿恩(Béarn)和富瓦,而且他的支持是值得争取的。伯爵以一贯的炫耀作风给自己起了"费布斯"这个别名。这个名字源自太阳神阿波罗①,伯爵和阿波罗一样有着一头金色乱发,也酷爱打猎。他主要住在比利牛斯山中的奥尔泰兹城堡(castle of Orthez)。这是一个令人陶醉的地方,一座五角形的堡垒,耸立在一处陡峭的、丛林密布的山坡之上。在黑太子此次出征之后大约三十年,编年史作者让·傅华萨到这座城堡拜访了费布斯:

> 我之前就知道,如果我有幸安全地抵达他的城堡,并且在此闲居一段时间,就会发现世界上没有比这里更容易获得各种消息的地方了。这是因为有许多外国骑士和侍从在此逗留,而且他们都会受到热情欢迎和款待,因此也都

---

① 费布斯(Fébus)的拉丁语拼法为Phoebus,它是太阳神阿波罗在古希腊神话中的名字,意为"光芒四射"。

十分乐意重访。

奥尔泰兹城堡设施齐全,令人印象深刻。在它的墙内就有一个猎鹿场,还有一间壮观的大厅。大厅内会举行盛大的宴会,主人也是在这里向每位客人赠送礼物。费布斯是一位十分周到的主人(让·傅华萨就曾说,"我在这里逗留时什么也不缺")。虽然在奥尔泰兹的生活受到复杂的宫廷礼仪限制,费布斯本人却不拘小节,喜欢坐在城堡葡萄园的阴凉处办公。在这里,客人们可以暂时忘记自己的牵挂和烦恼,沉浸在音乐和故事营造的欢乐气氛中。

费布斯为骑士的世界倾倒,而傅华萨送给他的礼物正是依此选择的——傅华萨送给伯爵的三只猎犬赫克托耳、特里斯坦和罗兰,分别以希腊神话、亚瑟王传说和查理曼史诗中英雄人物命名。傅华萨还带来了他的新作《梅利亚多》(*Méliador*),这是一部讲述亚瑟王宫廷中一位骑士的探寻之旅的诗歌体传奇。

> 我们之间的关系好到了如此地步:我带来了一本叫作《梅利亚多》的书,伯爵非常急切地想要读它。每天晚餐后,我都给他读一段……我读书的时候,没有人敢说一个字,因为他想听清书里的内容,能清楚地听我读书令他十分高兴。

费布斯非常热衷于打猎,也很有狩猎技巧。他的《狩猎之书》(*Livre de chasse*,写于1387~1391年)呈现的是打猎时的体验:与自然的亲密接触(包括目睹太阳慢慢从山中升起),与猎人、猎犬的密切合作,以及追踪并杀死猎物的体力挑战。他的这部作品有时十分抒情,对狩猎有着宗教般的虔诚——这也是14世纪的大多数贵族的态度。费布斯告诉傅华萨,自己平生三大爱好就是狩猎、恋爱和打仗。他有他自己的战吼:"费布斯,前进!"他也确实前进到了十字军东征的前线(不过只有一次,那时他和表亲兼好友让·德·格拉伊一同前往普鲁士参加十字军东征)。不过,这句战吼更经常在他向阿马尼亚克伯爵开战时发出。

1355年11月,费布斯已经对阿马尼亚克伯爵极为嫉恨,这也是黑太子的战友让·德·格拉伊安排他们俩会面的主要原因之一。阿马尼亚克和富瓦这两个家族之间的仇恨始于前一个世纪,当时他们正在比利牛斯山西麓争权夺利。当约翰二世将阿马尼亚克伯爵任命为他在朗格多克的总督时,费布斯深感遭到了冒犯,于是马上就离开了约翰的宫廷。阿马尼亚克伯爵随后袭击了加斯科涅,费布斯则蹂躏了阿马尼亚克伯爵的领地。他们俩之间的宿怨将在1362年(费布斯和黑太子见面七年之后)洛纳克(Launac)的一场战斗中到达高潮:费布斯击退了阿马尼亚克伯爵的部队,将伯爵生擒,并设置了极高的赎金。

加斯顿·费布斯非常独立。这从他的个人格言"你敢惹我试试"可见一斑。他曾经对腓力六世的一位代表宣称,他认为他在贝阿恩的领地"不属于任何人,只属于上帝"。腓力六世对此极度震惊,以至于还专门叫来一位文员,一字不差地将费布斯的话记录下来。费布斯也是个非常有魅力的人。傅华萨这样描述他:"他是全世界最急切地想与陌生人相见、听取他们带来的消息的领主……他带着非常好的心情迎接了我,还与我开玩笑说他很了解我,因为他虽然从未见过我,却时常听说我的事情。"

当黑太子与费布斯在布尔本会面时(杰弗里·贝克甚至给出了会面的具体时间下午1点),双方的目的在于达成协议:黑太子要避免破坏费布斯的领地,费布斯则要继续削弱阿马尼亚克伯爵的权威。这是这次会面的实际目标,也很快就达成了。之后,黑太子、费布斯以及他们的少数几名随从就一时兴起地去打猎了,而他们的部队就在布尔本等他们回来。当黑太子和他的东道主一起享受追逐猎物的快感时,阿马尼亚克伯爵和他的成百上千名士兵却怯懦地躲在城墙和其他防御工事之后。在黑太子的账本中就有向费布斯的侍从和猎人们赠送纪念礼物的条目。

黑太子接下来率军来到了卡尔博讷(Carbonne),此地在图卢兹以南20英里(32公里)。黑太子命令手下修复了加龙河上的一座断桥。在当地人震惊的注视下,他的骑兵在暴雨中排成一字纵队,再次渡过了加龙河。11月20日,他的部队又朝西北方向行进。约翰·钱多斯爵士和詹姆斯·奥德利爵士率领的侦察队遭遇了一支人数更多的法军,可他们不但将敌人击退,还俘虏了30名敌军骑士。尽管法军占有人数优势,但似乎主动进攻的还是英军。阿马尼亚克伯爵让在接收了更多援军之后,终于离开了图卢兹:此时他手下的士兵人数非常多,以至于他们在行军时要排成五列,而不是常见的三列。尽管如此,他好像还是不愿发动大规模突袭,也不愿冒险打野战。

11月21日晚上,同样是在倾盆大雨中,黑太子在日蒙(Gimont)发现自己前进的道路被一支法军阻挡了。他命令士兵们撤退到附近的村庄奥里蒙(Aurimont)过夜,并且天一亮

175 就又将部队集结起来，却发现敌军消失了。黑太子还是很渴望战斗，于是决定坚守阵地："在日出前我们已经整好了队，并且我们几乎一整天都在那里等着，希望会有战斗发生。但是很显然，敌人并不想与我们开战，于是我们决定返回自己的地盘。"河流的水位还在上涨，渡河也因此变得更加困难，但是他们再也没有碰上敌军。11月28日，黑太子的部队抵达了梅赞（Mézin），回到了加斯科涅。这时，他们的军旗都被卷了起来，部分部队就地解散。12月2日，在拉雷奥勒（La Réole），黑太子命令其余部队进入冬季营地。他的士兵们搜刮并积攒了大量战利品；据佛罗伦萨的编年史作者马泰奥·维拉尼（Matteo Villani）记载，运输全部战利品动用了近一千辆车。

卡尔卡松总管蒂博·德巴尔巴赞（Thibault de Barbazan）试图安抚心惊胆战的朗格多克居民，因为他们仍然担心黑太子会再次出现，带来更多破坏。12月15日，德巴尔巴赞和一批专员一同出发，对这一地区进行巡视。他的评估结果非常直率："威尔士亲王和他的士兵们过于轻易地进入了这一地区，发现这里有许多地方工事荒废、城防松弛，于是他们很轻松地攻克了这些地方并付之一炬。"但德巴尔巴赞发怒的对象并不是黑太子，而是他那些玩忽职守的同胞。他总结说："他们没有按照要求维持防御水平，没有部署强大的驻守部队，大大辜负了同胞们和国王本人的期望。"

12月16日，威廉·乔德雷尔（William Jodrell，黑太子称他为"我们的一位长弓手"）获得了假期，得以回家探亲。长弓手的队长都获得了一笔现金作为奖赏。来自柴郡的骑士侍从约翰·斯特雷顿（John Stretton）决定在加斯科涅安家。短短几年之内，他就已经购置了地产，并且娶了伊萨博·德圣桑福里安（Isabeau de Saint-Symphonien），她是加斯科涅的一位女继承人。此前犯有强奸罪和持械滋事罪的塔顿的理查德·马希也在这场战役中积累了足够的财富，成了有钱人。

黑太子在波尔多过了圣诞节，带着愉快的心情参加了许多庆祝活动。从战略和军事层面看，这次出征非常成功。黑太子在圣诞节当天给温切斯特主教写了一封信，概述了自己的功绩；他知道，这封信的内容将会在英格兰国内各地广为传诵，可以产生相当可观的影响。黑太子的顾问约翰·温菲尔德爵士在写信时，也采用了相似的得意口吻：

> 我的主人在整个地区策马奔腾了八周时间……你要确切地知道，自对抗法国国王的战争开始后，这次劫掠给法国国王造成的损失是最为巨大的。因为在这次劫掠中遭到破坏的地区和美丽城镇每年为他提供的收入要比他的半个王国还多，而这些收入本应被他用于继续与我们战斗……根据我们找到的档案，图卢兹、卡尔卡松和纳博讷附近的城镇每年提供的战争津贴多达400000枚克朗金币。我们的敌人遭到了极大的挫败。

这里面的部分数据或许有些夸张，但温菲尔德是一位有经验的行政管理者，他说得也很有道理。法国南部是该国战争机器至关重要的经济基地，此时遭到了重创；这部分损失的收入原本是约翰二世长期军事前景的关键所在。温菲尔德还相信，现在敌军的士气非常低落，英军甚至有机会将仍在敌手的加斯科涅领地夺回来。

黑太子和他的顾问们早就知道，他们的这次出征会被拿来与十年前国王在加斯科涅的总督格罗斯蒙特的亨利的出征进行比较。格罗斯蒙特的亨利珠玉在前——他通过富有技巧的围城战攻克了许多城镇，还两次在野战中获胜。不过太子的这次"马上游击"让参与者都热血沸腾，他们向家中寄去的简讯也体现了他们激动的心情。最关键的是，黑太子持续施加军事压力，甚至在新年期间仍派出突袭队进行袭扰。很快，那些之前对法国王室效忠的加斯科涅贵族就加入了英格兰这一边。黑太子恢复了加斯科涅人的士气，这也是他此次出征的主要目标。

这次"马上游击"为黑太子的军事能力提供了充分的佐证。他有着优秀将领所特有的本能，能够感知士兵的情绪，并且能够改变这种情绪。黑太子刚来到加斯科涅时，就发现他手下有些士兵十分害怕。恐惧情绪具有腐蚀性，足以让整支军队都失去斗志。古罗马作家维吉提乌斯的作品为众多中世纪贵族所拜读。他提醒指挥官们，要注意通过表情、言行等识别士兵的恐惧情绪。他还建议说："所说的话语要能激起士兵的怒火和义愤，引起他们对敌人的憎恨。"黑太子凭借本能理解了这一点。他将士兵对阿马尼亚克伯爵的恐惧变为愤怒，之后随着战事的推进又把愤怒变成公开的蔑视。

后来，有人指责黑太子在此次从大西洋海岸推进到地中海海岸的征战中犯下了不人道的残酷罪行；甚至有一些现代法国学者认为，这正是他别名"黑太子"的原因。他确实进行了残酷的劫掠，给当地民众带去了深深的恐惧。杰弗里·贝克就记录了这两个月中遭到劫掠并且"被烧成灰烬"的许多地方，并且一再记载说人们"因极度恐惧而逃离"。然而，我们之前也已经提到，黑太子的行为遵循了当时通行的、被广泛接受的军事惯例，这一点不因他比别人做得更全面、更高效而改变。他也维持住了军纪,并且禁止手下士兵劫掠教会财产,尽管其他人的财产都可以成为劫掠的目标。他自己和英吉利海峡两岸的其他骑士都遵循着同一套骑士精神守则;黑太子的行为对他们来说并无不端之处,且从来没有遭到与他同时代的人的批评。

在骑士的世界中,友谊和战友情谊是尤为重要的元素。黑太子在开始劫掠前告诉加斯科涅人说,他已经定下了军队集结的日期,"所有愿意来的人都可前来与他并肩战斗,而没有前来的人,他就不再视为忠诚的朋友"。黑太子的人生观深受他结下的友谊影响,而且他也愿意为他的战友做任何事情——这既是他的一大优势,也是他的一大弱点。

黑太子和富瓦伯爵加斯顿·费布斯成了好朋友,这并不难理解。他们有许多共同点,比如都充满魅力,都对骑士精神十分热衷。但与此同时,费布斯也在法王、英王、纳瓦拉国王、阿拉贡国王之间努力维持着政治平衡,这是十分难以做到的。他最关心的就是保持他贝阿恩-富瓦公国的独立,他所做的一切都要服务于这一目标。因此,作为盟友,他过于圆滑,不够可靠。

黑太子除了培养和费布斯的盟友关系外,还认为应当挑动手下将士对阿马尼亚克伯爵的怒火。虽然他与伯爵从未谋面,但黑太子对对手的蔑视(这或许受到了他的战友让·德·格拉伊的影响,后者被卷入了阿马尼亚克伯爵和富瓦伯爵的私人争斗)似乎非常深刻且私人化。黑太子于是想方设法地羞辱阿马尼亚克伯爵。

然而,如果黑太子能从更为理性的角度看待阿马尼亚克伯爵和富瓦伯爵,他或许就不会那么喜欢后者,而会更欣赏前者。阿马尼亚克伯爵有很多地方和黑太子不同,但也有不少可敬的品质。阿马尼亚克伯爵要年长不少,在1355年大劫掠发生时已经50岁了。他童年时的家庭生活并不美满:他还年幼时就父母双亡,先是由祖父母,随后由监护人抚养长大。他一生都患有严重疾病:在1333年和1347年,他曾两次起草遗嘱,因为他自认命不久矣。和许多大贵族一样,阿马尼亚克伯爵在个人自尊心的问题上显得敏感易怒,而且为人冷漠,总是拒人于千里之外。但是他也十分聪慧,有很强的行政管理能力。他年轻时也是一位活力十足的战士,还曾在意大利与黑太子的骑士偶像、波希米亚国王卢森堡的约翰并肩作战,之后两人还成了好朋友。然而他在费拉拉(Ferrara)城外的一次战斗中被俘,遭到多年囚禁,还不得不支付一大笔赎金。这段经历让他变得小心谨慎,且此事反而又成了他在军事上的弱点。

黑太子此次出征的军事顾问之一是加斯科涅的总管约翰·切维尔斯敦(John Cheverston)爵士。他在一年前阿马尼亚克伯爵入侵加斯科涅并围攻波多尔东南方向的艾吉永(Aiguillon)时曾与之交手。当时,阿马尼亚克伯爵在城市附近占据了有利地形,十分小心、细致地对自己的部队进行了部署。但切维尔斯敦极为大胆地对敌军进行了包抄:他率领一支部队绕到了阿马尼亚克伯爵的阵地后方并发动攻击。切维尔斯敦注意到,自己的行动使伯爵彻底陷入混乱,以至于伯爵立刻就撤军了。切维尔斯敦很有可能曾告诉黑太子说,阿马尼亚克伯爵在面对敌人突然的大胆反击时似乎会丧失信心。如果确实有此事的话,那么黑太子一定听取了建议:他勇敢地在图卢兹以南渡过加龙河,这很有可能就是依据切维尔斯敦的建议做出的决定。

尽管如此,夺取军事优势并不一定意味着要仇恨对手。虽然现在阿马尼亚克伯爵与黑太子处于相互敌对的状态,但未来他们很有可能需要合作。黑太子是为了他父亲对法国王位的继承权而在法国进行征战。然而仅仅一年前，在吉讷进行的谈判中，爱德华三世原本愿意放弃这一权利，以此换取拥有完整主权且范围得到扩大的加斯科涅，也就是他的先祖所拥有的阿基坦公爵领。这样一个公爵领如果确实设立了，就会由爱德华三世或是他的儿子统治，而阿马尼亚克伯爵的领地也会被纳入其中。

早在1340年1月爱德华三世在根特提出要争夺法兰西王位时，阿马尼亚克伯爵就意识到了这种可能性。他曾直接与爱德华三世开启谈判，探讨对英格兰国王宣誓效忠的事宜。最终，这次谈判宣告失败，因为双方未能就如何为阿马尼亚克伯爵的法国领地提供补偿达成一致（如果伯爵向爱德华三世效忠，那么他在法国的领地就会被没收）。虽然谈判破裂了，但哪怕仅仅因为有过这样一次谈判，黑太子都应当更加小心谨慎。如果扩大的加斯科涅公爵领真的以此前金雀花王朝的阿基坦公爵领为蓝本设立，那么阿马尼亚克伯爵就会是最重要的贵族。他的合作和支持态度会对公爵领的存续有益；反之，如果他持反对态度，就会降低公爵领一直维系下去的可能性。

而如今，黑太子已经身处令人沉迷的骑士精神的世界，并没有做太多政治方面的考虑。1355年的劫掠体现了他高超的军事才能。他将英格兰-加斯科涅联军培养成了一支令人畏惧的军事力量——他们强硬、坚韧，在危急时刻还能本能地协同作战。他们之间持久的骑士战友情谊，以及士兵们在懂得如何鼓舞人心的将领领导下为同一目标而战的自信，将为黑太子在下一年取得的最重大的军事胜利打下基础。

但是这些优势也掩藏了他一项长期存在的弱点。当黑太子站在波尔多圣安德烈大教堂外的广场上,发自肺腑地讲述自己对阿马尼亚克伯爵的憎恶时,加斯科涅人为他的勇气和激情而倾倒。这一举动盖过了政治考量的细枝末节,让人们起誓与他并肩作战,至死方休。

然而,黑太子缺乏对政治的细致理解,使他树立了本应避免树立的敌人。他对阿马尼亚克伯爵的厌恶情绪将来会不断袭扰他,还会使他经历最严重的一次失利。

第六章
普瓦捷

1356年6月25日，黑太子离开了波尔多，骑马奔向军队的集结地点。他十分清楚这次行动的重要性。在给赫里福德主教约翰·德崔利克（John de Trillek）的信中，他写道：

> 敬畏上帝的牧师，我确信我们在（法国的）这一地区即将代表我父王展开的争斗，要通过神圣教会中善良、虔诚的信徒的祈祷才能取得好的结果。我真诚地恳求你，相信你会按照我的要求，以你自己的虔诚，命令你教区中的所有人——教士、副主教以及其他人——通过每周进行两次宗教游行来为我祈祷，同时也在每日弥撒中为我祈祷，或是以你选择的某种特别方式来祈祷。有你们的祷告助力，我就更有可能（在未来）守护我的领主权益。

编年史作者杰弗里·贝克对于出征前黑太子在精神方面的高强度准备工作感到震惊：

> 他呼吁那些即将与他一同出征与敌军作战的人用盔甲保护自己的身体，用忏悔和圣餐保护自己的灵魂。这样，他们就能做好准备，与起兵反叛他父亲的人作战。生享俗世盛名，死有永恒荣耀，胜利的功劳归于上帝和他的圣徒们。

184　这就是若弗鲁瓦·德·夏尼写到的骑士的内心世界。在这个世界中，或者至少对于一部分人来说，充满骑士精神的义举是和个人在宗教上的虔诚相平衡的。当手下的士兵士气高昂时，黑太子自己选择了一种冷静反思的基调。他知道，接下来的行动十分重要，但他也清楚，自己的道路荆棘密布、危险重重。一周之前，黑太子的仆从理查德·斯塔福德爵士带着援兵和国王的指令抵达波尔多。这明确地表示，黑太子的任务是"守卫我主的权益"。

一种野心勃勃的新战略正在成形。爱德华三世对于黑太子前一年成功劫掠法国南部的大片土地十分高兴，于是开始计划一场规模要大得多的战役。在这份计划中，爱德华三世希望能够率领一支大军在加来或是诺曼底登陆，与格罗斯蒙特的亨利率领的另一支英军会师。

在纳瓦拉的查理的密谋煽动下，诺曼底当时正在经历叛乱。同时，法国国王与他的贵族们也关系紧张。爱德华三世察觉到，这是一个乘虚而入，令战局倒向英格兰的好机会。他的计划是设法吸引法王约翰出战，或是在诺曼底，或是在巴黎附近，然后一举打败约翰。因此，他命令黑太子率军从加斯科涅出发，一有机会就对约翰在卢瓦尔河（Loire）以南的部队发动攻击。

这一计划的实施成本很高。要同时供养三支活跃的军队以及法国各地的守军，还要为加来和阿基坦的防务提供资金，这几项开支的总额接近 10 万英镑，将会耗尽爱德华三世每年的全部税收收入和海关关税收入。不过，由于英格兰政府在财政管理方面十分高效，爱德华三世愿意冒这个险。而且从英格兰的角度来看，与法国国王的军队直接开战并取胜变得越来越关键。黑太子1355年的出征确实让他获得了大量战利品，也令他声名鹊起，但对于爱德华三世的目标，即让约翰承认英格兰王室对加斯科涅的所有权没有太大帮助。他们需要打一场决定性的战役，让英格兰成为战争的最终赢家。

要做到这一点，英格兰计划从三个方向同时对法国中部发动进攻：诺曼底、加来和加斯科涅。英格兰的战争组织能力显然可以胜任这样的任务。在爱德华三世治下，战事从不随意进行：在他的统治时期，不论是征兵、命令还是指令，都显示出了他在处理军事事务时的面面俱到。

†

中世纪时，大规模军事行动常因缺乏准确的地图而举步维艰，直到16世纪制图才成为一门重要的军事学科。14世纪，人们会写旅行日志，也会记录距离，此外还会招募向导。只要沿着道路或者河流前进，并且听取当地人的建议，正确的路线通常是可以找到的。然而，没有地图，指挥官们就很难在脑中构建未来战役的图景，尤其难以统筹不同队伍的行动。有时还会出现"战争迷雾"现象，这说的是身处其中的人很难看清整体形势，因此只能将注意力集中在战术和战场上的勇武上。此外，不同队伍的移动速度可能大相径庭，这使预测战事发展变得尤为困难。

一小股骑马的部队可以非常迅速地行动，其速度足以令人大吃一惊。1336年，当爱德华三世率领一小支骑兵部队驰援阿索尔女伯爵的时候，他在一天之内就行进了40英里（64公里）；尽管他在率兵向洛欣多布城堡狂奔的过程中，也损失了不少战马，但这也并不奇怪。然而，一支大军就完全是另外一回事了：大军的行进速度取决于辎重车队中最迟缓、载重最多的车能走多快。1346年，爱德华三世的部队每天行进12英里（19公里）都很困难；黑太子1355年出征时，他的部队平均每天前进的路程仅略多于10英里（16公里）。

在这样的情况下，掌握河流和渡口的可靠情报变得至关重要。一次又一次的实战证明，这是决定战事走向的重要因素之一。1346年的克雷西会战中，爱德华三世出其不意地从白舌滩渡过索姆河，从而一举掌握了主动权，得以自行挑选与敌军作战的地点。1355年，黑太子突然渡过加龙河，让他面对阿马尼亚克伯爵获得了优势。一年之后，黑太子计划率军与在诺曼底登陆的英军会师，前提是他能够不受高水位和防御完备的桥梁阻拦，成功渡过卢瓦尔河。

尽管困难在前，1356年英军在筹备战事时的氛围还是非常乐观。黑太子在总督的位置上已经干得越来越得心应手。在成功于1355年秋完成为期两个月的"马上游击"任务后，黑太子在圣诞节用了十二天时间宴请他的高级将领，之后他就派他们回去为接下来的军事行动做准备。阿马尼亚克伯爵这时已经遭受羞辱，朗格多克的土地也已经遭到洗劫。黑太子于是迅速转向战役的第二阶段——收复加斯科涅边境附近的失地（这些地方在前一年刚被阿马尼亚克伯爵夺走）。黑太子将个人总部前移到了波尔多东北方25英里（40公里）外的利布尔讷（Libourne）。1356年1月，他的部队再度主动出击。他们兵分多路，分头劫掠，让战火又烧到了敌人的土地上。在北方，他们渡过了夏朗德河（Charente），走出了加斯科涅的管辖范围。在东北方，让·德·格拉伊攻克了重要的城镇佩里格（Périgueux）。沃里克伯爵和约翰·钱多斯爵士向东南方沿着加龙河一直前进到阿让（Agen）。杰弗里·贝克高兴地写道："他们表现出色，从指定的地点出击，立下了赫赫战功。"黑太子的首席总管约翰·温菲尔德爵士此前相当积极地记录了1355年秋季"马上游击"所造成的破坏，这一次又列出了新攻势的战果：

> 有五座城防加固的城镇投降……还有十七座城堡。约翰·钱多斯爵士和詹姆斯·奥德利爵士突袭攻克了卡斯特尔萨格拉（Castelsagrat）。他们率部驻守在那里，各种补给都十分充足，足以让他们待到夏季……太子和我在利布尔讷，这里有至少三百名全副武装的战士……他们向阿让一路进发，沿途焚烧、摧毁了所有磨坊，还捣毁了加龙河上的多座桥梁。阿马尼亚克伯爵让正在阿让城中，但一次都没有冒头。
>
> ……
>
> 萨福克和索尔兹伯里的两位伯爵，以及米西当男爵和其他加斯科涅人……此时正在罗卡马杜尔（Rocamadour）一带；他们已经出发了十二天，尚未返回……沃里克伯爵攻克了托南（Tonneins）和克莱拉克（Clairac）这两座城镇；目前他正在马尔芒（Marmande）附近，试图摧毁敌军的补给。
>
> ……
>
> 黑太子仍在等待更多报告，预计他很快就会收到。之后，他才会确定最佳的行动方案。

这些都是实实在在的战功。约翰二世在这一带的支持者迅速流失，到 4 月时，已有六位加斯科涅领主重新对爱德华三世宣誓效忠。教宗英诺森六世向黑太子求情，求他收取赎金，放过佩里格的居民，但遭到了对方的严词拒绝："我将继续努力达成我从一开始就确立的目标——惩罚、惩戒、驯服那些反叛我父亲的阿基坦公爵领居民。"

爱德华三世希望继续为黑太子的军队提供增援。他向柴郡的主管发出了这样的指令：

> 向身在加斯科涅的太子速速派去 300 名长弓手，由理查德·斯塔福德爵士率领；依照命令，其中 200 人要来自柴郡，另 100 人要来自别处。应挑选能够骑马的最好的长弓手，尽可能迅速地筛选、组织他们。

说服民众应征入伍非常容易，因为报酬比较合理，而且劫掠来的战利品和赎金也有十分清晰的分账规则。薪水按天计算，而且入伍时通常还能获得一笔不菲的预付金。队长和队伍的指挥者每多招募 30 人，还能得到一笔奖金；如果能招募 100 人以上，奖赏会更丰厚。

此外，黑太子还需要武器补给。他派出一名仆人回到英格兰，采购 1000 张长弓、2000 束（每束有 24 支）箭矢、400 罗①（57600 根）弓弦。这位仆人还买了马。黑太子在康沃尔的征税官收到命令，让他准备 30 匹最为强健的驮马，同时招募照顾它们的马夫。沃里克伯爵、萨福克伯爵和索尔兹伯里伯爵都在与黑太子一同征战，他们也派人从英格兰为他们送来了新的坐骑。

---

① 即 gross。每 12 根为 1 打，每 12 打为 1 罗，1 罗即 144 根。

然而，尽管英格兰-加斯科涅联军展现出了能量与冲劲，但他们即将参与的大规模作战计划空有野心，缺少细致的计划。法国国内的政局每天都在发生变化，而爱德华三世搜集准确的情报需要时间，将这些情报传递给身在波尔多的黑太子也需要时间。那一年春季，法国国内的局势出现动荡，让爱德华三世想要乘虚而入，而这一切都源自一场宴会上发生的出人意料的暴力冲突。

1356年4月5日，18岁的法国王长子查理正在鲁昂城堡设宴款待几名诺曼底贵族。突然，法国国王和他的手下全副武装，破门而入，叫喊道："都别动，谁敢动一下就死定了！"国王亲手抓住了其中一名贵族，也就是纳瓦拉的查理，并且指控他犯有叛国罪。国王之后又以极大的力量抓住让·达尔古（Jean d'Harcourt），甚至将他的紧身上衣都扯坏了。当王长子查理恳求父亲不要对自己的客人刀兵相向时，约翰二世只是简短地回复说："我知道你所不知道的事情——这些都是邪恶的罪人，他们的罪行已经暴露了。"他们到底犯下了怎样的罪行最终却没有被公布。第二天早晨，让·达尔古和另外三名诺曼底贵族遭到处决，纳瓦拉的查理被投入了监狱。

那时已经是约翰二世统治的第五年，但他还是难以在全国范围内确立自己的权威。1350年8月即位时，他坚信有必要扭转他父亲遭受的惨败。约翰身高体健，头发呈闪着金光的红色，令人印象深刻。他十分喜爱比武大会，实施了新的军事条例，还创立了他自己的骑士团——星辰骑士团（Order of the Star），以与英格兰的嘉德骑士团相抗衡。他也是一位好学之人，不但出资赞助将《圣经》和古罗马历史学家提图斯·李维的作品翻译成法语,甚至在征战途中都会带上书本。

约翰二世有这样一个愿景:法军得到重振,充满英雄气概,坚守阵地,击败英军。1351年4月,他发布了一项王室法令,效仿了十年前爱德华三世的一些军事改革措施。他为士兵们规定了新的薪酬水平,推行了一套层级更加清晰的指挥系统,明确规定了每个人在部队中的位置和应当听从哪位队长指挥,并且禁止士兵在没有明确命令的情况下撤离战场。1352年1月,星辰骑士团的500名成员被要求立下誓言,保证在战斗中绝不会撤退超过约600码(549米)的距离,"哪怕战死或者被俘"。

可是,并不是有了规则和规矩就能拥有一支表现优异的部队。两位国王都非常重视骑士荣誉,但爱德华三世与他的贵族之间有一种融洽的关系,而这一点是约翰二世所欠缺的。约翰十分冲动,常常不考虑清楚后果就鲁莽行事,有时候还会采取毫无必要的残忍行为。他在1350年8月即位,即位仅仅三个月后就处决了法兰西骑兵统帅厄镇伯爵拉乌尔·德布列讷。拉乌尔在法国贵族中人缘很好,而且"非常彬彬有礼、和蔼可亲,受到所有大领主、骑士、夫人和小姐的爱戴和钦佩"。

厄镇伯爵曾在1346年英勇抵抗英军对卡昂的进攻,并被爱德华三世俘虏;四年之后,他支付赎金,重获自由。约翰二世听信谗言,认为拉乌尔已经与英格兰做了交易,于是立刻(于1350年11月19日)将其处决。此案的真实细节模糊不清,对此我们姑且不提;但即使德布列讷确实犯有叛国罪,约翰二世也应该清楚地公布执行死刑的原因。同时代的人将约翰二世形容为"行事过于草率的人";他要么是过于任性,要么就是过于愚笨,无法理解维持良好公共关系的必要性。约翰将德布列讷处决后，法国众多贵族便疏远了国王，而且形势很快还会雪上加霜。

约翰二世随即将法兰西骑兵统帅的职位授予他的宠臣，也就是他的儿时好友查理·德拉塞尔达（Charles de la Cerda）。约翰二世和他的王后卢森堡的博讷（波希米亚国王卢森堡的约翰之女）共育有四子五女。博讷在1349年9月因染上瘟疫而不幸去世，于是有传言说，德拉塞尔达是约翰二世"不正直的喜爱"对象，就像当年人们怀疑爱德华二世同皮尔斯·加韦斯顿和休·德斯潘塞的关系一样。约翰和德拉塞尔达的友谊使得国王和贵族之间的关系迅速恶化，充满猜忌。1354年1月，纳瓦拉的查理招募了一批心腹，他们在查理的弟弟纳瓦拉的菲利普（Phillip of Navarre）和让·达尔古的带领下，趁着德拉塞尔达在诺曼底莱格勒村（L'Aigle）的小旅馆过夜时，将这位国王的宠臣杀死了。

约翰二世没有忘记这桩谋杀，也不会原谅凶手。最终，他在1356年的那场宴会上完成了复仇。在德拉塞尔达死去时，法国国内普遍对此事表示欢迎；可现在，国王凶残的复仇行动却少有人同情。约翰的行为激起了贵族的反抗，甚至有人公开起兵叛乱。1356年5月底，纳瓦拉的菲利普和若弗雷·达尔古宣布不再对法王效忠，并向爱德华三世求助。

在法国国内，约翰二世遭到了猛烈的批评。有一位编年史作者写道："许多人认为，约翰国王在杀死这些领主的过程中有错，因此不论是贵族还是民众都对国王充满恶意，尤其是在诺曼底。"他们对约翰二世的各种不满都到达了顶点。约翰的财政官员被认为无能又腐败；仅仅在约翰统治的第一年，法国货币就改值或贬值了不少于十八次。约翰还决定在军事改革完成前避免与英军正面交锋，这也让他的声誉进一步受损；而此时，他不得不放弃这一政策，变得更加积极主动。对爱德华三世来说，他最近刚从苏格兰凯旋，现在眼前又出现了一个极佳的机会，只不过他必须迅速采取行动才能抓住它。

†

1356年6月初，爱德华三世派格罗斯蒙特的亨利率领一小股部队在科唐坦半岛登陆，支援法国叛军。格罗斯蒙特的亨利此时已经是爱德华三世手下经验最丰富的将领之一，而且受到国王的特别恩宠，受封兰开斯特公爵，成为王室以外首位受封公爵的人。然而，可供他调遣的士兵数量很有限：格罗斯蒙特的亨利出发前往诺曼底时，率领的只有500名重装士兵和800名长弓手。

爱德华三世也开始准备召集他自己的部队。爱德华三世在听说约翰二世已经将法国卢瓦尔河以南的防务交给儿子普瓦捷伯爵后，就催促黑太子去搜寻普瓦捷伯爵的下落并与之交战。这一计划十分大胆，因为普瓦捷伯爵虽然当时只有16岁，但是获得了一批难以对付的军事顾问的陪同，他们包括法兰西元帅让·德克莱蒙、经验丰富的将领让·勒曼格尔［Jean le Meingre，别名"布西科"（Boucicaut）］，以及普瓦图、圣东日（Saintonge）和图卢兹等地的总管。此外，普瓦捷伯爵还已经集结了数千名士兵。只有整体战争形势变得对英军有利，让他们可以掌握主动权，决定事态发展方向，黑太子才有可能获得成功。

到7月6日时，黑太子已经将他的总部设在了波尔多东南方的拉雷奥勒，也将英格兰和加斯科涅的部队全都集结起来，做好了出征的准备。他的部队士气高昂,波尔多的主教不无惊叹地记载说:"所有骑士和他们的侍从都离开了这座城市,向太子定下的集结地点进发。"而且集结的日期是托马斯·贝克特遗体转葬日的前一天,也有着特别的意义。

在诺曼底,战事迅速进展。格罗斯蒙特的亨利一登陆科唐坦半岛,就在蒙特堡修道院(Abbey of Montebourg)得到了来自若弗雷·达尔古、纳瓦拉的菲利普以及职业将领罗伯特·诺尔斯(Robert Knolles)爵士的增援,其中诺尔斯从布列塔尼的守军中带来了一队人马。于是,格罗斯蒙特的兵力增加到了2500人。6月底,他向诺曼底东部进发,去支援那些忠于纳瓦拉的查理,发起公开叛乱反抗法国国王的城镇。格罗斯蒙特名声在外;当他率军接近布勒特伊(Breteuil)时,正在围攻此地的约翰二世的军队直接跑得无影无踪。两天后,他率军在韦尔讷伊(Verneuil)驻扎下来。

约翰二世从德勒(Dreux)率领王室部队前来,欲与格罗斯蒙特的亨利交战。法王的兵力比格罗斯蒙特的要强大得多。经过一番考虑,格罗斯蒙特的亨利于7月16日带着一大批战利品和俘虏回到了蒙特堡。约翰二世提出要给德勒的守军特赦待遇,以换取他们尽快投降。英军在法国北部声势渐弱。

到7月22日时,黑太子已经率领新招募的兵力来到了多尔多涅河(Dordogne)河畔的贝尔热拉克。但由于事态发生了令他始料未及又担心的变化,他没能立刻攻进敌方领地,而是耽搁了两周时间,到8月4日才率军出发。阿马尼亚克伯爵将之前的小心谨慎抛到一边,开始充满活力、目标明确地采取行动;他知道,他面对黑太子的"马上游击"时表现不佳,因此能够保住自己的总督职位就已经很幸运了;而现在,他要恢复他的声誉。

阿马尼亚克伯爵就像是换了一个人似的：他派出多队探子去监视黑太子的行动，还开始集结一支人数更多的军队。最让人吃惊的是，他决定主动出击，还告诉约翰二世说，应对黑太子持续威胁的最好办法就是入侵加斯科涅。到 7 月下旬时，他果然说到做到，围困了法国西南的众多城镇和堡垒，还派出队伍在相当广阔的区域进行劫掠。

在贝尔热拉克，加斯科涅人的热情正在降温。他们欢迎黑太子前来保护他们，而不是像现在这样，在加斯科涅受到威胁时反而将兵力抽走。黑太子决心要依照父亲的命令行事，但这样一来他发现，自己要与加斯科涅的子民进行十分困难的谈判。最终，双方艰难地达成了协议。黑太子将他的部队一分为二，留下大约 2000 人，由总管约翰·切维尔斯敦率领，抵御阿马尼亚克伯爵的入侵。他还承诺将补偿遭到法军袭击的城镇。

这个开头并不算顺利。8 月 4 日，当黑太子率领缩编后的部队离开贝尔热拉克时，整体局势已经发生了重大变化。格罗斯蒙特的亨利已经解散了部分兵力，目前正在瓦讷以西的布列塔尼地区协助英格兰的盟友约翰·德·孟福尔（John de Montfort）和他的人开展小规模军事活动，参与布列塔尼爵位继承战争［对手是实际上的布列塔尼公爵布卢瓦的查理（Charles of Blois）］。而爱德华三世出于各种原因，不再认为自己有必要亲自渡过海峡。他已经在伦敦接受了若弗雷·达尔古和纳瓦拉的菲利普的宣誓效忠，并将两人留在英格兰宫廷以保护他们。约翰二世的盟友阿拉贡派出的舰队已经抵达了塞纳河口，准备阻拦英军任何试图渡过海峡的尝试。爱德华三世雄心勃勃的计划尚未达到预期目标就要偃旗息鼓了。

可是，黑太子对这一切都一无所知。他的军队目前有大约6000人，其中大部分在骑马前进。这支部队以每天10英里（16公里）的速度稳步前行，穿过佩里戈尔（Périgord）和利穆赞（Limousin）地区，经过布朗托姆（Brantôme）和罗什舒瓦尔（Rochechouart），沿途尽可能搞破坏。傅华萨这样描述黑太子进军的情形：

> 太子和他的军队……轻松地骑马前进，他们惊奇地发现利穆赞竟如此富庶，当地物产竟如此丰富，于是获取了大量补给。他们焚烧、劫掠了整个地区。当他们进入一座粮食储备充足的城镇时，他们会在那里休整几日，而离开的时候会摧毁剩下的一切物资，打破酒桶，烧毁田间的小麦和燕麦，不让他们的敌人取用。

黑太子打算快速行军，不想逗留过久，以免在自己处于劣势时被敌军追上；他计划避开防卫严密的城镇，同时快速攻下防务松懈或是城墙失修的地方，并把这些地方的粮食和葡萄酒储备充作己方补给。辎重车队要轻车行军，车上只装了战利品和备用武器，补给则靠军队从周边地区夺取。除了几次小规模遭遇战之外，黑太子的部队几乎没有遇到抵抗。尽管如此，黑太子还是越来越不安。他派他最信任的战友约翰·钱多斯爵士和詹姆斯·奥德利爵士去率队侦察。他本人则亲自看管士兵，杰弗里·贝克对此记载道：

> 太子负责营寨，每天在拔营前都要先确保前方的道路

得到侦察，还要防范夜间的偷袭。此外，他要确保每天的夜间岗哨有人值守，并且会带着最勇敢的几名同伴在岗哨间巡逻，视察军营的各个部分，以防发生什么异常状况，让部队身陷险境。

黑太子确信自己的首要任务是攻击普瓦捷伯爵，因此试图确定父亲部队的方位。他自己说得很清楚：

> 我给我的父王写信，告诉他我准备向我们在法国的敌人（约翰二世）进军，我穿过佩里戈尔和利穆赞，直达布尔日（Bourges），因为我预计在那里会遭遇（法国）国王的儿子普瓦捷伯爵。我之所以去那里，主要是因为我预计会听到国王（爱德华三世）已经渡过（海峡）的消息；但我既没有遭遇伯爵，也没有遇到大军，于是向卢瓦尔河进发，并派出我的手下前去侦察，看看我军是否能够渡河。

8月24日，英格兰-加斯科涅联军来到了贝里（Berry）的伊苏丹（Issoudun）。城堡中的守军只能眼睁睁地看着黑太子的部队大肆破坏这座城市，使其好几年都不再适合居住。一支侦察队出发前往德勒，却发现普瓦捷伯爵已经率军向卢瓦尔河方向撤退了。法军正在重新集结。

约翰二世已经于8月20日接受了德勒守军的投降，然后向南前往沙特尔（Chartres）招募更多士兵。法王的注意力现在全部放在了黑太子身上。约翰想阻挡对手的去路，并且集结足够的兵力，一举击溃敌军。为了达成这一目标，他给普瓦捷伯爵下达了新的命令，要求伯爵守住卢瓦尔河一线，等待自己和王长子率领法军主力抵达，而主力部队的兵力还在不断增长。

黑太子开始感到很不对劲了。8月28日，他渡过了谢尔河（Cher），攻占了维耶尔宗（Vierzon）。他随后派钱多斯和奥德利前进到卢瓦尔河河畔的欧比尼（Aubigny）进行侦察，他们带回了令人担忧的消息。诺曼底的战事已经结束，约翰二世正在集结一支规模更大的军队，准备与黑太子对战；没有迹象表明爱德华三世已经在法国登陆；法军对卢瓦尔河的防守很严密；没有格罗斯蒙特的亨利的消息。

约翰二世之前在诺曼底很难招募到一个满编的军团。他的许多子民都十分同情起兵叛乱的人，支持国王的人寥寥无几。但是与黑太子作战的机会激励了许多人——黑太子在前一年的"马上游击"中采取的残酷劫掠战术，让整个法国团结一致地对付他。法国的贵族们对黑太子身处堪称法国腹地的卢瓦尔河周边地区感到不满，于是不论对约翰二世有何看法，都纷纷响应国王的号召。一位编年史作者写道："没有骑士或是侍从留在家中，法兰西之花齐聚于此。"

和约翰二世一同出现在沙特尔的集结地点的有他的四个儿子，他们的年龄从14岁到19岁不等；有新的骑兵统帅戈蒂埃·德布列讷（Gautier de Brienne），以及两位元帅阿努尔·都德雷昂（Arnoul d'Audrehem）和让·德克莱蒙；有26位公爵和伯爵；还有334名小贵族。这是14世纪法国规模最大的军队之一。一位英格兰编年史作者不安地写道："真是奇景，这样的场面对他们的贵族来说前所未见。"这支军队的兵力已经达到了黑太子兵力的三倍，更多的援兵还在赶来。

8月28日，阿拉贡的舰队配合法军的行动，出现在肯特周边海域。本来集结在此、准备运送爱德华三世的军队渡过海峡的英格兰船只接到命令，要去往最近的安全港湾中避险。英格兰舰队的水手们也被集结起来，在英格兰南部海岸做好岸防工作。很明显，爱德华三世不会与黑太子在卢瓦尔河会师了。但国王还是担心儿子的安全，因此命令格罗斯蒙特的亨利前去驰援。

作为加斯科涅总督的黑太子与爱德华三世的契约中有一个紧急情况条款，其内容如下：

> 国王承诺，如果太子遭到围困，或是遭大股部队威胁，无法自救，只有依靠国王之力方能获救，那么只要太子能够方便地获得援助，国王就应设法予以协助。此外，兰开斯特公爵（格罗斯蒙特的亨利）也承诺会为这样的救援行动提供他全部的帮助和建议。

爱德华三世期望手下的将领能够靠他们自己坚守阵地，但是他已经在契约中承诺，如果他的儿子面临强敌，他就要派人援助，正如他在克雷西会战的关键时刻曾经做过的那样。这一条款现在生效了。爱德华三世当时可以通过海路与格罗斯蒙特的亨利直接联络，于是向这位他最信赖的将领发出了命令。国王的探子告诉他说，大量法军正在集结，准备歼灭他儿子的部队。黑太子这时显然需要一切可能的援助。

黑太子已经在维耶尔宗逗留了几天。相比父亲的安排，他对于敌人的动向更为清楚。法军主力在他前方大约95英里（153公里）的地方集结，而普瓦捷伯爵则在黑太子所在位置以东65英里（105公里）处。相比之下，格罗斯蒙特的部队仍在布列塔尼，在黑太子处以西270英里（435公里）远的地方，而爱德华三世还在英格兰。黑太子对瞬息万变的形势的理解依赖于他手头的军事情报；但我们之前也解释过，随着距离的增加，这些情报也变得越来越不准确。

在14世纪，保持通信一点也不容易。道路状况很糟糕，而且在战争时期，信使和间谍时常会被敌军俘获。黑太子当时在谢尔河以北，距离英格兰控制的加斯科涅有280英里（450公里）。他的主要情报来源就是他的侦察队，他也通过拷问敌军探子获取信息。从这些渠道他了解到，约翰二世命令他的部队于9月3日前在沙特尔集结。经过几天的准备工作后，这支大军就会向黑太子的位置进军。为了应对这一威胁，最佳的行动方案——在没有收到爱德华三世在法国登陆的消息这个前提下——显然是向格罗斯蒙特的亨利及其部队的方向移动。于是，黑太子率军向西转移。

约翰二世正面临着严重的财政问题，如果要长时间地养一支军队，原本应当十分困难。但英格兰-加斯科涅联军兵力较弱，因此约翰可以计划一场速战速决的战役。他还命令自己的骑兵部队向前挺进，骚扰敌军。8月31日，黑太子的先头部队与法军将领布西科率领的一大股侦察部队遭遇了。这是黑太子和约翰二世的部队之间首次真正的战斗。傅华萨生动地描述了当时的情形：

> 部分法军在罗莫朗坦（Romorantin）附近设下埋伏，静待敌军到来。他们先让英军通过，然后翻身上马，向对方直冲过去。英军听到马蹄声后，转过身来，本能地在阵

线中留出空间让法军通过,以避免遭受太大损失。接下来,双方发生了激烈的战斗,双方都有许多骑士和骑士侍从被打下马来,还有许多人战死。当英军余部赶上时,法军就撤进了附近的罗莫朗坦城堡。

黑太子此时下令要攻克罗莫朗坦城堡。由于它有完备的防御体系,有四座高塔和坚固的壁垒,门楼更有宽大的护城河保护[河水引自索德尔河(Sauldre)],因此围攻这里的决定十分冒险。黑太子要打较小规模的攻城战,并会因此损失宝贵的时间,而法军主力就在不远处,很快就会出动。但黑太子一向有军事指挥方面的直觉。他感觉到部队的士气正在衰退,而最好的补救方式就是让他们参加战斗。更重要的是,他也需要派出信使,试图与格罗斯蒙特的亨利建立联系。9月1日,黑太子的部队发起了攻势。傅华萨这样回忆第一次冲锋的景象:

> 所有的重装士兵和长弓手都为战斗做好了准备,并且突然对罗莫朗坦的城墙发起了冲锋。这次攻势非常迅猛有力。英军的长弓手先是射出密集的箭雨,几乎没有守军敢在城垛中露头。接下来,重装士兵向城墙冲去,有的跳进护城河里,在齐脖子深的水中蹚水前进;有的乘坐临时制作的木筏渡河。所有人都用长矛和镐头攻击木制的城门。而在他们上方,法军不断扔下石块,还倒下一锅锅生石灰。

英军爬上了外层城墙,也攻破了城门,法军随即撤入堡垒中。第二天,英军接连发动三波攻势,但都被击退了。黑太子宣布说，他的军队不攻下罗莫朗坦决不离开；他还派出了投石机部队，向堡垒投掷火球。杰弗里·贝克描述道：

> 黑太子下令制造投掷石块的机器。这些机器由经过专门训练的部队操作，投出巨石，击毁了塔楼的楼顶和城垛。他们还在矿工们挖掘的隧道中点火，而这些隧道直抵城堡的地基。

守军已经见识了英军的力量，很快就投降了。俘虏中包括克拉翁男爵（lord of Craon）阿莫里（Amaury），他也是法国国王在普瓦图的总督。一位英格兰的编年史作者记录道："黑太子亲自参加了攻城战，极大地鼓舞了部队的士气。"罗莫朗坦攻城战是场速战速决的战斗，正如黑太子所希望的那样，它提振了部队的士气。很快又传来了新的好消息：黑太子终于与格罗斯蒙特的亨利建立了联系。太子愉快地写道："我得到确切消息，他将尽快与我会师。"援军正在赶来的路上。如果格罗斯蒙特能够及时率军从下游渡过卢瓦尔河，与黑太子会师，他们就有可能凭借人数更少但更为精锐的部队击败约翰二世人数占优的大军。

9月7日，黑太子的部队抵达了卢瓦尔河河畔，在图尔（Tours）郊外扎营，宽阔的河面就在他们眼前。黑太子和手下的将士们再次充满信心。格罗斯蒙特的亨利和他的骑兵们在四天内行军多达125英里（200公里），已经抵达了卢瓦尔河偏下游的一处渡河点——昂热（Angers）以南的莱蓬德塞（Les-Ponts-de-Cé）。这时天气晴朗温暖，两支英军之间只有70英里（112公里）的距离。

格罗斯蒙特的亨利已经率军接近的消息对黑太子的士兵们来说无异于一针强心剂。他正是以行军速度奇快,不论在指挥战斗还是在单挑时都能让敌方闻风丧胆而闻名。有人会想起他在与卡斯蒂利亚舰队的海战中搭救黑太子的壮举,还有人或许会记起1352年的另一件轶事。格罗斯蒙特那年夏季在从普鲁士东征归来的途中与德意志的大贵族不伦瑞克的奥托（Otto of Brunswick）发生了争执,并且接受了对方的决斗挑战。当时英法正在停战期,于是双方决定在巴黎举行决斗,由约翰二世主持。格罗斯蒙特获得了安全通行权,于是率领50名全身盛装、行头齐全的骑士作为随从,渡海抵达加来。法兰西元帅让·德克莱蒙前往迎接,并将亨利护送到了巴黎。巴黎的民众纷纷走上街头,争相一睹他的风采。约翰国王在卢浮宫迎接并盛情款待了格罗斯蒙特。决斗的入场券很快售罄。约翰命人专门建了一处竞技场,里面有一座高台供约翰和贵族们观赛,还有为普通观众准备的木制观众席。在决斗当天,不伦瑞克的奥托却在压力下崩溃了。杰弗里·贝克描述道:

> 格罗斯蒙特的亨利骑马进入竞技场,十分得体地向法兰西国王和聚集在此的贵族们致意。他全副武装,穿戴整齐,骑在马上,等待对手出现……不伦瑞克的奥托出现时,却在不停地颤抖,几乎无法在马上稳坐。奥托十分艰难地将头盔戴好,系好扣带,甚至没法拿稳手中的长枪。法王看到奥托状态如此,于是突然叫停了整个流程,将奥托打发走了。

毫无疑问,这则轶事在英格兰-加斯科涅联军之中传开了。黑太子感觉到了军中士气的突然提升，于是派兵一路劫掠到图尔的城墙脚下，希望借此诱使守军出击。但是守军很明智地按兵不动，随后就开始下雨了。杰弗里·贝克写道："此次战役开打后天气一直风和日丽，但现在连续三日电闪雷鸣、暴雨倾盆，卢瓦尔河因此水位上涨，水流也变得湍急。"

随着天气的变化，黑太子部队原先的殷切希望又变成了失望。他们的焦土战术变得毫无用处，因为大雨立刻就将火焰扑灭了。法军已经摧毁了卢瓦尔河上的大部分桥梁，而在水位高涨的情况下，要涉水渡河是不可能的。黑太子没法继续向北进军，而格罗斯蒙特的亨利也没法渡过卢瓦尔河，从而南下与黑太子会师。昂热郊外的莱蓬德塞已经加强了防御，格罗斯蒙特的部队无力突破。两位将领都派出了侦察队；有一天晚上，两支侦察队甚至已经可以隔河看见对方的营火了，但他们仍然无法渡过卢瓦尔河。

9月11日，黑太子收到了他最害怕的消息：约翰二世的大军出动了。这支大军通过昂布瓦斯（Amboise）的一座保存完好的桥梁顺利过了卢瓦尔河。《法兰西大编年史》[*Grandes Chroniques*，为记载法王约翰二世和查理五世统治时期的历史著作，可能由查理的大法官皮埃尔·德奥热蒙（Pierre d'Orgemont）编纂]的作者写道："有如此多的人追随着法王，就好像他有足够强的兵力击败全世界。"约翰二世此时在黑太子以东仅20英里（32公里）处，还有更多敌军正从索米尔（Saumur）向西进军。在黑太子的撤退路线上，普瓦图的守军也被动员起来。法王命令阿马尼亚克伯爵率军从南方北上，切断黑太子回到加斯科涅的道路。黑太子处于极度危险的境地。

9月11日下午，黑太子下令撤退。他挥师向南，渡过了谢尔河和安德尔河（Indre），当晚在蒙巴宗（Montbazon）扎营过夜。在这个艰难的时刻，黑太子的军中充斥着失望、迷惘和恐惧。这时，教宗英诺森六世的一位使者——佩里戈尔枢机主教埃利耶·德塔列朗（Hélie de Talleyrand）突然出现了。

1355年秋，黑太子在朗格多克劫掠时回绝了教宗的信使。现在，英诺森教宗预感到将要发生大战，于是加倍努力地想要让英法重新达成停战协议，但他这么做的时机糟糕透顶。法军占据着绝对优势，而且英法双方都清楚这一点。约翰二世并不想要调停和解，他想摧毁英格兰-加斯科涅联军。而黑太子正在进行十分艰难的撤退，不能在毫无意义的谈判中浪费时间。

尽管英格兰人对阿维尼翁的教宗充满怀疑，但爱德华三世和他的政府还是承认，英诺森六世比之前几任教宗更为称职。英诺森六世是一位真心实意的改革家。他没有斥资请人创作无数昂贵的艺术作品来装点自己的宫殿，反而卖掉了大部分画作。他殷切地期望能够统一欧洲的基督教，弥合东西教会之间的裂痕。但他是个法国人，出生在下利穆赞（Bas-Limousin）的一个小村庄，原名艾蒂安·奥贝尔（Étienne Aubert），曾担任努瓦永（Noyon）和克莱蒙（Clermont）主教，当上教宗之后仍住在一个法国城市中。对大多数英格兰人来说，英诺森教宗并不是公正的调停者，而是受法国国王操纵的傀儡。

他们对教宗的质疑始于一年半以前。1354年平安夜，格罗斯蒙特的亨利率领200名骑士来到阿维尼翁，参加新一轮的和平谈判。圣诞节那一天，教宗举办了盛大的宴会，款待英法双方代表。但是在接下来的几周时间里，双方没能达成停战协议。英格兰的编年史作者们将此归咎于法国方面坚持要保有对阿基坦的领主地位；他们还指责英诺森六世和枢机主教们没有充当诚实的中间人，反而与法方共谋。

被教宗选为外交使团领导的是佩里戈尔枢机主教。他来自一个地位稳固的法国贵族家庭，见多识广，十分文雅，常资助文学创作，还有丰富的政治经验。但是根据佛罗伦萨编年史作者马泰奥·维拉尼的说法，佩里戈尔枢机主教也十分"骄傲、傲慢"，而且深受英格兰人厌恶。他23岁当上主教，30岁就当上枢机主教，先后出任过英格兰的九处有俸圣职，它们分别在伦敦、约克、林肯和坎特伯雷等地。他虽然享有这些教会的地产收入，但他本人一直居住在阿维尼翁，这让他在英格兰遭到了广泛敌视，还招来了议会的严厉批评。议会下院表示，"在战时，应当把这笔钱留在英格兰，而不是送去法国"。

黑太子与佩里戈尔枢机主教的会面令人十分担忧。黑太子先是声称，谈判只能由他的父亲授权进行。而枢机主教说爱德华三世已经授权了，并且拿出了英格兰派往阿维尼翁的信使带来的授权信，写信的日期是8月4日。在信中，爱德华三世授权黑太子就延长停战协议进行谈判。爱德华三世对英军在诺曼底的攻势感到满意，愿意用缓兵之计换取时间，巩固他在诺曼底西部的势力。这是黑太子第一次听到这样的消息，他当时一定十分困惑。在黑太子率军从贝尔热拉克出发，对沿途的法国土地焚烧劫掠的同一天，爱德华三世竟授权黑太子进行谈判，这显示出父子之间的联络不畅已经到了十分严重的地步。

在蒙巴宗进行的谈话十分简短，但是佩里戈尔枢机主教显然还会再来，而且会带来更多的教士。因此，在战斗开始前，就会有更多时间被浪费在毫无意义的谈判中。法军的兵力则在不断增加。

9月13日，英格兰-加斯科涅联军向南行进到了拉艾（La Haye），一天之后又抵达了沙泰勒罗（Châtellerault）。黑太子这时是在急行军——他在三天内行进了45英里（72公里）。沙泰勒罗在卢瓦尔河支流维埃纳河（Vienne）能够航行的河段的最上游。约翰二世正在洛什（Loches），离黑太子只有几乎不到15英里（24公里），而且在集结更多部队。尽管法军近在咫尺，黑太子还是在沙泰勒罗逗留了三天，仍对收到格罗斯蒙特的亨利的消息抱有一丝希望。格罗斯蒙特的亨利的确曾试图与黑太子会师，但由于天气恶劣，而且卢瓦尔河沿岸的法军防守也十分严密，这种努力最终失败了。这时，格罗斯蒙特的亨利正在很不情愿地率军回到布列塔尼。黑太子只能靠自己了。

形势非常紧急。这一小股英格兰-加斯科涅联军只能靠自己了，而且士兵们也越来越泄气。他们对法军的人数感到害怕，还抱怨说己方不应该把几千名精锐士兵留在贝尔热拉克。然而，正是在这样必须直面困境的时刻，黑太子终于不用再受制于好高骛远的战役计划，而是可以展现他的出众将才。他信任自己的直觉，并且与士兵们密切接触。黑太子告诉他们，他本人已经做好了战斗的准备，而且在这样的困境中，没有小心翼翼、推诿搪塞的空间。9月16日，黑太子向他的士兵们宣布，他已经准备好在战场上直面约翰二世了。

果敢往往是解决困境的最好办法。黑太子再一次率军行动起来。他在一封写给伦敦市长和市政官们的信中表示："我决定向他（约翰二世）的所在方向急行军，沿着他的必经之路前进，并且与他交战。"他将部队重新排列，让他们摆好战斗阵形，步步逼近普瓦捷以东的肖维尼（Chauvigny），逼近那里的一座横跨维埃纳河的桥梁，希望能够对约翰的部队发动奇袭。结果他却发现，法军的主力已经顺利渡河了，不过他还是遭遇了敌方的一部分后卫部队——据黑太子本人估计，有"大约700名重装骑兵"——并且击败了他们。根据小巴塞洛缪·伯格什的说法，在这次小规模战斗中共有240个法国人被俘或是战死。大家都知道，大规模战斗一触即发。

约翰已经抄近路穿过了黑太子的行进路线，此时已经到了英格兰-加斯科涅联军以西。在接敌之前，约翰先进入了普瓦捷，收编了又一批援兵。根据一位英格兰编年史作者记载，黑太子当时有约3000名重装士兵以及与之数量相当的长弓手；而法军"人数众多，不断增长"，几乎无法计数。法军的兵力至少是英军的三倍——虽然黑太子在克雷西时，敌军占有的优势与此相近，但是在这里，法军将会一同前进，而不像在克雷西那样一部分一部分地投入战斗。黑太子及其部下在努瓦耶（Nouaillé）森林的边缘扎营，这里距离敌军只有6英里（10公里）远。当一支侦察队看到漫山遍野的法军，并且报告说"普瓦捷之外的田野中都布满了他们的士兵"时，黑太子只是回复说："那么，以上帝的名义，让我们想想该怎么发挥我们的优势击败他们吧。"

黑太子说到做到。他决定让全体士兵下马步战，而且也清楚选择什么地点作为战场至关重要。理想情况下，黑太子希望自己的阵地两翼有所掩护，可以让长弓手免遭敌方骑兵冲击。他身边的顾问中有一位变节的普瓦图贵族波米耶男爵（lord of Pommiers）阿曼努［Amanieu，他已经放弃了自己在普瓦图-夏朗德（Poitou-Charente）的领地波米耶-穆隆（Pommiers-Moulons），转行当了土匪］。正如钱多斯传令官记载的那样，阿曼努对地形有着敏锐的判断；他出众的军事才能也使得黑太子迅速将其招入帐下。在等待法军接近的过程中，黑太子希望英军能够占据有利的高地，而且通往那里的道路还要相对狭窄，这样敌军就很难一次性部署全部兵力。如果有可能的话，敌军接近的道路上还应当有沟渠、树篱、树丛等各种障碍物，这样法军骑兵就无法全速冲锋。此外，在阵地后方最好也有障碍物——比如一条河或是一片树林——来防止约翰二世的部队绕后包抄、前后夹击。

在克雷西会战后，法军改进了他们的战术，开始依靠步兵和骑兵发动协同攻击，而不是完全依赖骑兵冲锋。1352年8月，在布列塔尼的莫龙（Mauron）发生了一场小型战斗。英军的指挥官沃尔特·本特利（Walter Bentley）爵士将部队部署在一处缓坡上，让长弓手能获得前方一小片树篱的保护。大部分法军下马作战；他们的骑兵前去攻击长弓手，重装士兵则紧随其后。如果这波攻势能更加协调的话，本特利就很有可能陷入困境。骑马作战的法军成功突破了英军右翼，让英军的长弓手惊慌地四散奔逃。然而，法军的步兵前进得太慢，没能及时逼近本特利的部队，战机转瞬即逝。英军随后发动了反击，并且取得了胜利，然而这场战斗的经过已经足以令英军警醒了。

要考虑的因素实在是太多，更不用说英军当时还是在陌生的地域作战。而在普瓦捷，黑太子进行了充分的侦察，并将他的部队部署在天然形成的有利位置。他的部队占据了一处长约800码（730米）的高地，它位于穆瓦松河（Moisson）的河道弯曲处。部队的一边是茂密的树林，另一边是陡峭的悬崖，而正面是下沉的道路和茂密的树丛。黑太子的部队展开后呈四五行，长弓手被部署在每个方阵的两翼。黑太子将沃里克伯爵和牛津伯爵率领的先头部队部署在左侧,他自己的部队居中,萨福克和索尔兹伯里的两位伯爵率领的后卫部队被部署在右侧。辎重车也被部署在两翼,以提供额外保护。

杰弗里·贝克这样描述黑太子精心挑选的战场:

> 黑太子巡视了这里,发现有一处环绕着树丛、沟渠、荆棘和藤蔓的高地。他将部队部署在此。在这片高地下方有宽阔、幽深的峡谷,还有一片被一条小溪浇灌的沼泽地。先头部队和中军的阵地还得到一片特别茂密的树丛保护。这片树丛一直延伸到了沼泽地。

傅华萨对此大加赞赏:"英军狡猾地将他们的兵力部署在茂密的荆棘丛之后,还在前方挖掘沟渠,从而防止骑兵突袭。"他将挑选阵地的功劳归于黑太子的好友兼战友詹姆斯·奥德利爵士,称奥德利为"一位审慎、英勇的男子,他对部队如何部署提出了建议"。《诺曼底编年史》(*La Chronique de Normandie*)则认为这是黑太子的顾问波米耶的阿曼努的功劳。

英格兰-加斯科涅联军做好了作战准备。9月18日早晨,法军获知了英军的位置。约翰二世在他的营帐里听完弥撒,随后与贵族们召开了简短的参谋会议:

> 国王下令,要求所有人摆好阵势,所有领主都要展示自己的旗帜。国王下令,要以上帝和圣但尼之名进军。号角声在军中响起,大家都翻身上马,跟随着国王的旗帜。国王的旗帜在部队最前方,随风不断飘动。有许多贵族骑马出征,他们盔甲和扣带的精美令人叹为观止——法兰西

的全部荣光都汇聚于此。

约翰二世率军来到了黑太子部队下方的峡谷中并派出了一支侦察队,它由他最出色的将领之一厄斯塔斯·德里伯蒙率领。在六年前的加来围城战中,德里伯蒙因为在与爱德华三世短兵相接时展示的英雄气概,受到了爱德华三世的赞誉。约翰二世这时命令他"骑马前进,观察英军的阵列,并向我报告他们的数量,就应当如何与他们作战——是马战还是步战——提出建议"。德里伯蒙回来报告说,英格兰-加斯科涅联军兵力不强,但是占据着利于防守的地形,还有树丛为长弓手提供很好的保护。考虑到这些因素,德里伯蒙建议将法军骑兵布置在两翼,"用以击退长弓手",主力部队则随后步行前进,"与英军重装士兵接战并将其击溃"。

约翰二世采纳了德里伯蒙的建议,命令大部分士兵下马,组成三个方阵:第一个方阵由王长子指挥;第二个方阵由国王的弟弟奥尔良公爵指挥;第三个也是最大的方阵由约翰二世亲自指挥。约翰二世接下来挑选了两队骑兵,并指派了两名贵族去指挥他们,分别是阿努尔·都德雷昂和让·德克莱蒙。在战斗开始前,佩里戈尔枢机主教和一大队教士骑马出现在战场上。

枢机主教是想做阻止战斗发生的最后尝试,但是交战双方都不想要他来调停。法军自信满满,认为胜券在握;英军则认为双方无法就真正有意义的条款达成一致。但那一天是礼拜日,当这样一支教宗的高级代表团请求双方暂缓刀兵相见时,双方是不能直接无视的,于是约翰二世与黑太子很不情愿地达成了暂时停战的协议。可是谈判中似乎缺乏冷静、现实的思考。约翰二世率先发难，要求英军放弃他们攻占的所有城镇和城堡，免费释放所有俘虏，并在七年内不得对法王起兵。黑太子也不甘示弱，要求与法王的一位女儿成婚，还要对方提供丰厚的嫁妆。

赫赫有名的骑士若弗鲁瓦·德·夏尼正好在约翰二世的扈从之中，他自豪地高举着红色王旗，也就是法国国王的战旗。它的作用是震慑敌军，因为只要这面旗帜还在飘扬，法军对敌人就会格杀勿论。德·夏尼提出，双方各自派出百名斗士进行决斗，但这一提议被其他法军将领否决了。他们提出，为了避免更多人丧命，应当让黑太子和他的主要将领缴械投降。

这与其说是严肃的谈判，不如说是一群骑士在拌嘴。在这一过程中，法军又有了更多援军，甚至枢机主教的侍从中也有人加入法军队列，这令黑太子的追随者们感到义愤填膺。另一边，英军也撸起袖子，将阵地周围的沟渠挖得更深，还改善了防御工事。他们对枢机主教印象不佳，认为他只不过是约翰二世的喉舌罢了。英军中开始流传这样一则笑话："既然教宗是法国人，那就让我们祈祷在开战那一天，耶稣基督以英格兰人的身份现身。"

两军此时的距离已经不足1英里（1.6公里）远了。停战协议当天一直有效，于是双方的士兵会在同一条溪流中饮马。有一次，约翰·钱多斯爵士和法兰西元帅让·德克莱蒙相遇了。德克莱蒙很不高兴，因为他觉得钱多斯的纹章与他自己的太相似了。钱多斯回复说："我同你一样有资格使用这纹章。"德克莱蒙反驳说："你不过是在吹牛罢了。你们英格兰人发明不出什么新的东西，只会巧取豪夺，将属于别人的东西据为己有。"钱多斯怒视德克莱蒙，说："明天你会看到我身先士卒，用我的武艺证明我所言不虚。"

日落时，教宗的代表团离开了。其实，双方真正达成协议的可能性并不存在。黑太子回到军中和士兵们交谈，听他们讲述心中的顾虑，为他们送上鼓励的话语。这支军队最大的优势就是他们团结一致的精神：他们中有的人随黑太子参加了克雷西会战；更多人前一年曾跟随他在法国南部劫掠。这支军队保持了严明的纪律和坚定的决心，而这一点至关重要。

黑太子要求他的将领们让士兵不要距离军旗太远，因为军旗在战场上是部队的集结点。他还明确表示，只有当战斗接近尾声、事先商定的信号发出后，他们才能俘获敌军。他不希望在交战最激烈的时候，他的士兵还在将俘虏赶到阵地后方去。当然，英军的胜算不大，这一点显而易见。黑太子对他的士兵发表了讲话，赞扬了他们的勇气。他说："在这场战斗中，我们都是战友。"然后，他重复了他的父亲1334年12月在罗克斯伯格说过的话："我与众卿同杯共饮。"这句话传达了一则简单而有力的信息："我们将并肩作战，至死方休。"黑太子知道，自己手下的士兵们又饿又累。补给已经所剩无几，因此战斗必须次日早晨就打响，不能再拖延了。他和高级将领商议之后决定，如果法军按兵不动，他就要挑衅敌军，诱使对方出击。

9月19日早晨，太阳在快要六点时升起。双方的军营里都忙碌起来：骑士们呼唤着自己的侍从，穿上了盔甲；弓手们将箭矢装入箭袋，准备好长弓；战马也由马夫牵了出来。双方的探马已经在观察对方军队了。黑太子对士兵们说：

> 如果命运今天让我们获得胜利，我们就会成为世上最荣耀的人。如果我们为了正义的事业战死，那么国王和我

// 黑太子：勇气的化身 //

// 战士的装备：黑太子的手甲 //

// 头盔（黑太子在坎特伯雷大教堂中的随葬品）//

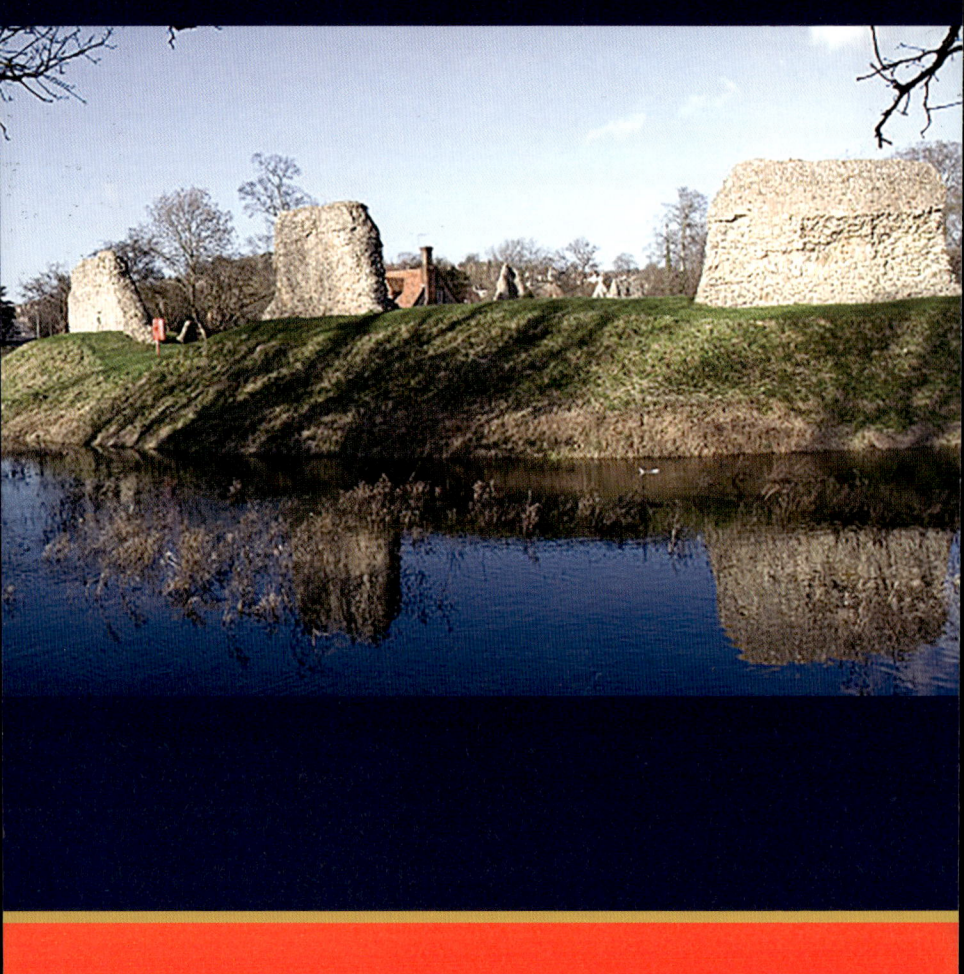

// 黑太子在英格兰的主要居所之一伯克姆斯特德城堡 //

// 克雷西的山脊 //

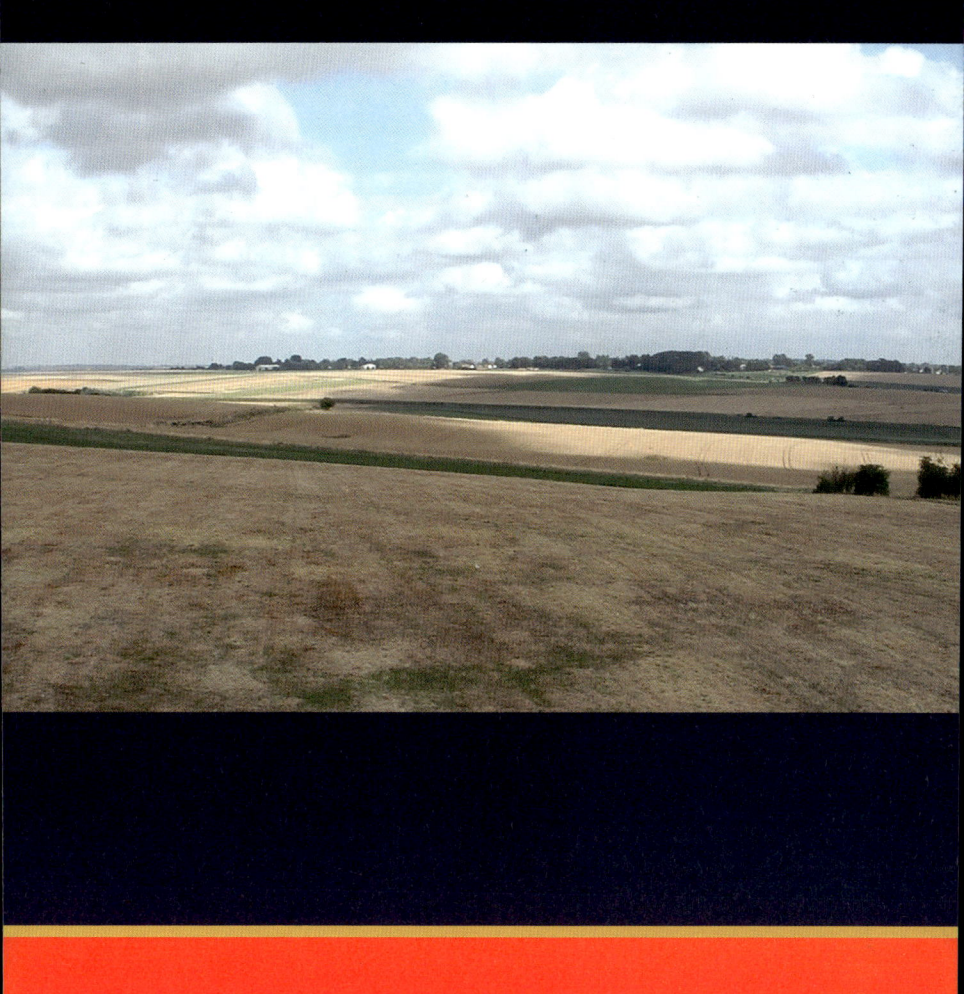

// "这座城市看起来很美":卡尔卡松,黑太子1355年大劫掠的目标之一 //

// 法王约翰二世（14世纪的木版画）//

// 普瓦捷之战的最后阶段:法王被袭击者包围(傅华萨《编年史》手抄本中的插图)//

// 索沃-马热尔修道院：此处保管的档案中有一份关于普瓦捷会战的早期新闻报道 //

// "英格兰最美丽、最多情的女子"：肯特的琼安（坎特伯雷大教堂黑太子的小礼拜堂的屋顶浮雕）//

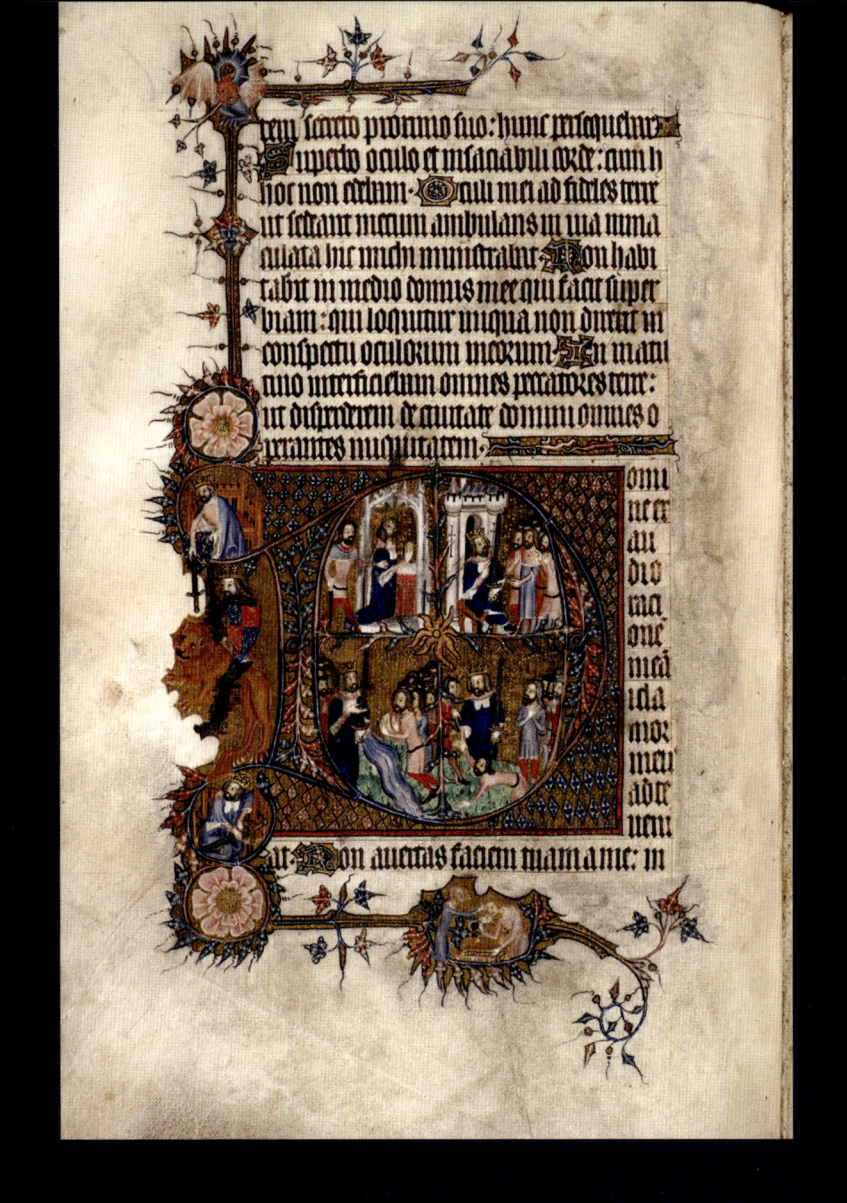

// 黑太子的圣咏经：《诗篇》第 101 篇的装饰图案描绘了约翰二世在普瓦捷投降的场景 //

// 昂古莱姆城堡遗址，这里是黑太子在阿基坦的行政中心 //

// 命运多舛的盟约：卡斯蒂利亚的佩德罗的石膏像 //

// 纳胡拉之战（傅华萨《编年史》手抄本中的插图）//

// 黑太子的劲敌法王查理五世 //

// "骑士精神之花" //

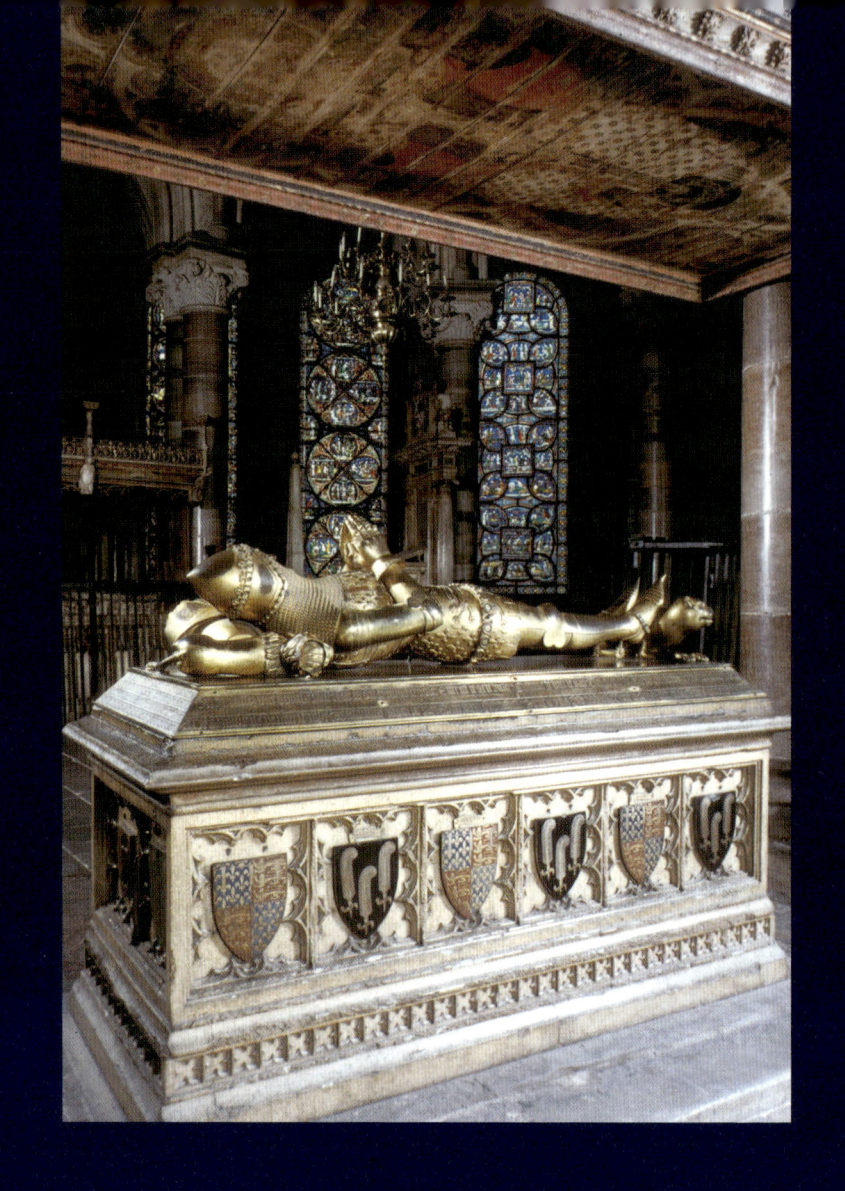

们的亲友一定会为我们复仇。今天，就让我们竭尽所能，以上帝和圣乔治之名好好表现，这是杰出骑士应当做到的。

然后，黑太子就发出了信号。沃里克伯爵开始在阵前集结车辆和马匹，并带领它们向南移动，做出要撤退的样子。黑太子写道："我知道我军粮食短缺，也知道（法国）军队可能会先观察我们一段时间，而不是立刻开战。因此，大约在早上七点半，我开始在敌军注视下调动军队，做出我们准备撤退的样子，希望能诱使他们开战。"

黑太子这样"虚晃一枪"确实十分精彩。约翰二世的骑兵指挥官之一阿努尔·都德雷昂最早发现了沃里克伯爵率兵转移的动向，并立刻通知了位于法军另一侧的骑兵指挥官让·德克莱蒙，称"英格兰人要逃跑了，如果我们不立刻冲锋的话，他们就要跑掉了"。德克莱蒙有点犹豫，因为英格兰-加斯科涅联军的另外一翼仍然坚守着阵地，所以他感觉其中可能有诈。然而，都德雷昂嘲笑他行动过于迟缓。德克莱蒙还在因为前一天和约翰·钱多斯爵士的对峙而愤怒，他将都德雷昂的嘲笑视为对自己荣誉的侮辱，瞬间失去了耐心。他怒斥道："我要在冲锋中把你彻底甩开，让你的枪尖连我的马屁股都够不到。"

法军开始发出战吼。《法兰西大编年史》的作者写道："随后，骚动就开始了。在叫喊声和各种混杂的人声中，骑兵做好了冲锋的准备。"黑太子立刻命令沃里克伯爵回到初始阵地。他诱敌的计策已经奏效，现在手下的士兵们都蓄势待发。敌军的重装骑兵冲向英军阵地前的一大片树篱，马蹄发出雷鸣般的响声。在树篱后，英军步兵和长弓手紧张地等待着，准备承受法军骑兵的冲击。

厄斯塔斯·德里伯蒙之前建议法王说，"最果敢强硬、最有进取心的骑手应当被选去"冲锋，而且他们的坐骑也要"装备得当"，也就是说马匹要配上盔甲，以保护它们免受英军长弓手伤害。十字弓手和配有标枪的步兵跟在骑兵之后，为他们提供火力掩护。黑太子长弓手的第一次齐射收效甚微。杰弗里·贝克记载道：

> 法军骑兵摆好阵形，只有一个目标——冲垮我军的长弓手。他们装备精良，战马只露有前胸可供我军射击，但就算是那里也被钢板和皮革保护着。射向它们的箭矢或是折断，或是被弹开，然后不分敌友地落到周边之人身上。

第一批骑兵冲过了树篱，开始与英军士兵和长弓手交战。英格兰－加斯科涅联军开始动摇，而更多的法军骑兵正在逼近。在骑兵之后，第一个法军步兵方阵也开始逼近。这一场景十分可怕——此起彼伏的声响和鲜艳的颜色交织在一起。杰弗里·贝克写道："伴随着喇叭、军鼓和号角的声音，法军步兵开始前进，金、银、紫、白等各色鲜艳的旗帜迎风飘扬。"

最好的军队能够在危急时刻本能地做出回应。因为只有最前线的法军骑兵的战马装备了盔甲，于是英军长弓手调整了位置，瞄准了防御不够完善的地方。杰弗里·贝克描述了长弓手精准射击带来的杀伤效果："长弓手移向一边，从背面射击。当他们这样做的时候，很快就射伤了敌军战马。战马纷纷直起身体，将骑兵甩到地上，又回头跑起来，将不少法军撞倒在地。"

长弓手开始发挥作用，而法军骑兵冲锋的势头也被削弱。

有越来越多的战马被有倒钩的箭头射中，因剧痛而发狂，回头跑到了法军步兵的前进路线上。冲过英军阵线的法军骑兵陷入包围，被乱刀砍死。阿努尔·都德雷昂在战斗中负伤并被俘，让·德克莱蒙苦战至死。英军长弓手开始向正在逼近的法军步兵射击。

法国步兵此时伤亡惨重。杰弗里·贝克写道："英格兰长弓手带着绝望的怒火发射出箭雨，箭头落在敌军身上。我们的敌人将盾牌紧紧相扣，低头躲避箭雨。"法军的部队冒着箭雨前进，直达英军阵地并勇猛作战，把英军阵线撕开了几个大口子。步战的重装士兵参与的肉搏就像比拼力量和耐力的拳击赛。攻方冲进守方阵线，就像海浪冲向防波堤。双方的战线在战斗中不断移动。黑太子唯恐他的阵线被突破，将预备队的大部分投入了战斗。这个过程十分血腥，但是经过大约两个小时的搏斗，法军开始撤退，随之而来的是短暂的休战。据杰弗里·贝克说，黑太子的士兵们都筋疲力尽了：

> 他们将伤者从前线抬下来，放在灌木丛和树篱中，避开其他人移动的路线；有的人的武器破损，拿起了被打倒的敌人的长矛和长剑；长弓手缺少箭矢，急忙从那些被射死或是射得半死的可怜虫身上把箭取回。他们当中每个人都在战斗中受了伤或是消耗了大量体力。

步战的法军重装士兵仍在逼近。他们的第二条阵线看起来一度像是要解散了，可以看到奥尔良公爵带着约翰二世四个儿子中的三个离开了战场。但是剩下的部队接下来在约翰的方阵周围重新集结，并且做好了发动攻势的准备。这支部队的兵力要比英格兰-加斯科涅联军强得多,而且士兵们个个体力充沛。

当法军进入英军视野时,英方士兵倒吸了一口凉气。萨福克伯爵罗伯特·阿福德(Robert Ufford)经验丰富,他试图稳住士兵们的情绪:"他走过每一排士兵,鼓励将士们,让年轻的骑士不要冒进,让长弓手不要浪费箭矢。"阿福德当时58岁,是黑太子手下的贵族中最年长的,作为顾问深受黑太子信任。他曾在苏格兰和法国为爱德华三世作战。据让·傅华萨记载,他还在克雷西会战前就作战的可行性向爱德华三世提出过建议。在那场战斗中,他在黑太子的方阵中战斗,表现得非常英勇。对于这位老将的军事能力,杰弗里·贝克赞扬道:"从年少到年长,他都以奋力战斗闻名。"有不少编年史作者都记载说,阿福德当时十分冷静,这也感染了他身边的人。

阿德林顿的罗伯特·利(Robert Leigh of Adlington)率领着108名来自柴郡的长弓手;他曾在危急情况下也表现得游刃有余。他曾经被拖到麦克尔斯菲尔德的法官面前,被指控犯有一系列罪行。当他发现判决对自己不利时,就打倒了两名官员,从法庭中一路杀了出来。但是现在,连他都感到灰心丧气了。法军的人数是如此众多,他们就像一只攻城锤,即将冲开英军的阵线。英军意识到法军占据巨大优势后,军心就开始涣散了。有一位队长脱口而出,他手下的士兵应该趁着还能跑掉时赶快逃跑,否则就会被敌军击溃。黑太子回头对他说:"我还活着,你却说我们会战败,你这个蠢货不但在说谎,而且在以最恶毒的话中伤我。"但是仅有对敌人的蔑视并不能让部队恢复元气。看起来,他们似乎要走投无路了。

黑太子和他的手下注视着逼近的法军。钱多斯传令官记载说:"约翰国王率领的军队规模极大,令人叹为观止。"他还写道，黑太子抬头望天，大声地祈祷：

> 全能的天父，我相信你是万王之上的王；你让你的儿子耶稣基督在十字架上代我们受难，将我们从地狱中拯救出来。我的天父，你是天堂中的真神。我相信我在这场斗争中是正义的一方。以你的圣名，保卫我和我的人免受邪恶侵袭。

黑太子的战友们，包括让·德·格拉伊、约翰·钱多斯和詹姆斯·奥德利这三位嘉德骑士团的创始成员，都沉默地站在他身边。随之而来的是灵光一现的时刻。

他们想起七年前，在普瓦图的利马隆日（Limalonges）的一场小规模军事行动中，黑太子和德·格拉伊曾经有过一次对话。当时，德·格拉伊在一支由英格兰人、加斯科涅人和变节的普瓦图骑士组成的劫掠部队中担任将领。他回忆说，当时他们的士兵听从命令下马作战，并占据了有利的防御地形。但是法军采取了不寻常的措施。他们从正面发动了骑兵冲锋，同时又派出一小队骑兵迂回包抄，从后方攻击这支以加斯科涅人为主的部队。这一计划十分机智，但是两支法军攻击的时机略有瑕疵。包抄的法国骑兵部队冲破了加斯科涅人的辎重车队，将马全部赶走了。但是法军主力的正面骑兵冲锋开始得太早了，而且被击退，让加斯科涅人的步兵得以重新列阵。最终，法军被击退，有300余人战死或是被俘，剩下的骑兵于是撤了回去。双方一直对峙到晚上；日落之后，这支以加斯科涅人为主的部队有序地撤走了。

这场战斗的规模很小，也并没有明确分出胜负，法国人很快就将其抛在了脑后。但德·格拉伊没有忘记，那支加斯科涅部队的指挥官——不是别人，正是波米耶的阿曼努——也没有忘记。他们记得，这一战术当时造成了混乱，就连经验最丰富的士兵也一度有点找不着北。他们后来将这一段经历讲述给黑太子听。如果他们自己在法军步兵的行进过程中也采用这样的战术，而前后夹击的时机又恰到好处，会怎么样呢？德·格拉伊将率领一支加斯科涅精锐骑兵进行包抄。黑太子将命令所有有马的人上马准备冲锋。长弓手将提供掩护的火力。这次行动就是孤注一掷。

傅华萨记载了约翰·钱多斯爵士当时说的话："法国国王会坚守他们的阵地——他不会想到要撤退。让我们向他直冲过去，胜负将在那里决出。"詹姆斯·奥德利爵士请求让他来率领骑兵正面冲锋。38岁的奥德利是牛津郡一位骑士的私生子，出身卑微，但他的军事才能让他的财富和地位都得到了提升。他作为黑太子扈从中的一员，在克雷西会战和加来围城战中都展现了极大的勇气。现在，他又毫不犹豫地主动请缨承担这样一个实际上有去无回的自杀式任务。他将和另外四人一起，骑马直接冲向约翰二世，他们都决心要死战。黑太子同意了奥德利的请求。

出色的将领知道要在什么时候打破常规，精良的军队知道该如何执行命令。14世纪时，英军通常下马步战，并且通常等待敌军主动出击。这一次，他们却反其道而行之，打了法军一个措手不及。德·格拉伊将部下集结起来。他到达预定位置后，会举起圣乔治旗，这就是让大家发起冲锋的信号。

命令在号角声中于英军中传递：重装士兵上马，长弓手进行掩护射击。士兵们感到很困惑，不知道发生了什么，也不知道自己在做什么。但当骑兵列队完毕，奥德利和他的四名同伴骑马来到前排之时，大家一下子就都明白了。

军队因恐惧而软弱，因愤怒而英勇。但如果士兵们是为了爱而战斗——不论是对战友的爱，还是对事业的爱——这种信念就会让他们更加团结，充满力量。让·德比埃伊（Jean de Bueil）是一位法国士兵，曾参与了百年战争最后阶段的战斗。他写过一部以自己的军旅生活为主题的半纪实半虚构作品，题为《青春》（Le Jouvencel）。在书中，他写出了一个经久不衰的真理：

> 在战争中，你会更爱你的战友。当你看到你的斗争是正义的，看到身边的战友英勇战斗，你会不禁热泪盈眶。一股强烈、甜蜜的热爱和怜悯之情将填满你的心房……接下来，你就准备走上战场，准备和战友同生共死——为了战友之爱，你不会丢下他们。从此你会产生一种兴奋的感觉，没有体验过的人无法解释这多么令人愉悦。你认为有过这种经历的人会惧怕死亡吗？完全不会，他会感到自己受到了激励……他真的什么都不怕。

当英格兰-加斯科涅联军看到詹姆斯·奥德利爵士就位时，每个人都感到自豪：为奥德利的勇气自豪，为他们面对一支更强大的法军时所达成的战果自豪，为奥德利将会径直向着法军令人憎恨的红色王旗冲锋而自豪。沃里克伯爵转过头，对索尔兹伯里伯爵说道："今天，让我们在普瓦图杀几个法国人吧。"如果一位士兵即将面对死亡，那么有什么做法比得过向敌军指挥官发动最后一次无比荣耀的冲锋呢？他要么杀死法王，要么生擒对方,要么在这一过程中战死。

218   英军突然充满了活力。恐惧、怀疑、疲惫都烟消云散了。士兵们环顾左右;骑士们稳住战马,握紧兵器;长弓手们拉弓搭箭。异心已经消失不见,所有士兵都在为同一个目标而战斗。他们会全力以赴,竭尽全力,决心不战胜,就战死。

法国步兵还在前进。约翰二世的部队这时已经进入了长弓的最远射程内。他们能够看到英军已经骑上了马。法军中有的人加快了脚步,有的人则放慢速度,准备承受冲击。法军的阵形不再有序,开始变得松散。

在山脊上,黑太子瞥到了远处德·格拉伊举起的旗帜。杰弗里·贝克回忆道:"他沿着一条小路绕过了战场,突然从藏身之处冲了出来。现在,他向其他部队发出了信号。"德·格拉伊的那一小支加斯科涅部队——有大约60名骑兵和100名长弓手——已经准备就绪。黑太子也对自己的骑兵发出了命令。骑兵们开始前行,马先是慢步前进,然后是小跑。随着战马的速度越来越快,他们发出了令全军团结一致的战吼:"吉耶纳①和圣乔治!"箭矢如雨点般落在法国步兵身上。奥德利第一个冲到敌军阵线前,向着法王杀过去,他的四位同伴紧随其后。

法军的注意力完全被正面的英军骑兵冲锋吸引了,没人注意到背后德·格拉伊率领的骑兵小队。这时,这一小队士兵像榔头一样重重地打在法军的方阵上。法军先是承受了一波冲击,接下来感到困惑,然后开始慌乱。他们发出叫喊,指责别

---

① 吉耶纳(Guienne)为法国西南部的古称,具体范围在不同时代略有不同。

人为叛徒、懦夫，开始转身逃跑。

这次冲锋的冲击力极强，直接使得约翰二世的部队脱离了法军阵线。《瓦卢瓦四王纪》(*Chronique des Quatre Premiers Valois*)的作者记载道："我军这次遭到迅猛的冲击，阵形完全被打乱。"杰弗里·贝克则自豪地写道，黑太子在战场上无处不在，"挥剑砍向敌军，扶起跌倒的战友"。约翰二世十分英勇，他的战友星辰骑士团的成员们也同样勇猛。他们曾经起誓，决不在战斗中后退。他们在离穆瓦松河不远的草地上将约翰二世围在中间。若弗鲁瓦·德·夏尼爵士——据傅华萨说，是"他们当中最值得敬仰、最英勇的一位"——高举着红色王旗。他将用生命保卫这面旗帜。

黑太子命令长弓手在箭矢用完后也要加入近战。英军长弓手将长弓丢在一边，冲上去加入了肉搏。杰弗里·贝克写道："他们手持剑盾，向盔甲更精良的敌人发动进攻。他们十分希望在战死前尽量杀敌，因为他们都做好了必死的心理准备。"在长弓手的前方，越来越多的英格兰和加斯科涅骑兵汇聚在约翰二世所在的位置。马泰奥·维拉尼记载道："法王在战场上做了许多令人惊奇之事。他手持一把大斧，在敌军最密集之处战斗。"约翰二世的军队奋力背水一战。对此，杰弗里·贝克真诚地表达了赞赏：

> 这是最勇敢的人的顽强力量。旗帜在摇摆，旗手已战死。有的人惨遭践踏，内脏暴露在外；有的人牙齿被打断，自己吐了出来；很多人被（长矛）贯穿，然后被钉在地上；有的人手臂断裂；有的人在战友的血水中打滚；还有人在滑倒后，被倒在他们身上的人压死。

若弗鲁瓦·德·夏尼被砍倒,法军那面神圣的红色王旗也从他的手中滑落。约翰二世和他14岁的小儿子腓力(Philip)被英军包围。傅华萨讲述道:

> 大家都很想生擒国王。那些离他不远并且认识他的人喊道:"投降吧,投降吧,不然你就死定了。"来自圣奥梅尔的骑士但尼·德穆尔贝克[Denis de Morbeke(Moerbeke)]此前因谋杀被逐出法国,于是转而向爱德华三世效忠。他骑马冲到法王面前,让约翰二世投降……约翰国王将右手的手套交给但尼,说道:"我向你投降。"

实际上,大家关于俘虏约翰二世还有些争执,因为英格兰和加斯科涅士兵不想让一个法国人俘虏法国国王,想把约翰从德穆尔贝克身边拖走。沃里克伯爵和科巴姆子爵雷吉纳尔出手相助,把约翰二世送到了安全地带。约翰·肯特伍德(John Kentwood)爵士俘虏约翰二世的儿子腓力时要轻松得多。腓力还太年轻,无法参战,但他还是忠实地守在父亲身边,提醒他哪个方向有敌人靠近。肯特伍德靠法国王子收到了多达4000马克(2666英镑13先令4便士)的大笔赎金。

这时,允许抓俘虏的信号发出来了,但战斗的最后阶段十分混乱。英格兰骑士莫里斯·伯克利(Maurice Berkeley)爵士在追逐一队逃跑的法军时过于冒进,结果反而让自己被敌军俘虏。法国贵族达马尔坦伯爵(count of Danmartin)回忆了自己先后被好几个敌人俘虏的经历。他先是被一名加斯科涅骑士侍从俘虏:

他向我呼喊着，让我投降，于是我立刻照做了。我向他做出承诺，希望他保护我。他说我会很安全的，不必害怕……然后他就将我交给他的一个手下看管，随后离开了。然后又来了一位加斯科涅人，要我向他投降。他将我的罩袍撕下一块，然后就像上一个人一样把我丢下了。他走的时候，我向他喊道，既然他丢下了我，我就会向任何来要求我投降、愿意保障我安全的人投降。他喊着回复说："如果你能做到的话，就保护好自己吧。"

达马尔坦伯爵最终被索尔兹伯里伯爵俘虏了。索尔兹伯里伯爵在这场战斗中表现出色。根据杰弗里·贝克的说法，他不但选定了山脊上稳固的防守地形，在战斗开始阶段为英军提供了无价的保护，还英勇地击退了都德雷昂的骑兵攻势。他的第一任妻子已经被托马斯·霍兰德爵士抢走了；不过现在，他可以将约翰二世的绘本《圣经》（从国王的帐篷抢来的战利品）送给他的第二任妻子伊丽莎白·莫恩（Elizabeth Mohun）。他在献词中将她称为"好伯爵夫人"。他衣锦还乡时，已经成了战斗英雄。

黑太子将他的旗帜立在一棵树顶，让部下在附近集结。傅华萨回忆说："一顶红色营帐立在树下，有人给黑太子和他身边的每一位领主都拿来了一杯酒。"田野上布满了敌军的尸体。杰弗里·贝克说：

当号角响起，我方的将士再次被召唤到一起时，他们将帐篷立在麦田中，全军立刻开始照顾伤者，让疲劳者休息，保护俘虏的安全，为饥饿的人提供食物。他们发现有些人不见踪影，就派出搜寻的队伍，想把失踪的人找回来，活要见人，死要见尸。

有14位法国伯爵被俘，此外还有21名大领主，以及1000多名被傅华萨称为"可换取赎金"的其他俘虏。法军共有2500名重装士兵阵亡，其他兵种战死者更多。英格兰和加斯科涅贵族中无人战死，不过步兵和长弓手的伤亡情况不详。英军出人意料地采用了上马作战，并且派出另一队骑兵从后方包抄的战术，取得了奇效。长弓手们的支援也至关重要。就这样，钱多斯传令官笔下的"这场伟大的、可怕的战斗"落下了帷幕。

许多英格兰长弓手抓了四个、五个甚至六个俘虏。实际上，英格兰人和加斯科涅人俘获的敌军非常多，多到他们决定立刻将大部分俘虏释放以换取赎金。关于他们对待法军俘虏和战利品的方式，傅华萨是这么说的：

> 被对手俘获的骑士和骑士侍从们发现对手对自己十分客气。他们中有许多人在当天就支付赎金获释，或是许下承诺说，要在那年圣诞节回到波尔多并支付赎金。不难想见，在这场战斗中与黑太子一起取胜的人都名利双收，既有俘虏的赎金，又有金银器物、华美的珠宝，还有装满珠光宝气的腰带和精美长袍的箱子。对于普通的盔甲和头盔，他们连看都不看。

那天晚上，庆功宴还在举行时，有人发现詹姆斯·奥德利爵士躺在一片树篱旁，身负重伤。他被送回了英军军营。杰弗里·贝克说："他被抬到一面宽盾上，再被小心翼翼地送到太子帐中。那时，他已经半死不活，几乎没有呼吸了。"黑太子暂时离开约翰二世，亲自照顾奥德利。"太子以他的细致照顾将奥德利救了回来。太子安慰奥德利说，法王已被生擒。奥德利对此简直无法相信。"

黑太子接下来回到宴上，亲自招待约翰二世。"他在国王的桌旁毕恭毕敬地服侍国王，并且不肯与国王并坐，称自己还配不上如此荣誉，因此这样做不合适。"根据傅华萨的说法，在下面这个后来变得人尽皆知的故事中，黑太子对约翰二世说道：

> 陛下，不要为上帝今天没有眷顾您而感到不平。我向您保证，我父我王将尽他所能，让您获得体面友好的对待，还会与您商定合理的条款，您会和他建立起经久不衰的友谊。我认为，尽管战斗未能如您所愿，但您还是应当保持愉悦的心情，因为您今天在战斗中的表现已经让您获得了盛名，远超您军中最精良的战士。我这么说并不是为了奉承您。您的所有同伴都认为，应当授予您奖品和桂冠——只要您愿意接受。

其实，赢得了"奖品和桂冠"的是黑太子自己。这既是因为他获得了战斗的胜利，也是因为在战斗之后他善待了俘虏。黑太子相信，能够在这场战斗中获胜是上帝的恩典，并将其视为奇迹。他在写给伍斯特（Worcester）主教雷吉纳尔德·布赖恩（Reginald Bryan）的信中指出，此次出征是在 7 月 6 日，也就是圣托马斯·贝克特遗体转葬日的前一天，他相信胜利也有这位圣人的功劳。如果说黑太子在战斗之后表现得十分谦逊，体现了他的虔诚的话，那么他在战场上的勇猛则是毋庸置疑的。傅华萨说:"他就像狮子一样勇敢而残忍;与敌人交手并且获胜让他倍感满足。"对骑士精神的追求正是以战场上奋勇杀敌、战斗后善待俘虏这两个方面为基础的,而从这两个方面来看,普瓦捷会战都是骑士英雄黑太子的传奇故事的核心部分。

经过休整,英格兰-加斯科涅联军带着丰厚的战利品和俘虏,于9月22日踏上了返回加斯科涅的路途。沃里克和萨福克两位伯爵率领着500名重装士兵在大部队前方开路,不过法国人并没有进行抵抗。在战斗失败、国王被俘之后,全法国似乎都陷入了休克。阿马尼亚克伯爵让写给尼姆城(Nîmes)的信就反映了这种消沉的情绪:

> 亲爱的朋友们,带着深深的哀伤,我必须要告诉你们,我主我王几天前在战场上与威尔士亲王交战。尽管他身边有我们这个时代最出色的一些骑士,但仍落败了,因为上帝有时会让我们经历最大的不幸,为的是考验我们的信仰。

阿马尼亚克伯爵在信里还说,约翰二世在战斗中面部受了两处伤。约翰二世的勇气毋庸置疑——实际上,他成了法国民众心目中的英雄,而且百姓们还指责贵族抛下国王不管,只顾自己逃命。朗格多克的三级会议宣布将进行为期一年的哀悼,在此期间人们禁止穿戴金、银、珍珠和华丽的长袍等。普瓦捷的市长被禁止举行任何宴会和节庆活动。《瓦卢瓦四王纪》的作者写道:"这对法兰西王国造成了严重的破坏和不可弥补的伤害。"

黑太子和他那位尊贵的俘虏于10月5日正式进入波尔多城。在那里，气氛大不一样。钱多斯传令官是这样回忆的：

> 他们受到了隆重欢迎；大家举着十字架，用宗教游行欢迎他们。所有的教士、贵族夫人和小姐，甚至最低贱的仆人都出来一睹访客尊容。大家都十分欢乐，真是令人称奇。

英格兰-加斯科涅联军获得如此大胜，令人们非常自豪。波尔多东南方向20英里（33公里）处的索沃-马热尔（Sauve-Majeure）修道院与黑太子关系很好，它的一份战斗报告（或许是从某位回城的士兵那里搜集来的）记载说，这场胜利靠的是"加斯科涅领主们的力量"。

在英格兰，爱德华三世于10月10日宣布了大捷的消息，随后，"所有的教堂都举行了盛大的感恩仪式"。此前，爱德华三世从黑太子身边一位名叫杰弗里·哈梅林（Geoffrey Hamelyn）的侍从那里得知了这一消息，哈梅林还带回了约翰二世的头盔和外衣为证。十天之后，黑太子派他的管家奈杰尔·洛林爵士等人给爱德华三世、伍斯特主教、伦敦市长和市政官们带去信件，详细讲述了战役的经过。黑太子这时还不能返回英格兰，因为还有很多行政工作要处理。他开始与法国进行停战协议谈判，并代表他的父亲与对方商讨赎回被俘法国贵族的事宜。不过他也抽出时间为自己的动物园购买了一头狮子。

10月12日，佩里戈尔枢机主教前来拜访黑太子。他告诉黑太子，在战斗前一天他的随从队伍里有人加入了约翰二世的队列，但他对此并不知情。据杰弗里·贝克称，黑太子对此心存疑虑，不过二人当天分别时仍表现得十分友好。黑太子还记得在开战前一天，枢机主教向自己转达了一系列屈辱的要求，要自己交出全部土地和俘虏。于是，黑太子故作严肃地起草了一份特许状，将佩里戈尔枢机主教在普瓦图的家族领地划入英格兰的保护之下。普瓦图此时尚不由英格兰管辖，但黑太子可以看到形势正在变化。

1357年3月23日，黑太子和约翰二世在波尔多签订了为期两年的停战协议。4月19日，黑太子带着他的俘虏约翰二世以及他们的仆人、扈从，终于起航返回英格兰。这次航行持续了两周时间。坎特伯雷的佚名编年史作者记录道：

> 1357年5月，威尔士亲王将法兰西国王以及其他俘虏经海路带回。此次航行是秘密进行的，他们在一支海军中队的陪同下，乘坐一艘大船抵达英格兰。5月3日，他们在普利茅斯登陆。黑太子带着他的俘虏从那里出发赶往首都外围，经过了英格兰的每一座主要城市。

黑太子是在展示被俘的约翰二世、约翰的小儿子腓力以及13位重要的法国贵族，想要让英格兰民众共享胜利果实。途中，爱德华三世和黑太子设计了一出恶作剧。当黑太子的队伍途经一片森林时，突然有大约500个男子从林中现身，手持弓箭或剑盾。约翰二世自然感到十分惊异。黑太子装出一本正经的样子，告诉约翰二世说："他们是英格兰人，都是护林人……他们习惯每天如此穿着。"这是厚颜无耻的"排练成果"，是一种"骑士的消遣"。它给法国人留下的印象就是：英格兰国内到处都是勇敢的弓手，他们风餐露宿，只要黑太子一声令下，他们就会追随他前往法国。

黑太子在普瓦捷取得的大捷将产生深远的影响。法国国王和他的贵族们交纳的赎金将充实英格兰国库,而且能够俘虏约翰二世也让英格兰在停战谈判中占据优势。黑太子的功绩让大家有目共睹。

在伦敦,市民们已经为黑太子的抵达做好了准备。5月24日,伦敦城内的房屋上都装饰了挂毯,街道上"人山人海"。坎特伯雷的编年史作者继续写道:

> 在伦敦城外,市长、市政官和市民们都在等着护送太子进城。城中每家行业工会都派出了一队骑手,大家都穿着自己最好的外袍。当他们护送太子的队伍进入伦敦城时,大家欢欣鼓舞。城中主要导水渠中流的都是酒而不是水,大家都可以开怀畅饮。这样的场面令人赏心悦目。

在免费酒精的作用下,伦敦市民们为黑太子的胜利以及他符合骑士精神的谦逊发出欢呼。黑太子让约翰二世骑在"一匹装备精良的白色骏马"上,自己则骑着"一匹小黑马"。黑太子以一贯的慷慨来庆祝这次胜利。他的战友们得到了金钱和战马作为赏赐,士兵们也得到了盔甲和马匹。黑太子的贴身卫队成员阿兰·切恩(Alan Cheyne)和威廉·特拉塞尔(William Trussell)获得了40英镑的年金。队长鲍德温·伯特库尔特(Baldwin Botecourt)因"优秀的服役表现"得到了黑太子在纽波特(Newport)的农庄;奈杰尔·洛林得到了一大笔钱;而伤员之一威廉·伦奇(William Lenche,他在战斗中失去了一只眼睛)获得了索尔塔什(Saltash)一处渡口的收入。詹姆斯·奥德利收到的赏赐最为慷慨——400英镑的年金。

这支队伍走过了圣保罗教堂，走过了拉德盖特（Ludgate）和舰队街（Fleet Street）。坎特伯雷的编年史作者记录了当时的欢乐氛围——黑太子正处在人生的巅峰，作为英格兰的战争英雄骑马走过伦敦城。

在齐普赛的金匠区旁，（主路上方的）一个笼子里有两位极其美丽的女孩，她们头上的顶篷由华丽的绳索系住——这是金匠们设计的精美场面。两个女孩还从太子、法兰西国王和其他与他们同行的人头上撒下金银箔片。

第七章
阿基坦亲王

现在，法兰西国王和苏格兰国王都成了爱德华三世的俘虏。在赎金条款商定后，大卫二世很快就会获释；而约翰二世还需要小心地进行谈判才能重获自由。在此期间，就像骑士守则要求的那样，约翰二世受到了尊重，获得了礼遇，被安置在伦敦的萨伏伊宫（Savoy Palace）。为了表彰黑太子的胜利，爱德华三世举办了一系列庆祝性的马上枪术比赛。它们持续了数月之久，先是在史密斯菲尔德，然后在布里斯托尔（英格兰首次举办的夜间马上枪术比赛）进行；在嘉德骑士团建立周年纪念日这一天，温莎也举办了比赛。

这些令人陶醉的庆祝活动在温莎达到高潮。1358年4月23日，也就是圣乔治日，爱德华三世举办了诸多比武大会中最为盛大的一场。约翰二世坐在王室看台上观赛。爱德华三世对有意参赛的外国骑士都授予了安全通行权。此时英法已经停战，爱德华三世的公开邀请吸引了布拉班特公爵和卢森堡公爵，以及黑太子的一批加斯科涅盟友。对黑太子来说，这也是个欢快的场合。他向聚集在此的使者和吟游诗人支付了超过100英镑，还送出了一些盔甲作为礼物。这场嘉德骑士团的比武大会还有一位令人意外的客人，那就是爱德华三世的母亲伊莎贝拉。这时她已经是一位虚弱的62岁的老太太了。在她暮年之时，爱德华三世选择平静地面对过去，允许伊莎贝拉回到王室的生活圈子中。她获准搬到赫特福德居住，那里离伦敦更近一些。法王约翰二世是伊莎贝拉的族人，他也获准到赫特福德看望她。

232 自从1330年伊莎贝拉被流放之后，她就在诺福克的赖辛堡建立了一个古怪的流亡宫廷。这座城堡本就十分雄伟，她又增建了城堡西院，包括一处住宅套间和一处私人小教堂。爱德华三世慷慨地为她提供了每年3000英镑的收入，"用以维护她的地产"。但她的行动自由受到限制，也几乎不被允许拥有政治影响力。在被流放后的那一年，她似乎受到某种形式的神经衰弱困扰，因为她曾向看护她的一队医生支付了一大笔钱。如果这一假设成立，那么伊莎贝拉后来恢复得还算比较好，因为她之后还有很长一段时期保持了清醒的神智，能够接待客人、做生意、打理她的地产等。国王会给她送去礼物，偶尔还会亲自探望。然而，当法王腓力六世1348年提出建议，请求考虑她做和平谈判的调停人时，爱德华三世并不接受。最终，爱德华三世派去的是格罗斯蒙特的亨利。

渐渐地，赖辛堡看起来近乎异界。伊莎贝拉在她的房间里铺上黑色地毯，又饰以亮眼的颜色。她在卧室里养了一对相思鸟，用大麻籽喂它们。她还有一间装满药膏和化妆品的盥洗室。此外，伊莎贝拉还有8位侍女，以及33位文员和侍从来协助她管理各项事务；城堡中还有常驻医师、外科医生。伊莎贝拉喜爱音乐，且图书馆里的藏书数量也不少，她常在那里研究她感兴趣的星相学和炼金术。她也非常热衷于阅读亚瑟王的故事。

王太后同样喜爱款待客人。在约翰二世被带回英格兰的这一年，伊莎贝拉接待了她的儿子爱德华三世、他的孙子黑太子（共来访三次）、第二代马奇伯爵罗杰·莫蒂默（伊莎贝拉的情人罗杰·莫蒂默的孙子,也是爱德华三世的亲信),以及她的女儿琼安王后。苏格兰国王大卫于1346年的内维尔十字之战被俘,之后他和琼安的婚姻就名存实亡;而且大卫在身陷囹圄之时,居然还设法给自己找了个情妇。

这位年长的"法兰西母狼"行事十分古怪。她成了贫穷修女会的世俗成员,有时会身穿这一修女会的服饰。贫穷修女会由阿西西的圣克莱尔(St Clare of Assisi)创办,将贫穷视为与上帝欢乐共融的途径,禁止成员拥有财产,但是伊莎贝拉仍然维持着奢华的生活。她似乎一方面意识到要为自己的灵魂寻求救赎,另一方面又不愿放弃身上和家中的财宝。

仅1358年一年,伊莎贝拉在珠宝上的花费就达到了惊人的1400英镑(几乎是她年收入的一半)。她积攒了一大批宝石、金光闪闪的十字架、念珠、项链和金戒指,还有"饰有一千颗珍珠的一只大胸针"。她对据说能让人延年益寿的炼金术药物着迷不已,曾经服用过一剂所谓的"长生不老药"以及一大批其他药物。在圣乔治日的比武大会上,伊莎贝拉身穿一件缀有银丝的长裙现身,身上的300枚红宝石和1800颗珍珠闪闪发光。这真是她圣洁而贫穷的生活的最佳广告。

除开伊莎贝拉的这些古怪之处,她在爱德华三世宫廷的回归,倒是带来了一种治愈旧伤痕的效果。爱德华三世曾在伊莎贝拉与苏格兰和法兰西缔结屈辱的协议之后,将她逐出宫廷;大约三十年后,苏格兰国王不久前刚刚交付了一大笔赎金以换取自由,而法兰西国王仍被爱德华牢牢地控制着,在这个时间点欢迎伊莎贝拉回归令爱德华三世十分满意。爱德华三世会有此举或许也是因为他意识到自己的母亲已经时日无多(她在1358年3月生了一场重病)。不过,英格兰金雀花王朝的国王与他的母亲，一位法兰西王室后代，在此时重归于好，毫无疑问会为英格兰带来政治优势，能够为爱德华三世与约翰二世的谈判提供便利。

黑太子十分喜爱和祖母待在一起。1354 年，他就邀请过伊莎贝拉来伯克姆斯特德城堡与他共度圣诞。黑太子在普瓦捷取胜并回到英格兰之后，又时常去看望伊莎贝拉。伊莎贝拉后来在遗嘱中将她的全部财产，包括赖辛堡在内，都留给了黑太子。

1358 年 5 月 8 日，爱德华三世和约翰二世就赎金金额和更广泛的政治安排达成了一致。根据一名编年史作者记载，他们二人"多次相互拥抱，交换了戒指，并且共同进餐"。根据他们达成的协议，约翰二世同意支付 400 万枚法国克朗金币（约合 67 万英镑）换取自由，还要承认爱德华为阿基坦、加来和蓬蒂厄的最高统治者。这是极大的让步：阿基坦的范围被规定为北至普瓦图，南达比利牛斯山麓的比戈尔（Bigorre），东抵凯尔西（Quercy），西临大西洋海岸。作为回报，爱德华三世将放弃对法兰西王位的诉求。

从法国的角度来看，这样的结果难言满意，甚至十分屈辱。大多数法国人之前相信，在普瓦捷，约翰二世被他手下的贵族抛弃了；人们认为这些贵族才是真正的恶人，并且原谅了约翰二世统治期间的许多失败之举。然而，当有些人将远在他国的约翰二世抬高到骑士英雄的位置时，其他人正在为了治理久经战争、国库空虚、政治动乱此起彼伏的法国而苦苦挣扎。

在英格兰，约翰二世随时可以去放鹰、狩猎。他可以自由接待访客，享受宫廷生活的乐趣，不过有一名卫士一直看管着他，以防他逃跑或有人前来营救他。约翰二世的账本中记录了马匹、猎犬、鹰隼、一套国际象棋、一架管风琴、一架竖琴、一只钟、一些从布鲁日购买的鹿肉和鲸肉的费用，以及为他的儿子腓力和他最喜爱的弄臣制作华服的支出。这位弄臣得到了好几件饰有黄金和珍珠的貂皮帽子作为赏赐。在英格兰时，约翰二世供养了一位占星家，以及一位"吟游诗人之王"及其伴奏乐师，委托制作了装帧精美的书籍，甚至还举办了一场斗鸡比赛。

教宗派出的调解员此前就鼓励双方进行磋商，这时对于双方达成协议感到十分满意。他们认为，这将使英法两国逐渐弥合战争造成的嫌隙，并且携手参与十字军东征，因为奥斯曼土耳其正在对君士坦丁堡和地中海东部地区虎视眈眈。黑太子已经与约翰二世建立了真正的友谊，两人经常一起下棋、赌博。对黑太子来说，协议条款预示着自己的光明未来：如果阿基坦变成了一个独立的公国，爱德华三世自然会希望它由自己的长子来统治。

然而，协议要经过约翰二世的儿子、身在巴黎的法国王长子查理正式批准才具有法律效力。查理此时正在努力树立自己的权威，与巴黎商人头领艾蒂安·马特尔（Étienne Martel）设立的治国会议明争暗斗，而且不时要分心对付纳瓦拉的查理（他已于 1357 年 11 月 9 日越狱）的阴谋。1358 年 5 月底，一场后世称为"扎克雷起义"（Jacquerie）的农民运动在法国全境爆发。

†

1358 年 5 月 28 日，在巴黎以北的桑利斯（Senlis）附近一个名叫圣列伊（Saint-Leu）的村庄中，一群愤怒的农民聚集了起来。他们认为，贵族是农民过着悲惨生活的罪魁祸首，还导致了法王被俘，"这让大家都十分伤神"。他们想：这些骑士和骑士侍从到底做了些什么来解救国王呢？人们的情绪越来越激动，需要一个释放的出口。加尔默罗修会的修士让·德韦内特写道："平民怨声载道，因为他们发现自己千辛万苦凑出来支持战事的钱，变成了贵族的游戏和饰物。他们认为贵族们洗劫了这个国家，还使其蒙羞。"

那一夜，大约有100人的一群农民手持棍棒、小刀，袭击了附近的一座领主庄园。他们破门而入，杀死了房中的骑士夫妇和孩子们，并将宅邸付之一炬。这是一次自发的暴力事件，而且很快就蔓延开来，每天都有新人拿着镰刀、干草叉和斧头加入。很快，这就演变成一场人民运动，还有了它自己的领导人。在法兰西岛（Île de France）、瓦兹河（Oise）河谷以及皮卡第和香槟（Champagne）的部分地区，起义人数成千上万。傅华萨写道："农民们不断烧杀，毫无怜悯之心，就像暴怒的狗一样。"

一开始，许多贵族惊慌失措，置他们的住宅和财产于不顾，带着家眷逃去了最近的有城墙的城镇。王长子查理似乎也措手不及，在起义最初几天完全没有采取任何果断措施。之后，他警觉地发现艾蒂安·马特尔和巴黎的商人似乎对农民们的申诉感到同情，于是将家人送往位于巴黎东北方向的莫城（Meaux）以保障他们的安全。这是一次灾难性的判断失误。

成千上万的起义农民此时正在巴黎周围洗劫政府财产。他们听说，王长子的妻子、妹妹、年幼的女儿，以及大约300名法国宫廷贵妇和她们的孩子们，都被安置在一座叫作莫城市场（Market of Meaux）的堡垒中，而且只有一小支部队把守那里。

于是，他们赶往这座堡垒，"欲行不善之事"。1358年6月9日，一支由大约10000个愤怒的农民组成的部队出现在莫城外。莫城的市长和市政官们之前向王长子宣誓效忠，保证会保护他的家人免于"名誉受辱"，这时却完全陷入慌乱，打开了城门。于是，一大群可怕的农民拥入城中，走上街头，准备以绝对人数优势冲击城中的堡垒。王长子的家人似乎即将面临被强奸、被杀害的厄运。

堡垒莫城市场坐落在马恩河（Marne）和运河之间的一块长条状的土地上。正当一波农民气势汹汹地赶往这里时，一小队骑士也正在向此处驰援。加入普鲁士十字军东征的加斯顿·费布斯和让·德·格拉伊这两位表亲正在结伴回家的途中，听说了这一危急情况。他们两人中一人坚定地要维护自己的独立地位，另一位则是让英格兰在普瓦捷会战中获胜的关键人物，对英格兰忠心耿耿。他们都不是瓦卢瓦家族的朋友，但这些女士和孩子所面临的危险十分紧要。一时间，骑士精神就像一颗划过夜空的彗星，发出明亮的光芒。

这座堡垒通过一座桥与城市的其他部分连接起来。当农民们拥上这座桥时，远端的一个闸门升了起来。德·格拉伊和费布斯率领着25名骑着战马的骑士，正准备发起冲锋。农民们选择原地站定，准备在狭窄的桥梁上战斗。这很不明智，因为人数优势在这里无从施展。骑士们在马上挥舞兵器，上劈下踩，把人撞进河，迫使敌军沿着桥后退。骑士们一次又一次地发起冲锋，疯狂地冲杀平民，直到他们都砍不动了为止。成百上千人死在这里，剩下的人则逃回了乡间。

莫城之战成了转折点。法国的贵族们振作起来，开始追杀起义军。一位佚名的诺曼底编年史作者不加掩饰地写道："他们冲向大小村庄，追赶农民，将其残酷地杀害。"这场起义爆发得十分突然，平息得也非常迅速，但让法国受到了极大影响。20岁的王长子查理表现得越来越孤独无助，不但治国无方，不能保护自己的家人，而且要靠死敌来搭救自己。英格兰人因此认为，查理不足为惧。

†

1358年夏，黑太子一直在他的各领地巡游。8月，他到访了柴郡。前一年，他的官员们对威勒尔（Wirral）和德拉米尔（Delamere）的护林人开出了高额罚单。这笔罚款的缴纳期限已到，黑太子因此想亲自监督其收缴过程。之前，他已经任命了一组法官，让他们研究他的权益。他的目的就是积累财富，而且就算当地有反对意见也要积累。黑太子手下的护林人之一罗伯特·福克斯韦斯特（Robert Foxwist）在调查与搜集信息的过程中，人身安全遭到了威胁，不得不接受特别保护。黑太子记录道："在我麦克尔斯菲尔德的领地和柴郡其他地方有多名男子欲对罗伯特·福克斯韦斯特行不利之事，威胁要取他性命，断他手脚，让他不敢继续开展工作。"

福克斯韦斯特当时为黑太子做的工作十分关键——黑太子想要完全地开发他的领地权益，就要依赖领地管理的阴暗面，那就是秘密搜集信息，还有告密。黑太子接着写道："福克斯韦斯特掌握着切斯特伯爵领上很多人的信息，可对他们提起诉讼，他手里还有许多能为我带来收益的东西。"黑太子命令他的官员们竭尽所能地保护福克斯韦斯特的生命安全，还补充说，他知道威胁福克斯韦斯特的幕后黑手是谁：

> 如果这位罗伯特受到了任何伤害或是有任何身体损伤，我非常清楚该归罪于何人。不论犯罪者有何地位，我绝不会接受他的罚款或是赎金，而是将执行与罪行相符的惩罚。

黑太子的总管约翰·温菲尔德爵士早在1357年7月就曾提醒他说，他将人逼得太紧了，而且调查行动可能被"住在森林中的人组成的大规模同盟"破坏，"以确保无人遭到起诉"。后来，黑太子在临死之际，似乎也对自己过去的行为感到后悔；他甚至完全放弃了自己在威勒尔的森林的权益。但1357年9月22日，司法程序在切斯特和麦克尔斯菲尔德开始运作。德拉米尔森林的居民们接受了2000英镑的共同罚款；威勒尔的居民受罚1000英镑。1358年8月，第一笔罚款的上缴期限到了。

发生在柴郡的事件证明，黑太子作为领主的行为经常是由他的骑士生活方式驱动的。这种铺张浪费、过于慷慨的生活方式快要失控了。这一次，黑太子更像是一位为手下的战士们搜刮财物的军事领袖，而不是一位视察自己领地的领主。

令人吃惊的是，在打完英格兰有史以来获得战利品最多、战俘赎金总额最高的战斗之后，黑太子自己却获利微薄，至少在短期内如此，而他的朋友们和追随者们都赚得盆满钵满。黑太子自己从普瓦捷会战中获得的利润本应十分可观。对他手下骑士获得的全部赎金，他都有权收取一部分（三分之一或是一半）；黑太子自己也有一些俘虏，还有他直接从其他人手中买来的俘虏，后一类中就包括约翰二世的儿子腓力、桑塞尔伯爵（count of Sancerre）和克拉翁男爵。黑太子预计自己将获得相当高的收入，因此1357年回到英格兰后他就开始大兴土木。

在黑太子位于伦敦附近的主要居所肯宁顿，他下令将大多数原有的庄园住宅拆除，开始新建一座精美的宫殿。这座宫殿有一间有拱顶的大厅，还有卧室、厨房、礼拜堂和仆人的宿舍。黑太子选用了他父亲手下最出色的建筑师。大厅由石匠大师亨利·伊夫利（Henry Yvele）于1358年开始兴建，有27米（90英尺）长，15米（50英尺）宽，内有两座螺旋式楼梯、一处有箭垛的门廊和三处壁炉，还有一些雕塑。大厅的地板很有可能铺着上了釉的砖，天花板上也同样铺着。黑太子的卧室与大厅垂直。大厅以南是大花园，卧室以西则是一片私人花园。建筑设计紧跟最新潮流，以普瓦捷伯爵约翰（很快将成为贝里公爵）在普瓦捷的宫殿修的大厅为蓝本。

在牛津郡的沃灵福德城堡，黑太子下令修建大厅、厨房和监狱，还要修一间供他听取申诉的房间。城堡的塔楼、黑太子的房间和礼拜堂也得到了扩建。此外，他还沿着泰晤士河河畔规划了新的花园。在康沃尔的洛斯特威西尔（Lostwithiel），黑太子也开始大规模改建配有防御工事的庄园式住宅。

黑太子这样大兴土木，是非常正常的。他刚刚取得了大胜，现在正要向所有人展示他的伟大荣光。此外，他对教会的资助也非常慷慨。他向柴郡的韦尔罗亚尔修道院（Vale Royal Abbey）拨了一大笔钱，用于完成教堂和修道院的修建工程。韦尔罗亚尔修道院是黑太子的曾祖父爱德华一世创立的。爱德华一世在威尔士取得的军事胜利为他带来了极大的权力和声望，他希望这所修道院能够成为他威名的标志。当时数一数二的建筑师赫里福德的沃尔特（Walter of Hereford）率领国王的石匠们开始修建一座华丽的哥特式教堂，其规模可与大教堂媲美。这座教堂的平面图呈十字形，中央有一座高塔。教堂东端为半圆形，有 13 间突出的小礼拜堂；教堂南边有一处修道院回廊，周围的住宅式建筑的规模和华丽程度与教堂本体不相上下。

起初，一切都进行得非常顺利。爱德华一世支付了一大笔首付款，也拿出了大笔金钱和大量材料，以确保开工顺利。但很快，情况就急转直下。国王在威尔士修建城堡的宏大计划需要越来越多的资金来实现，而提供给韦尔罗亚尔的资源完全枯竭了。到 13 世纪末时，工程已经停工了。黑太子 1353 年首次造访这座修道院时，完工的只有教堂东端和修道院回廊的部分建筑。教堂的大部分只有空壳。

这个未完工的项目让黑太子浮想联翩。他与建筑师威廉·海尔普斯通（William Helpston）起草了合同。黑太子此前已经向这一项目投入了 1000 马克（666 英镑 13 先令 4 便士）；根据合同，他还要再支付 860 英镑，以完成教堂的建设。他的计划可谓雄心勃勃，要让韦尔罗亚尔成为英格兰国内最大的西多会修道院教堂，比约克郡的方丹修道院（Fountains Abbey）还要长 3 米（10 英尺），而且它要成为整个西多会中的第二大教堂。该教堂的设计堪称复杂而华美，教堂东端还计划修建几间精美的小礼拜堂。补全教堂正厅外墙、扩建教堂东端的工程于 14 世纪 50 年代晚期开始。编年史作者亨利·奈顿对此大加赞赏："太子深受这座教会建筑的美妙典范启发，他完成爱德华一世工程的决心完全是一种善心。"

编年史作者托马斯·沃尔辛厄姆曾经称赞了格罗斯蒙特的亨利结束 1345～1346 年在加斯科涅的征战之后的慷慨大方。但是格罗斯蒙特修在萨伏伊街区的豪华宅邸是用现金建造的，而黑太子预想中的普瓦捷会战的收入最终没有成为现实。一些重要的法国俘虏，包括波旁公爵（duke of Bourbon）、元帅都德雷昂和茹瓦尼伯爵（count of Joigny），从黑太子处被转移到爱德华三世那里看管，因为黑太子虽然与原先俘获这些贵族的人约定要购买他们，却没法筹到足够的资金。他不论是在购买俘虏的价格上，还是在对手下的赏赐上，都显得大手大脚、过度慷慨。这是他作为军事领袖最糟糕的特质，让获胜带来的利润流失殆尽。因此，在与这次战役相关的经济交易活动结束之后，他获利无几。黑太子也发现自己越来越入不敷出了。

黑太子第二次到访切斯特的原因是他的现金流出了严重问题。到1358年晚春时，黑太子的经济状况已经极度恶化，以至于约翰·温菲尔德爵士只得命令柴郡的财务总管约翰·伯纳姆（John Burnham）带上柴郡金库中的所有现金即刻赶往伦敦，而且当年都不得再支付任何款项。那些试图讨要欠款的人被告知，他们无法再获得钱款了，因为钱都花光了。威尔士南部、北部的财务总管和康沃尔的征税官也收到了类似的指令。这样的外交辞令如果被拆穿，黑太子的声誉就会严重受损，因此所有相关人士都发誓要严守秘密。

†

1358年8月22日，不久前染上重病的王太后伊莎贝拉去世了。她的遗体被运到伦敦。葬礼在伦敦纽盖特（Newgate）的方济各会教堂举行，由坎特伯雷大主教西蒙·伊斯利普（Simon Islip）主持，全体王室成员都出席了。伊莎贝拉在临终前要求身穿婚纱下葬，还要求将三十年前被装进小匣子的爱德华二世的心脏与她一同入土。大家遵从了她的遗愿。

1358年11月，约翰二世赎金的第一笔款项未能按时支付。爱德华三世知道黑太子和约翰二世1357年3月在波尔多签订的两年停战协议很快就会到期，于是以再次发动战争相威胁。不过，约翰二世接受并于1359年3月24日在伦敦签署了经过修订的条款。根据新的条款，除了已经割让的土地外，约翰二世还必须献出布洛涅（Boulogne）伯爵领，以及诺曼底、曼恩（Maine）、安茹（Anjou）和图赖讷（Touraine）。这正好是爱德华三世的金雀花王朝先辈当年统治的安茹帝国（Angevin Empire）的范围。约翰二世随后获准前往乡间享受美好春光，就住在不久前还属于伊莎贝拉的赫特福德城堡。爱德华三世则暂时取消了动员部队的计划。法国王长子是否会接受如此夸张的索求和屈辱的条款尚不得而知，但英格兰方面显然认为法国已经进入了动乱状态，因此他们可以为所欲为。

普瓦捷会战后，黑太子就因为付不起军饷，而将那些英格兰、威尔士和加斯科涅的士兵遣散了。在英法达成停战协议之后，这些士兵只得自寻出路。他们也的确去自寻出路了，只不过他们从事的是他们已经习惯从事的劫掠活动。来自德意志的雇佣兵和来自埃诺的冒险者也加入了这些遣散士兵的队伍。他们以20~50人为一队，推举一位队长，然后向北行进，活跃于塞纳河和卢瓦尔河之间的地区。接下来又有更多人加入，包括纳瓦拉的菲利普的扈从余部、格罗斯蒙特的亨利部队的残兵，以及布列塔尼的重装士兵。他们是制造恐惧的专家，特长是烧杀掠抢。他们被称为"自由佣兵团"，而法国人叫他们"劫掠队队员"。

其实这些"劫掠队队员"早在普瓦捷会战之前很久，就开始在法国活动了。随着法国的国王和众多贵族或是被俘，或是战死，这些脱离了队伍的士兵获得了劫掠的机会。在1357

年英法停战之后,他们的队伍不断壮大,组织架构也变得更为严密,随后他们开始四处活动。他们的活动都计划得十分周全:他们会先进行侦察,还会派出间谍,尤其喜爱在日出时分发动突袭。他们会先夺取一处防御空虚的城堡,并以此为基地索取战利品或劫掠乡间。他们要求富庶的村庄支付赎金,将贫穷的村庄烧毁,还去抢劫修道院的贵重财物。他们通过那些能够轻易得手的抢劫行为发了一笔横财。这些强盗团体吸引了在战争中破产的法国人、与社会格格不入的人、债台高筑的人、想要逃脱他人寻仇或是法庭审判的人。这些人现在有了一个共同点,那就是他们正在一起破坏自己的国家。

法国最臭名昭著的强盗头子之一是阿尔诺·德·塞沃利(Arnaud de Cervole)。他的绰号是"主祭",因为据说他曾在某处出任有俸圣职。他在普瓦捷会战中受伤被俘,并在交纳了赎金之后获释。1357年他回到法国时,法国国内陷入了无政府状态,于是他当上了一伙强盗的头目。塞沃利在普罗旺斯地区活动,而且他一度率领了两千多个亡命之徒。在塞沃利的某次劫掠中,身在阿维尼翁的教宗英诺森六世深感不安,提前与塞沃利谈判,以求免遭袭击。"主祭"竟受邀来到了教宗的宫殿。一位非常诧异的编年史作者记载道:"他受到了体面的款待,就好像他是法国国王的儿子一样。"塞沃利和教宗及枢机主教们一起吃了几顿饭,之后教宗不但赦免了他的所有罪过,还付给他40000枚克朗金币(约6000英镑),让他离开这一地区。

在英格兰人中,能与塞沃利相提并论的是罗伯特·诺尔斯爵士。傅华萨评价道,诺尔斯是个"少言寡语的人",是"所有佣兵团中能力最强、武艺最高超的战士"。他在布列塔尼战争期间脱颖而出，还曾在格罗斯蒙特的亨利手下效力。之后，在1357～1358年，他在诺曼底无情地掠夺财富，积攒的战利品价值高达100000枚克朗金币（大约15000英镑）。在接下来的两年间，他在卢瓦尔河河谷安家。在那里，他一度控制了40座城堡，从奥尔良到韦兹莱（Vézelay）都有他留下的烧杀抢掠的痕迹。他的队伍在对贝里和奥韦涅（Auvergne）的一次劫掠中，袭击了一连串的村庄。这些村庄里被烧得焦黑的山墙被人们称作"诺尔斯的主教冠"。托马斯·沃尔辛厄姆更是写道："他是一位不可能被征服的士兵，因'武德充沛'而让全法国恐惧。"

244

自由佣兵团完全扭曲了骑士精神的含义。"勇敢而多情"的厄斯塔斯·多布赫西库爵士是来自埃诺的骑士，他不但是嘉德骑士团最初的成员之一，也是黑太子在普瓦捷会战中的战友。他在当时的混乱局势下落草为寇，还以他的活力赢得了寡妇于利希的伊莎贝尔（Isabelle of Juliers，她也是英格兰菲利帕王后的外甥女）的芳心。让·傅华萨记载了多布赫西库建立盗贼帝国的过程：

多布赫西库在香槟安顿下来，几乎已是此地的主人。他可以在一天之内召集一千多名战士。他和他的团伙几乎每天都进行劫掠，有时去特鲁瓦（Troyes）方向，有时去普罗万（Provins）和沙隆（Châlons）方向。他在塞纳河和马恩河之间的地带为所欲为。这位厄斯塔斯爵士在战场上有很多壮举，无人能敌，因为他年轻力壮、野心勃勃。他通过赎金、出售市镇和城市、收过路费，赚取了大笔财富。没有他的首肯，没人能够安全出门远行。

于利希的伊莎贝尔完全被这些事迹吸引了。傅华萨不无挖苦地记载道：

> 伊莎贝尔女士因厄斯塔斯爵士的骑士冒险而坠入爱河。每天都有人为她带来关于这些事迹的记录。当他在香槟地区时，她给他送去了宝驹、情书以及其他定情信物。这些礼物鼓舞这位骑士完成更为英勇的壮举，他的事迹让大家口口相传。

这些事迹包括在偷来的城堡中倒卖人口：厄斯塔斯将城堡中的仆从卖回给他们原先的主人，大赚一笔。1360年，伊莎贝尔与她这位业已发迹的英雄完婚。傅华萨最后总结说："愿上帝宽恕他的过失。"

法国方面抱怨说，英格兰的自由佣兵团违反了停战协议。对此，爱德华三世下令解散这些团体。但是由于条约的款项仍需要由法国王长子领导的政府来批准，爱德华三世其实十分乐意放任自由佣兵团对法国施加压力。

为了应对这些团体的威胁，法国村民以他们的石制教堂为堡垒，在其周围挖掘壕沟；他们在教堂钟楼上设置岗哨，还储备了大量用于砸向进犯者的石块。有人记载说："教堂的钟声不再呼唤人们前来礼赞上帝，而是把他们叫过来躲避敌人。"有些农民一家老小带着牲口在卢瓦尔河中的小洲或船上过夜。在皮卡第地区，农民们躲进了地道。这种地道的中心有一口水井，上方还有换气孔，因此地道里可容纳二三十人。地道的墙壁上还会挖出供牲口容身的空间。

让·德韦内特写道："苦难降临到平民的头上。对此我还能说什么呢？由于缺乏良好的治理和基本的防卫，法国民众受到了伤害，历经了不幸与危险。"他将此归咎于贵族，因为"他们未能保卫这个国家，使其免遭敌人侵袭"；责任尤其在于王长子查理，因为他"没有采取补救措施"，而且"对民众的苦难不闻不问"。

✝

1359 年 5 月 19 日，爱德华三世的三子冈特的约翰与格罗斯蒙特的亨利之女布兰奇（Blanche）在雷丁的王宫成婚。为庆祝婚礼，伦敦市长下令举行马上枪术比赛。爱德华三世这时已经恢复了表演兴趣：他和他的 4 个儿子——爱德华、莱昂内尔、约翰和埃德蒙，以及 19 名其他贵族一起乔装成伦敦的 24 位市政官并参加了比赛，而这场赛事的邀请函正是以这 24 位市政官的名义发出的。

十年之后，乔叟在他纪念布兰奇的《公爵夫人之书》（*Book of the Duchess*）中写到了她的优异品行。他写道，她一头金发，眼睛很大，看起来"善良愉悦而又悲伤"，对一切都无比诚实，为人宽厚，有倾国倾城之貌。其中有一段话很引人注目，是这样写的：

> 我见她舞姿如此曼妙，
> 欢唱歌声如此甜蜜，
> 一颦一笑女人味十足，
> 温文尔雅又潇洒，
> 谈吐不凡又友善，
> 我知自古未有人，

得见此等极乐女。

在这场婚礼的六天后，也就是5月25日，王长子查理将英格兰的协议条款呈交法国三级会议。大会坚定地否决了这些条款，称其"既让人无法容忍，也不现实"，并给查理拨了一笔钱作为国家的防务开支。这笔钱很快就会派上用场。

6月，爱德华三世开始召集一支上万人的军队，这将成为他出国征战时率领的人数最多的军队之一。他意在向兰斯（Rheims）进发，并在那里兑现自己对法兰西王位的诉求，在当地大教堂里加冕为王，涂上圣雷米的油膏。自5世纪末的克洛维（Clovis）以来，历代法王都曾涂上油膏，以示君权神授。爱德华三世完全没有试图向法国人隐瞒自己的计划，因为他相信他们无力阻止自己。就算法方派出援军，爱德华也自信能够击败他们。在爱德华三世看来，他计划中的加冕仪式近在眼前，而且他还要强行落实他与约翰二世达成的协议。

爱德华三世本人、他的4个成年儿子、他手下的众多重臣和将领，还有那支强大的军队，都是英格兰国力巅峰的写照，这些人充满了男子气概、自豪感和自信心。与他们形成对照的是21岁的法国王长子查理，他肤色苍白，身材瘦削，身体比例十分不协调，还饱受头痛、牙痛、胃灼热和长期消化问题的折磨。他十分聪明，但很难说是一个战士。他的右臂因痛风而无力，左臂则长有脓疮，据说是一年前遭纳瓦拉的查理下毒加害的后遗症。他的国度饱经战火、疲惫不堪，内部四分五裂，各派钩心斗角，还有自由佣兵团四处横行。看起来，英格兰人似乎没有什么可担心的了。

1359年英格兰征战的开销完全是由爱德华三世和他的重

臣自行承担的，并未为此征税。黑太子麾下兵强马壮，有143名骑士、443名骑士侍从和900名骑马的长弓手。钱多斯、伯特库尔特和小伯格什都在他帐下，奥德利随后会与他会合。然而，支付军饷、提供装备的开支使他本就捉襟见肘的财政状况承受了巨大的压力。

1359年夏，黑太子的官员"考虑到太子亟须为下一次出征准备开支"，仍在拼命筹集资金。6月，他在威尔士北部和柴郡的审计官要求各处立刻上缴本应仲夏收缴的款项。7月，黑太子将原属法国国王的珠宝抵押给了阿伦德尔伯爵，换来了2000英镑的贷款。他还向商团、意大利银行家、林肯主教、温切斯特主教，以及具有影响力的伦敦市政官借了钱。8月，康沃尔的征税官收到了一道前所未见的命令，要他们出售所有储备木材，"因为太子目前急需资金"。9月25日，柴郡的总管被要求出售黑太子手中所有没收而来的土地，以筹措更多资金。到10月时，约翰·温菲尔德爵士筹到了20000马克（13333英镑13先令4便士）的贷款，抵押物是黑太子的全部财产。

不过，对囊中羞涩的黑太子来说，招募优秀的战士有时候甚至比筹钱更重要。1359年7月11日，黑太子的手下、柴郡东部的地主约翰·海德（John Hyde）爵士前去求见他的主子。他的谈判条件似乎并不乐观。他在1357年的森林调查中被罚款100马克（66英镑13先令4便士），而且尚未缴纳这一笔罚金。在1353年的审判中，他被判伤害一名仆人并致其残疾，同时又被指控参与一桩谋杀案。但这位参加过克雷西和普瓦捷的两次战斗的老兵将他手中的筹码运用到了极致。海德告诉黑太子说，他请求减免部分罚金，并延长另一些的缴纳期限。他还请求太子发出赦令，"否则他就没法出国"。

248

双方最终都做了让步，不过结果对约翰·海德爵士更为有利。黑太子虽然极度缺钱，但还是将待缴金额减少了40英镑，并且允许海德暂缓缴纳剩余部分。黑太子还取消了海德因参与谋杀而被判处的那笔200马克（133英镑13先令4便士）的罚款。8月16日，黑太子向海德支付了10马克（6英镑13先令4便士）来招募他（服役时间为半年），并为其出征前的所有罪行发出大赦令。海德虽然在柴郡野蛮凶狠、横行霸道，但是个非常出色的战士，黑太子不得不带上他。

黑太子的官员们列出了经黑太子亲自批准的、尚待支付的款项，其中包括给画师的387英镑，以及给刺绣师的340英镑（刺绣师正在为黑太子在肯宁顿的大厅制作挂毯）。尽管黑太子在金钱方面不断遇到麻烦，但是他的宫殿翻新工程仍在高速推进。

1359年9月16日，黑太子抵达了桑威奇，开始集结部队。老兵托马斯·格雷爵士回忆说，新兵纷纷加入黑太子的部队："他们大批前来，人数多得令人震惊……平头百姓，以及仍然是无名小卒的年轻人……许多人从长弓手做起，盼望着未来能够成为骑士，当上队长。"

此时已接近适合征战的季节的季末。10月1日，格罗斯蒙特的亨利率领一支先头部队渡过了海峡，去骚扰法国人并且筹集物资；罗杰·莫蒂默（这时他已经为家族重新取得马奇伯爵的头衔）于三周后率领另一支部队出发。最终，一切都准备就绪了。1359年10月28日，爱德华三世和黑太子率领主力起航前往法国。11月4日，他们的部队离开加来。英军表现出一种乐观的心态：英格兰占据了军事优势，掌握了局势变化的主动权。《佚名编年史》的作者［此人消息灵通，非常有爱国精神,可能生活在约克的圣玛丽修道院(St Mary's Abbey)〕就以高兴的口吻记载道:"在普瓦捷会战后,就算有100个法国人,也不敢在战场上直面20个英格兰人。"意大利人弗朗切斯科·彼特拉克当时正代表米兰公爵(duke of Milan)出使法国宫廷,他写道:

> 我年轻的时候,大家普遍认为英格兰人在战场上软弱无力,甚至不如那些倒霉的苏格兰人;但现在,他们成了最好斗尚武的族群。他们多次出其不意地战胜法军,使法军颜面扫地……还以火与剑毁灭了法国全境。

行进中的英格兰军队自然十分壮观。骑士们都穿着他们最好的铠甲,带着最好的装备;骑马的长弓手队列整齐、纪律严明;辎重车队里有大量运货马车,车上载着磨谷物的手磨、烤面包的炉子、用来维修武器盔甲和打马蹄铁的熔炉、可折叠的皮质小船、装饰精美的帆布帐篷,甚至还有30个驯鹰人和他们的猎鹰,以及120只猎犬和猎兔犬。让·勒贝尔记录了当时的情形:

> 爱德华带着人们见过的最出色的辎重车队从加来出发。据说共有6000辆经过精心组装的货运马车,它们都是从英格兰带来的。他又让自己的部队排成整齐的队列,他们看起来赏心悦目。他命令他的将领率领全军仪容最出众的重骑兵和1000名(骑马的)长弓手,在主力前方半里格处开路。接下来是国王自己的方阵,方阵中有3000个骑兵和5000个长弓手,都全副武装,做好了战斗准备。

他们后面就是辎重车队，有足足 4 英里长，载着扎营和战斗所需的一切器物……殿后的是威尔士亲王和他的弟弟（冈特的约翰），他们的方阵里有 2500 个战马强健、盔甲华丽的重骑兵。

黑太子在行军途中维持了良好的纪律，不允许有人掉队，并且命令手下将士"快步骑行"。英军的三个方阵在乡间平行前进，两两间相隔大约 10 英里（16 公里）。《佚名编年史》记载道："他们穿过了皮卡第和阿图瓦地区，部队组织有序，摧毁了沿途的一切。"

然而，法国王长子已经抢先一步。他采取了坚壁清野的策略，命令所有能进城避难的人进城，还下令说不要在乡间给英军留下任何有价值的东西。爱德华三世的部队烧毁了村庄和农场的建筑，但没能掠夺到多少财物。英军越走越散，有时方阵之间的距离达到了二三十英里。敌军还是无迹可寻。天气越来越差，每个白天和几乎每个夜晚都会下雨。补给越来越少，马也缺少粮草。

英军绕开了前进道路上的大城市，因为他们知道这些地方没法轻易攻陷。11 月 28 日，英军在索姆河河畔的圣康坦（Saint-Quentin）重新集结，然后向兰斯进发。12 月 4 日，爱德华三世将指挥部设在了兰斯城东南方 10 英里（16 公里）的圣巴塞尔（Saint-Basle）本笃会修道院。黑太子驻扎在兰斯西北方 5 英里（8 公里）的圣蒂埃里（Saint-Thierry）；格罗斯蒙特的亨利则驻扎在兰斯东北方向的贝特尼（Bétheny）。他们选择的位置十分重要，构成了一个松散的包围圈，切断了去往拉昂（Laon）、勒泰勒（Rethel）和沙隆的道路，但去往巴黎的道路仍然畅通无阻。爱德华三世想要驱使他的对手前来解兰斯之围。

这和此前在图尔奈或是加来作战的情形不同，因为英军无法通过海运或是河运来获得补给，而且爱德华三世也没有带上攻城器械（说明他并不打算在兰斯花费太多时间）。爱德华收到情报，称法国王长子正在集结援军。爱德华三世的部队现在已经包围了兰斯，他希望能够迅速迫使守军投降，或者是和法军交战。马泰奥·维拉尼描述道，爱德华承诺："他如果在兰斯加冕为法王，就会善待当地居民，并使兰斯成为法国最华美、地位最重要的城市。"爱德华还下达了明确的命令，禁止手下将士破坏或损毁周边地区的财物，对"违者处以绞刑"。用亨利·奈顿的话说，"将士们表现得就像在自己的地盘上一样"。尽管如此，兰斯城门仍然紧闭。

爱德华三世知道，兰斯大主教让·德克拉翁（Jean de Craon）是偏向英格兰一方的。但是大主教在兰斯城中的影响力已经所剩无几了。王长子已经预测到爱德华三世的策略，因此任命了经验丰富的老兵戈谢·德沙蒂永（Gaucher de Châtillon）为兰斯守军长官。戈谢将让·德克拉翁视为嫌疑犯，紧密监视对方。他还修复、加固了城墙，为市民们提供武器装备和军事训练，更积累了大量物资。他自信可以长时间守住兰斯，而且英军会先于兰斯居民耗尽物资。

围城的英军大举庆祝了圣诞节。根据亨利·奈顿的回忆，"每位领主都寻欢作乐，就像是在英格兰国内自己的领地上一样"。四处劫掠的佣兵团团长厄斯塔斯·多布赫西库爵士攻克了附近的城市阿蒂尼（Attigny），并且在那里发现了3000桶葡萄酒。他将其中的大部分作为礼物送给了英军，使英军庆祝活动的氛围更加活跃。突袭队被派往更远的地方，去攻克小城镇，搜罗补给物资。有传言说，法国王长子因神经紧张而出现了头发和指甲脱落、右手瘫痪的症状；他还曾派出一支援军，不过又把他们召了回来。

然而，英军的日子也不好过。马匹缺粮，也缺少遮蔽物；将士们又冷又饿，浑身湿透，疾病开始在军中传播。1360年1月3日，黑太子损失了一位有能力的将领——来自柴郡的拉尔夫·莫伯利爵士。约翰·温菲尔德爵士沉重地记录道："他在疾病肆虐之初就去世了。"之后还有更多的人死去。

1月10日，爱德华召开了战争会议。粮草征收队之前报告说，这一地区的食物和牲畜已经不足以维持英军生存了。很明显，兰斯已经做好了长期抵抗围城的准备，英军与法军交战的可能性不大。英军在法国境内行进了大约170英里（274公里），没有遇到多少抵抗，这已经羞辱了法国王长子，因为他未能援助王国内的任何一座重要城市。现在，他们需要好好照看军中的将士了。爱德华三世决定挥师南下，渡过马恩河和塞纳河，进入勃艮第公爵领。在那里会有更多的物资补给，士兵们也能恢复元气。

爱德华三世这时想出了一个更大的战略：他要利用法国国内因对瓦卢瓦王室越发不满而产生的矛盾。如果可能的话，他要与当时13岁的勃艮第公爵菲利普·德鲁弗尔（Philip de Rouvres）及其谋臣达成协议。他还要和其他不满的法国贵族展开谈判，包括纳瓦拉的查理。等到开春，他就将向巴黎进军。

1月11日，爱德华三世的部队离开了兰斯，向东南方的沙隆和特鲁瓦前进。英军重建了马恩河上的桥梁，经此进入了香槟北部。英军中仍不断有人病死，亡者中最重要的要数英军统帅罗杰·莫蒂默，以及三年前曾在普瓦捷与黑太子并肩作战的牛津伯爵。但粮食总算是充足了。

由来自埃塞克斯的团长约翰·哈尔斯顿（John Harleston）率领的一支先头部队攻克了位于第戎（Dijon）东北方的要塞——名叫奥泽兰河畔弗拉维尼（Flavigny-sur-Ozerain）的山村。它位于一块突出的山石上，被坚固的城墙和塔楼环绕着，人们都认为它坚不可摧。法军决定在那里储存物资，因为他们相信以那里为储存点绝对安全。但哈尔斯顿率领手下发动了一次大胆的袭击，将这个村子一举夺下。让·傅华萨赞许地写道："他们找到了足够的粮食，可让英军再维持一个月的时间。"

约翰·哈尔斯顿正是自由佣兵团的一位团长。这些队伍在和平时期落草为寇，战争一打响就摇身一变，成为为国王效力的士兵，这种身份的转换对他们来说毫不费力。编年史作者托马斯·沃尔辛厄姆称赞哈尔斯顿武艺精湛、精于统率。还有人说，在哈尔斯顿举办的宴会中，餐桌上陈列着100多只抢来的教堂圣杯。无论如何，他拿下了弗拉维尼，让英军获得了急需的补给，得以喘一口气。

3月初，爱德华三世在第戎以西60英里（97公里）的吉永（Guillon）扎下营寨，开始与勃艮第方面谈判。在谈判过程中，爱德华抽了一点空去打猎取乐。他还拿出16英镑，赎回了一位年轻的骑士侍从。在英军离开兰斯之后，这位侍从在一次小规模战斗中被法国人俘获。他就是杰弗里·乔叟。

1360年3月10日，英格兰和勃艮第达成了协议。勃艮第会支付给爱德华三世一大笔补偿金，相当于他军队三个月的军饷。作为交换，爱德华三世承诺将率军离开勃艮第，并在未来三年内都不会劫掠勃艮第的地盘。马泰奥·维拉尼相信，双方秘密达成了外交协议。根据这份协议，年轻的勃艮第公爵的谋臣向爱德华三世许诺，如果爱德华三世在兰斯加冕，就能得到他们的支持。这样的保证不能公开做出，因为一旦爱德华失败了，勃艮第人就要面对十分严重的后果。但如果这样的协议确实达成了，它就意味着爱德华在外交上取得了胜利，也说明勃艮第人对于约翰二世的统治和他儿子摄政期间的表现极为不满。

春季即将到来。一位编年史作者写道："天气变得温暖宜人。"3月15日，法国王长子派出一小股部队在英格兰南海岸的温切尔西附近登陆，试图让英军分心。但当地的征召兵被动员起来，于是法军很快就撤走了。同一天，爱德华三世离开了勃艮第，朝西北方的巴黎进军。

英军行军的速度越来越快，士气和信心也不断增长。在欧塞尔（Auxerre），黑太子手下的部分士兵在搜刮粮草时遭到了敌军奇袭，但是他们奋起反击，反败为胜。托马斯·格雷爵士这样记载道：

> 5名英军中的骑士侍从未穿盔甲，只戴着头盔、拿着盾牌，在一处磨坊遭到了50个法国士兵的攻击。但是他们成功地击败了敌军，还俘虏了11个敌人。在这之后，甚至附近驻防的法军都将此次战斗戏谑地称为"五人打五十人之战"。

一位苏格兰编年史作者这样描述爱德华三世向巴黎进军的过程："在法兰西王国没有一个人胆敢抵抗他。"不过，法国王长子已经说服纳瓦拉的查理对法国王室保持忠诚。此外，在就约翰二世的赎金重新进行谈判的过程中,爱德华三世态度恶劣,让巴黎城内的市民越发反感他的要求。3月31日,爱德华将指挥部设在了距巴黎20英里(32公里)的布里地区尚特卢(Chanteloup-en-Brie)。黑太子率领的先头部队来到了隆瑞莫(Longjumeau),这里在巴黎以南,距巴黎只有区区12英里(19公里)。让·德韦内特目睹了当地一些居民的恐惧之情:

> 在耶稣受难日(4月3日)这一天,巴黎被浓烟和火焰环绕。大部分农村居民逃进了城里。他们的境况非常令人同情。在星期日的复活节,我看到教士们在教堂、小礼拜堂或是任何他们能找到的圣地中为这些人举行圣餐仪式。

4月7日,黑太子的部队抵达旺夫(Vanves)和让蒂伊(Gentilly)。这里距离法国王长子在巴黎城中心的宫殿只有3英里(5公里)远。英军举起旗帜,吹响喇叭和号角,传令官们骑着马直奔城墙脚下,想要诱使法国人出击。在发现对方毫无回应后,英军便辱骂守军是懦夫。但是王长子保持了冷静——他绝不会因遭到挑衅而与英军交战。4月10日,查理派出了和谈代表,但是他们被爱德华三世撵走了。两天之后,英格兰国王决定在巴黎郊区放火。托马斯·格雷爵士回忆说:"太子从日出到正午都在离城墙很近的地方活动,沿途点燃了所有建筑。"这既是挑衅之举,也体现了英军的沮丧心情。爱德华三世之后再也没有机会如此接近巴黎了。

当天下午,英军就撤离了巴黎外围。爱德华三世计划前往布列塔尼补充兵力。但是第二天,也就是4月13日,英军遭遇了严重的灾难。英军朝沙特尔方向开始了长途行军，此时正走在开阔的乡间。此前天气一直很温和，但是气温突然急剧下降，乌云密布，狂风大作。紧接着，一阵猛烈的暴雨倾泻在惊慌失措的士兵头上。《不列颠人纪事》写道："这是糟糕的一天。猛烈到让人恐惧的暴雨落了下来。乌云和冰冷的水汽将军队层层包裹起来。"在开阔的平原上，士兵们无处可躲，被大块冰雹击中，衣物也被冰雨浸透。在严寒中，英军仍挣扎着行军，但是不断有人倒在地上，之后就被冻死了。马匹成百成百地死去，英军只得放弃一部分辎重车。傅华萨这样形容道："这场暴雨威力巨大，宛如天崩地裂，要吞噬一切。"这一天后来被称为"黑色星期一"。

爱德华三世部队的士气大为动摇。没有人有过这样的经历。中世纪的士兵都有些迷信，对于普通士兵来说，这场暴雨似乎是个糟糕透顶的坏兆头。国王和他的将领也受了很大影响。傅华萨表示，爱德华三世的锐气被这场暴雨压制了。爱德华还损失了两位贵族战士：罗伯特·莫利爵士以及可畏的沃里克伯爵之子盖伊（Guy）。这样一股狂暴的力量突然爆发，实在是让人胆怯。这是不是来自上帝的信息，是不是意味着上帝对爱德华三世在法国大动干戈感到不满？

5月1日，爱德华率军经过巴黎西南方80英里（130公里）处的沙托丹（Châteaudun），此时法国王长子提出了新的条约提案。这一次，英格兰人认真地对待了提案。格罗斯蒙特的亨利与法方的使节会了面，然后回去向爱德华三世做了直截了当、发自肺腑的汇报：

我的王，您在法国的这场战争对您来说代价过于高昂……从整体来看，如果您继续推进计划，四处找人交战而不得，您可能毕生都要做这件事，并且无法取得成功。如果您愿意听取我的建议，那么您应当在有机会脱身时果断脱身，接受法国人的提议，带着荣耀结束战事。这是因为我们一天之内就可能失去二十年的累积所得。

爱德华三世听取了格罗斯蒙特的亨利的建议。据傅华萨记载，爱德华先是花了一些时间祷告、反思，然后就决定只要条件合理，他就愿意议和。法国王长子也有一种相似的紧迫感，因为他"看到这个国家已经无法承受英格兰人带来的巨大动荡和贫困了"。英法双方在沙特尔附近的布雷蒂尼（Brétigny）展开谈判，并于1360年5月8日签订协议。

这份协议的条款在1358年5月爱德华三世和约翰二世在伦敦达成的协议基础上做了修订，并已被法国王长子的政府完全接受。爱德华三世放弃了争夺法兰西王位，也放弃了对金雀花王朝的旧有领地安茹、曼恩、图赖讷和诺曼底的索求。作为交换，他将获得对阿基坦［即范围获得扩大的加斯科涅，包括普瓦图、圣东日、利穆赞和鲁埃格（Rouergue）］，以及法国北部的蓬蒂厄、加来和吉讷的控制权，并"作为独立领主和君主享有全部权力和永久自由，是法兰西国王和王国的邻居，不必承认法兰西国王或王室为自己的君主，不必表示服从，不必臣服于法王"。转让到英格兰国王手中的土地大约相当于现代法国领土面积的三分之一。

约翰二世的赎金也降到了300万枚克朗金币（约合50万英镑）。在赎金第一笔款项支付完成时，约翰二世会被释放，法国方面会提供人质作为剩余款项的抵押。为了保证持久的和平，两国国王将放弃各自现有的盟友（法兰西放弃苏格兰，英格兰放弃佛兰德），并将竭尽所能地调解布列塔尼公爵领争夺双方的矛盾，而爱德华三世已经接受了布列塔尼为法兰西王室治下领地一事。战争结束了。虽然与一年前爱德华三世提出的要求相比，这份协议带给英格兰方面的利益要少了许多，但它仍是相当重大的成就。之后，英军回到加来并乘船渡过了英吉利海峡。到5月19日时，爱德华三世和黑太子已经回到了伦敦。

接下来，一切都进展得很快。6月14日，约翰二世盖章批准了这份协议，为此双方还举办了一场庆祝宴会。6月底，黑太子动身护送法王前往多佛尔，并于7月6日抵达该处。约翰二世随后被带去了加来，在接下来的几个月中，法国支付了赎金的第一笔款项，双方还解决了因协议而产生的一些实际问题。1360年10月24日，爱德华三世、黑太子、约翰二世和法国王长子最终批准了这份协议。第二天，约翰二世就离开了英格兰控制下的加来，回到了法国境内。

英法两国民众都为双方在布雷蒂尼达成协议而深感解脱，人们将这件事称为"伟大的和平"。对英格兰人来说，他们终于摆脱了战时税收的重担，即将迎来一个繁荣的时期。按照傅华萨的说法，这份协议被认为是"合理思考和极度谨慎"的产物。关于这份协议对法国人的意义，约翰二世是这样写的：

> 我们的国家已经在这场战争中遭受了太多的苦难……士兵历经死战，人民遭到屠戮，肉体遭到毁灭，灵魂永远消散……而且似乎有更大的苦难将要到来。已经有太多的

痛苦和悲伤了……因此，我同意达成并批准了这份协议。

英格兰恢复了自己在欧洲诸国中的军事地位。自豪取代了屈辱，骄傲取代了羞耻。爱德华三世曾为了庆祝普瓦捷会战胜利，想要册封黑太子为阿基坦亲王，现在这一愿望即将实现。这既是对胜利的奖赏，也标志着无比光荣的新起点。

然而，魔鬼总是藏身于细节。布雷蒂尼的协议要等到一份附属文件中的条款得到满足之后才会生效。这份附属文件中有两个条款，称为"宣布放弃条款"。其中一款要求法国方面交出所有承诺交出的土地，尤其是那些新纳入阿基坦公爵领之管辖范围的领土。另一款要求英格兰方面撤出他们部署在法国北部的所有守军。

尽管协商在布雷蒂尼取得了极大进展，但双方之间仍残留着怀疑和猜忌，而这份协议又要求双方都做出非常艰难的让步。法国方面要交出的领地不得不接受英格兰的统治，因此极为抗拒；而英格兰方面要解散的守军都曾经为英格兰的事业忠心耿耿地战斗。第一个条款的实施花了两年时间，使得黑太子获得统治阿基坦的授权委任和亲临阿基坦的日期都推迟了。第二个条款则完全没有实施。爱德华不愿真正地执行该条款，而这是一个重大失误，将会给他的儿子造成严重的后果。

在协议达成后的一小段时间里，"宣布放弃条款"并未使双方过于忧虑。因为到了1360年年末，一场新的灾难降临了：黑死病卷土重来。这场传染病9月就传到了法国北部，先是夺去了法国王后的生命，一个月之后又带走了王长子3岁的女儿和她仍在襁褓中的妹妹。这场黑死病暴发早期的受害者可能还包括肯特的琼安的丈夫托马斯·霍兰德爵士，他此前被任命为英格兰在法国北部所有王室部队的总指挥；不过，我们知道的只是他于 12 月 26 日在布列塔尼的普卢伊尼欧（Plouigneau）突然去世。他生前是一位具有国际知名度的军人，是参加过克雷西和加来的战役的老兵，是出色的十字军战士，还是爱德华三世最重要的将领之一。他留下了二子三女，还有一位倾国倾城的寡妇——32 岁的肯特的琼安。

黑死病再度暴发让法国经济受到了严重打击。据一道王室训令记载，疾病和战争使勃艮第小镇比克瑟吕（Buxeuil）的人家从 60 户锐减至 10 户，"他们还曾被我们的敌人劫掠、摧毁，财产所剩无几"。到 1361 年春季时，黑死病已经越过了英吉利海峡，抵达了英格兰南部。亨利·奈顿不加掩饰地写道："人们大批大批地死去。这场疾病被称为第二次传染病。死者中既有富人也有穷人，但人数最多的是年轻人和孩童。"

在新一轮的黑死病暴发中，黑太子失去了他的两个妹妹——布列塔尼公爵夫人玛丽（Mary）和彭布罗克伯爵夫人（countess of Pembroke）玛格丽特（Margaret），她们分别只有 16 岁和 14 岁；他的总管约翰·温菲尔德爵士也染病去世了。英格兰最杰出的战士之一格罗斯蒙特的亨利同样不幸离世。黑太子对亨利十分欣赏、敬重。4 月 14 日，黑太子在莱斯特的纽瓦克（Newarke）出席了格罗斯蒙特的葬礼，并且在其灵柩上放了两块金布。为了彰显不屈服于疫病的决心，爱德华三世于 4 月 23 日在温莎举行了一年一度的嘉德骑士团宴会，将他的儿子莱昂内尔、约翰和埃德蒙吸纳为骑士团新成员，以填补死于黑死病的成员留下的空缺。有 800 多枚嘉德骑士团的胸针被分发给了温莎的民众。然而到了 5 月，黑死病开始在伦敦肆虐，所有法庭和政府部门不得不暂停工作，预计到秋季才会恢复常态。到那时，黑太子已做出了一项令人意外的决定。

1361年夏，时年31岁的黑太子，同时也是全欧洲最炙手可热的单身汉，选择迎娶肯特的琼安，也就是他的堂姑"雅妮特"。因为黑太子是王储，所以爱德华三世本希望他早点结婚，生下继承人，还希望他迎娶一位外国公主，在欧洲大陆上靠联姻建立盟友关系。一位编年史作者写道："他本可以订立远大目标，因为天底下没有哪一位皇帝、国王或是王公不会因与这个家族联姻而欢欣雀跃。"但是黑太子选择了爱情。

用与黑太子同时代的雷纳夫·希格登的话说，"他们的婚姻让许多人大为吃惊"。他们在初夏结了婚，自然是在冲动之下秘密地举行了婚礼。之后，黑太子派他的侍从尼古拉斯·邦德（Nicholas Bond）前往阿维尼翁，为这桩婚事取得所需的许可。黑太子和琼安有一位共同的祖先，那就是爱德华一世。他们是堂姑侄关系，因而需要获得教宗批准。

9月8日，教宗恩准了这桩婚事，前提是如果黑太子和琼安此前已有婚约，就必须先将其解除。教宗还要求他们支付一笔适当的赎罪金（用于资助建立一座小礼拜堂，并为它配两名教士）。于是这对新人又诵读了一遍他们的结婚誓言，不过这一次是公开的。1361年10月10日，星期日，黑太子和肯特女伯爵琼安的婚礼在温莎正式举行，出席的有国王、王后、冈特的约翰、兰利的埃德蒙、沃里克伯爵、萨福克伯爵，还有"众多领主、贵妇、大批教俗人员"。索尔兹伯里伯爵并没有出现在宾客名单上。

并不是所有人都赞同这桩婚事。比如坎特伯雷的佚名编年史作者就批评道：

这对新人获得了教宗的特许,他们也确实需要这份特许。琼安是已故的肯特伯爵埃德蒙的女儿,也就是太子的堂姑,在其他情况下他们二人会因亲缘关系而无法结婚。此外,他们精神上的关系也可能阻碍他们的结合——太子是女伯爵两个儿子的教父。

这位编年史作者还说,坎特伯雷大主教被迫主持了婚礼仪式:"大主教说他这么做违背了自己的良知,但他不得不主持仪式。"不过,也有人对此有较高的接受度。《佚名编年史》的作者强调说,琼安是王室后代(她毕竟是爱德华三世的叔叔肯特伯爵的女儿),而且充满魅力、优雅自如。钱多斯传令官认为,"琼安非常美丽、讨喜、谨慎,使得太子的心中生出了持久的爱慕"。瓦卢瓦王室的一位编年史作者甚至赞美说,琼安"是世界上最可爱的女子之一"。

确实,法国人对此事大为宣扬。《瓦卢瓦四王纪》的作者讲述了在霍兰德死后,大家如何争相追求他的遗孀:"许多曾为英格兰国王效劳的贵族骑士都请求太子为他们美言两句。"黑太子答应了一个名叫布罗卡斯(Brocas)的人的请求。但是当他因此去找自己的堂姑时,她"机智而聪慧"地回答说,她决不再嫁。黑太子不断为布罗卡斯说情,但他"越来越为女伯爵所吸引"。后来,她哭了起来。"黑太子随即将她抱在怀里安慰她。"她请求他不要再逼她嫁给布罗卡斯,"因为我钟情于世界上最勇敢的男人……尽管我不可能拥有他"。黑太子于是追问这位男子是谁,她才表白道:"那就是你。为了坚守对你的爱,我永不会让其他骑士站在我的身旁。"黑太子这时在激情驱使下说道:"我向上帝起誓,只要我还活着,你就是我唯一的女人。"

这样一个一见钟情、干柴烈火的故事不太可能准确地反映现实,因为黑太子应当对琼安很熟悉,也经常见到她;不过关于他们二人的感情,这个故事或许还是有一点真实性。傅华萨相信他们两人互相爱慕,他也经常看到二人形影相随。她当时很有钱,美貌依旧,而她之前的爱人已经去世了。很显然,她应当再嫁,而最好的选择就是英格兰最炙手可热的单身汉、王位的继承人。

无论黑太子迎娶琼安的动机是什么,有一点值得注意:他是在瘟疫肆虐的时候公开宣告对她的爱慕的。佛罗伦萨作家乔万尼·薄伽丘就记载道,瘟疫幸存者经常将禁忌抛到脑后,尽情地享受生活,仿佛他们没有明天。黑太子可能也是在遵从内心的想法。他和琼安之间似乎感情深厚,且在性事上都忠贞不贰。在黑太子和琼安结婚之前,他只有一个私生子,即克拉伦登的罗杰〔Roger of Clarendon,此人的母亲是埃迪斯·德威尔斯福德(Edith de Willesford)〕。在结婚之后,他对妻子完全忠贞,她也一样。黑太子称呼琼安为"我最亲爱、最真心的甜心",而且他们多次被人看到幸福地牵着手,沉浸在自己的世界中。

黑太子的妹妹伊莎贝拉一定能够理解他们。十年前,也就是1351年,爱德华三世宣布,19岁的伊莎贝拉将嫁给自己在加斯科涅的主要副手的儿子阿尔布雷的贝拉尔(Bérard d'Albret)。这桩婚事背后有合理的政治理由,爱德华三世就曾谈道,他想"让阿尔布雷男爵和他的后代对王室产生感情,让他们与我们更加紧密地联系在一起"。五艘船汇聚在泰晤士河上,准备将伊莎贝拉送往波尔多。新娘的嫁妆包括若干件长袍,

263　用金布和印度丝绸制成，上面都有金银线绣出的花纹。但是伊莎贝拉或许是记起了妹妹琼安三年前的不幸旅程，也可能是不愿意下嫁。在即将登船之际，这位"我最亲爱的长女"改变了主意，掉头回了家。爱德华三世并未因伊莎贝拉的任性之举而生气，仍然不断送给她大批礼物。编年史作者雷纳夫·希格登更是直截了当地说："只有为了爱情，她才愿意出嫁。"我们后面也会看到，伊莎贝拉确实将为了爱情结婚。

　　1361年夏，黑太子命令他的裁缝为他自己、琼安和她的女儿们制作新衣。在这方面，他毫不吝惜开销：购买的原料包括蓝色和绿色的布匹、赤褐色手织布、塔夫绸、金色缎带、白鼬皮和其他皮草。他还花了超过3000英镑购买珠宝，用于装点这些衣物，其中包括近9000颗珍珠。此外，他下令为他的新娘用金布（表面织有金线的丝布）做一件饰有飞鸟图案的精美红色婚纱；琼安则投桃报李，命人制作了一张华美的红色天鹅绒婚床，上面醒目地装饰着黑太子的银色鸵鸟羽毛纹章和金色狮头纹章。

　　当时的人对未来既抱有希望，也怀有恐惧。中世纪的社会对预言和征兆尤为在意，不过预兆总是可以用各种方式来解读，从而满足不同的需要。在爱德华三世即位之后不久，有人写了一则预言，将国王比作野猪，野猪也是代表亚瑟王的动物。预言说，国王会因"勇猛和高贵"而闻名，还说"西班牙将为他颤抖"。爱德华三世确实于1350年在温切尔西周边海域打败了卡斯蒂利亚的舰队。预言还写道，这头野猪将会"在巴黎的城门上磨牙"，而爱德华三世的军队确实在1360年进军到了巴黎的近郊。但这则预言还说，爱德华三世之后的国王将会是一只羔羊。到时候会发生一场内战，而羔羊的王国大部分会被"一只丑陋的狼"夺走。很难想象黑太子是这只羔羊。对一部分英格兰人来说,这意味着黑太子可能无法继承王位。将来可能会发生灾难性的事件,而黑太子会先于他的父亲去世。黑太子的继任者——不管他是谁——才是这只羔羊。

在黑太子的婚礼后不久,博华萨造访了伯克姆斯特德。他坐在大厅的长凳上,听到巴塞洛缪·伯格什爵士对琼安的一位侍女说:"有一本书叫作《不列颠传奇》(Roman de Brut,12世纪成书),许多人说这本书中记载了梅林的预言(Prophecies of Merlin)。根据书中内容,太子永远也不会继承英格兰王位。"不过,那时又出现了另一套与之形成竞争关系的预言体系,大约成形于14世纪60年代早期,它就是约翰·厄尔格霍姆(John Erghome)写的布里德灵顿预言(Bridlington Prophecies)。这个版本的预言称,黑太子不但将继承王位,还会重新与法国开战,征服苏格兰全境。厄尔格霍姆是布里德灵顿奥古斯丁修道院里的修士。他完全没有提到什么羔羊,而是将黑太子比作一只好斗的公鸡,注定要夺回他父亲的遗产。厄尔格霍姆写道:"法兰西王国将归于斗鸡,而他就像他父亲一样,会被称为爱德华国王。"

抛开这些预言不论,这对新婚夫妇和国王夫妇在伯克姆斯特德城堡一起度过了圣诞节。为了庆祝这一场合,黑太子当场决定,在新年到来时要给他的仆人换上崭新的制服。于是他给他在伦敦的征税官彼得·莱西(Peter Lacy)下达命令,让对方"想方设法地向伯克姆斯特德送来足够多的布料,用于制作所有衣物"。这道命令是在12月28日下达的,所以我们只能希望莱西为此拿到了足够多的加班费。琼安不仅为黑太子带来了她领地的财富,也带来了对奢华和挥霍的追求,

264

在铺张程度上她与黑太子不相上下。1362年年初,黑太子就用200英镑为他的妻子购置了一套镶嵌珠宝的纽扣,还另外拿出200英镑,购买了2块红宝石、4枚胸针和一枚饰有4颗钻石的戒指。

†

约翰·钱多斯爵士在加斯科涅担任黑太子的总管。他负责监督在《布雷蒂尼条约》中割让给英方的城镇和土地的交接工作。钱多斯因言行得体、颇有外交手段而闻名,而这项工作也要求他将这些本领几乎发挥到极致。鲁埃格地区(位于经过扩大的阿基坦东部)的人明确表明,他们"并不情愿成为英格兰人";钱多斯非常明智地任命了一名加斯科涅贵族担任这一地区的总管,以安抚此地的不满情绪。小城罗德兹(Rodez)要求保留其向法国国王申诉的权利;在凯尔西的卡奥尔(Cahors),城市的代表们流着泪哀叹说,他们被丢弃给了陌生人。大西洋港口城市拉罗谢尔(La Rochelle)对交接的抵触情绪最强。不过最终,市民们还是勉强让步说:"他们会服从英格兰人,但内心深处仍是法国人。"

1362年7月19日,准备工作已经做得足够充分,爱德华三世得以在威斯敏斯特教堂正式册封他的儿子和继承人为阿基坦亲王。全国最重要的贵族和教士都参加了这场仪式。黑太子全身戎装,跪地向父亲宣誓效忠。文书中记载了国王对黑太子在普瓦捷取得胜利的感激之情,而阿基坦正是给他的奖赏:

> 我意欲以丰厚报酬表彰你。你近来以总督之名在战事风暴肆虐的加斯科涅地区,为了我不辞夏季之浮尘、征伐

之汗水，以及战斗之辛劳，分担让我忧心的重担……授予你阿基坦的封邑、土地和职权。

黑太子开始为前往加斯科涅做准备。他的第一项事务就是由他们夫妻俩对奢华的追求决定的：1362 年 9 月 1 日，安排一名金匠陪同他们前往波尔多；在那里，这名匠人将会得到一处住所和生活的开销，以便他能"以合理的报酬服务亲王和王妃，不令任何其他事务影响他发挥技艺"。还有两位刺绣工也一同前往，对他们的安排与金匠类似。

然而，并非一切都事关外表。那年夏季，黑太子还从赫里福德伯爵汉弗莱·德博恩（Humphrey de Bohun）的财产中购买了三本圣咏经。它们都是用于宗教仪式的书籍，包括《诗篇》、礼拜仪式日历和一篇圣徒祷文。这些不是放在礼拜堂里用于展示的作品，而是为私人使用而设计的实用书册。

最大的一本圣咏经装饰得十分引人注目。每一篇经文的第一个字母都被放大了，而且被精细地绘制，其中一个字母的图样还展示着汉弗莱·德博恩本人被守护天使环绕的情景。这本书的书页边缘也有很多图画——有吟游诗人的图案，有宠物的图案，有播种农民的图案，还有一位祈祷中的修士的图案。这些图画的作用是将读者的注意力吸引到有价值的段落上。在其中一页上，页面边缘的三处小肖像格外引人注目。它们共同装饰着一个大写的字母"D"（以它开头的词是Domine①）。前两幅小肖像展现的是一位坐着的法兰西统治者（可能是卡佩家族最后一位国王查理四世）将一把剑交给一位

---

① 即拉丁语中的"上帝"。

骑着狮子的英格兰国王（爱德华三世）。第三幅图展现的是法国国王约翰二世，他在普瓦捷的战场上把剑柄向前递出，做出投降的姿态。

我们不清楚到底是黑太子委托制作了这些装饰画，还是德博恩让人制作的，然后引起了黑太子的兴趣。但是这些画在这本书中的应用非常引人注目，因为它们将读者的注意力吸引到了《诗篇》第101篇的开头部分。在这一部分，大卫接管了以色列王国。他向上帝庄严起誓，要谨慎而有良心地行事，让他的宫廷成为善政的典范，维持美德与虔诚，当然，最重要的是要维持法律的公正和社会的秩序。他还承诺要用他的权力来惩戒作恶的人，奖赏行善的人。通过这份宗教文本，我们可以从新的侧面了解黑太子，可以看到他对刚刚获得的职位意味着哪些责任有一些思考。正如钱多斯传令官所说："忠诚、高尚的行为、勇气和善良指引着他，因为他希望一生都能保持公正、正直。"

那一年秋季，黑太子携妻离开了伦敦，前往康沃尔，在恢宏的雷斯托梅尔城堡（castle of Restormel）落脚。他们起航南下的计划一再拖延，准备工作直到1363年夏季才完成。黑太子准备招募一支大规模扈从部队陪他一起前往新建立的公国，这支队伍中有60名骑士、250名重装士兵和320名长弓手。他们大部分来自柴郡，其余则来自康沃尔。

黑太子的新征程让人心潮澎湃，很多人想趁他兵强马壮的时候加入。约翰·乔德雷尔（John Jodrell）是柴郡一户人家排行靠后的儿子，在1355年参加过黑太子的首次劫掠，次年又参加了黑太子在普瓦捷的征战。战后，他也获得了自己的一份战利品，赢得了一只原本属于约翰二世的小盐瓶。当黑太子

1363年渡海前往加斯科涅的时候,他也一同前往,并就此离开英格兰在普瓦图安了家,还通过为英格兰在此地效力而渐渐有了产业和地租收入。

1363年,黑太子向许多愿意追随他去阿基坦的人授予了年金。为了重建军事力量,他对这些人此前的罪行和劣迹睁一只眼闭一只眼。来自柴郡的骑士罗伯特·马希(Robert Mascy)曾劫持了约翰·斯内尔森(John Snelson)的女儿,但这一次获得了黑太子的赦免,因为"他在为我效力"。黑太子也没有遗忘他手下出身最卑微的士兵。罗杰·斯维坦海姆(Roger Swetenham)、约翰·伊顿(John Eton)和罗杰·佩奇(Roger Page)都是参军入伍的长弓手。他们得到承诺,将在加斯科涅获得赏金、土地和低级别官职。参军效力是获得黑太子慷慨赏赐的途径之一,人们靠这样做来请求他给予奖赏或是赦免罪行。

6月9日,黑太子夫妇在沃里克伯爵和一大批扈从的陪同下,终于从普利茅斯起航了。6月29日,他们在波尔多附近的洛尔蒙(Lormont)靠岸。黑太子从一开始就深知领主个人魅力的重要性,也因此总是很乐意在他的臣民面前现身。他组织了一系列的仪式,先在波尔多举行,随后又在整个公国内巡游举办。

1363年7月9日,在圣安德烈大教堂内,波尔多市长在城中显贵和本地领主的簇拥下,朗读了黑太子的委任信。之后,大家向黑太子宣誓效忠。每位领主都来到黑太子面前,不佩腰带或是不戴帽子,单膝跪地,向他的所有土地和财产宣誓效忠,还要亲吻一下《圣经》,承诺要为自己的"真正的主人"履行封臣的义务。黑太子也亲吻每位领主的额头,接受他们的效忠。第一个走上前的是颇有权势的阿尔布雷男爵阿曼努，他之后还有19位加斯科涅贵族。差不多一周之后，黑太子又回到了大教堂，这一次是要接受市长和各城镇代表的宣誓效忠。

这些仪式一场接一场地举行。8月初，黑太子离开了波尔多，开始在他的新领地巡游。他先到了贝尔热拉克，接受了萨拉（Sarlat）主教奥斯滕斯·德圣科隆布（Austence de Sainte-Colombe）的效忠。8月10日至15日，他在佩里格接见了来自凯尔西和鲁埃格的代表团。三天之后，他又到了昂古莱姆，这里的城堡将来会成为他最喜爱的住所。8月23日，他抵达了科尼亚克（Cognac），这里之后会成为他的行政管理中心。然后他继续向圣东日进发。9月和10月他都在普瓦捷。

黑太子的妻子陪着他，而她本身也引起了轰动。肯特的琼安在加斯科涅开创了新的时尚潮流，许多女士争相模仿她的装扮：身穿低领紧身裙，头上饰有宝石和珍珠，把丝绸和白鼬皮当作服装的常见材料。这样的风格原本就想传达一种大胆张扬的感觉，源自朗格多克自由佣兵团的"好女朋友们"。她们是佣兵团士兵的美丽女伴，身穿华美的服装，展现了一种"下流的放荡习气"。琼安则有足够的魅力和时尚感来让这样的装扮显得落落大方，因为她明白如何挑逗人心但又不会失礼，如何引人注意同时又不会违背她所属社会阶层的价值观。

然而，对于一位特别古板的贵族来说，这种打扮还是太过分了。1363年11月，布列塔尼爵位继承战争双方——布卢瓦的查理和约翰·德·孟福尔——的代表团抵达普瓦捷。经过多次拖延，他们终于在一份协议上盖了章。这份协议是于当年7

月 24 日在朗德夫朗（Landes d'Evran）达成的，于 11 月 26 日在黑太子的见证下由双方盖章认证。按照协议规定，在来年 3 月之前，布列塔尼爵位继承战争中的一切敌对行为都将暂停。和双方代表团成员一同前来的还有他们的妻子。有人对布卢瓦的查理的代表团团长，也是诸位领主之一的让·德博马努瓦（Jean de Beaumanoir）开玩笑说，他妻子的着装"过于严肃"。他十分愤怒地回复道：

> 我可不想让我的妻子放弃老实女人的穿着，转而接纳自由佣兵团的情妇的时尚，因为正是她们引入了这股华丽镶边和低胸紧身裙的风气。说到模仿这些混蛋，所有那些追随这一坏榜样的人都让我感到恶心，尤其是威尔士王妃。

12 月，黑太子一行出发前往阿让，准备在那里过圣诞节。1363 年和 1364 年之间的冬季是当时人们记忆中最寒冷的，也是最漫长的。塞纳河从圣诞节开始冻结到 2 月，莱茵河从 1 月冻结到 3 月，默兹河（Meuse）上可以驾马车通过，甚至更靠南的罗讷河上也可以。在朗格多克的卡尔卡松，有一匹马缓缓地走到了一家客栈，而马背上的骑手已经冻死了。大小堡垒的防御效果突然之间被削弱一半，因为强盗土匪可以轻易地走过结冰的护城河。葡萄酒也在酒罐里结成了坚实的冰块，商人们只得将罐子打碎，将葡萄酒一块一块地出售，买家要喝的时候还需要将其放在火上加热。黑太子在一场宴会上就看到萨拉主教不由自主地直打冷战，于是将自己的披风裹在他身上，还对他说："披着吧，这是送给你的。"

1364年1月12日，富瓦伯爵加斯顿·费布斯抵达了阿让，向黑太子宣誓效忠，但涉及的只是他的一部分领地。富瓦伯爵的领地分布和从属关系错综复杂，既显示出封建领地分布令人困惑的一面，也蕴含着玩弄权谋和投机取巧的空间。费布斯拥有富瓦伯爵领及其附属领地，因此要向法国国王宣誓效忠；他同时又拥有鲁西永（Roussillon）和卡斯蒂永（Castillon），为此又要向阿拉贡国王宣誓效忠；他也手握马尔桑（Marsan）和加巴尔丹（Gabardan），因此必须向黑太子宣誓效忠。他该为手中的贝阿恩子爵领向谁宣誓效忠则存有争议。费布斯要求这块领地暂时被排除在外，于是这块土地的从属问题就暂时搁置下来。

在为迎接他而举行的宴会上，费布斯为宾客们讲述了他在普鲁士参加十字军东征、在莫城解救法国王长子的家人的故事，又讲了他之后去挪威和瑞典狩猎驯鹿的趣事。不过，费布斯还于不久前的1362年12月5日，在图卢兹西北方的洛纳克与长期和他保持敌对关系的阿马尼亚克伯爵交战并且打败了对方的部队。阿马尼亚克伯爵和他手下包括阿尔布雷男爵在内的主要追随者在战斗中被俘，并被索要赎金。阿尔布雷被索要了10万枚弗罗林金币（约合15000英镑）的赎金。阿马尼亚克伯爵当时仍在就他的赎身费问题进行谈判，而他的赎金被设在了30万枚弗罗林金币。

这笔赎金非常高——很显然，这就是为了让阿马尼亚克伯爵破产。肯特的琼安很清楚，黑太子希望将阿马尼亚克伯爵团结到英格兰一方，于是决定设法让费布斯降低赎金金额。为了达到这一目的，在黑太子的默许下，她开始和费布斯调情。傅华萨当时也在场，他的记载让我们得以一窥事情的经过。

琼安首先赞扬了费布斯富有骑士精神,因为他搭救了危难中的女士。然后她说,她自己也有一个请求。费布斯彬彬有礼又不无提防地问她想要什么。他一听到阿马尼亚克伯爵的名字,态度就强硬起来,说赎金的条款不可更改。琼安把身体探过桌子,还是要求他降低赎金。费布斯瞟了黑太子一眼,发现黑太子正在微笑。费布斯发现作为令人敬畏的猎手的自己竟被逼入了死胡同,于是放声大笑,缓解了现场的紧张局势。他提出将赎金减少1万弗罗林金币。当赎金降低6万弗罗林金币时,琼安和黑太子对视了一眼。于是黑太子向大家讲话,赞扬费布斯慷慨大方,并宣布赎金方面的争议至此停止。毕竟费布斯是取胜的一方,理应获得一些奖赏。

傅华萨写道:"(黑太子)大摆筵席,广授荣誉,举行巡游,四处停留。从一开始,所有人都将黑太子当作领主来爱戴、敬仰,并说他统治的国度是最好的。"这不只是黑太子魅力攻势的结果。在那个时代,贵族宫廷的仪式和礼仪正变得越来越重要,而人们希望能有振奋人心的事物来打动自己。此外,经过战争和疫病的摧残,人们也非常渴望美好、壮丽的事物。黑太子能够让造访他宫廷的普通访客感到自己是特别的。到1364年2月时,阿基坦已经有1047个名字被记载下来的个人和城镇代表向黑太子宣誓效忠。

钱多斯传令官回忆说:"每一天,他的长桌上都会坐着80名骑士和四倍于此的骑士侍从。他们在昂古莱姆和波尔多进行马上枪术比赛,还举行狂欢庆典。所有的贵族都到场了,他们欢欣雀跃、慷慨高贵。黑太子的所有臣民都非常爱戴他,因为他为他们做了许多好事。"另外一位编年史作者写道:"加斯科涅的领主们受到了非常令人愉悦的接待,而黑太子在领主当中表现得十分得体高贵,让所有人都非常满意。"类似的评论还有很多:"太子非常亲切地接待了他们……在他的时代,没有其他统治者能表现出更多的尊敬。"他有一种不失尊严又让人觉得十分温暖的友好姿态,这是像他那种勇气经过实战检验、地位毋庸置疑的人所特有的品质。此外,黑太子也以慷慨闻名,乐意送出钱财和其他礼物。谈及他的臣民在他宫廷中参与的娱乐活动,让·傅华萨甚至写道:"亲王和王妃非常伟大,在整个基督教世界无人可比。"

这些丰盛的宴会上的食物包括羊、牛犊、鹿、鹅、兔子、乳猪、鳗鱼和牡蛎等。巨大的挂毯也被拿出来展示,它们绣工精美,挂满了整个宴会厅的墙壁。除了两侧的八块挂毯,还有一块尤为华丽的挂在黑太子身后。这些挂毯五彩斑斓,但黑太子最喜欢的一块为黑底,上面饰有银色鸵鸟的羽毛。几乎所有挂毯上都装饰着长有女人头的天鹅图案。

还有一些与政策相关的国事需要黑太子处理。他以自己的名义发行了新的货币,这可以带来经济收益和好的名声,同时也可以展现出他决心创造有利于贸易的环境。1364 年,黑太子又命人铸造了一种更大的新金币,名叫金阁币。币面上的图案是黑太子站在一座哥特式凉亭下,头戴玫瑰王冠,右手持剑,脚旁还卧着两头豹子。硬币的边缘的图案是两根鸵鸟羽毛,背面图案是十字架、鸢尾、三狮纹章,以及来自《诗篇》第 28 篇的句子:"耶和华是我的力量,是我的盾牌。我心里倚靠他,就得帮助。"黑太子没有降低这种金币的含金量,还与加斯科涅的各个城镇讨论"人们想要什么样的钱币和币值"。不过,黑太子仍在继续探索他的经济权益和新的收入来源。

黑太子时常与臣民进行协商。1363 年 9 月,鲁埃格的米约（Millau）派出代表到普瓦捷向黑太子宣誓效忠，之后也一直与他保持沟通，向他通报一切重大事务。留存至今的城市档案让我们可以一瞥黑太子与这座城市打交道的经过。1364年1月，米约派出两名代表，与黑太子商谈铸造新币的事宜。当年10月，黑太子获知有雇佣兵占据土地并进行劫掠之事，米约也因此请求免于征收新设的炉灶税。黑太子一直通过阿基坦治安官约翰·钱多斯爵士和鲁埃格总管托马斯·维腾霍尔（Thomas Wettenhall）爵士，来与米约保持密切的联系。

1365年年初，琼安生下一子，随其父和祖父命名为爱德华。坎特伯雷的佚名编年史作者记载道："1月27日，阿基坦亲王的长子出生在昂古莱姆城堡，那里一片喜庆。"2月4日，琼安亲自给伦敦市长写信说："亲爱的朋友，我知道你们真心想听到我们和我们领地的好消息，因此你们将很高兴地听说，在上个星期一，我顺利产下一子。感谢全能的上帝。"

庆祝婴儿降生的活动通常要放在母亲的"安产感谢礼"（一种起净化作用的宗教仪式）之后举行，中间通常要等四十天。但黑太子喜不自禁，并且计划得十分周全，在儿子满三个月时，也就是4月27日，又多举行了一场比武大会。这场大会的规模前所未见：有154名领主和706名骑士受邀参加，马厩要容纳多达18000匹马。这些开销都由黑太子承担。比武、马上枪术比赛和其他娱乐活动持续了十天，仅蜡烛这一项开销就多达400英镑。

1365年6月27日，黑太子就阿基坦部分地区的无政府状态，给他在阿热奈（Agenais）的总管写信。黑太子告诉总管，自己想阻止各方斗争引起的不公正现象，"在他的土地上恢复和平以及对法律的遵守"。为了达成这一目标，他已经听取了阿让居民的申诉。他们说，克莱蒙子爵阿尔诺·德迪尔福（Arnaud de Durfort）占据了本应属于他们的土地。德迪尔福当时正在为黑太子效力，而且曾代表他数次出使他国。尽管如此，黑太子还是下令进行深入的调查。最终，被占据的土地被归还给了阿让。

黑太子在治理阿基坦时一直坚持公平公正的原则，这也体现在他对利穆赞总管路易·德马尔瓦尔（Louis de Malval）强占尤利亚克城堡（castle of Juliac）一事的处理上。黑太子代表城堡的主人艾蒂安·德蒙特鲁（Étienne de Montroux）干预了此事，命令德马尔瓦尔放弃这座城堡。同样，当尼奥尔（Niort）以东15英里（25公里）的本笃会圣迈克桑修道院（Abbey of Saint-Maixent）向他申诉，说遭到了他手下官员的恶劣对待时，黑太子命令他的总管威廉·费尔顿（William Felton）爵士彻查此事。经调查，黑太子最终发现申诉情况属实，并向修道院提供了适当补偿。黑太子还听说图阿尔子爵（vicomte of Thouars）路易（Louis）年老体衰，无法履行公职，于是派费尔顿去拜访路易，看看他的情况到底如何。费尔顿爵士回报说，路易子爵的头脑仍然十分灵敏，但是身体很虚弱。黑太子带着幽默感和同情心声称，路易子爵或许需要有人帮助他处理军务。于是黑太子让路易留任，还将他的儿子艾默里（Aymery）任命为副手，帮助他管理城堡。

1365年9月，黑太子在佩里格出席了阿基坦的代表大会，也就是三级会议。他将其看作一个筹集资金的机会，以及一个直接接触并安抚不满臣民的机会。他与臣民展开对话，表现出懂得变通也愿意倾听的样子。如果他们抱怨黑太子的领地上有目无法纪或是恐吓勒索的现象，黑太子就会采取措施。

在昂古莱姆东南方25英里（40公里）处的马伊勒（Mareuil），有居民报告说当地的城堡已经落入了土匪之手，土匪以城堡为据点抢劫过路的商贩，劫掠周边的乡村。黑太子命令威廉·费尔顿爵士带兵剿灭这些土匪。不过黑太子也想找一个长期的解决方案。于是他将这座城堡和此地的领主身份从原主人让·德鲁日蒙（Jean de Rougemont）手中没收，将其转封给克拉翁男爵阿莫里，条件是男爵要维护当地的和平。马伊勒的市民们带着感激之情回忆道，在黑太子和他的总管治下，"不管是多么有权有势的人，也不敢不服从他们的命令"。

这样的行动为黑太子赢得了阿基坦人真正的尊敬。在英格兰，王室还迎来了一则喜讯：1365年7月27日，黑太子的妹妹伊莎贝拉与法国骑士昂盖朗·德库西（Enguerrand de Coucy）在温莎城堡完婚，新郎是根据《布雷蒂尼条约》被送到英格兰的人质之一。爱德华送给女儿的嫁妆是高达4000英镑的年金；他还让女婿重获自由。

用钱多斯传令官的话说："太子在加斯科涅的统治是欢乐、和平、愉悦的，因为所有的领主都来向他宣誓效忠；而且从个人角度看，他们也对他极为尊崇，认为他是好领主，既忠诚又英明。"但事实并没有这么简单。此时，黑太子的未来已是乌云密布。

†

法国有了新的统治者。约翰二世的赎金支付已经拖欠许久，而他的儿子安茹公爵（duke of Anjou）路易（Louis）原本在英格兰当人质，却设法逃脱了。这些事让约翰觉得自己的荣誉受到了损害，于是自愿回到英格兰接受软禁。1364年1

月，约翰二世回到伦敦，但到 3 月他就染上了重病，一个月之后就去世了。继位者是他的长子，也就是后来的查理五世。这位王长子虽然体虚多病，但是作为统治者要比他的父亲强硬、高效得多。他一即位就开始向英格兰方面施压，要求对方兑现承诺，落实《布雷蒂尼条约》中关于放弃法国王位诉求的条款。1364 年 11 月，他向黑太子派出了一个使团，但是黑太子只能让他们去找自己的父亲。

《布雷蒂尼条约》一日没有得到最终确认，黑太子的阿基坦公国就仍有可能遭到攻击。公国本应在经济上自给自足，但是黑太子的生活方式十分铺张，让公国的财政承受了巨大压力。此外，加斯顿·费布斯仍旧不愿为了贝阿恩向黑太子宣誓效忠。他写了多封言辞友好的信，给出了各式各样的借口，还顾左右而言他，时而称赞约翰·钱多斯爵士的猎犬，时而推荐自己宫廷里的作曲家。然而，由于费布斯一直没有履行作为黑太子的封臣应尽的义务，加斯科涅的三级会议中甚至有人提请讨论此事。

黑太子预料到会碰上麻烦，因此已经命人仔细研究了自己的合法权益。他要求手下在英格兰的财政记录中进行全面的查找。1365 年 5 月 10 日，爱德华三世通知黑太子说，"已对所有信件和备忘录进行了彻底检视"，根据这些文件，"加斯顿伯爵有义务为贝阿恩向我宣誓效忠"。1365 年 8 月 8 日，黑太子向费布斯写了一封言辞尖锐的信：

> 起初你向我要安全通行权，让你的 200 名扈从随你一同赶来。这份文件起草完毕之后，你又称自己的腿受了伤。我的一位仆人拜访了你。他是医生，说你身体足够健

康，可以出门旅行。我希望你不要再拖延，在月底前赶来。

但是费布斯仍旧拒不现身。

此外，还有阿马尼亚克伯爵的问题。他于1365年春获释，并对黑太子设法降低赎金金额表示了感谢，但是随后又与黑太子在鲁埃格的总管闹翻了。约翰·钱多斯爵士此前已经很明智地做出安排，决定让加斯科涅贵族阿曼努·杜福萨（Amanieu du Fossat）出任这一十分敏感的职位，并且也得到了黑太子本人的确认。杜福萨行事一直较为宽松温和，更倾向于用谈判而不是冲突来解决问题。但这位总管和阿让城发生争执，于是黑太子于1364年11月用托马斯·维腾霍尔爵士取而代之。这是一个严重的失误，因为来自柴郡的托马斯爵士虽然精力充沛、活力四射，是一位坚强的战士，但毫无政治敏锐性，简直与一只罗威纳犬无异，甚至连教宗乌尔班五世（Urban V）都曾因托马斯的苛刻要求而向黑太子提出申诉。维腾霍尔命人在罗德兹城门的石头上雕刻黑太子的纹章，还将同样的图案用灰泥刷遍全城。罗德兹正是阿马尼亚克伯爵领的门户城镇，伯爵因此暴怒不已。

1365年4月2日，阿马尼亚克伯爵前来向黑太子宣誓效忠，但是他要求维腾霍尔必须先将黑太子的纹章移除。于是宣誓仪式被推迟到了7月12日。伯爵抱怨说，罗德兹的纹章仍未移除，还说黑太子必须对自己在鲁埃格的权益展开全面调查，只有这样自己才愿意宣誓效忠。黑太子大发雷霆。他对着阿马尼亚克伯爵咆哮道："我以上帝之名起誓，阿马尼亚克，我会给你烤一个馅饼，让你连馅饼的外壳都咬不破。"波尔多

277　大教堂的教士们吓坏了,一字不差地记下了这句话。查理五世听说此事,在7月21日写信向阿马尼亚克伯爵表示同情。在信中,查理五世表达了自己对阿马尼亚克伯爵的敬仰,还说自己十分愿意经常听到对方的消息。在信的最后,他写道:"我希望随着时间的推移,你能够更加全心全意地为我效力。"在短期内,黑太子暂时解决了与阿马尼亚克伯爵的矛盾,宣誓效忠仪式最终也完成了。然而伯爵没有忘记黑太子这一次猛烈爆发的怒火。

第八章
南征西班牙

现在，我要讲述一个精彩的故事。你们会发现，故事中包含了怜悯、爱和正义……有人向佩德罗国王建议说，他应该向爱德华三世之子阿基坦亲王求助，因为亲王受人尊敬、非常英勇，而且身边有一支强大的军队，除非是上帝的旨意，否则没有什么活人伤得到他。如果这位亲王能够答应出力相助，佩德罗定能夺回西班牙……于是佩德罗立刻修书一封并盖上密封章，信中请求亲王这位高贵、勇敢而富有荣誉感的勇士，看在上帝分上，为了爱、友谊、怜悯，为了他们之间的血亲关系，还为了正义，听取自己的请求，并且帮助自己的正义事业。

这就是亲身参与了这次出征的钱多斯传令官记载黑太子南征西班牙的作品的开篇之语。1366 年 8 月 1 日，在加斯科涅南部的巴约讷（Bayonne）城外，黑太子接见了卡斯蒂利亚的佩德罗。佩德罗生得高大魁梧，金发碧眼，五官硬朗，活力十足。他带着他的王后，还有三个女儿，乘着两艘商船前来。此前，他已经被他的私生子哥哥恩里克（Enrique）赶出了自己的王国，还在这一过程中损失了自己的大部分财富，来到加斯科涅时，他只带着一小队随从和少数几件个人物品。佩德罗当时又沮丧又苦闷。他说，那些本该对他忠心耿耿的人背叛了他，他受到了极为不公正的对待。佩德罗请求黑太子怜悯他和他的家人，帮助他收复自己的王国。

282   佩德罗当时32岁。他16岁就即位为王，接替了他的父亲阿方索十一世。阿方索是一位伟大的武士国王。1350年，阿方索的军队在围攻直布罗陀时遭到瘟疫侵袭，他也因此去世。佩德罗是阿方索和他的王后葡萄牙的玛丽亚（Maria of Portugal）的无爱婚姻的唯一结晶。在佩德罗出生之后，阿方索就不再理会玛丽亚，转而宠爱情人莱昂诺尔·德古兹曼（Leonore de Guzman），还与她生下了很多孩子。这些非婚生的孩子得到了无尽的荣宠和父爱；而佩德罗则在远离宫廷的地方长大，度过了艰难困苦的童年，甚至时常面临生命危险。

由于父亲对佩德罗这个正妻之子、合法继承人置之不理，反而对佩德罗那些同父异母的非婚生兄弟更加宠爱，佩德罗一直对父亲心怀怨恨。这股怨恨之情让他失去了理智。恩里克受阿方索册封成为特拉斯塔马拉伯爵（count of Trastamara），并进而成了新家族的首领。佩德罗与恩里克之间的争斗和敌对关系将会成为佩德罗的统治和生命里的主要内容。佩德罗刚刚即位时，非常抵制他父亲的政治遗产，也不愿继续执行父亲在世时的政策，所以全部反其道而行之。他疑神疑鬼到了几乎病态的地步，感觉似乎到处都有人要密谋背叛他。

在一定程度上，这是可以理解的。他统治的最初六年以党争和阴谋为基调。直到1356年时，佩德罗才得以掌握卡斯蒂利亚的实权。14世纪的伊比利亚半岛上有五个王国：纳瓦拉、葡萄牙、卡斯蒂利亚、阿拉贡，以及由穆斯林统治的格拉纳达（Granada）酋长国。佩德罗父亲的梦想是与其他西班牙的基督教国家组成十字军同盟，共同征服穆斯林势力控制的半岛南部。但佩德罗不愿走这条路。他反而与格拉纳达达成了协议，并开启了与阿拉贡的长期战争。这也要部分归咎于阿拉贡国王彼得四世（Peter IV），因为他为深受佩德罗憎恨的恩里克提供了庇护。

更令人吃惊的是，佩德罗考虑过与英格兰结盟。在他父亲统治的最后几年，卡斯蒂利亚和英格兰在逐渐靠近。1343年格罗斯蒙特的亨利出访卡斯蒂利亚，给当地人留下了很好的印象。格罗斯蒙特是作为外交使节到访的，但是在完成了外交任务之后，他选择留下来参加阿尔赫西拉斯（Algeciras）的围城战，与阿方索的士兵和绶带骑士团的成员并肩作战。两国关系呈现出逐渐好转的趋势。如果黑太子的妹妹琼安1348年夏没有在波尔多去世，而是顺利地抵达了卡斯蒂利亚，那么佩德罗就会成为黑太子的妹夫。

刚刚即位时，佩德罗也像反对他父亲的其他政策一样，反对改善与英格兰的关系。他最初选择倒向法国，迎娶了法国国王的侄女波旁的布朗什（Blanche of Bourbon）。但是随着时间的推移，他对英格兰的印象开始好转。从爱德华三世的角度来说，与卡斯蒂利亚结盟是个非常有吸引力的选项。卡斯蒂利亚是伊比利亚半岛上最大、最强的国家，还有一支强大的海军。实际上，在1350年那场漫长的温切尔西海战中，英格兰的对手正是热那亚和卡斯蒂利亚的联合舰队。英格兰国王希望能够消除这支强大舰队的威胁，而与卡斯蒂利亚结盟也能为刚刚到手的加斯科涅增加一道保险。

14世纪50年代后期，英格兰和卡斯蒂利亚之间的谈判进展迅速，黑太子也积极参与其中。1362年6月22日，也就是黑太子获封阿基坦亲王之前不久，双方在伦敦的圣保罗大教堂正式签署结盟协议。当时法国支持的是佩德罗的敌手、阿拉贡国王彼得，以及与佩德罗争夺王位的恩里克。对佩德罗来说，与英格兰结盟可以让局势更为平衡。为了获得英格兰的支持，佩德罗愿意放弃与法国的盟约。协议签署完毕后，黑太子命人制作了副本，用于存档。

这份文件中有一个关键的条款，规定英军可被用于对抗卡斯蒂利亚境内的入侵法军。这也显示出《布雷蒂尼条约》的局限性。《布雷蒂尼条约》规定，只有爱德华三世履行宣布放弃王位的条款，并解散诺曼底和布列塔尼境内的所有英格兰守军，条约才能获得正式确认。在此之前，英法虽然避免直接冲突，但双方为了争夺政治影响力，先是在布列塔尼，之后又在卡斯蒂利亚相互争斗。双方的士兵大多数来自自由佣兵团，有许多佣兵都参与了这两个战场上的斗争，特别是1364年9月29日在布列塔尼的欧赖（Auray）发生的那场战斗。

这是一场代理人战争。当时，布列塔尼公爵领正经历着继承权争端，争议双方分别是布卢瓦的查理和约翰·德·孟福尔。法王查理四世支持前者，而爱德华三世支持后者。在布雷蒂尼，双方嘴上说要为这场争端找到一个和平公正的解决办法，但实际上都想趁机在布列塔尼公爵领站稳脚跟。在欧赖，德·孟福尔一方取得了决定性胜利，因为对手布卢瓦的查理在战斗中被杀，于是这场继承权争端也以德·孟福尔一方获胜而告终。

将德·孟福尔扶上布列塔尼公爵之位的是英格兰的部队。在欧赖之战中，英格兰的部队是由约翰·钱多斯爵士和休·卡夫利（Hugh Calveley）爵士指挥的。钱多斯不仅是黑太子的密友、加斯科涅统帅，还是圣索沃－勒维孔特（Saint-Sauveur-le-

Vicomte）的守将，在该地的自由佣兵团中颇有威望。钱多斯的副手卡夫利正是自由佣兵团的一员。他是一位饱经考验、足智多谋的柴郡人，是经历了布列塔尼爵位继承战争的老兵，参加过1351年著名的三十人格斗，五年之后又率领一队英格兰长弓手参加了普瓦捷会战。他身材魁梧，孔武有力，武艺高超，手下对他都忠心耿耿。在《布雷蒂尼条约》签订之后，他率领一队忠诚的英格兰和布列塔尼战士，成了一名独立的雇佣兵。

　　黑太子充分利用了欧赖之战的胜利。德·孟福尔此前曾经在黑太子的宫廷中逗留，二人成了朋友。1365年9月7日，他们签署了互助条约。为了巩固这份盟约，1366年3月22日，新任布列塔尼公爵又迎娶了黑太子的继女琼安·霍兰德（Joan Holland）。黑太子总是能将友好的私人关系转化为有益的外交盟友关系。

　　这一次，西班牙将会成为英法的新战场。双方要在这里争夺对卡斯蒂利亚的影响力：查理五世支持的是恩里克（1366年春，他就支持过恩里克入侵卡斯蒂利亚），而爱德华三世支持的是佩德罗。恩里克之前在邻国阿拉贡流亡，还获得了阿拉贡国王彼得四世的支持。之后，查理五世为恩里克招募了自由佣兵团，还替他支付军饷，并安排了一名颇有名望的指挥官——贝特朗·杜·盖克兰（Bertrand du Guesclin）。法国的介入最终起了决定性作用。佩德罗敌不过这些身经百战的雇佣兵，只得丢盔弃甲而逃。他先是逃到葡萄牙，后来又来到加斯科涅寻求黑太子的庇护。

　　根据英格兰和卡斯蒂利亚之前签订的条约，如果佩德罗遭到外敌入侵，就有权向英方求助。但在双方的预期中，这一援助条款生效的条件是：佩德罗仍然在位，可以指挥一支卡斯蒂利亚正规军，还可以调动国库的资金；而爱德华三世和黑太子则从英格兰的自由佣兵团和他们自己的部队中抽调兵力去支援佩德罗，相关费用将由佩德罗承担。

286　　然而，特拉斯塔马拉的恩里克的进攻迅猛而高效，使得佩德罗来不及组织防御。佩德罗抵达加斯科涅的时候，只带了少得可怜的几名扈从，几乎没有什么个人财物。也就是说，他既没有自己的部队，也几乎没有资金。英格兰方面如果想要帮助佩德罗夺回王位，就必须动员一整支军队，还要与佩德罗达成贷款协议，以便他支付军饷。这样做的风险非常高：英方兵力的伤亡会更大，而且只有打败恩里克且佩德罗履约还款，英格兰才有可能收回投资。

　　黑太子必须承担上述大部分风险，因为进攻卡斯蒂利亚的组织工作必须要在邻近的加斯科涅进行。黑太子必须以他自己的扈从、在阿基坦效力的英格兰官员和士兵、加斯科涅贵族及其手下、自由佣兵团的队伍为主体，打造一支军队。此外，他要从英格兰调遣一部分部队作为增援。在战争的开始阶段，黑太子还必须从阿基坦的国库和他的私人储蓄中掏钱，而且这笔开支相当巨大。

　　除了这些负担之外，这次军事行动还会带来棘手的外交问题。英军必须要经过龙塞斯瓦列斯山口，而这里受纳瓦拉的查理控制。因此，英格兰和卡斯蒂利亚的条约还必须捎上纳瓦拉，取得纳瓦拉的查理的支持。这又会产生更多开销，而且它也必须由黑太子先行承担。更重要的是，出征卡斯蒂利亚的行动顺利与否取决于纳瓦拉的查理能否守信履约，而此人在政治上偏偏以奸诈狡猾闻名。

　　编年史作者让·傅华萨当时正在加斯科涅。傅华萨认为，黑太子不假思索地答应帮助佩德罗，似乎是因为他认为这是"路见不平，拔刀相助"的英雄之举，甚至之后他才想到要征求父亲的同意。傅华萨记载道，黑太子"高尚而勇敢，颇受全世界尊敬，更受到他手下士兵的爱戴"，非常怜悯不得不流亡的佩德罗，而且因两国的互助条约觉得自己有义务出手相助。另外，黑太子当时正处在其军事生涯的巅峰，出征西班牙的想法对他来说很有吸引力。傅华萨对此评论说："他开始相信，只要他决定帮助佩德罗夺回王位，就没有活人阻止得了他。"

傅华萨还在作品中透露，黑太子的议事会议中有许多成员反对他帮助佩德罗。他们提出，阿基坦目前处于和平状态，这时知足守成更为有益，因此不应该冒险南征。他们还说，佩德罗反复无常、性情残暴、睚眦必报，是一个十足的暴君；正是因为他自己劣迹斑斑，才招致了上帝的惩罚。但黑太子否决了他们的异议。他宣布说：

> 我要告诉你们，是什么说服了我帮助他。我认为，让一个私生子继承国王之位，还让他将合法婚生、拥有继承权的兄弟赶走，既不体面，也不恰当。没有哪位国王或是王子能够袖手旁观，因为这有损所有君主的尊严。此外，我父王与卡斯蒂利亚的佩德罗是多年的盟友，还订有盟约，因此只要佩德罗提出要求，我们就有义务相助。

傅华萨接着写道：

> 这就是黑太子为他的选择给出的解释：他认为自己有

义务帮助落难的卡斯蒂利亚国王。他向议事会议清楚地阐述了这一点。在此之后，再也没有人能够改变他的想法，而他的（要如此行事的）信念日益坚定。

傅华萨认为，黑太子已经从伟大崇高变得浮夸，因为他已经脱离了现实。傅华萨是这样阐释的：

> 在黑太子想要帮助佩德罗夺回王位的意图公开之后，很多人感到十分吃惊，这也成了大家的主要话题之一。有人说，是怜悯之心和正义感让他决定帮助佩德罗夺回王位，因为无论是由私生子来掌管一个王国，还是为之冠以国王之名，都太离谱了。但也有人说，太子决定出征是因为他不甘人后、狂妄自大，而且嫉妒贝特朗·杜·盖克兰，因为后者在帮助（特拉斯塔马拉的）恩里克当上国王的过程中声望大涨。就这样，许多骑士和骑士侍从都持有不同的意见。

傅华萨是亲历者，因此他的话有很高的可信度。他的记载非常有影响力，现代历史学家也基本上同意他的看法。

这次出征对黑太子和他统治的地区影响深远，是他人生中的转折点。傅华萨的记载后来成了英格兰政府一贯的官方立场。也就是说，爱德华三世承认佩德罗才是合法的国王，并且根据双方协议履行了出兵相助的义务。然而，有一点几乎可以肯定：傅华萨在黑太子的议事会议内部也有消息源，而且他还能和阿基坦宫廷里的其他人交流。根据交流的内容，他对黑太子的动机做出了判断，并加以严厉批评。

然而，我们应当谨慎对待傅华萨的意见。尽管他在记载中旁敲侧击，但黑太子其实并没有立刻对佩德罗的请求做出回复。傅华萨记载的其实是从1366年8月1日佩德罗抵达加斯科涅，到同年9月23日两人订立协议的大约七周时间。想弄清楚这个关键时期中到底发生了什么，我们就要更加仔细地审视佩德罗的性格，当然还有他和黑太子之间的谈判过程。

†

虽然后世将佩德罗称为"残酷者佩德罗"，不过我们必须将这一称号严格地置于当时西班牙权力斗争的背景中去理解。佩德罗的宿敌阿拉贡国王彼得四世也很严厉，甚至以虐待为乐。他曾命人将巴伦西亚（Valencia）叛军召开大会时用的钟熔化，再强迫叛军的首领们喝下这滚烫的金属熔液。之后，彼得将这一刑罚称为"一件公正的事"，甚至吹嘘此事颇具独创性。他还吞并了马洛卡（Majorca）王国，并将被废黜的国王，也是他的侄子詹姆斯四世（James IV）囚禁在铁笼中。彼得详尽地写下了为防止詹姆斯逃脱而特别设置的监禁条件和看守措施。然而，尽管阿拉贡国王有时会突有暴虐之举，却很少因暴怒而冲动地做决策。他的决定都是在与他的参谋们商议之后，基于合理的政治考虑做出的。

彼得四世的统治也有一些优点。他饱读书卷，善作诗赋，通晓多门语言，喜好盛大排场，还极为热衷于研究历史和骑士故事。他整体上还比较受臣民爱戴，也会费心去保护他们的权益。卡斯蒂利亚国王佩德罗则恰恰相反：他性情反复无常，而且睚眦必报。例如，他谋杀了自己同父异母的哥哥法德里克（Fadrique），也就是特拉斯塔马拉的恩里克的孪生兄弟。这一疯狂的举动最终也损害了佩德罗自己的利益。在佩德罗统治的最初几年中，法德里克是贵族反对派的重要领导人之一。但到1356年年初时，法德里克开始疏远原先的盟友，包括自己的孪生兄弟恩里克，转而与国王修好。

佩德罗就这样获得了一个强大的盟友，本可以大大巩固自己的势力。1358年5月，法德里克刚刚从阿拉贡王国手中夺取了胡米利亚（Jumilla），率领得胜之师回到了塞维利亚（Seville）。佩德罗邀请法德里克前往塞维利亚的王宫用膳，法德里克不知有诈，欣然前往。佩德罗以最友好的态度欢迎了法德里克，然后命令卫兵锁上大门，在王宫中追杀自己的客人，将他连砍带砸地杀害。在杀害法德里克之后，佩德罗又在遗体所在的房间内设宴用膳，而法德里克那残缺的尸体在进餐期间一直躺在原地。

古铁雷·德托雷多（Gutier de Toledo）是佩德罗的猜疑和暴怒的又一受害者。他是佩德罗的忠实仆从，担任国王的首席军事顾问、王室卫队队长，不论是作为士兵还是外交家都能力出众。他还参加过对阿拉贡的战争，保卫了卡斯蒂利亚的东部边界。但是佩德罗可能听信了没有根据的传言，突然认定古铁雷与敌人勾结。佩德罗没有采用无罪推定原则，甚至不给古铁雷解释的机会，就设下陷阱，命人将古铁雷诱杀。古铁雷在被处决前不久给佩德罗写了一封信，信中的观点颇有先见之明：

> 我的领主，我亲吻你的手，向你告别。我现在要往另一位更伟大的主那里去了。从你出生的那一天起，我就在忠诚地为你效力。尽管如此，你还是下令将我处死……现在，在我将死之时，我要给你最后的忠告。你如果不丢下

匕首，不停止滥杀，那么一定会失去你的王国，也会把你自己置于最危险的境地。

佩德罗对妻子波旁的布朗什更是凶狠残暴。当她前往巴利亚多利德（Valladolid）与佩德罗成婚时，佩德罗将她晾在一边，让她等了好几个月才匆匆完婚。婚礼之后，他又立刻回到了情人玛丽亚·德帕迪利亚（Maria de Padilla）的怀抱。可怜的布朗什先是被严密看守，后来又孤身遭到软禁，最终被谋杀，而且杀手很有可能就是佩德罗找的。尽管人们无法证明佩德罗参与了此事（在1362年与英格兰签订协议之前，他还通过自己的大使表示强烈抗议，称自己是清白的），但他还是有嫌疑，因而他的仇家们纷纷炮制出各种骇人听闻的故事，说他有一大群犹太人和摩尔人情妇。

政治是一场关于人心的游戏。佩德罗似乎偶尔也会灵光乍现，采取清醒、合理的治国之策：他建立了一支海军，开始进行军事改革，并确立了稳健的商业政策。他与卡斯蒂利亚国内的不少城市也建立了良好的关系。然而，他还是渐渐地失去了贵族和教会的支持，而这一点很快就被恩里克利用了。没有贵族的支持，中世纪的国王就很难在战斗中取胜。在佩德罗面对敌军节节败退时，只有他的盟友、格拉纳达苏丹穆罕默德五世（Muhammed V）派来的骑兵部队还一直追随着他。

实际上，佩德罗与穆斯林统治的格拉纳达的结盟，以及他对摩尔文化的热衷（他按照阿尔罕布拉宫的建筑风格修建了塞维利亚王宫），使整个欧洲都对他持怀疑态度。1357年，他拒绝按照教廷的调解行事，继续推进与阿拉贡的战事，因而被教宗英诺森六世开除了教籍。在被教会除名之后，佩德罗似乎变得更加残忍了。1364年6月,他向边境城市穆尔西亚(Murcia)派出一支摩尔人轻骑兵,还要求他的臣民与之会合并越过边界,在对方的地盘里搞破坏:"同他们一起去,好好搞破坏,让那里毁无可毁;发动最残忍的战争,砍下你们捉住的所有人的脑袋,杀死每个被俘的阿拉贡人。"

佩德罗还明确表示,未能按照其嗜血命令行事的人也会面临最可怕的厄运。他在附注中写下了这样一段令人毛骨悚然的话:"放心,如果不这么做,你们自己的脑袋就会被送给我。"佩德罗的这些话不仅仅是令人不安,甚至可以说非常疯狂。渐渐地,王室的文件摒弃了"违者将致君颜不悦"的表述,换成了更为生动的"如果你失败,你的脑袋就会被送回来"。这些事让佩德罗在国内外都声望扫地,我们也同样不难理解为什么黑太子的谋臣们对佩德罗持保留意见了。傅华萨对此回忆说:

> 卡斯蒂利亚国王佩德罗是一个尤为残忍、邪恶的人。在他手中,他的王国已经经历了大量不平之事,有许多勇敢的人既没有经过审判,也没有得到合理解释就被砍头、被谋杀。正是因为命令或默许了这些罪恶的行动,他最终失去了他的王国。
>
> 此外,他还是教会的敌人,被我们的圣父(教宗)开除了教籍。他一直被视为暴君……在他的王国之内有许多人说——甚至他自己的仆从中也有不少人相信——他杀害了他的妻子……他之后所遭受的所有痛苦都是上帝的惩罚。上帝降下旨意惩罚他,为的是警告其他国王和王公,让他们永远不要犯下这样的罪行。

在这一系列可怕的事件中，有一件新近发生的事尤为引人关注。1366年夏佩德罗在逃离西班牙的途中，下令谋杀了圣地亚哥（Santiago）大主教苏埃罗·戈麦斯（Suero Gómez），而且谋杀地就在大主教自己掌管的大教堂中。圣地亚哥德孔波斯特拉（Santiago de Compostela）是圣雅各（即圣詹姆斯）的神龛所在地，也是欧洲最著名的朝圣地之一。编年史作者佩德罗·德阿亚拉（Pedro de Ayala）写道："对圣地亚哥大主教的谋杀是非常邪恶、丑陋的。他掌管的大教堂是西班牙之守护圣人和保护者的遗骨所在地，而就在这样一个世界各地的人都前来朝圣的地方，大主教遇害了。"

1366年5月，恩里克回到西班牙，并且公开宣布要争夺王位。在宣传方面，他火力全开，将佩德罗描述为：

> 一位邪恶的暴君，上帝和圣母教会的敌人——他的邪恶和残忍与日俱增。他毁坏教堂，帮助摩尔人和犹太人聚敛钱财，让他们有能力削弱天主教信仰。他已经犯下了这些罪行，我们只有将他赶走，才能把我们的国度从他的暴政下解放出来，为上帝效力，并提升神圣的教会和神圣信仰的地位。

据傅华萨记载，教宗乌尔班五世不但再次确认了剥夺佩德罗教籍的决定，还批准了对他的废黜，转而承认恩里克为合法继承人，允许恩里克合法地声索王位。

黑太子与佩德罗的谈判进行得并不顺利，这说明他对于原先的协议就存有疑虑，而且自协议签订以来，这种疑虑有增无减。黑太子非常虔诚，以道德准则为自己的行事准绳。

考虑到二人在个人品德、对欧洲骑士精神的理解，以及对教会的尊重等方面的差异，我们可以想见，黑太子非常不愿意与佩德罗有任何交集。

黑太子热忱地笃信十字军东征的信条；佩德罗却与受穆斯林统治的格拉纳达建立了同盟关系。黑太子善待俘虏，是世人的榜样；佩德罗却命令就地处决俘虏，而且对骑士精神的惯例视若无睹。黑太子非常尊敬圣地亚哥德孔波斯特拉的朝圣之地（他的档案中有很多记录显示，他向手下侍从赐下赏金，以便他们可以前去朝圣）；佩德罗却在大教堂这个圣地中谋杀了圣地亚哥大主教。黑太子很清楚，自己的抉择事关重大：他在基督教世界的声誉和地位俱系于此。坎特伯雷的佚名编年史作者在记载中暗示，黑太子对于帮助佩德罗夺回王位并无太大兴趣：

> 太子收到了佩德罗的求助。佩德罗声称自己是西班牙的合法国王，激动地讲述了他的理由，并请求太子帮助。太子听了佩德罗的话，但只是回复说，只有在自己方便的时间和地点，才会就这些事做出回应。

《不列颠人纪事》的作者则强调说，黑太子最初并不愿意向佩德罗提供支持："他拖延了很久，只是说他需要就此事听取意见，还要和他的父亲以及国王的御前会议商议。"这位作者还写道，黑太子不愿意帮助佩德罗，"因为这样的行为是对教宗和基督教会的不敬"。

加泰罗尼亚贵族奥多纳伯爵（count of Odona）贝尔纳特·德卡夫拉拉（Bernat de Cabrara）在那年夏季的早些时候，

曾经指挥一队士兵为佩德罗效力，这时又来到波尔多与佩德罗会合。黑太子十分欢迎他，也邀请他参加议事。奥多纳伯爵记录了8月17日举行的一次会议的情况。参加者有黑太子、佩德罗、纳瓦拉的查理、阿马尼亚克伯爵、阿尔布雷男爵和让·德·格拉伊等人。奥多纳伯爵惊讶地注意到，大家并未就是否帮助佩德罗做出决定。不过，黑太子和富瓦伯爵加斯顿·费布斯倒是进行了一些谈判。奥多纳伯爵评论说："举行这次会议像是为了让费布斯和阿基坦亲王和解，而不是为了达成对卡斯蒂利亚国王有利的协定。"

第二天，奥多纳伯爵又说："我们不确定亲王和富瓦伯爵之间的谈判会有怎样的结果。这两位大人物之间有很多恩怨需要化解。"他还注意到，佩德罗在等待的过程中变得越来越焦虑："他原本希望亲王会热情地欢迎他并给出协助承诺。可现在，他越来越焦虑，愿意向亲王许下任何承诺。"坎特伯雷的佚名编年史作者相信，只要黑太子伸出援手，佩德罗甚至愿意让他继承自己的王位。

黑太子则向他的父亲派出了一个代表团，由他的管家奈杰尔·洛林爵士率领。洛林知道，爱德华三世希望遵守英格兰和卡斯蒂利亚之间的协议，但是黑太子并没有这样的意愿。谈判已经持续了几周，而且气氛越来越紧张。见多识广的威斯敏斯特修道院修士雷丁的约翰（John of Reading）为我们提供了后续进展的诸多细节，信息来源可能是与洛林本人或是其随从的谈话。雷丁的约翰对于政治事件和当时的风土人情有细致入微的观察，描写的笔触还略显尖酸。他有着极高的道德标准，并且期望公共生活的参与者也能遵从这些准则。他还强烈反对一切不必要的仪式和炫耀，不管是比武大会，还是最新潮的服饰。

295 如果黑太子像傅华萨所说的那样迷失在表象的世界中，向虚荣和傲慢低头，那么雷丁的约翰一定会立刻就注意到。然而，约翰对黑太子的评价是完全正面的。他赞扬黑太子有虔诚坚定的信仰，对教会总是非常慷慨。约翰还认为，面对合理建议，黑太子会听取而不是置之不理。

雷丁的约翰首次见到黑太子是在 1355 年夏。当时黑太子即将出征加斯科涅，来到威斯敏斯特教堂做祷告。约翰那时就十分赞赏黑太子的虔诚。塞浦路斯的彼得（Peter of Cyprus）派出使团为针对奥斯曼土耳其的十字军东征寻求支持，1362 年 5 月，黑太子热烈地欢迎了使团成员。他们在英格兰停留时，一直在黑太子位于肯宁顿的新宫殿中接受热情款待。两年之后，黑太子又在阿基坦接待了彼得本人。这些举动受到了雷丁的约翰的赞扬。约翰认为黑太子自己就有能力领导一次十字军东征，就像布里德灵顿的约翰①所预言的那样。在《布雷蒂尼条约》签订后，雷丁的约翰相信，黑太子有能力复兴十字军东征运动。如果黑太子的军事才能被用来支持格拉纳达穆斯林的盟友，这样的浪费对约翰来说简直无法接受。

雷丁的约翰非常清楚佩德罗是如何对待妻子的。约翰也赞扬了黑太子，因为他"就像一个真正的基督徒应当做的那样"，恪守了自己的结婚誓言。考虑到与西班牙方面的谈判，约翰还称赞黑太子选择了道德上的正直，而非政治务实。约翰知道在这件事上黑太子与他的父亲意见相左，并因为黑太子不愿帮助佩德罗而对他大加褒奖。约翰相信，黑太子的立场是正直高尚的，爱德华三世却为了国事而罔顾佩德罗的恶行。雷丁

---

① 即约翰·厄尔格霍姆。

的约翰坚信，英格兰国王已经决意帮助佩德罗夺回王位，还想迫使黑太子接受这一决定。

雷丁的约翰猜得没错。爱德华三世和黑太子曾建立一种合作伙伴式的关系，这种关系是以军事力量和对宗教规则的遵从为基础的。父子二人会在出征前一同祈祷，并且会将胜利献给上帝。嘉德骑士团不仅是骑士团体，还是精神和宗教方面的兄弟会。信仰的虔诚带来了战场上的胜利。但在兰斯之战和可怕的"黑色星期一"之后，英格兰人在战场上受到挫折，于是父子二人听从了上帝的旨意，签署了停战协议。可是现在，英格兰国王变了。

14世纪60年代，爱德华三世通过多种方式展现家族的荣耀，包括举办奢华的宫廷庆典，在温莎和威斯敏斯特大兴土木，授予几个儿子新的头衔、权力和影响力。安特卫普的莱昂内尔获封克拉伦斯公爵（duke of Clarence），还被任命为爱尔兰总督。冈特的约翰此前已经通过与格罗斯蒙特的女儿布兰奇成婚继承了兰开斯特公爵的头衔，此时又获得了英格兰北部以及英格兰与苏格兰的交接地区作为封地。兰利的埃德蒙获封剑桥伯爵（earl of Cambridge），爱德华三世还计划让他与佛兰德联姻。伍德斯托克的爱德华已经是阿基坦亲王了。万事俱备，就只差一场军事胜利了。如果黑太子能够打赢这一战，英格兰和卡斯蒂利亚的盟约就能得到巩固，爱德华三世的家族就可从此威震欧洲。英格兰国王不愿放弃这种可能性。

傅华萨准确地捕捉到了浮夸的元素，但它来自国王本人，而不是黑太子。黑太子选择让自己的管家奈杰尔·洛林爵士率领使团，正是因为洛林处事灵活老练、性格坚韧、为人正直。

但是爱德华三世不愿接纳不同意见,于是黑太子选择了可与罗兰伯爵当年的壮举相提并论的处理方式。当时的事态来不及等待信使往返威斯敏斯特和波尔多,因此黑太子在洛林出发之前就与他商议好了对策。他们二人一致认为,黑太子对父亲效忠的义务比他对他自己任务的不满更重要。然而,黑太子首先想让国王做出一项重大让步。

黑太子提出,他要监督他自己、佩德罗和纳瓦拉的查理之间的三方协议的细节。他还坚持要求佩德罗庄严宣誓,"回到卡斯蒂利亚之后要修正他的生活和施政方式,尤其是在与教会有关的方面"。黑太子告知爱德华三世,如果做不到这些,自己就不会率兵出征。他还保留了公布佩德罗的誓言的权利。爱德华三世同意了。

佩德罗也接受了黑太子提出的条件。这些要求在英格兰和加斯科涅四处传播。佩德罗庄严宣誓,如果他能够夺回王位,就会接受如下条件:

> 他将维护神圣教会的权益、信仰和信念,保护其教士,与教会的敌人斗争。
> 他将归还一切用不正当的方式没收的教会财物。
> 他将全力驱逐他王国中的所有萨拉森人(穆斯林)。
> 他将迎娶一位女基督徒为妻,再不爬上其他女人的床榻。
> 他将在一生中信守上述承诺。
> 在以上条件的基础上,亲王同意协助他。

这些誓言说明,黑太子虽然要为佩德罗出生入死,但对其非常厌恶和不满。黑太子不太可能真的指望佩德罗会遵守这些誓言，但还是试着转移对他与佩德罗结盟一事的批评之声，并希望求得上帝原谅。

在波尔多以东25英里（40公里）的利布尔讷，经过12天的紧张谈判，各方最终在1366年9月23日敲定了协议。据估计，这次出征将持续半年，黑太子和直接听命于他的军队的总开销将达到25万弗罗林金币。加斯科涅贵族的扈从的开销据估计约为30万弗罗林金币。因此，此次出征的支出总额高达55万弗罗林金币（约合82500英镑）。

如果佩德罗能够夺回王位，他将于1367年1月10日接过出资责任，并将在接下来的两年中向黑太子偿还这笔债。作为对黑太子的回报，在战斗中俘获的所有俘虏都将归其所有，而且他还有权在西班牙北部比斯开湾沿岸的比斯卡亚（Vizcaya）分封土地。纳瓦拉的查理也将获得土地，作为对他提供支持的报答。佩德罗还承诺，所有来到卡斯蒂利亚朝圣的英格兰人都可获得免税待遇。

利布尔讷达成的协议所涉及的金额都是估算；等到战事结束，佩德罗将会收到一份完整的报表。如果实际金额大大超出预估，那么黑太子很可能只能靠自己的资源来承担大部分额外支出，而佩德罗偿还全款的可能性会更小。

协议还为这次战役提出了一份日程表，将决定性的行动定在了晚秋。军队将在1366年10月10日集结，并于月底前翻过比利牛斯山。他们的目标是尽快与恩里克开战，并且引发支持佩德罗的大规模起义。他们希望，到次年1月初时，佩德罗就能坐回王位，然后部分部队就可以先行解散，其余部队则负责帮助佩德罗控制全境。整支远征军应当能够在4月前回到加斯科涅。和许多此前及此后的军事行动一样,这一次对开销和时间的预计都过于乐观了。

†

帮助佩德罗的决定催生了一股巨大的能量。大家不再等待,新的伟大征程即将开启。黑太子回到波尔多,让他的手下做好准备。钱多斯传令官讲述道:

> 他不论地位高低地召集了他领地上的许多高贵勇敢的骑士;约翰·钱多斯爵士也没闲着,因为他去大佣兵团(自由佣兵团)召集士兵了,共召集了大约十四个(军)阵……太子还搜罗了大量金银,准备发给他的士兵们。之后,波尔多的铁匠们打造了长剑、匕首、链甲、头盔、短剑、斧头,还有手甲。它们数量巨大,足可满足三十位国王所需。

这些士兵在波尔多以南 90 英里(145 公里)的达克斯(Dax)的军营中集结。和黑太子之前的几次军事行动一样,士兵们参战的原因各不相同。亨廷顿郡(Huntingdonshire)的骑士威廉·穆瓦涅(William Moigne)爵士曾因为在普瓦捷会战中英勇奋战而获得了 100 马克(66 英镑 13 先令 4 便士)的年金;对他来说,这次参战是出于忠诚:他加入了黑太子的扈从队伍,不论在和平还是战争期间,他都会和他的领主站在一起。与他相反,约克郡的约翰·萨维尔(John Saville)爵士曾追随许多不同的将领作战。他在军界颇受好评,也熟识许多战士。1357 年,有两名士兵在布列塔尼被指控谋杀,萨维尔帮他们说话，从而让他们获得了赦免。萨维尔是由黑太子的元帅伯克姆斯特德的亨利（Henry of Berkhamsted）招募的，亨利看中的就是他的韧性以及在危机中的可靠品质。

威廉·埃尔姆伍德（William Elmwood）爵士则是为赚钱而参战。他是雇佣兵，曾加入贝特朗·杜·盖克兰的军队，帮助恩里克登上了王座；当约翰·钱多斯爵士向他许诺一笔丰厚的酬劳时，他也很乐意改旗易帜，帮忙把恩里克赶下台。约翰·戈达德（John Godard）爵士参战的动机是冒险。他当时21岁，这是他的首次出征，帮助卡斯蒂利亚国王夺回王位的使命让他激动不已。戈达德天生就不安分：他之后又去普鲁士参加了十字军东征，先后抵达了耶路撒冷和威尼斯；又在威尼斯加入了迪拉斯公爵（duke of Duras）的队伍，为冒险"远渡重洋"。

此外还有那些加斯科涅领主，由让·德·格拉伊和阿尔布雷男爵阿尔诺·阿曼努率领。阿尔布雷男爵在1366年春就到过卡斯蒂利亚，并且非常精明地向当时还是国王的佩德罗建议说，对付自由佣兵团的最好方法就是给他们更多的钱，打发他们回家去。不幸的是，佩德罗当时没有听取这一建议。阿尔布雷男爵非常支持此次军事行动，而且募集了一支上千人的队伍，远超黑太子的预期。黑太子的弟弟冈特的约翰也预计将从英格兰带来800多名长弓手。

查理五世的弟弟安茹公爵路易是法国国王在朗格多克的总督。他向阿拉贡国王彼得四世发出了一连串焦急的信息："太子正在集结一支强大的军队，而且很显然他将亲自领导这次入侵行动……很快，他的军队就将启程……如果我们不能守住山口，他就会彻底摧毁恩里克。"一位为瓦卢瓦家族服务的编年史作者这样描述那些正在集结的士兵："他们强硬而勇敢……这是很长时间以来人们见过的最强大、军纪最严明的部队。"

看起来，各个方面都进展顺利。加斯顿·费布斯的奥尔泰兹城堡位于达克斯东南方 25 英里（40 公里）处。过去两年里，黑太子和费布斯一直在为后者作为贝阿恩男爵是否该向黑太子宣誓效忠一事僵持不下，就连教宗派出的调解官图卢兹大主教若弗雷（Geoffrey）也无能为力。黑太子这次终于和善变的费布斯达成了协议：黑太子暂时不强制要求费布斯宣誓效忠；作为回报，费布斯要允许黑太子的军队从自己的领地前往比利牛斯山。二人得以重修旧好。现在，黑太子这支 6000 人的军队在等待冈特的约翰和他的长弓手。他们一抵达，大军就会挥师南下，向西班牙进发。

黑太子非常迫切地希望长弓手尽快前来。恩里克的部队中有很大一部分是所谓的"西班牙轻骑兵"。他们骑马作战，配备有标枪、剑和盾牌，身着轻甲，马匹则完全没有防护。黑太子很清楚，西班牙人对于长弓手在阵地战中的巨大威力还一无所知。而他的弟弟此时正在其英格兰北部的领地中招募成百上千的长弓手。

然而，时间才是关键。冈特的约翰原计划于 10 月 20 日出发前往波尔多。不幸的是，由于德斯潘塞男爵爱德华（Edward）来势汹汹地对他提起了诉讼，约翰的行程被耽搁了。在雷丁的约翰看来，这是自国王爱德华和黑太子决定支持佩德罗以来的又一个坏兆头。他记载道："全国许多地方都有人看见流星。落地时，它们将周围的人的头发和衣物都烧了。"

黑太子的士兵们开始变得躁动不安。钱多斯传令官回忆说："他们在达克斯用了大半个冬天来等待远方的战友完成集结。"冈特的约翰到12月22日时才终于得以起航,这比他的计划要晚了两个月。他不愿在冬季冒险从英格兰直接远航到波尔多,因此选择在布列塔尼的圣马蒂厄角(Pointe St-Mathieu)登陆,然后向南行军。这虽然是个合理的决定,但耗费了更多时间。

这次军事行动的开销也在不断增加。为了帮忙应付这笔开支,黑太子命人熔掉自己的银盘,还卖掉了一些珠宝和宝石。他也试图缩减部队的规模,还为此与阿尔布雷男爵发生了争吵。恩里克利用这段被耽搁的时间开启了与纳瓦拉的查理的谈判。恩里克向查理承诺,他如果改变立场,就能获得可观的回报。1367年1月初,纳瓦拉的查理同意撕毁在利布尔讷签订的协议,不放黑太子的部队通过比利牛斯山。这样,黑太子就必须面对龙塞斯瓦列斯山口的守军。阿拉贡国王彼得四世得意地写道:"纳瓦拉国王同卡斯蒂利亚的恩里克签订的协议会让威尔士亲王无法进入西班牙。他将不得不放弃这次行动。"

据钱多斯传令官记载,黑太子的妻子肯特的琼安当时怀有身孕,变得十分焦虑:

> 她心中充满苦闷,暗自责备恋爱女神让她身居如此高位,拥有世界上最具权势且英勇过人的王子,却仍要担惊受怕,怕自己会失去他。她周围的人都说,从未有人在如此危险的事业上押这么高的赌注……
>
> 太子尽可能地安抚她说:"我的好夫人,不要哭泣,不要灰心,因为上帝是全能的。我们将在充满欢乐的环境中重逢,身边有我们所有朋友的陪伴,因为我的心告诉我会是如此。"

他们甜蜜地拥抱、亲吻、告别。王妃当时身怀六甲，她的忧愁持续到了分娩。她生下了一个健康的儿子，名为理查。大家都非常高兴，太子更是欣喜不已。大家异口同声地说：看吧，这真是极好的开端！

理查生于 1367 年 1 月 6 日。不久之后，黑太子就策马前往部队的集结地达克斯，而冈特的约翰在一周之后才终于赶到。黑太子命令正在西班牙北部率部抢劫的休·卡夫利爵士北上，威胁要劫掠纳瓦拉的查理的领地。卡夫利自然乐于执行这样的命令。查理于是赶紧来到达克斯，谄媚地道歉说，这只是个"误会"，他只不过是在哄骗恩里克而已。龙塞斯瓦列斯山口又重新对黑太子开放了。

1367 年 2 月初，英格兰 - 加斯科涅联军在比利牛斯山脚下的小城圣让 - 皮耶德波尔（Saint-Jean-Pied-de-Port）集结。这里是通往圣地亚哥德孔波斯特拉的朝圣之路的起点。从 12 世纪起，就有许多手稿形式的朝圣指南和旅行手册描述山口的美景——"一个你几乎可以触摸到天空的地方"；但它们也警告说这里十分危险。这些指南都建议，不应当在冬季尝试翻越比利牛斯山。

黑太子的士兵们抬头仰望，能看到群山巍峨雄壮，山顶不时隐没在云雾中。《罗兰之歌》讲述了罗兰伯爵是如何在这里，在龙塞斯瓦列斯山口悲壮地抵抗萨拉森人的军队的。他们将路过罗兰生命中最后一战的战场，以及据说埋葬着其遗骨的修道院。他们自己也即将踏上充满危险的旅途，并不是所有人都能幸存。每个人都感受得到命运的重量，历史即将谱写新的篇章。彼得伯勒的沃尔特（Walter of Peterborough）说："我们想到了翻越阿尔卑斯山的汉尼拔。"

这段 17 英里（27 公里）长的路程只能在一天中那九个小时的天亮时间通过。圣让-皮耶德波尔海拔 590 英尺（180 米）。出了小城的南门，道路就开始蜿蜒而上。3 英里（5 公里）之后，道路开始变得陡峭；7 英里（11 公里）之后，能走的地方就只称得上一条小径了。黑太子的军队必须全副武装地攀爬 4000 英尺（1220 米），还要尽可能地携带补给。在他们沿山路攀登的过程中，天气随时可能发生变化，几分钟之内就可能从艳阳高照变为雨雪交加、冷雾密布、冰雹骤降。不论是人是马，只要脚下不稳，就都会坠入深渊，摔得粉身碎骨。

黑太子和他手下的将领们将军队分成三部，分别在不同的日子登山。2 月 14 日，冈特的约翰和约翰·钱多斯爵士率领黑太子的先头部队翻过了比利牛斯山。之后，天气开始恶化，部队主力等待了五天时间。2 月 19 日，黑太子决定，不论如何，第二天他们都要翻过山口。当天晚上，佩德罗在圣让-皮耶德波尔给穆尔西亚市民大会写信，宣告自己将回到卡斯蒂利亚，镇压特拉斯塔马拉的恩里克发起的叛乱。第二天，黑太子和佩德罗一同率军向龙塞斯瓦列斯山口进发。将士们沿途不得不忍受冰雪天气和刺骨的寒冷。钱多斯传令官对此记忆犹新：

> 从没见过这么难走的山路。你可以看见人倦马乏，所有人都蹒跚前行。没有人停下来等待战友，甚至没有父亲停下来等待自己的儿子，因为此地极为寒冷，尽是冰霜，人人自危。但是感谢上帝的怜悯，我们成功翻过了山口。

2月23日，黑太子的主力部队抵达了纳瓦拉王国的首都潘普洛纳（Pamplona）。阿马尼亚克伯爵率领殿后的部队于不久之后也赶了过来，之后的几天就用来供士兵们休整。接着，黑太子收到了一封来自特拉斯塔马拉的恩里克的信。恩里克在信中表示，对黑太子大军压境"十分吃惊"，还坚称自己从未做过有害于黑太子之事。接下来，恩里克就抛出了他的对手佩德罗最害怕的观点。恩里克写道："在我看来，对于我的敌手（佩德罗）过去是如何统治这个王国的，您似乎并未获得准确信息。他杀害了他自己的王后，也就是他的合法妻子波旁的布朗什……他还侵犯了教宗和教士们的所有权利，于是上帝判他有罪，他对这个王国的所有权宣告失效。"

之前，黑太子曾经试图为自己的这次出征找回一些宗教方面的正当性。他在利布尔讷协议中坚持要求，如果有一天卡斯蒂利亚对穆斯林统治下的格拉纳达发动十字军东征，他自己就有权指挥这支军队的先锋部队。黑太子账本中的记录显示，1367年2月20日他向佩德罗借出了一笔钱，以便他们二人都能够向龙塞斯瓦列斯的牧师会教堂捐款。然而，黑太子这时得知，卡斯蒂利亚三大十字军骑士团——卡拉特拉瓦骑士团、圣地亚哥骑士团和圣约翰骑士团[①]——的团长，以及绶带骑士团的成员，都将与恩里克并肩作战。而启发爱德华三世建立嘉德骑士团的正是绶带骑士团。

在信的结尾处，恩里克着重讲述了自己作为骑士的资历，并且向黑太子发起了挑战。他要求黑太子说明进入卡斯蒂利亚的地点，以便两军在那里列阵对战。黑太子没有给出回复。他

---

① 即医院骑士团。

过去的沉着自信正在慢慢流失。

黑太子派托马斯·费尔顿（Thomas Felton）爵士率领一支人数众多的侦察队去探查恩里克的动向。费尔顿率领着500人向西南方向进发，穿过了纳瓦拉，渡过了埃布罗河（Ebro），从洛格罗尼奥（Logrono）进入了卡斯蒂利亚境内。他们前进至一个叫纳瓦雷特（Navarrete）的村庄，在距离卡斯蒂利亚军队不到20英里（32公里）的地方设立了"观察哨"。

纳瓦拉的查理向对战双方都做出过承诺，说他将"亲自"在双方的军队中效力，还会叫上扈从助阵。然而，这两份诺言他都不打算遵守。3月11日，查理故意让自己在外出狩猎时被杜·盖克兰的手下，也就是恩里克一方的奥利维耶·德莫尼（Olivier de Mauny）"俘虏"。之后，他被安置在阿拉贡一处城堡内，到战斗结束后才得以"逃脱"。这简直是一出惊人的荒诞派戏剧表演，给人们留下了查理仍在为黑太子战斗的模糊印象，也让查理成了全欧洲的笑柄。不过，看到情况的不确定性后，黑太子决心尽快离开纳瓦拉。

然而，黑太子并没有按照费尔顿探查的路线前进，而是向西朝小城萨尔瓦铁拉（Salvatierra）行军，准备沿着比托里亚（Vitoria）到布尔戈斯（Burgos）的道路从另一个方向进入卡斯蒂利亚。很难猜测他选择这条路线的原因是什么。通往圣地亚哥的朝圣道路从潘普洛纳起就出现分岔，黑太子可能参考了推荐偏北路线的指南。确实，乍看之下，这条路看起来是最便捷的道路：从潘普洛纳到比托里亚的距离是50英里（80公里），比途经洛格罗尼奥要少5英里（8公里）。然而，这条路线的路况非常糟糕。

黑太子召回了托马斯·费尔顿爵士率领的侦察队，继续前进。但是士兵们发现,他们脚下道路的状况越来越差,而且周边地区也是一片荒芜。黑太子的部队必须穿越荒凉的阿拉瓦(Álava)山区。这里气候恶劣,地面崎岖不平,部队因此行动缓慢,且很难找到补给。钱多斯传令官沉重地写道:"我们翻越了阿鲁阿苏(Arruazu)的山口。此处十分狭窄,部队经历了许多困苦,找不到什么补给物资。"这支筋疲力尽的部队抵达萨尔瓦铁拉之后,花了足足六天的时间进行休整。他们因此错失了奇袭的时机。非常耐人寻味的是,这一次黑太子竟没有事先派人侦察好行军路线。

等到黑太子的部队抵达比托里亚时,恩里克的卡斯蒂利亚军队以及贝特朗·杜·盖克兰和都德雷昂元帅率领的布列塔尼和法国部队已经挡住了英军的南下之路。恩里克坚守着比托里亚以南 3 英里(5 公里)处的山间堡垒萨尔迪亚朗(Zaldiaran),这是一处堪称牢不可破的防御阵地。他还掌握着普埃夫拉(Puebla)的山口,封锁了通往布尔戈斯的道路。按照杜·盖克兰和查理五世的建议,恩里克和他的弟弟特略(Tello)并不冒进——他们只求损耗黑太子的兵力,使其难以获得补给,而不愿冒险与之交战。

英格兰-加斯科涅联军在比托里亚以南的原野中扎营时,钱多斯传令官记载道:"从没有过比这更糟糕的天气。条件十分恶劣,风雨从未停歇。部队中有许多人既无面包果腹,也无浊酒润喉,战士和马匹都饱受折磨。"这次军事行动似乎正在走向失败。法国方面预测说:"他们会因为缺乏食物而被迫离开卡斯蒂利亚,不然就会饿死。"

在普瓦捷时,黑太子会定期检视军营,巡查岗哨,要求手下的士兵提高警惕,还会鼓舞他们的士气。但是这些谨慎的举措在比托里亚都看不到。都德雷昂和杜·盖克兰借助萨尔迪亚朗较高的地势观察到,英军散布在整个原野上,而且岗哨巡查较为松懈。他们决定利用这一点发动夜间突袭。他们组织了两支骑兵队伍,一支由恩里克的弟弟特略率领,另一支由都德雷昂率领。这项任务简直是为卡斯蒂利亚的轻骑兵量身定做的,而且恩里克和特略从小就接受了关于这种大胆奇袭战术的训练和熏陶。3月25日日出前,这两支骑兵向还蒙在鼓里的英军发起了攻击。

英格兰-加斯科涅联军对这次攻击完全没有准备。特略成功地袭击了休·卡夫利爵士的营地。许多士兵还没来得及起床就命丧黄泉,他们的辎重也遭到掠夺。特略接下来冲向英军的先头部队。英军士兵当时手足无措,幸好冈特的约翰反应迅速,让士兵们重整旗鼓,排出了战斗队形。黑太子和约翰·钱多斯爵士也赶来相助,一同将特略击退。

与此同时,都德雷昂元帅冲垮了托马斯·费尔顿爵士在比托里亚西南方向4英里(6公里)处的阿里涅斯(Ariñez)的营地。黑太子的兵力过于分散了。托马斯爵士的亲戚威廉·费尔顿爵士率领一支由重装士兵和长弓手组成的400人的部队,占据了阿里涅斯以北的一座小土丘,击退了一波又一波的攻势。钱多斯传令官这样评价威廉:"他拥有狮子般的心,完全视死如归。"

法军和西班牙军队逐渐收拢包围圈,准备歼灭英军。威廉·费尔顿爵士和他手下的士兵仍在坚守阵地。钱多斯传令官赞扬他们说:"敌军发动了许多次进攻,投掷着标枪、长矛和长枪。但是那一天,这支勇敢的部队证明了自己的英勇无畏,一次次地将敌军击退。"然而,长弓手的箭矢即将用尽,重装步兵们也筋疲力尽，主力部队却仍然没有派出援军。最终，威廉和他的手下被潮水般的敌军吞没了。威廉·费尔顿和大部分士兵坚守阵地，英勇战死，还有少数几位队长被俘。他们的勇气受到当地民间传说的歌颂。直到今天，这里都被称作因格莱斯门迪（*Inglesmendi*），意为"英格兰人的山丘"。

黑太子对此感到震惊而悲痛。他被威廉·费尔顿爵士的英勇深深打动了。钱多斯传令官记载道：

> 太子对此感到非常悲伤。他本以为所有士兵都已经从平原上撤下，因此不愿分散自己的兵力。要不是因为这样，他一定会回去援助他的其他将士，而且他本来就应该这样做。

钱多斯传令官在此罕见地对黑太子提出了批评。

威廉·费尔顿爵士拥有丰富的军事和行政经验，此前担任过普瓦图和利穆赞总管。他足够强硬，也有足够的道德威信，可以镇住自由佣兵团，不让他们做出过分的事。和他的领主黑太子一样，他也遵从一套严格的骑士行为准则。1363年，按照在朗德夫朗初步商定的停战协议，费尔顿正好负责看管作为人质的贝特朗·杜·盖克兰。杜·盖克兰某天和费尔顿的儿子骑马出游，发现对方的看管过于松懈，于是趁机策马逃脱。同年11月24日，费尔顿写了一封信，礼貌但坚定地指责杜·盖克兰行为不端，因为他曾承诺不会逃跑。杜·盖克兰12月9日回信表示异议，称如果费尔顿未能对他严加看管，他就有权争取自由。次年2月，这一案件被送到了巴黎的议会。议会充当了荣誉法庭，做出了对杜·盖克兰有利的裁决。

不管是在普瓦图还是在阿里涅斯，费尔顿的行为模式都显得不够灵活变通，因此他在面对一个不那么绅士的对手时就往往会吃亏。在夜间突袭对手或许可以说是缺乏骑士精神的行为，但是如果一方未能做好巡查值守的工作，那么这样的突袭就会发生。爱德华三世 1327 年在威尔河谷的经历已经揭示了巡查松懈的危险，当时威廉·道格拉斯爵士出其不意地袭击了英军营地；四十年后，历史又重演了。这一次，黑太子确实应当更好地看管自己手下的士兵。

但威廉·费尔顿爵士之死也成了这次军事行动的转折点，让黑太子一扫之前的无精打采。他之前很难说服自己代表佩德罗战斗，可从这时起，他将为了费尔顿和其他英勇战死的战友作战。他在指挥中重新展现出他一度缺失的强大动力和清晰意图。与此同时，恩里克和特略变得有些自满：他们在阿里涅斯痛击了英格兰-加斯科涅联军，因此觉得不用再听从查理五世和杜·盖克兰的劝告，可以直接与黑太子的军队交锋并大获全胜。

钱多斯传令官这样描述恩里克对手下的高谈阔论："欢迎，我的诸位领主，你们干得非常好。剩下的（黑太子的军队）也将会以同样的方式消失。"都德雷昂元帅批评说："陛下，您在说些什么？您还没有击败敌军主力。如果您与他们在战场上相遇，恐怕会发现他们都是出色的战士。"但恩里克已经热血沸腾。他要捍卫自己的荣誉和土地，决心与黑太子作战。

黑太子已经从比托里亚拔营撤退到了纳瓦拉。然后，他向南从洛格罗尼奥渡过了埃布罗河，这也是几周前托马斯·费尔顿爵士走过的路线。虽然部队面临粮食短缺、行军条件艰苦的问题，但是他们在行军时带着一股新的坚定信念。4月1日，他们抵达了纳瓦雷特。恩里克的部队占据了此地以西12英里（19公里）的纳胡拉（Nájera），阻挡了黑太子渡过纳赫里利亚河（Najerilla）的路线。黑太子原先觉得无法回应恩里克在2月28日提出的挑战，但这时他不但写了回信，还特意使用带有冒犯性的说法——"目前自立为卡斯蒂利亚国王的特拉斯塔马拉伯爵"——来称呼恩里克。黑太子还要求恩里克放弃王位："在你的心里，你一定知道，一个私生子从合法继承人手中夺取遗产并登上王位，这是不对的。"

黑太子这是要刺激恩里克出战，他的对手在4月2日接受了挑战。恩里克也采用了冒犯性的称呼——"自称英格兰国王长子和阿基坦亲王的威尔士亲王爱德华"。恩里克随后离开了自己在纳胡拉的防御阵地，通过纳赫里利亚河上的桥梁，在向东1英里远的地方摆开了阵势。佩德罗·德阿亚拉当时正在恩里克军中，是负责高举绶带骑士团旗帜的旗手。他是这样解释恩里克的决定的："恩里克雄心勃勃，坚定有力。他现在说，他决心在这片开阔的平原上与敌军交战，这样双方都无法获得地利，可公平交手。"

恩里克对战斗的理解是以"马背作战"（*cavalgada*）为基础的。这是一种机动灵活的骑兵突袭战术，能够深入敌方阵地（与所谓的"马上游击"有相似之处）。恩里克天性激进：他在这场战役之前的唯一一次作战发生在1359年9月，当时他和特略在阿拉比亚诺（Araviano）击退了一支人数占优的卡斯蒂利亚骑兵。这一次，他也有一些精兵良将，尤其是先头部队中的杜·盖克兰、都德雷昂和绶带骑士团成员。他还有人数优势〔莫尔文的约翰（John of Malvern）认为恩里克的兵力是黑太子的两倍，他们或许是 12000 人对战 6000 人〕，而且对胜利充满信心。

恩里克让士兵摆出战斗阵形。杜·盖克兰在最前方率领着负责下马作战的部队，然后是由恩里克率领的卡斯蒂利亚人的部队，主要是步兵和远程兵种。两翼是两支骑兵，分别由恩里克的弟弟特略和来自阿拉贡的德尼亚伯爵（count of Denia）指挥。恩里克预计黑太子的军队会沿着通往纳胡拉的道路从东方靠近，这样恩里克就可以利用整个平原的宽度，先冲垮敌军的长弓手阵线，再让骑兵掉转马头从后方包抄英格兰－加斯科涅联军的重装步兵。但黑太子并不打算让恩里克得逞。

4 月 3 日日出前的一个小时，英格兰－加斯科涅联军就动身了。他们离开了通往纳胡拉的道路，迂回地选择了通往小村韦尔卡诺斯（Huércanos）的小路。这条小路被平原西北方的低矮山脊遮挡着。钱多斯传令官回忆说："我们的人离开了直达的道路，走了右手边的一条路，翻过了一连串的小山丘，从高处下到峡谷。我们都骑在马背上，军容整齐，精神抖擞，看起来令人称叹。"

日出时分，士兵们下马站定，在丘顶下方列阵，做好了战斗准备。他们这时距离恩里克军队的左翼只有大约 400 码（360 米）。他们不会如恩里克预想的那样从东方出现，而是会在敌军的北方现身，而且动身几分钟后就会进入卡斯蒂利亚军队弓箭手的最远射程。不过，英军将会占据地形优势，还会获得纳赫里利亚河的支流雅尔德河（Yalde）的保护。恩里克的部队则要掉转方向，重新部署，才能与敌军交战。

彼得伯勒的沃尔特记录了黑太子对冈特的约翰说的话，黑太子的口气十分自信："我们必须要记住我们的尚武传统，还要记住军事力量比生活中其他任何事物都要重要……让火一般的精神主宰我们。如果我们注定要死去,那么就让我们的死为我们赢得赞誉。"冈特的约翰会与约翰·钱多斯爵士一起指挥先头部队。黑太子将钱多斯晋升为方旗骑士①,并给了他一项荣耀的特殊任务:展开大幅丝质军旗,发出进攻的信号。冈特和钱多斯会率兵一头冲进杜·盖克兰和都德雷昂重新组织的阵线。黑太子随后向集结在一起的重装士兵和长弓手发表了讲话。他推心置腹地说:

> 你们都很清楚,我们缺少粮食,受到饥饿的影响。你们还会看到,在我们眼前,敌军的补给十分充足:有面包,有酒,还有腌鱼。让我们用箭雨、矛和剑,从他们手中夺取这些补给吧。

黑太子准备等太阳一升起就发动攻势。他想尽可能迅速地与恩里克的先头部队接战。敌军指挥官会派出骑兵部队,但敌人会十分惊慌,因此他们的骑兵冲锋不会太协调。黑太子的长弓手则会静待时机。他们的大规模箭雨会给身着轻甲的西班牙轻骑兵造成巨大伤害;之后他们又会换上带倒钩的箭头,将敌军的战马射倒。恩里克看到骑兵部队陷入混乱,会将步兵和远程兵种推上前来,他们就会成为长弓手的下一批目标。这时,卡斯蒂利亚军队的中军会脱离阵地,而黑太子会派上自己的方阵,目标是击破杜·盖克兰和都德雷昂的部队。黑太子想到了威

---

① 即 knight banneret,13 世纪至 16 世纪英法两国常用的一种骑士等级。方旗骑士可以在战场上展开属于自己的方形小旗,而普通骑士只有三角旗。此外,方旗骑士能够统率的士兵也更多。

廉·费尔顿爵士和他那些英勇的同伴,这场战斗是为他们而打响。黑太子让自己的后卫部队保持骑马状态。在卡斯蒂利亚军队反扑的时候,他会派自己的骑兵发起冲锋,目的是将敌军逼向纳赫里利亚河,并将他们歼灭。从一场死气沉沉的战役的灰烬中,黑太子带着惊人的力量和决心重生了。都德雷昂元帅曾警告恩里克说:"如果您与他们在战场上相遇,恐怕会发现他们都是出色的战士。"恩里克和特略即将发现这一点。黑太子的军队上下一心,只有一个目标,那就是彻底摧毁敌军。

天一亮,恩里克就命令士兵列阵,并派出侦察兵,要他们汇报敌人的动态。但是他们非常困惑地回来报告说,找不到黑太子的部队。这时突然传来一阵嘈杂的响声,夹杂着号角声和"吉耶纳和圣乔治!"的喊杀声。整支英格兰-加斯科涅联军突然翻过山脊,出现在距恩里克的左翼只有几百码远的地方。伴随着急切的叫喊声和命令声,杜·盖克兰和都德雷昂急忙让方阵掉转方向正面敌军。在这次战役中,卡斯蒂利亚军队的指挥官们第一次感受到了一种突如其来的恐惧。两军的先头部队撞在了一起。特略的骑兵部队立刻出动,但是在几分钟内就溃不成军。德尼亚伯爵的骑兵也没好到哪里去。钱多斯传令官回忆道:"英格兰长弓手们射出的箭比冬日的雪更密、更厚,不管对人还是马都造成了伤害。西班牙的骑兵无法承受这样的攻击,转身逃跑了。"

恩里克让他的步兵转过头来,同时命令远程兵种攻击长弓手。傅华萨写道:"卡斯蒂利亚人有投石索,用它可以大力投出石块,击碎头盔和头颅。他们组织了一次齐射,但是英格兰的长弓手们向他们不断还击。"投石手撤退了,身穿轻甲的步兵也紧随其后,因为不断有箭雨落在他们头上,他们无法再坚守阵地了。黑太子派自己的方阵去攻击杜·盖克兰的士兵。卡斯蒂利亚军队开始分崩离析,士兵们四散逃窜。随后,伴随着一声号角,黑太子的骑兵后卫部队发起了冲锋。恩里克的士兵大批大批地投降,更多的人则在开阔的平原上被砍倒。纳赫里利亚河上的那座桥成了一个死亡陷阱。钱多斯传令官回忆说:"在那里,你可以看到骑士们因恐惧而跳进汹涌的河水并溺亡,他们的身体甚至可以堆叠起来。据说河水被人和马的血染成了红色。"彼得伯勒的沃尔特也生动地描述了西班牙军队溃退时的场景:"西班牙人成了乌合之众,盲目地逃窜着。不管是游击兵还是步兵,都在自顾自地逃命,而可怕的毁灭力量正像暴雨一样落到他们头上。"

根据莫尔文的约翰的说法,敌军有3000多人被俘,7000多人在战斗中或逃跑时丧命,有许多人溺死在河里。英军的伤亡则很少。查特利男爵约翰·费勒斯(John, Lord Ferrers of Chartley)是英军战死者中最重要的一位。莫尔文的约翰说:"我方战死者极少……感谢上帝的帮助。"彼得伯勒的沃尔特补充道:"在战斗结束时,我看到了一大批被打倒、被杀死的西班牙贵族。"亨利·奈顿总结说:"这是我们这个时代最伟大的一场战斗。"两天后,黑太子给他的妻子写了一封信:

> 我最亲爱、最真挚的甜心和挚爱的伴侣,说到新闻,你肯定希望知道,我们4月2日在纳瓦雷特附近的原野中扎营。在那里,我得到消息,西班牙私生子(特拉斯塔马拉的恩里克)和他的军队全都驻扎在纳胡拉的河边,距离我只有两里格。第二天凌晨,我率军向他们进发,并派出侦察兵探察他们的位置。侦察兵向我报告

说，恩里克已经在一处有利地形让士兵摆好阵势，等待与我们交手。

于是我们也进入战斗状态，而且表现得极好。感谢上帝的意志和恩典，私生子和他的手下都被打败了，感谢上帝。与我们作战的敌军中，有五六千人丧命……而且有多达两千名贵族被俘，包括私生子的弟弟特略、德尼亚伯爵、贝特朗·杜·盖克兰、都德雷昂元帅、圣地亚哥骑士团和圣约翰骑士团的团长等，还有许多我不知晓名字的人。至于私生子本人，我目前还不知道他是被俘，还是（被留在战场上）等死，抑或是逃脱了。

在结束上述战斗的当晚，我住进了私生子本人的帐篷，而且住得比之前四五天都要舒适，于是我第二天一整天都待在那里。星期一，也就是我写这封信的这一天，我们再度出发，沿道路前往布尔戈斯。在上帝的帮助下，希望我能成功地继续我的旅程。

我最亲爱的伴侣，你会很高兴地知晓，我和我的弟弟兰开斯特（冈特的约翰）以及我军中的其他贵族都安然无恙，感谢上帝。只有约翰·费勒斯爵士不在了，他在战斗中出力颇多。

爱德华三世得到了他想要的大胜，英格兰的宣传机器随即开足了马力。一首作者佚名的拉丁语诗歌题为"荣耀"，为黑太子大唱赞歌："太子的光芒再次闪耀：他的敌人四散奔逃，在战场中死去，或是流血哀号。他在战斗中恰如力士参孙。"在这首诗的作者看来，纳胡拉之战体现了英格兰在欧洲范围内的力量。

> 我们的太子变得伟大，他的力量与日俱增，他的勇气鼓舞人心，他在战场上的强大让所有敌人恐惧……英格兰欢欣雀跃，加斯科涅开始歌唱，法兰西悲伤忧愁，伊比利亚得到了增援……让竖琴为赞扬他的伟大声望而奏响。

纳胡拉本应当成为黑太子的终级胜利，但他很快就收到消息说，恩里克成功逃脱，先是逃到了阿拉贡，后来又去了朗格多克，受到法王的弟弟安茹公爵路易的庇护。恩里克的战马被人找到，作为礼物被送给了爱德华三世。但是因为恩里克本人安然无恙，而且再次置身于查理五世的保护之下，所以这样的礼物并没有什么意义。

黑太子和佩德罗之间爆发了激烈的争吵，这也冲淡了胜利的喜悦。佩德罗之前同意，"直到他们被合法审判前"，他都不会处决被他俘虏的卡斯蒂利亚人，但是他现在谋杀了数位卡斯蒂利亚贵族俘虏。其中他杀害伊尼哥·德奥罗斯科（Inigo de Orozco）的过程尤为骇人听闻。伊尼哥在1366年的贵族大规模叛变前，一直忠诚地为佩德罗效力。伊尼哥被一位加斯科涅士兵俘虏，然后倒霉地偶遇了自己的前主子。佩德罗突然失控，大发雷霆，将伊尼哥刺死。这位加斯科涅士兵莫名其妙地损失了一笔赎金，于是愤怒地向黑太子控诉。黑太子因而当众指责佩德罗行为不当。而当佩德罗提出要出钱换取俘虏的时候，黑太子回击说，自己决不会把俘虏交出去受死。佩德罗·德阿亚拉记下了这一时刻：

> 这些领主之所以跟随我前来，为我效力，是为了荣誉和俗世中的奖赏，而不是为了冷血地杀害俘虏。就算你给

我的金额千倍于每位俘虏的身价，我也决不会交出哪怕一人，因为我把他们交给你就等于让你杀害他们。

1367年5月2日，黑太子在布尔戈斯向佩德罗提交了这次军事行动的完整账目，以及对方欠自己的金额。这一数目这时已经飙升至272万弗罗林金币（超过408000英镑），是1366年9月初步议定金额的近五倍。黑太子和佩德罗之间此时也充满了猜疑，以至于有数百名英格兰士兵负责看守布尔戈斯的城门和签署协议的大教堂。5月6日，佩德罗接过了偿还这笔巨额欠款的担子，但他到底能够还多少还不得而知。黑太子原计划将军队留在卡斯蒂利亚，在收到第一笔款项后再将他们撤回。但军中突然暴发痢疾，于是在8月黑太子就率军翻过比利牛斯山，回到了加斯科涅。黑太子南征西班牙之旅就这样结束了。

第九章

命运之轮

1368年年初,在黑太子回到阿基坦之后不久,一位传道者在佩里格向他布了一次道。穆瓦萨克修道院院长艾默里克·德·佩拉克记录了当时的情景:

在教宗乌尔班五世的时代,阿基坦亲王爱德华平和、坚定而和平地统治着这一公国。他在佩里格举行了一次庄严的会议,共有22位主教到场。萨拉主教奥斯滕斯布了一次道。他是一位学识渊博、名声远扬的神学家,不论在神事还是人事的处理上都谨慎得体,而且拥有不少俗世的财富。在他的布道中,这位主教在某些方面把太子与上帝之子相提并论。

萨拉主教告诉我,据他的朋友说,对于他的赞扬之词,太子并未感激地表示接受。在一次私人对话中,这位朋友对太子说:"你怎么看主教的布道?"太子回复说,毫无疑问,主教非常雄辩、睿智,而且颇有远见,但主教一定是在开玩笑,因为没有人当得起如此赞誉,伟大的王公尤其如此,因为他可能突然遭遇厄运,一蹶不振,他之前的壮举也会因此被人遗忘,变得模糊不清,甚至化为乌有。

中世纪社会对命运之轮的意象十分着迷。当一个人取得了巨大的成功,运气到了最大值时,命运之轮可能会突然反转,将位于巅峰的人重重地摔在地上。如果他的生活十分富足,充满了俗世的欢愉,那么这样的坠落对他来说会尤为痛苦。天意之多变正在于此:当一个人的声誉达到顶峰时,竟可能突然失去一切。个人命运反复无常,声誉增减变幻难测。至于那些骄傲自大的人,那些过于渴望虚名的人,上帝会将他们贬得一文不值,以示惩罚。

艾默里克·德·佩拉克记载的这一段故事看起来是真实的。黑太子的极度不安很引人关注。彼得伯勒的沃尔特曾为黑太子的弟弟冈特的约翰写过一首关于南征西班牙的长诗。沃尔特的职业就是找到有钱有势的雇主,对他们大加颂扬、吹捧,并获得大笔金钱作为报酬。冈特的约翰尤其喜爱阔气的排场和壮观的场面,对这种事非常满意。但是彼得伯勒的沃尔特也充满悔恨地说过,他曾经创作一首关于普瓦捷会战的诗,题为《上帝之子》(*Theotecon*),并在诗中颂扬了爱德华三世的长子。他原本希望能够从黑太子那里获得丰厚的报酬,但是黑太子不愿与这首诗有任何关系。

在纳胡拉之战中,黑太子已经在担心,其他人可能会认为他参战是出于虚荣,出于对好名声的过度追求;会认为他和过去的某位古罗马皇帝一样,只是为了给自己胜者的花冠上增添一根新的月桂枝而战斗。这正是个人领主制度和骑士文化的固有风险:人们会迷失在外在的世界中,过于看重自己在同类人中的地位。在一定程度上,这是一个没有答案的两难问题,因为外在和声誉对于军事领袖来说是至关重要的品质。指挥官们必须要注重这些品质,也要注意其后果,即骄傲自负,喜欢听别人对自己溜须拍马。

这时,骑士的内心世界,也就是若弗鲁瓦·德·夏尼在他书中描述的宗教修为就要发挥作用了。他警告说："如果上帝没有赐予我们智慧和良好的判断力，以便我们保有所得，那么在短短的一瞬间，我们就可能一落千丈，失去一切……第一要务是捍卫你的荣誉。"这一点可以提供必要的平衡，防止贪婪和虚荣作祟。这也可以抵消战斗中肾上腺素的影响，防止个人沉醉于战友情谊和胜利的狂喜。格罗斯蒙特的亨利在他的《神圣医药之书》中对此写得十分明白。他强调说，战士必须对世俗的诱惑和欢愉保持警惕，因为这是他"内心堡垒"的薄弱点，魔鬼会试图从这里打破心防。

1361年10月15日，汉弗莱·德博恩在遗书中写道："我希望悉数出售我的所有剩余珠宝，将所得用于施舍，因为我看见它们时产生的欢愉太过强烈。"黑太子从德博恩处购得的宗教作品中的最大一本圣咏经收录了罗伯特·格罗斯泰斯特（Robert Grossetestse）的《论忏悔》（Treatise on Confession），它是为普通信徒写的一份个人指南。作者在文中审视了"七宗罪"，还提供了一段祷词，帮助祈祷者铭记自己的罪过。从这个角度来说，这本书和格罗斯蒙特的亨利的作品类似，都是用于进行日常忏悔的。德博恩曾说："上帝向我们赐予了俗世的财富和荣誉，但到最后，这些不过是虚荣。"

黑太子当时在进行一场内心世界的战役，它与他在外在世界的骑士之旅同时发生，而且这场战役也有其特有的困难与挑战。从黑太子南征西班牙之初，傅华萨就听闻有人指责黑太子爱慕虚荣。这样的指责很可能是来自阿尔布雷男爵阿尔诺·阿曼努。这位加斯科涅贵族曾经效忠于黑太子，但后来两人发生了争吵。阿尔诺见多识广，在西班牙见过佩德罗，是黑太子议事会议的成员，还曾随军翻越比利牛斯山，帮助佩德罗夺回了王位。他是傅华萨的重要信息来源之一，而且为人耿直。

我们之前已经提到，阿尔布雷男爵或许向傅华萨透露了一个观点，那就是把佩德罗当作盟友风险过高，因为他残暴无情、反复无常，实在不值得信任，而且这一观点也得到了议事会议中许多成员的认同。黑太子最终复述了爱德华三世的命令，还是要求他们帮助佩德罗。阿尔诺认为，黑太子是因为过于渴求荣誉和声望才做出了这个决定。在纳胡拉之战打响前不久，黑太子在给特拉斯塔马拉的恩里克的回信时，或许有些不明智地说道，自己完全没有受到虚荣的影响。恩里克在回信中抓住这一点进行驳斥，说黑太子正是受了虚荣心的驱使。

关于虚荣的讨论在中世纪的世界中几乎无人不知，而且13世纪的著名神学家圣托马斯·阿奎纳（St Thomas Aquinas）对此也有详细阐述。他认为，虚荣是性质最严重的恶行之一，也是一种致命的原罪，会让人自吹自擂、固执己见、骄傲自负。与之相反，为人宽容谦逊的人会在生活中多行善事，维持品德高洁，并不关注自己的名声。这些并不只是无关紧要的宗教问题或是哲学问题。实际上，战士们对这一议题非常了解。

托马斯·格雷爵士是一位经验丰富的战士，曾经在1359年至1360年作为黑太子的扈从参与兰斯战役。在那之后不久，他写了一篇长文，讨论了证明战争正当性的方法。他在文中说，上帝不让摩西到达应许之地，正是因为摩西太过虚荣。格雷从中吸取的教训是，统治者应当将战斗的胜利献给上帝，还要记住是手下的士兵和子民帮助他获得了军事胜利，因此他们的福祉至关重要。格雷最后说，君主不会轻易地获得指挥的才能，而他最根本的任务并不是毁灭和破坏，而是依据一套道德准则实施仁政。

1368年春，在财政紧张、未来难测的氛围中，阿尔布雷男爵当面指责黑太子爱慕虚荣。其实，黑太子十分清楚，在顺风顺水时尤其需要保持谦逊。在普瓦捷会战前，黑太子特意将出征日期选在了托马斯·贝克特遗体转葬日的前一天，也将这场战斗的胜利献给了上帝和圣托马斯·贝克特。他还要求英格兰的主教们鼓励人们膜拜三位一体，以纪念这场胜利，因为对三位一体的膜拜是托马斯·贝克特崇拜的特点之一，也成了黑太子本人的崇拜方式。

1363年，在起航前往加斯科涅之前，黑太子出资在坎特伯雷大教堂设立了一间礼拜堂，为自己娶了近亲肯特的琼安赎罪。这座礼拜堂屋顶的浮雕中有藤蔓的图案，描绘的是在普瓦捷会战中保护英军的灌木丛。还有一个图案特别引人注目，它描绘了大力士参孙徒手杀死一头狮子的场景。在《圣经》中，上帝为参孙赐下了超自然的神力，让他能够击败对手，行英雄壮举。黑太子显然认为，上帝也赐予了他自己超越常人的能力，让他在战斗中获胜，保护他手下的士兵，而这些恩赐为他带来了奇迹般的战果。因此黑太子认为，胜利归功于上帝，而且只归功于上帝。

†

清算的时候到了。1367年9月初，黑太子与他的总审计官理查德·菲隆利（Richard Filongley）会面。菲隆利已经起草了一份阿基坦公国的收支预估表。菲隆利曾自称黑太子的"可怜的职员"——他可能指的是自己微薄的薪水，但更有可能指的是自己日益繁重的工作负担。卡斯蒂利亚的佩德罗未能遵守承诺，这让黑太子处于破产边缘。爱德华三世决心要让阿基坦在财政上实现自给自足。爱德华三世当初不顾黑太子强烈的保留意见，推进南征西班牙的行动，现在却要黑太子来承担这笔开支。

而且这是一大笔开支。黑太子要承担招募士兵、支付军饷的巨大开销，但是他手头的现金只有出售佩德罗的珠宝所得，以及贝特朗·杜·盖克兰、都德雷昂元帅和德尼亚伯爵三人赎金的首付款。这些款项共计约 60000 加斯科涅镑（约合 12000 英镑），不过是杯水车薪。黑太子的大部分士兵尚未收到军饷。加斯科涅的金库里并没有储备金，而且要英格兰国库出资补贴也不太可能。让·傅华萨写道：

> 诸位已经听闻了太子出征西班牙的故事，以及他出于对佩德罗国王行为的不满，离开西班牙，回到阿基坦的经过。当他回到波尔多时，所有的重装士兵都追随着他……但在回程时，太子未能如预想中的那样，及时为他们筹集足够的资金。这次战役使他穷困不已、资金枯竭，真是令人难过。

黑太子一向对追随者慷慨大方，也非常热情好客，但是在当时的条件下，这些优点就变成了缺点。他只剩下征税这一种收入来源了。傅华萨写道：

> 太子的一些顾问建议他在阿基坦领地上征税。太子和王妃的寝宫庞大而华丽，基督教世界中没有其他统治者能

在这方面更胜一筹。加斯科涅、普瓦图、圣东日和鲁埃格的领主们拥有异议权。他们和阿基坦各大主要城镇的代表都被叫来商讨此事。由于太子本人缺席,阿基坦的财政大臣详尽地解释了这种税的性质和征收方法,还表示太子无意将此税项维持五年以上,也无意维持到南征西班牙造成的巨额欠款得到偿还时。

黑太子的议事会议最后提出的方案是新征一项名为炉灶税的财产税,征收时长为五年。黑太子此前也征收过这一税种,不过当年是一次性征收。由于这一税种理论上的收入额仅有每年约5400英镑,而且黑太子还必须承担随从们和宫廷的持续性开销,因此在这一税种得到批准之后的很长一段时间里,他都将继续背负巨大的财政压力。根据傅华萨的说法,这套税收方案是由阿基坦财政大臣、巴斯(Bath)和韦尔斯(Wells)主教约翰·哈威尔(John Harewell)设计的。1368年1月,税收草案被提交至阿基坦三级会议审议,经过长期讨论和少许修改后获得了通过。小部分贵族反对征收这一税种,没有出席大会,于是炉灶税是在部分成员缺席的情况下获得批准的。傅华萨还写道:

> 普瓦图、圣东日、利穆赞和鲁埃格的代表们都对此提议表示同意,条件是太子在未来七年内保持币值稳定。但加斯科涅内陆地区的一些人拒绝此项提案,为首的是阿马尼亚克伯爵和阿尔布雷男爵……他们说,过去自己作为法兰西国王的附庸时,从未受过此类苛捐杂税的压迫;他们还说,只要他们还有能力自卫,就绝不会接受这样的压迫。

为听取黑太子的提议，阿基坦三级会议于 1368 年 1 月 18 日在昂古莱姆召开。大会的讨论持续了一周多的时间。黑太子希望推行这一税种，对于为什么需要征税、需要征多久都直言不讳。与大约十五年前在切斯特时一样，他这次也是在与地方代表你来我往地谈判，而不是强行征税。税率最终被降至每个炉灶 10 苏（与先令相当的加斯科涅货币单位），而且黑太子还做出了多项重大让步：确认城市的自由权利、固定币值、开展司法和财政改革。1 月 26 日，黑太子给阿基坦的所有臣民写信，详细说明了大会中达成的共识。

黑太子还开始兴建一批公共工程。他在吉伦特河口（Gironde Estuary）修建了一座灯塔，称为哥杜昂灯塔（Tour de Cordouan）。这是一座多边形塔楼，顶部的平台上有一堆燃烧的篝火，可提醒来往船只避开岩石暗礁。灯塔旁还建起了一座用于隐修的、献给圣母玛利亚的小礼拜堂。他还启动了一项在洛特河（Lot）和加龙河的可航行河段清理河道的工程。7 月 8 日，黑太子手下的官员汇报说，这些项目都已经在进行中了。他还与加亚克（Gaillac）、穆瓦萨克、蒙托邦（Montauban）、拉巴斯唐（Rabastens），以及加龙河和塔恩河（Tarn）沿岸的其他城镇进行了广泛磋商，以改进葡萄酒贸易的法规。相关措施在两天之后，也就是 1368 年 7 月 10 日获得了批准。这些都是可见的治理举措，真真切切地为商人们带来了金钱回报。

但是和当年在切斯特相比，黑太子在阿基坦更容易遭遇政治方面的攻击和挫败。阿马尼亚克伯爵让就对讨论征税的流程感到不满，在自己的领地上抵制征收炉灶税。他几乎立刻就成了反对派的领袖。伯爵自己也面临着不小的财政压力。在 14 世纪 50 年代，他属于战败的法兰西王国一方，非但没有像其他许多加斯科涅贵族那样在战争中积攒大量战利品或收获赎金，反而欠下了巨额债务。他在洛纳克之战中被富瓦伯爵俘虏，不但被囚禁了三年，还被迫支付 30 万弗罗林金币（约合 45000 英镑）的赎金。黑太子夫妇设法降低了赎金金额，还借给伯爵一些钱，但伯爵为了重获自由，还是不得不出售土地，抵押珠宝，大幅举债。根据他自己的说法，在他参加了纳胡拉之战后，黑太子还拖欠了他 20 万弗罗林金币（约合 30000 英镑）的军饷。

阿马尼亚克伯爵对黑太子的敌意源自 1355 年的劫掠活动，伯爵那时被黑太子彻底羞辱了一番。十年之后的 1365 年 4 月，双方在昂古莱姆开启了关于伯爵宣誓效忠问题的紧张谈判，后来又把谈判推迟到了 7 月在波尔多举行。当阿马尼亚克伯爵又一次抱怨黑太子的官员侵入了他的领地时，他被告知，在他的佃农的协助下，官员们已经进行了"密会和调查"，很快就会在阿基坦的宫廷中就他征收的苛捐杂税对他进行审理。如果阿马尼亚克伯爵放下对宣誓效忠一事的抵制，黑太子就会终止法律流程。最终，伯爵完成了宣誓效忠，但这为二人将来的关系埋下了隐患。

黑太子也曾试图拉拢阿马尼亚克伯爵，不但将他纳入了自己的议事会议，还在南征西班牙时任命他指挥后卫部队，但是黑太子其实对他既不喜欢也不信任。伯爵曾在鲁埃格地区驱逐过一位名叫居伊·德赛韦拉克（Guy de Sévérac）的低级贵族，剥夺了他在佩尔拉德〔Peyrelade, 此地在米约东北方向 10 英里（15 公里）处〕的领地和城堡。黑太子在这场争端中支持德赛韦拉克，并且为其提供了庇护。1367 年 9 月 17 日，黑太子从西班牙返回之后，命令手下官员帮助德赛韦拉克收回佩尔拉德。这一决定固然不是从政治现实出发,而是出于对公正的追求,但成了阿马尼亚克伯爵倒向反对派的潜在原因之一。

阿马尼亚克伯爵原本是加斯科涅政坛的边缘人物,不过他是阿尔布雷男爵和佩里戈尔伯爵的姻亲。如果这三方共同发难,就可能对黑太子的权威构成严重挑战。和阿马尼亚克伯爵一样,金钱问题是阿尔布雷的阿尔诺·阿曼努一切困难的根源。他也在洛纳克之战中被富瓦伯爵俘虏,并被索要 10 万弗罗林金币(约合 15000 英镑)的赎金,而他到 1367 年时才终于支付了这笔赎金的首付款。此外,他还得拿出钱来,帮助同样被俘的两个弟弟和一位表亲支付赎金。

14 世纪 50 年代,他和他的家族是法国西南最成功的军事承包方之一,从守军和佣兵连队的运作中赚取了大笔利润。但在《布雷蒂尼条约》签订后,这利润就大打折扣了。在一场宴会上,傅华萨曾听到阿尔布雷男爵说,当年每位从他领地上经过的商人都要任他宰割,那时候的他因此最为富裕。南征西班牙本应让他的财富恢复到之前的水平,但他损失了很多钱,还一无所获。回到加斯科涅之后,他就与黑太子发生了争吵,争吵焦点是他为黑太子招募并维系了一支扈从部队,在此事上黑太子到底欠他多少钱。

让·傅华萨认为,阿尔布雷男爵对黑太子的领导原本是十分满意的,但在纳胡拉之战后两人的关系恶化了。阿尔布雷男爵和阿马尼亚克伯爵都敏锐地感到,在扩大了的阿基坦公国中,他们的影响力正在下降,因为他们必须要与黑太子的英格兰谋臣和将领分享权力,比如说黑太子的前后两任财政大臣约翰·斯特雷特利(John Streatley)和约翰·哈威尔,还有他的管家托马斯·费尔顿爵士。时代已经变了。

阿尔布雷男爵是一位危险的对手。他的领地集中在多尔多涅河下游，离波尔多不远，且他家族的盟友几乎遍布整个地区。他的祖父曾在爱德华一世麾下战斗，之后又与爱德华二世刀兵相向。他的父亲一开始抵抗爱德华三世，之后又改换门庭，转而支持英格兰国王。1363年7月，在波尔多大教堂，他是第一位向黑太子宣誓效忠的阿基坦领主。最初，阿尔布雷男爵折服于黑太子的领导力，在1367年南征西班牙时带上了一大支扈从部队。但是他说到底还是个在战争中通过劫掠中饱私囊的强盗，最爱的是钱，因此随时愿意将自己的支持出售给出价最高的一方。当查理五世提出只要阿尔布雷男爵弃英投法，就能获得金钱奖励时，男爵便与法王展开了冗长而艰难的谈判，为的就是从查理五世那里榨取最大的经济利益。

一位瓦卢瓦王朝的编年史作者对当时的形势总结如下："当威尔士亲王想在加斯科涅加征新税时，有一批领主对此表示反对，于是亲王和他的臣民之间出现了意见相左的情况。"实际上，当时的形势并不仅仅是"阿马尼亚克伯爵和阿尔布雷男爵提出不满"这么简单。阿尔布雷家族的旁支对黑太子忠心耿耿，而且这支旁支的族长、韦尔和里翁男爵（lord of Vayres and Rion）贝拉尔与黑太子关系很好。查理五世还曾试图引诱贝拉尔背叛黑太子，但被贝拉尔拒绝了。

佩里戈尔伯爵阿尔尚博（Archambaud）则是一位性情冲动的年轻贵族，不久之前才刚从他的父亲那里继承了头衔和领地。他也曾随黑太子南征西班牙，并欠下了不少债。他想扩大自己的领地，并且对他领地周边的地产提出了许多次声索。在黑太子抵达阿基坦之前，约翰·钱多斯爵士已经在原则上接受了其中一部分诉求,但是黑太子对佩里戈尔伯爵的野心深感怀疑和警惕。1368年年初,阿尔尚博纠集了一小股部队,袭击了他在当地的仇家之一米西当男爵(这位男爵是黑太子的朋友)。他因此遭到逮捕并被短暂囚禁。佩里戈尔伯爵将此事视为对他的极大侮辱,在之后许多年中都耿耿于怀。

不过,阿尔尚博在投入法王麾下之前还是有些犹豫,等到1369年3月才终于下定决心要叛变。他领地的中心城镇佩里格却没有追随他的步伐。这座城镇召开了紧急会议,宣布继续对黑太子效忠。黑太子在执政风格上开放坦诚,愿意就税收事宜进行协商,还会赋予城镇一些特权作为回报,这些特点都深受市民欢迎。1367年黑太子南征西班牙时,佩里格不但帮忙筹集了资金,还密切地关注战事进展,多次向西班牙派出信使,"以获取我主亲王和他的手下的消息"。

加斯科涅的权力斗争充满了热血激情和暴力仇杀,对任何一位统治者来说都足以构成挑战。正常情况下,黑太子对解决这样的纷争颇有天分:他会巧妙地赠送礼物、提供贷款,还会通过他的友谊以及宫廷生活让人感到自己备受青睐。但是在纳胡拉之战后,黑太子施展魅力的能力逐渐减弱。由于经济状况不佳,他慷慨的天性受到了限制。而且随着时间的推移,他越来越多地受到病痛的折磨,脾气也越来越差。并没有证据表明他在1367年的炎热夏季感染了痢疾,或是带着相关并发症回到了波尔多,尽管他军中有许多人深受其害。他是在1368年秋患上一种令人身体虚弱的疾病的,而且病情在之后一年还有所恶化。他开始有阶段性无力的症状,而且发病越来越频繁,有时甚至会卧床不起。黑太子的健康每况愈下,又因为纳胡拉之战的胜利果实在自己眼前凭空消失而感到懊恼悔恨,这些都对他的脾气和判断力造成了影响。

他出发之前购买的宗教作品正是世事无常的最佳写照。这些作品的原主人汉弗莱·德博恩曾经担任英格兰王国内最重要的军职——英格兰骑兵统帅,但后来患上了一种严重的神秘疾病,让他不得不（在1338年）辞去职务,退出一切军事活动,转而进行宗教清修。和黑太子一样,他推崇对三位一体的崇拜,还在遗嘱中热心地提到了他的告解神父威廉·芒克兰德（William Monkland）和圣咏经的画师约翰·泰（John Tey）。但德博恩选择的是出世,遗愿是葬礼从简,不公开下葬;而黑太子不但要与疾病做斗争,还要与他的心魔和政敌战斗。

在一定程度上,黑太子患病前就已经不能容忍反对意见了。阿马尼亚克伯爵曾在1368年1月派出两名骑士前往黑太子的宫廷,请求他免征炉灶税。黑太子本可以将此视为一次开价,并在之后进行讨价还价;可他将此事视为对自己权威的冒犯。他回复阿马尼亚克伯爵说,不管伯爵有没有异议,他都要收走伯爵的钱,否则就要打击伯爵的家族在阿基坦的势力。黑太子不但让不懂变通的托马斯·维腾霍尔爵士继续担任鲁埃格地区的总管,还命令他从英格兰调来增援力量。

黑太子有时会莫名其妙地发怒。有些出入黑太子宫廷的加斯科涅贵族抱怨说,黑太子的接待十分生硬,甚至可以说非常冷漠。当阿尔布雷男爵提出,由于他参加了黑太子南征西班牙的行动,黑太子尚欠他一些钱时,双方就具体欠款数额产生了分歧。阿尔布雷男爵回忆说,黑太子把目光从自己身上移开,越过自己转而与顾问说话,而且用的是英语而不是法语。黑太子用威胁的口气说:"如果阿尔布雷爵士认为,他可以违背我的议事会议的条令，那他可真是一位伟大的领主啊。"阿尔布雷男爵自然不愿意遭到如此威胁。这样的紧张局面出现在一个危急的时期，因为黑太子此时有一位非常强劲的敌手。

†

1368 年，法王查理五世恰好满 30 岁。他面色苍白，身材瘦削，举止严肃，目光锐利，嘴唇狭窄。他总是小心地控制着自己的情感。他不愿表露心思，对政治的理解细致入微，在政治操作上秘而不宣。他已经从摄政期间困扰他的严重头痛和其他病痛中康复，信心和力量都有了进步，而且对他自己独立治国的能力感到越发自信。

查理五世的传记作者克里斯蒂娜·德皮桑（Christine de Pizan）将他描述成一个虔诚到狂热的人：每天早晨一醒来就要画十字，每天说的第一句话一定是在向上帝祷告。穿戴完毕后，有人会为他拿来每日祈祷书，他会和他的宫廷牧师一起在祈祷时间诵经。之后，在早上八点，他的小礼拜堂中会有用"旋律动听的歌曲"举行的弥撒仪式。再然后，他会接见"各行各业的人，包括穷人和富人、已婚妇女和未婚少女"。在固定的日子，他会主持有关国事的会议。他的生活充满了"威严的规律性"，因为他知道，君主的尊严必须以庄严的秩序来维持。

午餐之后，查理会听乐师弹奏甜蜜的乐曲，"以获得精神上的愉悦"。在接下来的两个小时，他会会见大使、王公和骑士。他的会客厅中经常挤满了人，"让人几乎无法转身"。他会了解来自其他国家的新闻，签署信件和其他文件，分派任务，接受礼物。之后他会休息一个小时，然后会和王后以及孩子们共度一段时光。他的长子，也是他的王位继承人，出生于1368年；此外他还有一个儿子和两个女儿。他夏季时会造访他在马恩河畔博泰（Beauté-sur-Marne）的花园，冬季则读书研究。查理五世之后会与他的近臣交谈至晚餐时分，在晚间娱乐之后再回房休息。他每周会斋戒一天，全年每天都要阅读《圣经》。

查理继承了瓦卢瓦家族对奢侈品的热爱。1368年，他重建了万塞讷城堡，准备把它当作夏季行宫使用。之后，他又建造或购买了三处宫殿。他还雇用了绰号"泰尔冯"（Taillevent）的大厨纪尧姆·蒂雷尔（Guillaume Tirel）。蒂雷尔写了一本烹饪书，名为《食谱全集》（*Le Viandier*），详细说明了当时流行的调料丰富、口味偏重的菜肴、汤和炖菜；平时，蒂雷尔会为查理五世制作烤天鹅或是烤孔雀之类的佳肴，并为之配上精致的糖花和上了色的糕点。查理五世也经常收集精美的物件和饰有宝石的圣物盒，盒中的物件据信包括摩西的一截手杖、荆棘王冠的一部分以及受难十字架的一块碎片。在他去世时，他拥有47顶金王冠和63套礼拜堂陈设。

查理五世充满求知欲，对因果关系思想、哲学、科学和文学都很感兴趣。他创立了那个时代最伟大的图书馆之一，地点就设在卢浮宫的猎鹰塔楼上，他的第二寝宫也设在此处。这座图书馆的房间都以雕刻精美的柏木装饰，彩色玻璃外还有铁丝保护。图书馆里有一盏常亮的银灯，这样查理就可以随时阅读。他还在圣日耳曼昂莱（Saint-Germain-en-Laye）和万塞讷设有小一些的图书馆，用来保存他最宝贵的藏书。

查理五世不仅追求知识，也关心如何传播知识。他命令

"一位有科学头脑的顾问"尼古拉·奥雷姆（Nicolas Oresme）撰写了一篇论文，题为《论金钱的起源、性质和规律》，用简单的语言解释了稳定货币的理论。查理还出资将李维、亚里士多德和奥古斯丁的作品翻译成法语，"供全国和基督教世界公用"。正是这些远见和治国才能为他赢得了"英明者"的绰号。他的图书馆藏书丰富，既有教会教士的著作，也有翻译成法语的阿拉伯科学书籍，还有星相学、天文学作品以及亚瑟王传说的47种版本，以及上千册当时的诗集和讽刺短文集。当有人指责查理花了太多钱买书时，他回答说："只要知识在这个国家得到尊重，这个国家就能够繁荣起来。"

查理五世的加冕礼仪书记载了与国王之位相关的仪式和礼节。这本书不但反映了他维护瓦卢瓦王朝的威严和权势的强烈意愿，而且揭示了他收复阿基坦公爵领的雄心壮志。书中收录了一份效忠誓言的草稿，是供抛弃黑太子，转而效忠法王的加斯科涅贵族使用的。格罗斯蒙特的亨利曾经蔑视地将查理五世称作"一名律师，而不是一名统治者"。但正是查理的这种对法律问题的敏锐洞察力，也就是精确剖析对手立场的优劣势的能力，构成了对黑太子的最大威胁。

到1368年时，查理五世已经成功地控制了纳瓦拉的查理的密谋，也有效地遏制了自由佣兵团的袭扰。查理五世在图书馆中保存了10份维吉乌斯论述战争的论文的副本，还鼓励手下的贵族研习古罗马的军事思想——仿效敌人的长处，无情地打击其短处——并加以应用。查理五世注意到，黑太子的政府遇到了巨大的财政困难，于是在卢浮宫和万塞讷以现金形式设立了一笔应急财政储备金。它的数额达到了40万法郎。

查理五世之前一直在与加斯科涅的主要贵族培养关系，这时终于等到主动出击的机会。1368年5月4日，阿尔布雷的阿尔诺·阿曼努在巴黎圣波勒酒店（Hôtel Saint-Pol）这个查理五世私人住所的小礼拜堂中迎娶了国王的小姨子波旁的玛格丽特（Margaret of Bourbon）。查理五世不但安排了这桩婚事，还慷慨地拿出不少钱帮助新娘筹备嫁妆。婚礼宾客就包括阿马尼亚克伯爵。查理五世在之前几个月中一直与伯爵保持着密切的通信往来，现在这些努力即将带来回报。阿马尼亚克伯爵在巴黎时，以法国国王"是阿基坦公爵领的最高领主"为由，就炉灶税向查理提出申诉。

傅华萨写道：

> 阿马尼亚克、阿尔布雷和佩里戈尔的领主前往法国，向法王阐明了自己的不满。他们称，亲王将会损害他们的利益。他们将自己置于法兰西国王的管辖之下，承认他是他们的至高领主。国王查理暂时不愿公开破坏与英格兰国王之间的和平关系，因此掩饰了自己听到这些话之后的欢愉。

爱德华三世一直未能履行《布雷蒂尼条约》中的弃权条款，造成了法律漏洞，而查理五世又果断、高效地利用了这一漏洞。1368年6月30日，查理五世与阿马尼亚克伯爵、阿尔布雷男爵和佩里戈尔伯爵达成了秘密协定。查理承诺，如果这几位领主的领地遭到黑太子攻击，自己就会用武力保护他们。这三位贵族则向查理五世承诺，将在法国收复阿基坦的战争中为法国效力。查理五世又授予阿马尼亚克伯爵多达10万法郎（约合20000英镑）的年金，并且将更多土地分封给三位贵族。

此前一直等待时机的查理五世在黑太子最脆弱的这一刻出手了。"那些本应爱他的人现在阳奉阴违、心存叛意，"钱多斯传令官悲伤地写道，"那些被他当作朋友的人现在成了敌人。"黑太子一听说查理五世计划受理阿马尼亚克伯爵的申诉，就明白了这意味着什么。整个1368年8月，黑太子的手下都在柴郡和威尔士招募重装士兵和长弓手；到9月时，他们已经集结了近800人。黑太子知道，查理五世的弟弟和主将安茹公爵路易已经在一份秘密协定中承诺，会重新对英格兰开战，而开战的借口就是这次对法国议会提出的申诉，且开战的时间也即将到来。

然而，伦敦未能清醒地意识到这一风险。爱德华三世和他的谋臣们眼睁睁地看着危机愈演愈烈，然后在危机面前目瞪口呆、手足无措。爱德华三世原本可以本能地迅速进行决策，但此时他的这种天赋已经消磨殆尽。他不但没有对局势做出自己的判断，还派出使团前往巴黎，试图搞清情况。查理五世不愿打草惊蛇、过早暴露，于是采用缓兵之计，暂不接见使团。更令人吃惊的是，爱德华三世竟然听任阿尔布雷男爵越过黑太子，直接向自己的御前会议提出申诉。阿尔布雷自然不会放过这个机会，他将黑太子描述得一无是处。

与此同时，英格兰政府尽管知道阿基坦国库空虚，但仍然错误地坚持要求阿基坦自行承担防务开支。查理五世则继续向阿基坦最重要的城镇和贵族发动魅力攻势，邀请他们加入申诉炉灶税的法律流程，还承诺说会向他们提供大笔年金、各种恩惠，并保护他们不受黑太子的报复行动伤害。

阿基坦的贵族们小心翼翼地权衡着利弊。佩里戈尔伯爵阿尔尚博已经开始与查理五世谈判，但又有些犹豫，暂时不愿公开表明自己的立场。有些决定参与申诉的人确实对黑太子不满。有一个人写道："您一定非常清楚亲王的官员给我造成的损失，他们夺走了我家族祖传的城堡。"还有些人因贿赂而叛变。但是也有很多人对黑太子十分尊重，保持了忠心。

吉夏尔·当格勒（Guichard d'Angle）是普瓦图的主要贵族之一。在普瓦捷会战中，他在约翰二世麾下作战，但他从1363年起效忠于黑太子，还成了阿基坦的元帅。他自然是查理五世的主要策反目标之一，但是他一直坚定地拒绝了法国方面的游说，不愿再度改换门庭。加斯科涅贵族埃利·德波米耶（Hélie de Pommiers）的家族在拉雷奥勒附近拥有领地。他回复游说者说，黑太子的领导还是比查理五世的要好得多。黑太子之前用自己的魅力和武力赢得了这些人的忠心；而当黑太子遇到困难、健康恶化的时候，他们也不愿弃黑太子于不顾，因为他们还抱有一线希望。

黑太子这时特别需要英格兰方面的及时支援。1368年10月，当爱德华三世和他的谋臣们还在犹豫不决时，安茹公爵路易开始集结一支大军。公爵勇往直前、充满活力，准备对黑太子的权威发起挑战。在纳胡拉之战后，特拉斯塔马拉的恩里克逃离了西班牙，当时正是路易向他伸出了援手。他们二人在朗格多克的艾格-莫尔特（Aigues-Mortes）会面，还起草了一份所谓的"友谊和结盟协议"。双方承诺，要帮助恩里克夺回王位，还要与英格兰开战。接下来，他们就着手开展对爱德华三世、黑太子和冈特的约翰的强力宣传战。

他们在协议中指控英格兰国王和他的儿子是"人民的压迫者，就像宁录一样"，"出于自负的傲慢"入侵了法国，还犯下了一连串的令人难以置信的罪行，它们就算是出现在虚构作品中也会让人匪夷所思。纳胡拉之战的胜方黑太子在这场宣传战中遭到这二人大肆抨击。他被说成《圣经》中的宁录——力大无穷、身形巨大、武艺高强，但也过度傲慢，最终被判在地狱中受难。黑太子还被说成"撒旦之子"。安茹公爵之后（1373年）为他在昂热的城堡定制了一张挂毯，挂毯上的黑太子就以人头马身的恶魔形象出现（与他一同出现的还有他的父亲和两个弟弟冈特的约翰、兰利的埃德蒙），身边还伴有一大群蝗虫，它们正在从一团黑烟中冲出来。

  在这段时间，黑太子的健康状况迅速恶化了。到1368年11月18日时，他已经卧床不起，需要定期接受波尔多的名医皮埃尔·德曼尼（Pierre de Manhi）的护理。阿马尼亚克伯爵让此前已经公开反叛。黑太子的健康恶化使得阿尔布雷男爵阿尔诺也公开宣布自己决定效忠于法国国王。那一年冬季，一位加斯科涅官员在给友人的信中写道："头脑生病，四肢遭殃。"一位编年史作者记载，黑太子的病既是生理上的，也是心理上的：他"忧郁侵心"，因而卧床不起。他数月都不能理事，甚至无力跟进事态发展。黑太子手下能力最出众的将领和顾问约翰·钱多斯爵士被从诺曼底紧急召回，代他掌管各项事务。傅华萨描述了接下来的事：

  至此，法兰西国王为了获得更多信息，也为了维护王室权益，命人将与上一次和约有关的全部文件都送到御前会议的房间，并反复研读它们，仔细审视不同的要件和条款。在场的人强烈建议国王起草一份申诉书并把它送去阿基坦。于是国王采纳了这一建议,让亲王在巴黎的议会中露面。

11月23日,两位法国使节抵达了波尔多,带去了法王的书信,要求黑太子1369年5月1日在巴黎的最高法庭出庭,就他遭到指控的罪名做出回应。"亲王听人读完这封信后,惊讶得无以复加。"傅华萨记载道,"他打量了一番两位法国使节,然后摇了摇头。"据钱多斯传令官说,黑太子听到这些要求后,坐起身来宣告说:

"诸位领主,看起来法国人认为我已经死了;但如果上帝赐予我健康,令我从病榻上起身,我现在也能给他们造成巨大伤害,因为上帝知道他们站不住脚。只有这样,他们才有对我提出指控的真正理由。"然后,他就给法国国王回信,以直接而严肃的口吻说,自己十分乐意按照对方的要求前往巴黎,不过会在士兵的陪同之下,以防对方(查理五世)行为不端。

傅华萨也记录了黑太子的不屈态度:"只要上帝赐予我生命和健康,我就十分乐意接受传唤,前往巴黎,不过我会头戴钢盔,率领大军前去。"

危机一触即发,这正是黑太子最需要父亲提供强有力的支持的时候。然而,爱德华三世已经56岁了,他的动力和精力都在衰退,健康状况也不太乐观——他的一份年度医疗账单总额为54英镑,比一位英格兰骑士的年收入还要多。此外,他保留了一个供加斯科涅臣民申诉的法庭,尽管黑太子曾要求他关闭这一法庭,因为这会延长争端处理流程,还会损害黑太子的权威。爱德华三世还未就此事做出决定时,阿尔布雷男爵的申诉和指控就已经在伦敦传开了,并且被《佚名编年史》记录了下来。阿尔布雷男爵将黑太子描述成横行跋扈的暴君,正在失去民心:

> 1367年(从西班牙返回之后),黑太子仍居住在加斯科涅,开销巨大,挥霍无度。由于缺金少银,他在领地上征收巨额赋税。税收负担十分沉重,让臣民无法承受。每一处房屋,只要屋中有炉灶,就要向他交税,这被称为炉灶税。
>
> 他非常傲慢,以大人物自居,不愿听从任何人的话。各位大领主前来觐见他时,他会先让他们等待四五日,然后才会与他们对话。此外,当他们来到他面前时,他会让他们不时换腿以保持跪姿,在足足四分之一天后,才允许他们站起来。除了巨额税金之外,这也是多位领主反叛他的原因。

这些指控非常苛刻。当年欧洲各国的宫廷都非常华丽,而对于中世纪的统治者而言,这通常被视为一种美德。若弗鲁瓦·德·夏尼就曾写道:"出手应当慷慨。"1368年夏,黑太子的弟弟克拉伦斯公爵莱昂内尔前往意大利迎娶薇奥兰特·维斯孔蒂(Violante Visconti)。新娘的父亲帕维亚公爵吉安·加莱亚佐(Gian Galeazzo)向爱德华三世支付了一大笔钱作为嫁妆,双方此前花了两年时间才商定其具体内容。帕维亚公爵每个月还向新郎及其扈从支付10000弗罗林金币(约合1500英镑),一共给了五个月。他们在盛大的露天婚宴中共上了30道鱼肉菜肴，还赠送了各种华美礼物，包括价值不菲的链甲、饰有羽毛和纹章的头盔、戴天鹅绒项圈的灵缇和戴银铃的猎隼。诗人彼特拉克作为贵客参加了婚礼，他坐在作为主桌的高台餐桌上；傅华萨和乔叟也出席了婚礼。据说，婚宴的剩菜可供1000个男子食用。庆祝活动持续了整个夏天。莱昂内尔当年10月7日突然因发烧而去世，当时就有人猜测这或许是长期消化不良导致的。

这就是那个时代的精神。理查德·菲隆利的账目显示，黑太子每年为他的随从队伍拨出超过30000加斯科涅镑。这是一大笔开支，但并不算过分，而且与黑太子的父亲开创的先例相近（到1365年，爱德华三世自己的宫廷开销已经达到了近25000英镑）。更不用说黑太子的开销中还包括了支付给扈从部队的费用。

黑太子总是与身边的人分享财富。他也一直有些入不敷出——这是他遵从骑士生活方式的固有风险。但整体来说，关于黑太子理政的文献证据并不能证实阿尔布雷男爵提出的指控。黑太子不但谈不上傲慢无礼、高高在上，反而还会花费时间和精力去过问不那么重要的事情。例如，在从西班牙回归后不久，他就设法让塔布（Tarbes）以南15英里（24公里）的巴涅尔（Bagnères）的多明我会修道院在重建后仍然位于城墙之内，从而更好地保护其免遭散兵游勇的袭扰劫掠。属于阿尔布雷家族旁支的贝拉尔曾对吉伦特地区的皮诺尔芒男爵（lord of Puynormand）之位提出声索（这一头衔的授予对象由爱德华三世决定），黑太子不但帮助他起草了申请书，命人将他的信件从加斯科涅语翻译成法语，还设法确保让英格兰的议事会议收到这封信。

340　　黑太子已经在困境中尽力而为。在安茹公爵路易和特拉斯塔马拉的恩里克发动了如此抹黑他的宣传战之后，新的指控开始在爱德华三世的宫廷和议事会议中流传，这让黑太子更加痛苦了。12月7日，受到刺激的黑太子给父亲写了一封信，信中他说：

> 我最尊敬的领主，我以最谦卑的姿态向您问好，并且乞求您的恩宠。
>
> 我已经收到了您的信以及阿尔布雷男爵寄往巴黎的凭证，希望这一消息能让您感到高兴。我还要为此感谢您，因为这样我就可以为自己洗脱冤情……我向您报告的一切，都是以儿子理应向父亲报告的方式，忠诚地如实报告，绝无二心。我也会坚持我所报告的内容，并且愿意以骑士应当采取的方式，或是按照您的命令，尽我所能地加以证明。
>
> 我最尊敬的领主，我并不是想引起您的不快，但是您的王国内竟然有人——不论他们是谁——愿意相信令我荣誉蒙羞、地位受损的报告，这让我非常诧异；因为我不会向您复述任何会被证实为不实的事情，而且我也不会以这样的诬告来伤害您王国中的任何臣民或附庸者，愿上帝为此赐我以援助和恩泽。
>
> 我如此鲁莽地写信提及此事，请您不要感到不快，因为此事与我的荣誉和地位息息相关。因此，我的主上，我认为我必须如此行事。被人认为曾如此违背您的命令和意愿，实在是让我意气难平。我也向上帝祈祷，愿我始终不辜负您的期望。

此外，我还听说您身边有些人过于轻易地听信了阿尔布雷男爵的借口，但是它们并不属实……我最荣耀的主上，我请求您，看在我为您立下微薄功劳的分上，将此事放在心上……因为我时刻准备着尽我所能地执行您的命令。

最尊敬的父亲，愿圣洁的三位一体保佑您，赐予您胜利，助您击败我们的敌人。

在这封信正式而彬彬有礼的措辞之下，黑太子的愤怒显而易见。他是看重荣誉的人，而他面对的指责和指控与被他奉为圭臬的信念大相径庭。现在，他父亲的政府中竟然有人听信了这些谗言，让这些谎话显得颇具分量，他因此感到屈辱难当。而在当时极度困难的情况下，他本应获得父亲的全力支持和充分信任。

这封信是由约翰·钱多斯爵士送到英格兰的。他根据黑太子的指令，在这封信的基础上更进一步，向爱德华三世提出了三个尖锐的要求：第一，放弃对加斯科涅贵族的申诉的受理权利；第二，履行《布雷蒂尼条约》尚未落实的弃权条款；第三，如果战争爆发，向阿基坦提供充分的财政和军事支持。

1369年的新年伴随着无处不在的威胁感到来了。1月19日，米约城重申对黑太子的效忠誓言，并发出警告说，安茹公爵路易正在这一地区集结部队，还试图策反其他人叛离黑太子、加入法国。爱德华三世在收到儿子的来信后深受震动，于2月10日将自己最好的医生之一纪尧姆·阿蒙（Guillaume Hamon）派往波尔多，还开始集结一支部队，准备让剑桥伯爵（也就是黑太子的弟弟兰利的埃德蒙）和彭布罗克伯爵在春季率军渡海前往加斯科涅。这样的措施正是黑太子所急需的。虽然战争还未正式开打，但是法军已经在四处活动了。

中世纪的士兵往往能本能地感觉到危险的逼近，而在面对被俘或死亡的可能性时，他们的良心会突然觉醒。黑太子的战友让·德·格拉伊就感受到了他们所有战友所面临的威胁。1369年3月6日，他起草了遗嘱，在其中将惊人的40000克朗金币（约合6000英镑）捐献给教会，足以供僧侣们为他的灵魂进行50000场弥撒、设立18个礼拜堂牧师职位、点燃无数盏油灯、吟诵无数遍祷词。

1369年年初，卧病在床的黑太子警告他在阿基坦的所有臣民说，阿马尼亚克伯爵让已经公开反叛，违背了"向我许下的最庄严的效忠誓言"。他还说，伯爵和他的同谋们意欲"以十足的恶意"打破和平。

黑太子的一位随从写道：

> 自圣诞以来，传来的都是坏消息。亲王病了，我们的部队龟缩在城堡中，敌人的威胁无处不在。我们急需更多资金和兵力。如果支援不能及时赶到，法国方面可能会对公国造成沉重打击，令我们一蹶不振。

第十章
利摩日

1369年6月,英法之间再次爆发战争。查理五世将黑太子一个月前未能出席巴黎的议会作为合理的开战理由。查理的弟弟、安茹公爵路易呼吁所有法国国王的臣民"向英格兰人尽可能大规模地开战"。爱德华三世则再次提出要争夺法兰西王位。6月19日,黑太子收到命令,要他在阿基坦公国内宣示爱德华三世的意愿,也就是通过征服来夺回法国。

查理五世重开战端的方式和手段即便不算滴水不漏,也肯定称得上非常小心谨慎。1369年2月28日,他向阿马尼亚克伯爵写了一封信,要求伯爵在他下令之前,不要开始针对黑太子的军事行动。查理五世解释说:

> 你是针对亲王的主要上诉人,他现在是你的敌人。我已经读过他寄给你的恐吓信以及你的回信,你也已经将这些信发给加斯科涅的主要贵族和市民们传阅。我们必须按部就班地推进此事,这一点至关重要。如果亲王向你开战,那么你就有权获得我的帮助和支持。在那之前,我们必须继续严格走法律途径。

查理五世思路清晰,语气不容置疑。他告诉阿马尼亚克伯爵,他也向安茹公爵路易下达了类似的命令,要求公爵保持克制。查理五世还警告伯爵说:"如果你违背我的意愿,过早开启战事,我将极度不悦。"查理知道,在阿基坦东部的凯尔西和鲁埃格地区,英格兰的统治非常不稳固,而阿马尼亚克伯爵在这里又相当有影响力;查理还知道,伯爵的儿子[也叫让(Jean)]已经集结了一小股部队,准备进入这一地区。黑太子没有足够的兵力去保卫这一片土地。关键在于时机。"我非常清楚,很快你们就能投入压倒性的兵力去攻击他。"查理五世在信的结尾处不无得意地写道。

查理五世有足够充分的理由感到得意。他给阿马尼亚克伯爵写信之后不出一个月,他的外交政策就有了新的收获:特拉斯塔马拉的恩里克夺回了卡斯蒂利亚王位。恩里克之前再次入侵卡斯蒂利亚,与贝特朗·杜·盖克兰的部队会合,在托雷多(Toledo)附近的蒙铁尔(Montiel)突袭并击败了佩德罗的军队。佩德罗躲进当地的城堡,还花了一大笔钱贿赂杜·盖克兰,求他放自己逃跑。杜·盖克兰收下钱,然后将佩德罗交给了恩里克。1369 年 3 月 23 日夜,佩德罗被恩里克及其手下杀死。黑太子花费了大量人力物力南征西班牙,却落得战略失败的结果——最终占据卡斯蒂利亚王位的是英格兰的死敌、法兰西的盟友。1362 年英格兰和卡斯蒂利亚签订的盟约宣告失效,这也导致阿基坦孤立无援、危如累卵。

查理五世在西班牙的长期外交努力和有远见的战略终于获得了回报。不过,黑太子南征西班牙的最终失败或许在一定程度上是不可避免的。他没有在更早一些的 1366 年春就支援佩德罗政权,这是一次失误,不过恩里克的首次入侵让所有人都始料未及。之前有人说,佩德罗不值得信任,说他无意遵守 1366 年 9 月 23 日在利布尔讷与黑太子签订的协议。但在纳胡拉之战后,恩里克逃脱并获得法国支持一事成为定局,履行双方商定的还款义务因此完全符合佩德罗的利益。综合各种证据来看，佩德罗是真心想履行这一义务的。

事态的转折点出现在1367年5月6日。当时，黑太子在布尔戈斯提出修改协议条款，大幅增加了佩德罗需要支付的金额，并缩短了他的付款期限。佩德罗基本上是在武力胁迫下接受了新协议，这使得他和黑太子之间的关系破裂了。他们二人争执的焦点是一个与骑士精神有关的问题：对待战俘的适当方式。在这个问题上，黑太子绝对不会让步。在错综复杂的权力斗争中，严格遵守骑士行为准则可能是优势，也可能是弱点。查理五世深知这一点。黑太子集结起来的大军一度看起来无人能敌，但还是在卡斯蒂利亚夏季的痢疾暴发中消耗殆尽，他只能两手空空地回到加斯科涅。

之后，黑太子和阿拉贡国王彼得四世、纳瓦拉的查理展开了谈判。他们一度计划瓜分卡斯蒂利亚，但该计划无果而终。各方无法拿出足够的人力和物力来让这一设想成为可行的选项，且纳瓦拉的查理不可信，加斯科涅的国库也已经负债累累。到1369年春时，黑太子已经无力再干预西班牙的事务；他把精力全部放在了对他在阿基坦的领地和势力的保护上。

特拉斯塔马拉的恩里克是一位可敬的对手，他坚定不移地努力夺回卡斯蒂利亚王位。但布列塔尼的贝特朗·杜·盖克兰提供的协助也是至关重要的。杜·盖克兰长着塌鼻梁，肤色黝黑，身材健壮，天生适合过军旅生活。诗人屈弗利耶（Cuvelier）写过一首押韵的香颂，描述了杜·盖克兰的生活。屈弗利耶笑着回忆说："从雷恩（Rennes）到迪南（Dinan），没有人长得像他这么丑。"杜·盖克兰出生在一个小贵族家庭，长期受到父母忽视。他从小就显示出对战斗的热爱，会将玩伴们分成不同队伍对战,还会组织模拟比武大会。他成年时加入了布列塔尼爵位继承战争,逐渐精通了伏击、佯攻、谍战、诡计之道。杜·盖克兰在战斗中勇敢无畏又不择手段,很快就打响了自己的名号,引来许多贵族请他效力,包括布卢瓦的查理、阿努尔·都德雷昂元帅和勃艮第的菲利普。

1357 年,杜·盖克兰成功抵御了格罗斯蒙特的亨利对雷恩的长期围困。这让他引起了当时还是王储的查理的注意。由于当时的法王约翰还在英格兰当俘虏,于是查理向杜·盖克兰发出了自己的第一份王室委任状,任命他为蓬托尔松(Pontorson)的守将。查理即位后不久,杜·盖克兰便于 1364 年 5 月 16 日在诺曼底的科舍雷尔(Cocherel)为国王赢得了一场重大胜利,击败了比什男爵让·德·格拉伊率领的一支英格兰-纳瓦拉联军。此战之后,纳瓦拉的查理便无力威胁巴黎,杜·盖克兰也因此获得了查理五世的长期谢意和尊敬。他们开始合作反击英格兰势力。

同年晚些时候,杜·盖克兰作为布卢瓦的查理军中的主要将领之一,在布列塔尼的欧赖被约翰·钱多斯爵士击败。不过这次失利并没有影响杜·盖克兰和查理五世之间的关系,查理五世还帮助杜·盖克兰支付了赎金。第二年,他们二人又想出了一个计划,可把大部分自由佣兵团从法国引开。他们争取了教宗的支持,承诺让这些佣兵团加入十字军,去南征穆斯林统治下的格拉纳达。但是实际上,查理五世和杜·盖克兰另有所图。到达西班牙之后,他们会在阿拉贡与特拉斯塔马拉的恩里克会合,然后向卡斯蒂利亚的佩德罗发起进攻。

想出这一计策的是杜·盖克兰,而且该计划完全保密。虽然擅自调动十字军非同小可,但是查理五世和杜·盖克兰找到了一种为自己辩护的方法。他们决定主张,由于佩德罗被开除教籍,而且与穆斯林统治下的格拉纳达结成了军事同盟(格拉纳达当时向他提供了部队),因此赶佩德罗下台是继续向南挺进的必要前提。杜·盖克兰和查理五世明白,不管自由佣兵团去往何方,只要他们离开阿维尼翁一带,就会让教宗乌尔班松一口气。在纳胡拉之战的两年后,这一策略见效了,恩里克在法国的帮助下夺回了卡斯蒂利亚王位。

这样的阴谋诡计对黑太子来说是完全陌生的。他在1365年还曾多次向阿维尼翁派去使者,想要弄清"十字军南征"进展如何。查理五世在巴黎大学创立了星相学学院,还为之配备了图书馆和各种设施;杜·盖克兰在每一次征战中都会请教占星师,而他的妻子蒂费娜(Tiphaine)据说拥有超自然的力量。但是查理五世和杜·盖克兰对战争的认识都非常实际:他们理解骑士精神的世界,但是对他们来说最重要的是结果。取得战果靠的并不是骑士精神的力量,而是财务清偿能力及坚韧的职业精神。

查理五世和杜·盖克兰都不愿借债开战。1365年杜·盖克兰率领自由佣兵团前往西班牙时,是在等到军费进账之后才出发的,而不是在获得承诺说未来会有人付钱后便轻举妄动。接下来的一年,杜·盖克兰都在卡斯蒂利亚为恩里克而战,帮助他巩固新政权。杜·盖克兰英勇无畏,武艺高强,精力充沛,这些品质使得他在回到法国之后成了黑太子的劲敌。

黑太子从未认识到谨慎的财政政策的重要性。到1369年夏时,他已面临严重的现金和人力短缺问题。他将行政总部设在了科尼亚克,将自己在波尔多的事务交给经验丰富的军人和行政官员托马斯·费尔顿爵士打理。黑太子集结了城堡的守军、仍对他保持忠诚的加斯科涅和普瓦图领主的扈从以及自由佣兵团。彭布罗克伯爵约翰·黑斯廷斯（John Hastings）和黑太子的弟弟剑桥伯爵兰利的埃德蒙率领一支增援部队抵达。他们将战火烧到北部的敌方领地上，围攻了安茹公爵在永河畔拉罗什（La Roche-sur-Yon）的城堡。此地在拉罗谢尔西北方约50英里（80公里）处。黑太子原本还指望冈特的约翰也率军前来增援，因为他需要他们来抵御阿马尼亚克伯爵对鲁埃格地区的袭扰。然而，爱德华三世决定命令冈特的约翰转进加来。这一决定不利于黑太子对阿基坦的防卫。

查理五世此前已经将阿马尼亚克伯爵任命为鲁埃格地区的总指挥官和总督，并给了他一笔10万法郎（约合20000英镑）的年金，"以便更好地与敌人交战"。伯爵自己的扈从就有300多人，可以投入战场的总兵力更是有超过1000人。安茹公爵还在源源不断地向凯尔西和鲁埃格地区派出兵力。罗德兹重回伯爵的掌控范围，城门上黑太子的纹章被敲掉了。由于这一地区没有英格兰和加斯科涅的军队，越来越多的城镇开始效仿罗德兹。只有获得援兵，黑太子才能避免大批城镇和领地变节投敌的情况发生。小股劫掠部队是远远不够的。

爱德华三世及其政府必须统筹全局，平衡英格兰在法国北部的据点的需求和南方的阿基坦公国的需求。英格兰在暮春损失了蓬蒂厄的部分领地，害怕加来会受到威胁。蓬蒂厄是爱德华三世的祖产，也是他首次向法兰西国王发起挑战、在克雷西取得大捷的地方。对他来说，这里有着重要的情感价值。但此时需要的不是情感，而是清醒的思考。加来城防坚固，有能力过硬的守将赫里福德伯爵坐镇；而且在6月3日英格兰紧张地召开议会时，卢瓦尔河以北并没有可以威胁加来的法军。虽然爱德华三世确实应当派兵去增援赫里福德伯爵指挥的守军，但不应该把冈特的约翰和他麾下的3000人都派过去。

爱德华三世当时正考虑亲自渡海前往加来，以便率军出城引法王出战。但他当时的健康状况并不理想，因此这一想法并不现实。不过冈特的约翰还是接到命令，要他等待爱德华三世抵达。8月15日，菲利帕王后去世，爱德华三世于是决定先不渡海了。冈特的约翰在皮卡第开展了一些劫掠活动，但收获不大。到9月时，久负盛名的沃里克伯爵率领第二支部队奉命前来与他会合。但这样一支大军集结在此是要做什么，这个问题的答案并不清楚。

沃里克伯爵是受人尊敬的战士，曾任元帅，还是嘉德骑士团的创始成员、克雷西和普瓦捷战役中的英雄。他在这两场战斗中都曾与黑太子并肩作战，还曾于1355年和1363年两次陪同黑太子前往加斯科涅，对阿基坦十分熟悉。如果他能够出现在阿基坦，局势就会大不一样。编年史作者们都赞扬这位老兵的坚强意志。《佚名编年史》的作者还用轻快的笔触记载说，当伯爵出现在加来城外时，法军恐惧地四下逃窜。然而，他的部队主要还是发挥了守军的作用，冈特的约翰则率军进入诺曼底东部进行劫掠，但是收获不大。托马斯·沃尔辛厄姆批评这次行动缺乏明确方向；如果沃里克伯爵和他手下的2000人被派往阿基坦支援黑太子，情况就会好得多。

查理五世与阿马尼亚克伯爵的书信往来显示，查理已经渐渐适应了国王的身份，展现出强大的动力、明确的目标，以及实现雄心壮志时所必需的一贯性。而1369年夏爱德华三世写给手下将领约翰·基里尔（John Kyriel）爵士的几封信却展现了截然不同的特质。8月7日，爱德华三世给基里尔写信，告知他自己准备渡过英吉利海峡，命令他在两周之后与自己会合。爱德华告诉基里尔，自己决定亲自迎击法军，因为对方"严重影响了我们王室的尊严"。8月13日，基里尔又收到了一封信，信中给出了相反的命令，因为国王"现在确定，敌方意欲入侵"。但其实法国方面并没有实施这样的入侵计划。

8月14日，基里尔在一天内接连收到两封国王的来信。在第一封信中，爱德华三世说，他还是决定渡过海峡，但准备将大军的集结日期推迟至9月初，命令基里尔到时候前去会合。第二封信于当天下午送达，给困惑的基里尔带来了新的指令：他必须立刻动身前往桑威奇，因为敌军的帆船正准备从那里发动进攻。然而，基里尔赶到桑威奇后，并没有发现法军舰船的踪影。

8月18日，基里尔收到了过去十一天中的第五封国王来信。他被命令立刻渡过海峡，因为英法预计下周就会交战。实际上战斗并没有发生，不过基里尔的部队的确发现了敌军撤退时丢弃的大量葡萄酒和啤酒。这支英军在过去一段时间多次收到前后矛盾的命令并经历了舟车劳顿，正好需要用酒精来放松神经。

查理五世虽然不是战士，但已成长为一位强大而高效的统治者；爱德华三世曾是一位伟大的战士，但是作为国王，他缺乏清晰的思路和方向。爱德华三世一直受扰于流言和不准确的军事情报，将更为宏观的战略格局抛在脑后，并基本上忽略了阿基坦的需求，而在阿基坦，大家仍非常渴望战斗。彭布罗克伯爵夺取了永河畔拉罗什，沿卢瓦尔河进行了烧杀抢掠。还有英军将领冲进波旁（Bourbonnais），杀进穆兰（Moulins）西北方12英里（19公里）处的贝勒佩尔什（Belleperche）的防御松弛的城堡，在那里俘获了查理五世的岳母、波旁公爵夫人瓦卢瓦的伊莎贝拉（Isabella of Valois）。这些事都让法国人受到了震动。但是阿基坦东部需要一支野战部队，还需要一位声望够高的将领——比如冈特的约翰和沃里克伯爵——的指挥。只有这样，变节投法的浪潮才能得到遏制。爱德华三世本来可以也应当提供这样的援助。

黑太子不但要在战场上迎敌，还被卷入了一场宣传战。那些转投查理五世麾下的人都非常乐意抹黑黑太子。继几位主要申诉人的申诉和特拉斯塔马拉的恩里克的诋毁之后，罗什舒瓦尔子爵路易（Louis）又提出了新的指控。他是来自利穆赞地区的贵族，在1363年9月13日曾向黑太子宣誓效忠，随后成为执政会议成员。子爵对这样紧密的联系感到不适，于是指控黑太子在1369年6月初就"已经怀疑他的忠诚"，命他前往昂古莱姆，"并在那里把他投入条件严酷的监狱；他在狱中待了很长一段时间，生命安全一直受到威胁"。

罗什舒瓦尔子爵还补充了一个令人心酸的细节：在他家人的苦苦哀求下，他才终于获释。然而，有文件证明，到1369年6月23日时子爵就已经身在巴黎了；他所谓的在恶劣条件下受到长期监禁纯属捏造。子爵还声称，他将自己的领地交给了一位名叫蒂博·杜邦（Thibault du Pont）的布列塔尼低级将领，还说杜邦"对亲王发动了大规模的破坏性战争"。这样的说法是出于他的一己私利，而且也十分荒谬。

黑太子面临的是一种"做也不是，不做也不是"的两难处境。让·傅华萨此前就已经指责黑太子过于天真，竟然不顾议事会议的建议，在纳胡拉之战后放走了被俘的贝特朗·杜·盖克兰。傅华萨把这说成是在骑士精神的驱使下做出的冲动、草率的决定。而实际上，1367年12月，经过一个月的艰苦谈判后,黑太子、议事会议和杜·盖克兰达成了赎金协议,把赎金金额定为相当可观的10万西班牙克朗金币(约合20000英镑)。杜·盖克兰虽然不是骑士精神的最佳体现,但仍然尊重黑太子对公正的追求,在全额支付赎金之前拒绝在法国境内与黑太子对战。

†

1369年夏末,黑太子开始失去他最坚强可靠的一批战友。詹姆斯·奥德利爵士在永河畔拉罗什围城战之后,于8月底染病去世。之后在9月,托马斯·维腾霍尔爵士在一次伏击中战死。米约的市民此时仍坚定地站在英格兰一方,他们为维腾霍尔支付了葬礼的费用,还举行了纪念弥撒。同一个月,黑太子还收到消息称,他的母亲菲利帕王后也因久病去世。"就这样,各种不幸都一起出现,"钱多斯传令官写道,"一个接一个地落到高贵的太子头上,而他自己也正卧病在床。尽管如此,他仍保持着对上帝的信仰,说道:'如果我能好转,我定会好好报仇。'"

黑太子竭尽全力为新一轮的战事做准备。他向将领们发出了指令,还奖赏了忠诚的追随者们。10月23日,让·德·格拉伊被赏赐了科尼亚克的领地和收益。11月14日,黑太子命令圣东日的总管约翰·哈彭登(John Harpenden)检视、修缮仍在英军手中的堡垒和工事。同月晚些时候,爱德华三世的御前会议试图召回黑太子的财政大臣、巴斯和韦尔斯主教约翰·哈威尔。黑太子拒绝放哈威尔回国,称自己"没有他就无法坚持下去"。

这场拉锯战背后的主要问题就是炉灶税,而哈威尔正是炉灶税的主要负责人之一。爱德华三世的部分大臣受阿尔布雷男爵申诉的影响过深，对这一税种大加批判。在14世纪40年代的财政危机中，爱德华三世坚称自己不用与议会协商就有权征收战争税。相反，黑太子和哈威尔与阿基坦的议会进行了充分沟通，还在沟通后对炉灶税进行了调整。

1370年的开端就非常糟糕。12月底，黑太子在阿基坦经验最丰富的将领约翰·钱多斯爵士在普瓦图的吕萨克（Lussac）的一座横跨维埃纳河的桥上设下埋伏。钱多斯知道，法方的一支劫掠部队会沿古罗马的道路从利摩日前往普瓦捷。在敌军抵达这座桥的时候，他们发现去路被一批精锐骑兵挡住了。双方正在交战时，钱多斯带着更多士兵从后方包抄法军。这样的妙策本应带来一场大胜。让·傅华萨记录了接下来的故事：

> 钱多斯是一位强壮、大胆的骑士，在所有行动中都表现得冷静而谨慎。他命人将他的旗帜高举在他身前，又让手下的精锐士兵环绕在身边。他身着一件华丽的外袍，外袍前后都饰有他的鲜艳纹章，这让他在冒险的行动中显得坚定而沉着。在这样的状态下，他手持利剑，向敌军迈进。

钱多斯向敌方叫喊着发出挑战："我是约翰·钱多斯。好好看看我，因为如果上帝乐意，我们今天就要让你们接受考验。"他下了马，向着法军走去。傅华萨接着写道："那天早晨的浓雾让地面变得湿滑，而他那条特别长的外袍在他前进的过程中缠住他的腿，绊倒了他。"

法军的一名骑士看到了机会，策马冲到钱多斯面前，将长枪径直刺向他的脸。钱多斯清楚视觉展示在战场上的力量，本想借此鼓励士兵并得到他们的回应。但他因过于沉浸在一时的表演中而忘记放下自己的面甲。敌人的长枪直刺他的眉心，他向前倒下，被枪尖穿透。"他极度痛苦地滚了两圈，就像是在咽下最后一口气。确实，在承受了这一击之后，他再没说过一个字。"他的战友群情激愤，英勇奋战，试图保卫被击倒的首领。一个士兵站在钱多斯的身旁，坚定地阻止法军将钱多斯拖走。他有力地挥舞着手中的剑，让法军不敢靠近。另一个人追上袭击钱多斯的法国人，用长枪大力刺入那个骑士的铠甲，刺穿了对方的大腿。

这场小规模遭遇战以英方援军到来，将受了致命伤的钱多斯抬走而告终。连法国人都感到悲伤，因为不论敌友都颇为敬重钱多斯。参加了这次战斗的法军将领让·德梅尼尔（Jean de Mesnil）之后谈到这场战斗时，并不是用发生地为它命名，而是将其称为"钱多斯的厄运"。钱多斯悲剧性的死亡让人想起了 12 世纪的教士贝尔纳·德克莱尔沃（Bernard de Clairvaux）对武士阶层之虚荣的嘲讽：

> 那么，噢骑士们，是怎样的巨大错误，怎样一种无法克服的冲动，让你们在战斗时摆这样的排场？你们为战马穿戴丝绸，用羽毛装饰盔甲，将盾牌和马鞍涂成彩色。你们用金银珠宝装饰马刺，然后带着全身荣光，毫无惧色地向着死亡迈进……你们认为敌人的剑会被刺绣或是精美的丝绸弹开吗？你们还穿着这些长长的罩袍，而你们只会被它们绊倒。

但是在那个寒冷的早晨,钱多斯想的是在一整晚的艰苦行军后鼓励将士,并不是真的迷失在了排场和表象中。他害怕战况对英军不利,想用身先士卒的方式鼓舞士气。钱多斯就是骑士精神的化身。在纳胡拉的战场上,他曾带着战士的骄傲展开自己的旗帜。他既是战士,也是行政官员,更是谋臣,以周到巧妙的言辞闻名,不论在战时还是平时都充满勇气、行事妥当。如果说黑太子是罗兰,那钱多斯就是奥利弗①。但是钱多斯的香颂即将迎来尾声。他承受着巨大的痛苦,无法说话,在第二天,也就是1370年1月1日逝世。"就这样,高贵的骑士约翰·钱多斯爵士去世了,愿上帝怜悯他的灵魂。在一百年内,再也找不到比他更为彬彬有礼、品德更为高尚的骑士了。"消息抵达黑太子的宫廷后,所有人都悲痛不已。凶险之兆已经十分明显了。

在钱多斯去世之后,原本就很虔诚的黑太子在面对教会时态度更为谨慎了,就好像他想阻止某种神罚降到自己和身边战士的身上一样。1370年1月15日,身在昂古莱姆的他给波尔多的圣克鲁瓦(Sainte-Croix)修道院写了一封信。黑太子之前依法继承了无嗣而亡的加斯科涅小贵族阿尔诺·德坎帕尼亚(Arnaud de Campania)的领地和遗产。但是在对这些财产进行检视之后,黑太子发现其中有一部分是被盗的教会财产。他唯恐自己与这桩罪过扯上关系,于是大费周章地进行了调查,确定各宗教物件的来源。查清之后,他就给修道院去信,称自己将立刻归还这些物品。

在巴黎,查理五世召开了战争会议,讨论如何对英方施展

---

① 指《罗兰之歌》中罗兰的挚友奥利弗。

致命一击。对于查理的加斯科涅盟友来说，小规模行动毫无吸引力：他们之所以投入查理麾下，就是因为查理承诺会让他们名声大振并悉数收复领地。如果这些承诺不能尽快兑现，他们很可能又会叛逃回黑太子麾下。当时，大家都知道黑太子在昂古莱姆抱病不起，于是法国的战争会议决定采取大胆的行动，向黑太子的所在地发动猛攻，如果有可能还要将他生擒。

他们很快就制订出了一套行动方案。安茹公爵路易将从阿热奈和佩里戈尔进军；国王的另一个弟弟贝里公爵约翰将借道利穆赞，向西南方向挺进。为了支持这两支部队，查理五世还命令贝特朗·杜·盖克兰从西班牙回国，与安茹公爵合兵一处，但是杜·盖克兰拒绝这样做。直到1370年夏，查理五世支付了杜·盖克兰赎金的尾款，后者才回到法国。

黑太子也在制订计划。1370年3月，英军试图为贝勒佩尔什解围，但该行动最终以灾难性的失败收场。这次失败证明黑太子的弟弟兰利的埃德蒙不适合指挥战事。3月13日，由于政务过于繁重，黑太子将普瓦图地区的权力下放给了仍然受他信任的当地贵族，也就是"他忠诚的好朋友们"——帕尔特奈男爵（lord of Partenay）纪尧姆、沙泰勒罗子爵路易（Louis）和吉夏尔·当格勒。他们将出任黑太子在这一地区的总督。爱德华三世这时又一次试图与纳瓦拉的查理在诺曼底结盟。黑太子警告父亲说，纳瓦拉国王不可靠，与之结盟只会白白耗费宝贵的资源，但爱德华三世一意孤行。那年夏季，冈特的约翰起航前往波尔多增援黑太子，但是随他前来的将士还不到1000人。

黑太子现在清醒地意识到，他已经无法轻易地从疾病中康复了。他请求把总督的全部权力授予冈特的约翰：发出军事通行许可、册封骑士爵位，"以及其他类似事项，只要与亲王意见一致，无论他在不在场均可执行"。实际上，黑太子希望冈特的约翰能替自己上战场。黑太子还希望那些对自己保持忠诚且因此丧失了领地和财产的人能被适当地赏以从叛逃至法国一方的人那里没收的领地。1370年7月1日，在与爱德华三世和冈特的约翰商议后，黑太子决定采取一种新的作战方式，即用仁慈和说服争取帮手，而不是威胁与恐吓。这一政策的细节被记载在《加斯科涅卷轴》（Gascon Rolls）中，成为阿基坦公国行政记录的一部分：

> 为了抚慰和支持阿基坦和威尔士亲王伍德斯托克的爱德华，以及他公国内的居民，兹决定对于此前不再服从亲王的人——不论其不服从是由于听信了国王之敌的谗言还是出于自愿——只要此时愿意重新向亲王效忠，亲王都可以代表国王重新授予他们和平与恩典，宽恕他们的罪行并恢复他们的特权。虽然对此类行为有时理应动用王室权威加以惩戒，但有时也应当以宽宏之心处置。

任何改变效忠对象或是撤回效忠誓言的行为都会造成复杂的道德困境：理想主义和荣誉感时常与现实的自利心理相矛盾。加斯科涅贵族里贝拉克男爵（lord of Ribérac）雷诺·德庞斯（Renaud de Pons）在1369年至1370年四次改换门庭，并且在黑太子离开阿基坦之后，才最终倒向法国一方。在他最终投法后，他的妻子佩里戈尔的玛格丽特（Marguerite de Périgord）拒绝与他为伍，仍然效忠于英格兰。

鲁埃格地区的贵族居伊·德赛韦拉克之前曾受黑太子的器重和司法庇护。背弃效忠誓言让他十分不安。1368年12月3

日，查理五世得知德赛韦拉克对是否应投法仍举棋不定，于是写信解释了自己的立场。"我注意到，"查理写道，"你收到了加斯科涅部分领主在我国议会提出的申诉的副本，而你认为这违反了我已故父亲（愿上帝保佑他的灵魂）和英格兰国王间条约之要旨。"查理五世接下来解释说，由于英方尚未妥善落实《布雷蒂尼条约》中的弃权条款，尚在拖延执行，因此这次申诉是合法的。居伊·德赛韦拉还是犹豫不决。但是到1369年夏季时，查理五世用领地和官职把居伊利诱到了法国一方。

到1369年11月4日时，德赛韦拉克已经被任命为鲁埃格地区的孔佩尔（Compeyre）的守将和总督，但他还是心中不安。查理五世试图安抚居伊，在信中写道：

> 我的好领主，我知道你为我鞠躬尽瘁、尽心尽力。我认为热爱法国、心怀法国并不是坏事。我相信，这些事是在主的帮助下发生的，我也肯定他会继续保护你。

然而，德赛韦拉克依旧心存疑虑。第二年年初，他为抛弃黑太子而感到悔恨不已，于是求见教宗乌尔班五世，乞求教宗彻底宽恕自己的罪行。2月21日，教宗为他指派了一名忏悔牧师，还授予他接受赦免的权利，"因为他承诺改正他的行为，重新遵守遭到破坏的（对黑太子的）誓言"。德赛韦拉克的举动遭到了阿马尼亚克伯爵让的无情嘲笑。

依据战争法则，中世纪的统治者有权对先向其宣誓效忠，随后又变节的城镇和群体采取最严厉的惩罚措施，但黑太子选择不去这么做。他明白，由于在阿基坦东部他没有部署军队，许多人别无选择，只能倒向法国。阿马尼亚克伯爵和其他领主能够集结起数千人的部队，而在当地饱受袭扰的黑太子的官员只能召集到百十来人。

黑太子也开始思考战端的重开以及该局面的成因。他害怕自己的久病不愈和在阿基坦各地屡遭挫败的事实，预示了上帝不再青睐英格兰，而原因就是他因支持卡斯蒂利亚的佩德罗而犯下了罪过。黑太子也注意到，他自己的影响力正在减弱。他采取了宽大的新政策，而不是严加惩罚，这就是他的赎罪之举。

法国人准备发动一波夏季攻势。他们于1370年7月动身，取得了一系列小规模胜利。到8月下旬时，安茹公爵已经抵达了昂古莱姆东南方向55英里（88公里）处的佩里格，并且在此地与贝特朗·杜·盖克兰，以及他从西班牙带回来的布列塔尼雇佣兵会合。贝里公爵抵达了昂古莱姆以东的利摩日，那里到昂古莱姆的距离和佩里格到昂古莱姆差不多。黑太子则在科尼亚克，那里是他为他现有的所有兵力设立的集结点。然后，他收到了利摩日已投降的消息。

利摩日大约有15000名居民，分为两个部分：城市区由主教控制，里面有大教堂、主教官邸和教士住所、几座小教堂，以及一些简陋的住房；从城市区上山就到了较新的城堡区，该区域以城堡和修道院为主要建筑物，它们周围形成了繁荣的商业区，专门从事珐琅和陶瓷生产。利摩日的大部分人口居住在新的城区中。

黑太子之前与整座城市的关系都很好。1364年的整个5月，他一直在此逗留；1365年11月24日，他确认并扩大了利摩日的城市特权。黑太子也与这里的市民保持着联系。实际上，黑太子与此地的部分商人的最后一次书信往来就发生在 1370 年 8 月 10 日。他在信中指示他的总管理查德·阿伯伯里（Richard Abberbury）说，商人们在城市区购买小型地产时可不必缴税。

†

黑太子在这一地区的主要对手是查理五世的弟弟贝里公爵约翰。约翰追求感官享受，是享乐主义者和唯美主义者，收藏了一大批手稿和其他艺术作品。贝里公爵还收集了大量宝石、乐器、古董浮雕宝石、猎犬，以及包括一头豹、一峰骆驼和一只猴子在内的珍禽异兽。他还赞助了众多建筑工程，修复了十七座城堡。他最喜爱的一座位于耶夫尔河畔默安（Mehun-sur-Yèvre），被傅华萨称为"世界上最美丽的宅邸之一"。他还委托人织了厚实华美的挂毯，上面有九位英雄人物的形象，还饰有他自己的纹章图案。他热爱珠宝，为他最喜欢的几枚红宝石取了名字，还曾为了见他最喜欢的钻石商人，而中断与教廷使节的会面。他对桌面装饰物更是独具慧眼：他的财产清单中记录了一只青白瓷花瓶，这是已知最早进入欧洲的中国瓷器。最值得一提的是，他还出资制作了精美的时祷书。

贝里公爵的《豪华时祷书》（Très Riches Heures）由林堡（Limbourg）三兄弟设计，为中世纪生活保存了永久的图像记录。这份华美的时祷书是最早描绘阴影的西方手稿。其饱满的构图和明显的景深使图中的场景仿佛要跳出纸面。在描绘 1 月的微型画中，贝里公爵本人身着一件金丝织就、皮草镶边的长袍，显得容光焕发，在仆从的陪同下参加他惯常出席的赠礼节庆活动。贝里公爵在艺术的世界中流连忘返。他华丽的墓冢顶部刻有祷词卷轴，里面的墓志铭反映了他最终不得不放弃华美藏品时的痛苦心情："看吧，在我眼前的物件曾是那么高贵，那么充裕，那么荣耀；现在它们都在离我而去。"

黑太子之前曾与贝里公爵正面遭遇，那是1356年在普瓦捷战役期间。当时还是普瓦捷伯爵的约翰被分配了保卫卢瓦尔河以南的法国领土的任务。黑太子原本已经准备好要与约翰兵戎相见，但是约翰溜之大吉，去与他的父亲会合了。六年之后，约翰获封贝里公爵。贝里的富饶领地让他得以完全满足对奢华生活的渴望。这些年大家都非常清楚地认识到，与剑柄相比，贝里公爵更喜欢摸到黄金和宝石时的感觉，他有不少小巧精致的物件可供他在掌间把玩。

1369年夏，查理五世将贝里公爵任命为"作战总管"。这一次，查理五世与生俱来的准确把握现实的能力似乎消失了。贝里公爵的宫廷记录显示，在接下来的三年中，公爵长期待在安全的首都巴黎或是他在乡间的领地，中间只离开过三次，其中两次是为了造访阿维尼翁的教宗，剩下那次就是1370年8月对利穆赞的短暂突袭。贝里公爵喜欢观赏展现古典时代著名战斗的挂毯，却将中世纪艰苦的战斗任务委派给了别人。

这位所谓的"作战总管"更愿意进行秘密谈判，而非采取军事行动；更倾向于使用贿赂手段，而不是在战场上建功立业。贝里公爵的账目中记录了定期向密探支付的费用，他们用这些钱在阿基坦执行秘密任务，向城镇长官行贿以换取城镇投降。贝里公爵十分细致地为自己突袭利摩日的计划做准备，因为他并不想真的被卷入战斗，那样就太麻烦了。他派出自己十分信任的仆从与战士沙特吕男爵（lord of Châtelus）路易·德马尔瓦尔，让他率领 200 个骑兵提前出发，以确认利摩日的周边地区确实向法方投降了。

路易·德马尔瓦尔曾在普瓦捷会战中为约翰二世效力，不过在那之后他就转投黑太子，还随他去了西班牙。在英法重新开战之后，路易再次变节，投入贝里公爵门下。公爵多次派路易前往利穆赞地区执行任务。公爵的另一位手下，普瓦图的雷诺·德蒙莱翁（Renaud de Montléon）男爵则被派往利摩日与当地主教让·德克罗（Jean de Cros）进行秘密谈判。8 月 15 日，任务圆满完成，二人都获得了丰厚奖赏。贝里公爵计划的进军路线不受英军的袭扰；德克罗还承诺，公爵一抵达城门外，自己就会将城市区拱手送上。公爵于是快速行军，在不到一周的时间内就走完了从布尔日到利摩日的 125 英里（200 公里）路程。8 月 21 日晚上，公爵在利摩日郊外的多明我会修道院安顿了下来。

第二天，贝里公爵情绪高昂。此时他如果要采取可靠的军事策略，本应尽可能地不让人知道自己的行踪，因为这样才能达到出其不意的效果。但公爵当时乐不可支，就像是拿着自己心爱的绘图抄本。他以为黑太子已经病入膏肓，无力回击，于是给对方发了一封挑战书，让对方前来解利摩日之围。之后，公爵还不满足，又发出另一封信，让黑太子如果有胆就过来。这一整天，贝里公爵都得意扬扬、幸灾乐祸。公爵的宫廷记录显示，截至 8 月 23 日，他向病中的黑太子送出了多达五封信。

两天之后，贝里公爵的喜悦已经烟消云散了。很明显，利摩日繁荣且防御完善的城堡区，包括城堡和富商聚居区在内，准备继续效忠于英格兰。公爵原希望贝特朗·杜·盖克兰这位真正的战士能够突然现身，令对方因胆怯而献城。然而 8 月

24 日，公爵悲伤地记录说，杜·盖克兰仍然身在佩里戈尔。更令人担忧的是，公爵收到消息称，冈特的约翰率领的一支英军已经在波尔多登陆，正赶来增援黑太子。而对让·德克罗主教来说，连献出城市区都是难以办到的。

8 月 24 日，由于没有足够的市民愿意在投降协议上署名，贝里公爵和利摩日主教之间的这份协议草案遭到弃用。在这件事上，主教面对的是整个大教堂圣职团和所有城市区市民的反对，于是他采用了权宜之策，声称自己发现黑太子已经过世，说"死亡已经得到确认，他已经被裹上了裹尸布"。

当地居民们还在消化这则假消息时，贝里公爵命令他的将领之一让·德维尔米（Jean de Villemur）率领一小队人马进驻城市区。德维尔米是一位武艺纯熟的战士，曾在 1370 年 2 月 23 日受公爵委派"在利穆赞边境地区作战"，还在同一天被心存感激的查理五世册封为小城克勒斯河畔布朗（Blanc-sur-Creuse）的男爵。但是这一次，他率领的队伍规模很小，而且他的主子对利摩日的兴趣很快就消退了。贝里公爵迅速离开利摩日，可谓来也匆匆，去也匆匆。

黑太子对于让·德克罗的背叛深感愤怒。利摩日主教原本是黑太子的朋友，还当过他长子的教父。傅华萨对黑太子反应的描写令人不寒而栗：

> 有人向太子送来情报，称利摩日投向法国，他因此大发雷霆……他以他父亲的灵魂起誓（这是他从未背弃的一类誓言）说要夺回利摩日，在此事达成前他什么都不会过问，而且会让当地居民为他们的背信弃义付出惨痛代价。

365 然而，几乎可以肯定的是，傅华萨这是在虚构事实。黑太子之前已经决定对曾转投法国的城镇采取宽大怀柔的政策，而且利摩日的大部分人仍然对他忠心耿耿，剩下那一部分则是因为受到诓骗，才放贝里公爵的部队入城。

冈特的约翰担任了援军指挥官。援军中不仅有来自英格兰的骑士，还有普瓦图骑士，包括吉夏尔·当格勒（日后成为黑太子的儿子理查的导师之一）以及佩瑟瓦尔·德库隆热（Perceval de Coulonges）。德库隆热原先是塞浦路斯国王彼得的管家，傅华萨称他为"一位武艺极高、胆量极大的骑士"，因 1365 年参与占领亚历山大港而闻名。1369 年塞浦路斯国王彼得去世后，德库隆热就回了法国，并且拒绝了查理五世的拉拢，转而加入了黑太子的队伍。此外，援军中还有一些仍效忠于英格兰的加斯科涅贵族，包括米西当男爵蒙托的雷蒙（Raymond of Montaut）和比什男爵让·德·格拉伊，以及厄斯塔斯·多布赫西库率领的自由佣兵团。这支部队兵强马壮，有大约 4000 人。

黑太子对这支部队的忠诚非常感激，对于所有响应他号召的人都尽可能地给予奖赏。米西当男爵获得了普瓦图和佩里戈尔的大片土地。另一位加斯科涅贵族罗藏男爵（lord of Rauzan）则得到了 500 加斯科涅镑（合 100 英镑）。黑太子收到贝里公爵的嘲弄信件之后，感到自己受到了侮辱，决定最后一次与手下将士共赴沙场。"于是，所有战士都有秩序地前进，"一位编年史作者写道，"来到了开阔的乡间，令对手闻风丧胆。太子病情过重，无法骑马，不过手下用担架抬着他。"

即使重病在身，黑太子仍能让敌人恐惧。利摩日主教就十分惊恐，恳求贝里公爵回来，而贝里公爵向着相反的方向加速逃离。9月14日，冈特的约翰率领的援军抵达利摩日城外，并立刻进驻了利摩日的城堡。冈特的约翰准备对城市区发动围城战。城中的居民们意识到黑太子仍然活着，自己被主教蒙骗了，于是决心将城市区送还到黑太子手中，并与英军取得了联系。

9月18日，英军成功地将地道挖到了一段城墙下方。同一天，冈特的约翰与法军的一名骑士近身肉搏，对对方的勇气大为赞赏，于是暂停打斗，询问对方的名字。这位骑士正是守军指挥官让·德维尔米。冈特的约翰赞扬对方勇气可嘉，并告诉对方，他正在与一位有王室血统的公爵战斗。德维尔米微笑了一下，称"他只是一位贫穷的骑士"，而且认为自己在之后的军旅生涯中很难再有如此殊荣。这些话比德维尔米当时认为的还要有预见性。在这段体现骑士精神的插曲结束后，英军准备在次日发动总攻。总攻的那一天也正好是黑太子在普瓦捷取得大胜的纪念日。

关于事态接下来如何发展的线索来自三十多年后，也就是1404年7月10日的一桩诉讼案件。两个利摩日的商人在巴黎的议会前做证，证词内容与当事人之一是否适合出任王室官员有关。这段证词指出，上诉人的父亲雅克·巴亚尔（Jacques Bayard）作为利摩日城内的皮货商人，曾同商会的其他成员及"一群其他穷人"密谋在那一天将黑太子的士兵放入城内。

9月19日早晨，围城的英军将地道炸毁，导致一段城墙倒塌。然后他们立刻发动了总攻。守军击退了第一波冲击。当大多数法方士兵在奋力守住城墙缺口时，雅克·巴亚尔和他的追随者们冲上主城门，竖起了英格兰和法兰西的旗帜，然后将城门打开。黑太子的军队蜂拥而入。

守军对此的反应是转头袭击利摩日市民。巴亚尔的头被砍了下来,他的追随者也全被杀害。法军随后点燃了居民的房屋,之后撤退到了主教官邸前的广场上。黑太子的士兵看到了法军的所作所为后,一路追击,对他们采取了格杀勿论不留俘虏的做法。冈特的约翰和在担架上观察战局的黑太子看到德维尔米和剩下的战士英勇地准备背水一战,于是改变了想法,允许剩下的法军投降并用赎金换取自由。黑太子接下来转向惊恐的主教让·德克罗,告诉主教他理应被处死,但最终还是饶过了他。

黑太子为他最后一次的短暂出征感到自豪。9月22日,仍驻扎在城内的黑太子写信给富瓦伯爵加斯顿·费布斯,向他讲述成功收复利摩日的经过,还说英军俘获了200名法方骑士。钱多斯传令官记载的守军总数为300人,而利摩日圣马夏尔(Saint-Martial)修道院的编年史作者称共有300人丧生,因此看起来应当有100个法方士兵和200个平民死亡。这些数字之后会变得十分重要。

黑太子将管理城市区的职权交给了大教堂的圣职团,明确宣布自己不会因为让·德克罗的阴谋而迁怒于利摩日的教士和市民。委任状这样写道:

> 爱德华,法兰西和英格兰国王之子,阿基坦和威尔士亲王……致利摩日大教堂圣职团。
>
> ……
>
> 我理解,由于他们的主教阴谋叛变,教士以及城市区的居民的生命和财产遭受了严重的损失,他们承受了极大

困苦……我不愿看到他们作为此项罪行的从犯受到惩罚，因为罪责显然在于主教，而与他们无关。

……

因此，我宣布他们将获得赦免，免于遭受任何反叛与叛国的指控，免于遭受没收财产或刑事及民事审判的一切惩罚。此外，要撤回并废除对他们行为的一切调查或审查，完全恢复他们的声誉，恢复他们和平且不受阻挠地管理教会及周边辖区的权利。

黑太子为这次行动竭尽全力，不过他对于能够最后一次与将士们出征这件事本身还是颇为满意的。他可能希望，通过在战役最后阶段向臣民展现自己的公平与仁慈，他能打破作恶和受到神罚之间的恶性循环。但是黑太子在从利摩日回去时又听到了噩耗：他的长子爱德华于9月29日在昂古莱姆死于瘟疫。小爱德华当时只有5岁。

黑太子这时决心离开阿基坦。他任命加斯科涅贵族莱斯帕尔男爵（lord of Lesparre）弗洛里蒙（Florimond）为加斯科涅总督（弗洛里蒙在利摩日战役中有出色表现），还封弟弟冈特的约翰为贝尔热拉克男爵，并于10月11日将余下的军事方面的权力都交到约翰手中。冈特的约翰对于阿基坦摇摇欲坠的财政状况心知肚明，只同意负责到第二年夏季。

对查理五世来说，黑太子成功收复利摩日令他非常震惊。这说明查理的弟弟贝里公爵在军事上极为无能，而屠杀市民的暴行也令试图赢得人心的查理五世特别尴尬。蒙托邦的守将拉捷・德贝尔福（Ratier de Belfort）此前对与英格兰政权有关系的市民采取了一系列专横的惩罚性措施，甚至将部分居民驱逐出城。查理五世指派他的弟弟安茹公爵路易去阻止这种过分的行为。而在利摩日，让·德维尔米因为有市民被杀害而遭到追责。德维尔米在围城战中表现出众，而且他的勇气也获得了瓦卢瓦王朝编年史作者的称赞。但是查理五世对于利摩日发生的恶行十分愤怒，在德维尔米获释之后收回了所有分封给他的土地。1375年，德维尔米还向法国王室提出申诉，称他生活在极度贫困之中，但他此后再也没有获得过指挥权。

查理五世此时做出了一个极具远见的决定。10月2日，他任命贝特朗·杜·盖克兰为法兰西骑兵统帅。这是级别最高的法国军职。正好在黑太子交出自己指挥权的时候，杜·盖克兰获得了法军的指挥权，而他也立刻展示了自己的才干。

那一年夏季，英格兰方面召集了一支超过4000人的军队，由罗伯特·诺尔斯爵士率领，准备支持纳瓦拉的查理在诺曼底掀起反叛浪潮。然而，纳瓦拉的查理这时在法国国内的势力已经被削弱了许多，对于冒险公开反叛心存疑虑。诺尔斯率领的军队原计划前往诺曼底，但是最终于1370年8月在加来登陆，而且并没有得到关于下一步行动的明确命令。本可以驰援阿基坦的援兵再次遭到浪费，并未起到任何作用。

诺尔斯等待着爱德华三世的进一步指示，但没有收到任何命令。诺尔斯最终率军对法兰西岛发起突袭，之后又杀向卢瓦尔河以北的法国领地。在行军过程中，他与数位贵族将领发生了争执。到11月他在曼恩驻扎下来时，部队内各派派阀林立，此次行动也是事倍功半。贝特朗·杜·盖克兰嗅到了战机，开始在卡昂集结部队，准备反击。

到11月底时，罗伯特·诺尔斯爵士率领部分士兵进入布列塔尼，准备过冬。菲茨沃尔特男爵沃尔特（Walter Lord

FitzWalter）率领剩余的部队留在曼恩，拒绝与诺尔斯一起行动。杜·盖克兰选择在此时出击。他于12月1日离开卡昂，在两天的急行军后率部前进了惊人的100英里（160公里），抵达了勒芒（Le Mans）。他得知菲茨沃尔特男爵的部队在勒芒以南20英里（32公里）的蓬瓦兰（Pontvallain），于是又连夜行军，在12月4日日出时发动了进攻，让英军措手不及，最终被击溃。

蓬瓦兰之战的胜利值得称道。但是与黑太子不同，杜·盖克兰的声望并不是建立在大规模战役和列阵对战上。他组织了大量小规模的奔袭和围城战，因此成了难以对付的对手。他会进行艰苦的战前准备工作，消灭孤立无援的敌方守军，加强本地防御力量，增强手下将士的信心。杜·盖克兰天生拥有无尽的耐力，而与此同时，黑太子已经因病重而无法作战，两位将领的对比越来越强烈：黑太子卧床不起，只能靠担架出行；杜·盖克兰完全适应了艰辛的军旅生活，推动他自己和手下将士不断挑战极限。

贝特朗·杜·盖克兰并不是喜爱指挥大规模部队、讲究外表和排场的人。有时，他会指挥数千人；但在多数时间，他只率领数百人。他能够以速度和韧性来弥补部队人数的不足：飞速赶到军事动荡地区的能力是由他负责的军事行动的独特标志。他会与当地将领一同商议，与他们一起制定策略，与此同时还会提高他们的士气，增强他们的信心。然后他又匆匆赶往下一个出现危机的地点。

杜·盖克兰这位新任法兰西骑兵统帅理解骑士精神的传统。然而与黑太子不同的是，杜·盖克兰的世界观并不是以骑士精神为基础的。他出身贫寒，曾经开玩笑说，能够凑钱赎回他自由的人,一定是法国的普通人,是那些织造匠人,尽管他们每个人只能拿出很少的钱。杜·盖克兰选择的也都是与他志趣相投的同伴。这些人不是大领主、大贵族,却是身经百战的战士,他们中有很多人也是布列塔尼人。他还在西班牙时或是参加布列塔尼爵位继承战争时就结识了他们,而他也正是在这些战斗中积累了自己的军事声望。杜·盖克兰经验丰富,武艺高强,精力充沛,这些品质将决定这场战争的走向。

1370年年末,利摩日之战的守将之一雷诺·德蒙莱翁设法重新获得了自由。他曾是贝里公爵麾下颇受重视的一位仆从。正是他推进了利摩日城市区投降事宜的谈判,之后又成了让·德维尔米的300人守军中的一员。德蒙莱翁获释后,指责黑太子"以死亡威胁他",强迫他出售自己的领主头衔,之后又索取了过高的赎金。这些指控都是没有根据的。贵族俘虏靠出售领地来换取自由是十分常见的现象,而且双方商定的赎金金额是3650图尔里弗尔(约合730英镑),这对德蒙莱翁这种地位的贵族来说也完全合理。对这些捏造的指控,黑太子完全可以一笑置之,但接下来还有更糟糕的罪名等着他。

那一年年底,让·德克罗也被释放了。这个曾经背叛了黑太子信任的人去了阿维尼翁的教廷。新教宗格里高利十一世(Gregory XI)是利摩日法方守将罗歇·德博福尔(Roger de Beaufort)的弟弟,因此非常愿意听德克罗汇报黑太子在围城战中的专横之举,以及黑太子手下士兵的"惊人暴行"。德克罗指的是那道格杀勿论不留俘虏的命令,这是在英军冲击城市区时下达的,不过后来又被撤回了。但是编年史作者让·傅华萨开始对此感兴趣。他感觉到,有一个更有轰动效应的故事正等待被人讲述。

傅华萨在菲利帕王后去世后就不再为英格兰王室服务。他取得了法国贵族布卢瓦伯爵居伊·德沙蒂永（Guy de Châtillon）的赏识，成了伯爵的宫廷牧师。他在听说利摩日城市区大部分被毁之后，就开始撰写他自己的历史故事，他的依据既包括事实，又包括推测和流言。他的讲述涉及黑太子的病痛、怒火和沮丧，平民的死亡，以及堕落英雄的文学传统。傅华萨的天赋在于能够与遇到并有过交谈的人产生共鸣，还能将这些人的回忆编织到他对自己所在时代的令人难忘的叙述中。但是这位作者过于热衷于讲述扣人心弦的故事，因而在他的史书中无中生有地编造了一些情节。

例如，描写黑太子和被俘的约翰二世1357年前往伦敦的旅途时，傅华萨本可以轻易地查明他们的路线是从普利茅斯到伦敦。然而，他把他们的登陆地点写成了桑威奇，这或许是因为他比较熟悉这座城镇，可以更为生动地描写它。对于黑太子1363年前往加斯科涅的航程，傅华萨更是漫不经心地将登陆地点写成拉罗谢尔，而不是实际登陆地点波尔多，而且抵达时间也与实际情况有几个月的误差。

傅华萨似乎也从未到访利摩日。他并不知道这座城市分为城市区和城堡区两个部分，更不知道其中较大的城堡区在1370年夏仍旧忠于黑太子。他对事件的观点深受阿尔布雷男爵阿尔诺对黑太子的不利证词的影响。阿尔诺将黑太子说成一个越来越傲慢自负，且随着病情恶化越来越易怒易躁的人。傅华萨轻易断言说，遇害平民是死于黑太子的怒火和复仇之心，还以此为基础编出了一个完整的故事，讲述黑太子手下丧心病狂的士兵如何无差别地杀害了利摩日的居民：

> 你们应当看看这些掠夺者,一心想要作恶的他们穿过这座城市,按照命令杀害男男女女和孩子们。这是非常令人悲伤的情景:所有人,不分社会地位、年龄和性别,都跪在地上,恳求亲王宽恕;但他怒火中烧,谁的话也听不进,于是被英军找到的人都惨遭杀害。

傅华萨还写道:

> 那一天,在利摩日城,只要不是铁石心肠的人,或者只要还怀有一丝虔诚的人,都为眼前的不幸而深深哀叹。有超过3000个男女和孩童被杀害。愿上帝垂怜他们的灵魂,因为他们真的算得上殉道者。

就这样,雅克·巴亚尔和其他市民的壮举被扭曲了,尽管他们英勇地在城墙上立起了英格兰和法兰西的旗帜,打开了城门,并为此付出了生命代价。黑太子宽大处理的强烈意愿也遭到诋毁。这将成为对黑太子名望的最严重抹黑:正是从傅华萨令人难忘的故事当中,关于被邪恶力量控制的"黑太子"的传说诞生了。(针对傅华萨对此事的记载,在附录中还有更多分析。)

†

1370年11月5日,爱德华三世正式废除了炉灶税,称他儿子施加的经济压力让加斯科涅的臣民与自己离心。从1368年2月听取了阿马尼亚克伯爵让的申诉起,爱德华三世就对征收炉灶税一事耿耿于怀。3月,他甚至短暂地考虑过召回黑太子。阿马尼亚克伯爵是一位老练的外交家,他在申诉时使用了巧妙的措辞,在国王的头脑中种下了怀疑的种子。爱德华三世的怒气一度平息,但这时问题再度爆发。

很难看出这迟到的举措是为了达成什么效果。两位申诉人——阿马尼亚克伯爵和阿尔布雷男爵——的申诉被重复了一遍,就好像这是既成事实一样;除了指控黑太子未能公平对待阿马尼亚克伯爵,爱德华三世还补充说:"此事令我极为不悦,也引发了之后的一系列问题。"在这封伤人的信中,爱德华三世或他的大臣们仿佛是在不顾黑太子的利益,为阿马尼亚克伯爵和阿尔布雷男爵摇旗呐喊。然而这封信不但明显不公正,也姗姗来迟——此时距离战端重开已过去了一年半,而且炉灶税中的多数内容已经失效了。

在近一个月之后的1370年12月2日,爱德华三世终于和纳瓦拉的查理达成了协议。查理声称,他将支持英格兰的军事行动,以换取土地和金钱。协议涉及的部分区域属于普瓦图和利穆赞,因此需要黑太子盖章才能生效。一般来说,这种事可能只需要走个过场就行。但此时爱德华三世和黑太子的关系正处于最低点。令人惊奇的是,黑太子拒绝批准这份协议,于是几个月的外交努力化为乌有。黑太子的回复直截了当、直击要害。他告诉爱德华三世:"为了维护他的荣誉和产业,不论让国王这样做的原因有多重要,他都不会赞成或同意上述协议。"换句话说,黑太子不愿再被卷入可能对自己的个人声望和地位造成损害的行动了。

很显然,黑太子不信任纳瓦拉的查理,因为查理在1367年南征西班牙时就曾出尔反尔;黑太子还对他的父亲心存积怨,因为当初正是爱德华三世坚持要求他支持卡斯蒂利亚的佩德罗。对于爱德华三世废除炉灶税的举动,黑太子公开表达了自己的愤怒。这时,黑太子的身体受到疾病侵袭,安全受到敌人威胁,他决心要维护骑士精神的传统,不再让步。

黑太子请冈特的约翰帮助他料理儿子小爱德华的后事并筹备在波尔多举行的葬礼。他自己因过于痛苦而无法出席仪式。1371年1月初,黑太子在他的妻子、仍存活的儿子理查以及仆从的陪同下,起航前往英格兰。六年前当他的儿子出生时,黑太子曾无比欢快,如今他只感到绝望。

第十一章

风中残烛

黑太子在阿基坦的统治结束了。他于1371年1月下旬抵达了普利茅斯。这段旅程令他筋疲力尽，之后用了数周时间来休整恢复。短期内进行高强度活动，之后就长期受到疲劳与痛苦折磨——这样的节奏在他生命的最后几年中将成为常态。休整康复期间，黑太子一直在寻求精神导师的帮助和朋友的支持，其中最重要的一个人就是圣阿尔班（St Albans）修道院院长托马斯·德拉马尔（Thomas de la Mare）。

德拉马尔是一位了不起的人物。在行政管理上，他雷厉风行：他不但亲自造访辖区内的所有教会，还建立了相关流程来解决风纪问题。他启动了圣阿尔班修道院的重建计划，还增加了修道院的土地收入，并且试图不断增加修道院的地产，甚至为此不断与周边的地主对簿公堂。他意志坚定，绝不会轻易让步：他与佃户兰利的约翰·奇尔特恩（John Chiltern of Langley）的法律争端持续了近三十年，还曾和爱德华三世的官员以及黑太子的弟弟冈特的约翰打旷日持久的官司。德拉马尔有着坚持不懈的品质，甚至让修道院的编年史作者托马斯·沃尔辛厄姆将其与古罗马皇帝尤利乌斯·恺撒相提并论。

德拉马尔资助了许多建筑师和制作绘图手稿的匠人，也鼓励受他管理的僧侣们不断学习，接受教育。他本人教授礼拜仪式和音乐，设置了高强度的课程。在神学知识方面，托马斯·沃尔辛厄姆评论称："他超过了英格兰所有学识渊博的教士之和。"德拉马尔还鼓励他辖区中的佼佼者去大学深造,并赞助了大量书籍,把它们存放在修道院的图书馆中,供修道士阅读。他也提高了阿尔班圣祠的声望。他在这位殉道者的瞻礼日首次举行了盛大的宗教游行,还建造了大批宿舍供访客落脚。

此外,德拉马尔也是一位举足轻重的公众人物。他是本笃会在英格兰的发言人,还对大学教育和修道院生活进行了改革。据托马斯·沃尔辛厄姆称,德拉马尔深受爱德华三世器重,曾受邀列席御前会议。他也是杰出的神学家,此前就已经获得黑太子的赏识。黑太子还多次介入争端,维护德拉马尔和圣阿尔班修道院的利益,更是经常赠以银盘和葡萄酒。

黑太子回到英格兰后,德拉马尔也重病缠身,他们两人因而同病相怜,友谊变得更加深厚。在1349年黑死病疫情最严重的时候,德拉马尔曾身患重病。那时,圣阿尔班修道院有50多个僧侣因喝了被污染的水而不幸死去。德拉马尔后来却奇迹般地康复了,他认为这要归功于修道院的守护圣人圣阿尔班显灵。在之后的二十年中,德拉马尔极为忙碌,非常活跃。但是1369年黑死病再次肆虐时,他也再度病倒,之后再也没能恢复健康。为了对抗疾病,德拉马尔执行了严格的宗教生活作息。他忌食肉类和油腻食物,常在其他僧侣睡觉的时候彻夜独自诵读《诗篇》,并且继续钻研宗教文本和经典。据托马斯·沃尔辛厄姆记载,黑太子受到德拉马尔在逆境中表现出的坚忍不拔的激励,开始"像兄弟一样"青睐德拉马尔。受德拉马尔影响,黑太子还开始禁欲苦修。

黑太子和肯特的琼安开始慷慨地资助圣阿尔班修道院,还带着他的随从们一起加入了当地一家善会。所谓的善会是一种从事宗教或慈善工作的世俗团体。黑太子的儿子理查后来给教宗写信时曾回忆说，他父亲"对于修道院特别热爱"。这种尊崇也影响了黑太子的随从。他的管家奈杰尔·洛林慷慨地出资帮助修道院新建了一座回廊庭院，而黑太子的忏悔牧师罗伯特·沃尔沙姆（Robert Walsham）则向圣阿尔班修道院捐赠了400马克（266英镑13先令4便士）。黑太子和这座修道院之间的紧密关系让托马斯·沃尔辛厄姆得以深入了解黑太子的病痛。

沃尔辛厄姆细致地描述了黑太子的一些症状。据他记录，黑太子经常接受放血治疗，这导致他身体虚弱，有时还会陷入半昏迷状态。这时，黑太子的仆从们往往会惊慌失措，担心主人命不久矣。黑太子染上的不太可能是阿米巴性痢疾，因为根据沃尔辛厄姆和亨利·奈顿的记载，这种疾病是在纳胡拉会战时暴发的，黑太子如果的确是在那时染病的，恐怕很难坚持下来，更不用说他之后又活了九年时间。人们提出了很多其他假设，从前列腺疾病到直肠癌不一而足，但是没人能够做出确切诊断。

在中世纪的医学和神学观念中，流血或是直肠出血往往被视为一种上帝的惩罚。黑太子或许相信，他是因帮助被开除教籍的卡斯蒂利亚的佩德罗夺回王位，而犯下严重罪过并为此受到惩罚。如果事实确实如此，就可以说黑太子是为了寻求上帝的原谅与宽恕，而开始时常悔罪和忏悔的。

养成精神方面的日常习惯需要时间。在此期间，黑太子在1371年春从普利茅斯前往温莎觐见爱德华三世。此时距离他们上一次相见已有大约八年时间，而这段时间中发生了很多变故。这次重逢并不容易。爱德华此前迫使黑太子南征西班牙，在战事结束后却拒不提供经济支持,接下来又允许心怀不满的加斯科涅贵族提出申诉并废除炉灶税,削弱了黑太子在阿基坦的权威。爱德华三世和黑太子的关系已经逐渐疏远,而且国王自己的健康状况和判断力都已经急剧恶化到了令人触目惊心的地步。

1371年2月24日召开的议会对爱德华三世的治理提出了严厉批评,称英格兰为了维持在法国的军事行动而被迫承担了极高的战争赋税和强制性公债。下议院要求开除国王的诸位大臣,并且直截了当地宣称,国王下一次想要为战争筹集资金的时候,应当自掏腰包。黑太子在与父亲讨论时提出,如果要征收全国性税种,那么英格兰的教士们也应当缴纳一定份额。三年前,黑太子在加斯科涅曾面临一模一样的必须征税的问题,但是对这一点爱德华三世当时并不理解。在这场父子对话中,这种矛盾一直存在。

在会晤过程中,黑太子发现,爱德华三世受其新情妇爱丽丝·佩勒斯(Alice Perrers)影响极深。佩勒斯曾是菲利帕王后的侍女,与爱德华三世相恋时还不到20岁。雷丁的约翰曾赞扬黑太子对妻子忠贞不贰,与抛妻弃子、投入情妇怀抱的卡斯蒂利亚的佩德罗,形成了鲜明对比。但是雷丁的约翰肯定也曾听到流言说爱德华三世对佩勒斯尤为着迷。当时流传着很多恶毒的说法,比如说佩勒斯的父亲只是伦敦的一个卑微的泥瓦匠,她依靠巫术和各种魔法药水操纵了可怜的国王。黑太子此时已经是圣阿尔班修道院的常客,而这类流言有不少正是出自此处。

爱丽丝·佩勒斯十分聪颖,堪称足智多谋。虽然有情妇的国王难称罕见,但她对爱德华三世和王室决策的影响力之大令人十分震惊。她可以决定谁能获得觐见国王的机会，引导国王的思路，还能干预政事。更重要的是，她借此为自己和朋党谋利。而在法律事务上，她更是一位劲敌。

佩勒斯和圣阿尔班修道院之间爆发过激烈的冲突，为的是争夺埃塞克斯的一处农庄。佩勒斯动用了她在宫廷中的全部影响力来争取有利的判决。对此，修道院的回应是恶毒的言语攻击。"那个坏到难以形容的妓女，"沃尔辛厄姆斥责道，"还有她的狐朋狗友，他们要为国内现存的多种不公平现象负责。"沃尔辛厄姆在这样说时其实加入了他自己的解读。佩勒斯其实是赫特福德郡一位骑士的女儿。还有证据表明，她与另一位男人，即温莎的威廉（William of Windsor），已经订婚或是完婚。不过她也与爱德华三世育有一子，且到1371年时，她已经完全从情感上控制了国王。这就像是英格兰国运的写照，令人嗟叹。佩勒斯随心所欲地操纵着年老的国王，让治国精英们既警惕又嫉妒，使臣民们既悲伤又不屑。爱德华三世为他的情人购买了昂贵的礼物，包括一枚镶嵌着珍珠的胸针，上面还刻着"念着我"和"永不分离"的字样。一位编年史作者这样描写这时的爱德华三世：

> 在他统治之初，对于他和所有人来说，一切都是欢乐的、可喜的；在他中年时，他获得的欢愉、崇拜和幸福无人能及；而他一进入老年，就被色欲和其他罪过缠住，进而堕落了。渐渐地，所有欢愉、幸福、好运和繁荣开始褪色和变质，不幸、有害无益和罪恶的事则开始涌现。

爱德华三世被他年轻的情人弄得神魂颠倒，失去了他仅剩的一点活力，成了臣民和对手的笑柄。约翰·高尔（John Gower）写道："没有哪位国王在丢弃盾牌，只在床上战斗后，还能令他人恐惧。"托马斯·沃尔辛厄姆和他在圣阿尔班修道院的同人都相信，佩勒斯对爱德华三世的控制靠的是魔法和巫术。渐渐地，黑太子也开始相信这种说法了。

爱德华三世身为国王曾经风光无限，这时却遭到所有人的批评和嘲笑。不过，黑太子并没有遭受同样的对待。疾病让他行动不便，时常被迫卧床，钱多斯传令官以沉重的笔触记载道，"他在床上郁郁寡欢"。这位饱受折磨的战士仍享有全国的尊敬。托马斯·沃尔辛厄姆将他称为"所有英格兰人的希望"；而对于《佚名编年史》的作者来说，他就是"全国的慰藉"。尽管黑太子已经基本上无法理事，但是他之前的壮举仍然紧紧抓住了民众的心。他仍是那个在克雷西赢得马刺并证明自己的年轻人，仍是普瓦捷那位英勇的指挥官。沃尔辛厄姆评论道："看到曾经频频取胜的将领现在这样羸弱，真是令人伤感。"但人们并不愿意轻易忘记黑太子的戎马形象。

就这一点来说，我们可以从伦敦城的反应中窥见一斑。伦敦城当时自发地做了一件很不寻常的事情。市民们仍记得四年前，黑太子为了南征西班牙，不惜熔化自己的金银器皿来充实军费。于是，伦敦的市政府在1371年1月底投票决定，"各选区的所有男子都将被征收十五分之一和三十分之一的税款，分别用于为威尔士亲王爱德华和他的妻子王妃殿下准备礼物。礼物将在他们从加斯科涅回到英格兰时送出"。

伦敦市政府购置了一套华丽的金银器皿，用来补偿当年黑太子拿出来熔化的财物。这一套器皿包括18个罐子、9个脸盆、6个大口水壶、36个高脚杯（一种有把手的酒器）、20个主盘和 60 个小盐瓶等，共计花费近 700 英镑。伦敦最著名的三位金匠一共打造了超过 270 件物品。黑太子 1371 年 4 月 19 日抵达伦敦时，市长、市民迎接了他，并表达了赠送这份礼物的意向，现场还有乐队奏乐。同年晚些时候，这份礼物被送到了黑太子手中。当时，黑太子的疾病再度发作，因此感谢信是由他的妻子撰写的："亲爱的市民们，你们自愿将这些礼物送给我们，我们衷心地感谢你们……愿上帝保佑你们。"

黑太子这时已经鲜少公开露面。1371 年 5 月初，他趁健康状况尚可时，在伦敦的萨伏伊宫接见了坎特伯雷主教会议的全体成员，商讨教会出资支持对法长期作战事宜。这次谈判似乎令他精疲力竭，于是他在谈判之后回到伯克姆斯特德城堡调养身体。在此期间，由于他的弟弟冈特的约翰难以掌控加斯科涅的局势，有越来越多的城镇和城堡转投法国。1371 年秋，冈特的约翰因资金上的捉襟见肘而回到英格兰。查理五世此时又开始在苏格兰制造事端，而且还有流言说，法国正在塞纳河上集结一支舰队，准备劫掠英格兰海岸。

1371 年夏末，爱德华三世的健康状况也有所恶化。他经历了一次轻度中风，被迫卧床休息了几个月，可能还因此有局部面瘫症状。那一年秋天，国王短暂地公开露面了几次，但此后他就需要定期服药了。于是，冈特的约翰成了王室成员中最活跃的人。

黑太子仍然对他的家族忠心耿耿。他对父亲客气而疏远——他们主要通过信使沟通，很少见面。黑太子十分尊重冈特的约翰，因为约翰在加斯科涅给了他很大支持。至少在公共场合，黑太子还在努力维持家族团结的表象。可证明此点的事实是，1372 年当他的健康有所恢复时，他勉力在伦敦出席了一系列公共仪式。

英格兰与西班牙这时又恢复了盟友关系。兰开斯特的布兰奇已经在四年前去世。2月9日，冈特的约翰抵达了伦敦，一同抵达的还有他的新婚妻子，卡斯蒂利亚的佩德罗之女康斯坦萨（Constanza）。作为盟友佩德罗有太多瑕疵，之前与他的结盟已经深刻影响了黑太子的个人命运和英格兰的国运。爱德华三世的政府当时以佩德罗是合法婚生子为由，为这一决策辩护。但是同样的理由不能套用在佩德罗的几位女儿身上，因为她们都不是佩德罗可怜的王后波旁的布朗什所生，而是其情妇玛丽亚·德帕迪利亚的女儿。1363年，佩德罗向卡斯蒂利亚议会宣称，在他接受安排迎娶布朗什之前，就已经与玛丽亚秘密完婚了，但并没有多少人相信他。

之后，在与阿拉贡的彼得四世谈判时，黑太子的表态说明，他也对佩德罗的这一说法持怀疑态度。他明确向阿拉贡方面表示，至少在他个人看来，佩德罗的女儿们不能继承王位，唯一的解决办法就是等佩德罗再度成婚，生出合法的继承人。这场外交谈判是秘密进行的，与会者都有类似的疑虑。四年之后，黑太子决定将他的道德顾虑放在一边，因为他想展现兄弟间的团结。为此，他会见了冈特的约翰及其随从。《佚名编年史》是这样记载的：

> 英格兰的亲王（黑太子）在数名领主和骑士、伦敦市长及大批平民的陪同下，身着华服，骑着骏马，带着卡斯蒂利亚的康斯坦萨庄严地穿过伦敦。在齐普赛，有许多绅士携妻女前来，为的是一睹这位年轻、美丽的女士的面容。这支队伍秩序井然地抵达了萨伏伊宫。

爱德华三世的状况早已不复当年，因此能够掌握实权的人选屈指可数。国王的次子克拉伦斯公爵莱昂内尔已经于1368年10月去世；四子兰利的埃德蒙不愿从事艰难的工作，而是想沉浸在休闲活动和游猎之中；五子伍德斯托克的托马斯当时只有17岁，几乎没有处理政治实务的经验；而黑太子又疾病缠身：只有冈特的约翰有雄心和决心来完成彰显王室权威的任务。

冈特的约翰这时看到了自己在欧洲舞台上扬名立万的机会，于是根据他妻子的血脉和法理自封为卡斯蒂利亚国王。这一举动非常有魄力，可是英格兰在加斯科涅处于守势，在法国北部的据点也危在旦夕，因此这样的头衔更像是纯粹的幻想，没有实际意义。特拉斯塔马拉的恩里克稳稳地坐在卡斯蒂利亚王座上，并打算继续坐下去。他的王位十分稳固，且他与法国结盟，势力强大，这让他颇为自信。因此，他决定主动对英格兰发动攻势。

1372年夏，彭布罗克伯爵约翰·黑斯廷斯被任命为加斯科涅的总督。他是一名精力充沛的年轻将领。他带着足以支付3000个士兵之军饷的资金起航前往波尔多。然而，特拉斯塔马拉的恩里克十分愿意帮助法国人，派出了一支强大的舰队拦截黑斯廷斯。6月23日，这两支舰队在拉罗谢尔周边海域遭遇了。卡斯蒂利亚人的船只轻便灵活，而且占据了风向优势。卡斯蒂利亚舰队发动了迅猛的攻击，驶向英方船只，向其甲板上倒油，再射出火箭将其点燃。在之后的战斗中，英方船只不是被击沉，就是被俘，彭布罗克伯爵本人也成了阶下囚。约克的圣玛丽修道院的编年史作者悲伤地评论道："这是我国在海上遭受的最惨痛的失败。"

爱德华三世的政府仍然死守着恩里克无权继承王位的立

场。即使在这场失利之后，他们也继续将恩里克称为"自称国王的私生子"，并且像念咒一样不断重复说，冈特的约翰"才是卡斯蒂利亚王国的合法继承人"，但这只是一种自我安慰，并无实际意义。英格兰继续在西班牙增加筹码，又安排了一桩联姻：让黑太子的弟弟兰利的埃德蒙与佩德罗的小女儿伊莎贝拉（Isabella）成婚。这样的政策迎合了冈特的约翰的野心，但也正中法国人的下怀。

为了报复，恩里克拒绝以骑士精神对待英格兰人。彭布罗克伯爵和他的将领们的"脖子被锁链绑在一起，就像被拴在一起的狗一样"。之后，伯爵又被押到库列尔堡垒（fortress of Curiel），它俯瞰着杜罗河（Duero），所处位置十分险峻。他被关押的环境骇人听闻，健康受到严重损害，而他的领导才能又正是英格兰这时所缺少的。在他被俘之后，查理五世的部队对普瓦图发动了总攻。经过几周的战斗，查理的统帅杜·盖克兰于8月7日进入了普瓦捷。

两周之后，年老体衰的爱德华三世在桑威奇集结兵马和船只，计划增援拉罗谢尔，还召集英格兰国内的主要领主前来勤王。冈特的约翰从他的领地上带来了一支数量可观的扈从部队；黑太子则离开病榻，坚持要加入此次行动。尽管他亲自出马，却仍然无济于事。英国舰队于8月30日起航，但立刻就遭遇了强烈的逆风。过了一周多的时间，他们才驶过温切尔西，而且船队已经七零八落，无法继续前进，最终只得被迫放弃行动，任由强风将他们推回英格兰的港口。拉罗谢尔于9月7日投降，普瓦图和圣东日的其他城镇也很快陷落了。黑太子在普瓦图的最后一群支持者集中在图阿尔的堡垒中，并发出援助请求。但是援军根本无法抵达对岸，最后于10月初解散。

这是一段令人失望、失落的日子。比什领主让·德·格拉伊是黑太子最亲近的战友和最忠诚的支持者之一，于8月下旬在苏比斯（Soubise）被法军俘虏。他在一场夜间突袭中英勇奋战，但最终被击倒。查理五世深知德·格拉伊武艺高强，拒绝用他换取赎金。德·格拉伊在狱中备受煎熬，最终在四年后因病去世。钱多斯传令官悲痛地罗列了一份在保卫加斯科涅的过程中战死或被俘的重要将领名单。1372年11月5日，黑太子正式将阿基坦公国交还给他的父亲。

爱德华三世要求黑太子出席交还仪式，"因为国王知道太子爱着国王，注重国王的荣誉和自己的荣誉……且他不会在没有太子的建议和辅佐的情形下处理如此棘手的难题"，但是黑太子没有出席。在威斯敏斯特的白厅举行的仪式上，黑太子手下的官员盖伊·布赖恩（Guy Bryan）爵士充当了黑太子的发言人。布赖恩表示，公国的开销超过了其收入，还强调说黑太子之前已经多次向国王写信解释这一点：

> 前述的太子本人回到了英格兰，向国王及其会议解释了此前提到的和其他之后会提到的原因。出于这些显著原因，太子将公国……以及与册封相关的许可及其他文件交还给国王。

他们父子关系破裂的主要原因就是南征西班牙的纳胡拉战役，这在仪式中也有所体现。黑太子在这场战役中要完全依靠加斯科涅的收入来偿付征战造成的欠款。他的审计官理查德·菲隆利的账目被直接呈给了国王。这些账目显示，失败的南征西班牙行动产生的债务超过了黑太子在统治阿基坦的七年间从公国获取的收入总和。英格兰议会也在同月召开，有议员抱怨说："二十年前，我国的海军实力强大到让所有国家都将我们的国王称为'海上霸主'……可现在，海军规模竟萎缩到如此地步，剩下的军力几乎不足以保卫我国。"

英格兰做出了最后一次尝试。1373年夏，冈特的约翰率领着又一支远征军启程了。他于8月4日从加来出发，劫掠了法国国王的领地，但是无法迫使查理五世与他交战。约翰接下来又向法国腹地进军，抵达特鲁瓦，深入奥韦涅，然后又继续向波尔多进发。夏季、秋季相继过去，冬天到来了。恶劣的天气为法军提供了协助。他们在英军的侧翼和后方迂回行军，集中力量消灭掉队英军，但绝不与约翰正面交战。"让他们走吧，"查理五世说，"尽管狂风暴雨在这片土地上肆虐，但它们终将消失。英格兰人也会像这样消失。"

查理五世的预测最终被证明是正确的。英军的粮食逐渐短缺，连面包都吃光了；马匹因营养不良而倒下，车辆也被丢弃。12月，冈特的约翰率军艰难地进入了加斯科涅首府，当时他手下有300名骑士是步行前进的。他们的坐骑死了，而他们又无法身披沉重的铠甲徒步行军，于是将盔甲扔进了山涧，以防被法军所获。约翰的辎重车很长，车上装满了战利品，但是其中三分之二的车辆在沿途被弃用。

在一代人之前，这样的一次马上游击会大受英格兰编年史作者赞誉：它涉及的地域是如此广阔，他们从加来一路烧伤抢掠到波尔多，总共行军约550英里（885公里）。然而此时，获得战利品的可能性已经大大减小，对法国乡村经济造成的伤害也远不如前。查理五世为臣民提供了更有效的保护，而且杜·盖克兰还在不断袭扰英军。这次行动花费了超过80000英镑，但是收效甚微。英格兰人在军事行动上有些江郎才尽了。

爱德华三世对政务和对王国的掌控也在迅速减弱。1374年5月，他竟允许情妇佩勒斯打扮成"太阳夫人……在许多领主和夫人的陪同下"，率领着一支游行队伍从伦敦塔出发，一路行进到史密斯菲尔德的比武场地。随后为期七天的比武大会都是佩勒斯主持的。为了制作她的这套服饰，爱德华三世还购买了精致的金布。更有人震惊地发现，佩勒斯竟然戴着已故王后的珠宝，这也是被她迷得神魂颠倒的爱德华三世送给她的。国王自己身穿一套新铠甲，短暂地出席了比武大会。在爱德华三世治下大部分时间，英格兰以武德著称；而此时，他已经威风不再。

1374年9月25日，黑太子的官员在弗林特（Flint）启动了审判程序，搜捕欧文·劳格赫（Owain Lawgoch）① 的支持者。共有37个威尔士人遭到指控。劳格赫是职业军人，也是威尔士的卢埃林（Llywelyn）的后代。查理五世为他提供庇护，还鼓动他夺取威尔士公国。《佚名编年史》将其称为"英格兰之大敌"。他对英格兰的入侵仅限于1372年5月对根西岛（Guernsey）的一次袭击。当时黑太子正卧病在床，英格兰政府十分紧张。尽管如此，劳格赫仍不失为一位能力突出的将领，他于次年8月在苏比斯帮助法军击败并俘虏了让·德·格拉伊。

查理五世运筹帷幄，充分利用他手中的筹码。但是黑太子仍有极为坚决地要效忠于他的残部，有时就连查理这位能掌控全局的大操盘手都会大吃一惊。拉罗谢尔附近的部分地区此前

---

① 史称"红手"欧文，Lawgoch 即为威尔士语中的"红手"，意为双手被敌人的鲜血染红。

属于弗龙萨克子爵（victome of Fronsac）雷蒙（Raymond）。在重新册封这些地方的文件中，查理五世困惑地提到，即使当时普瓦图和圣东日已被法国收复，而且弗龙萨克子爵的妻子让娜·德拉马尔什（Jeanne de la Marche）和女儿已经重新效忠于法王，但子爵"还是坚称，他为威尔士亲王效力"。

到1374年秋时，曾经广阔的阿基坦公国已经萎缩到只剩波尔多和巴约讷了。在接下来的一年中，战事转移到了诺曼底和布列塔尼，不过由于1375年6月27日告一段落，因为对战双方在布鲁日签订了为期一年的停战协定。代表英法签约的分别是冈特的约翰和查理五世的弟弟安茹公爵及贝里公爵。

遵从骑士精神的骑士应当认真做好迎接死亡的准备。13世纪的英雄威廉·马歇尔（William Marshal）就是这样做的，他也因此得到了同时代的人的赞扬。现在，黑太子也要安排自己的后事了。1375年寄给他的请愿书中的一部分被保留到了今天。大多数事务都由他的议事会议处理，不过仍然有些是交由黑太子亲自定夺的。有些请愿书来自曾为黑太子效力的老兵，他们在文件中追忆了当年在法国北部、加斯科涅和西班牙随黑太子征战的情景。但到如今，他们过去的领袖几乎完全陷入了被动。

议会于1376年4月28日召开。议员们咬牙切齿地咒骂说，国内贪污腐败横行，国外战事节节失利。他们要求彻查国王的御前会议，给大臣们定罪判刑，还要赶走国王的情妇爱丽丝·佩勒斯。身体抱恙的爱德华三世在埃尔特姆，黑太子则几乎只能卧床，二人都没有出席议会。

《佚名编年史》作者认为，黑太子十分赞同在这次所谓的"善良议会"（Good Parliament）中提出的不少改革要求："在就国事加强协商、维护秩序并纠正过去所有不当行为方面，他与下议院意见一致。"托马斯·沃尔辛厄姆也说："（本届议会中的）平民获得了太子的建议和支持。"

这些描述中或许有真实的成分。"他总是安抚国内的善良忠诚之人，"约克郡圣玛丽修道院的编年史作者这样说，"请求他们服从他的父亲，负责任地进行治理，维护本国良好的法律和风俗，并且不要相信作恶的人。"然而，黑太子并不想公开损害他父亲或是冈特的约翰的威望。让他感到厌恶的是，国王的情妇爱丽丝·佩勒斯及其党羽掌控了朝政。

黑太子感到沮丧、愤怒，还对未来产生了恐惧。他指控佩勒斯用巫术操纵国王，在这一桩诉讼案上，这些感情都得到了宣泄。这种指控更多是象征性的行动，因为黑太子担心，在更高的层面，上帝已经不再青睐英格兰人，且正在为他们犯下的罪过惩罚英格兰。圣阿尔班修道院的僧侣也持同样的看法。他们对佩勒斯又恨又怕，而且坚信她接触了黑魔法。修道院院长托马斯·德拉马尔更是希望她受到宗教法庭的审判。

黑太子自己无法采取行动，因此选择了他最忠诚的仆从之一约翰·肯特伍德爵士代他向佩勒斯发起反击。肯特伍德参加过普瓦捷和纳胡拉的两场战斗，也是黑太子在康沃尔的管家。在议会召开期间，肯特伍德逮捕了一名多明我会僧侣，该僧侣据信给爱丽丝·佩勒斯提供了用来魅惑国王的魔力药水。5月18日，该僧侣被拖到议会上院接受讯问。他承认，他制作了国王和爱丽丝的蜡像，还念诵了咒语。他还供认说，他为佩勒斯制作了附魔戒指，然后佩勒斯将戒指送给了爱德华三世，国王只要戴着戒指，他对爱丽丝的爱恋就会增强，这让他忘记了他的其他责任。议会上院认定，国王受到了通灵术的影响。

390

几乎可以肯定的是，这一诉讼流程是在黑太子的授意下启动的，而且此时也得到了其他人的支持。罗切斯特主教托马斯·布林顿（Thomas Brinton）甚至还进行了一次布道，指责爱德华三世纵容佩勒斯掌握王国的钥匙。最终，佩勒斯被驱逐，不得再参与御前会议、进入宫廷以及接近爱德华三世。

黑太子不愿再做更多干预了。托马斯·沃尔辛厄姆回忆说，国王的近侍之一理查德·斯塔里（Richard Sturry）爵士此前也遭到宫廷驱逐，并为此向黑太子求助。黑太子的回复有些唐突："上帝是公正的——他会根据你的功过奖赏或惩罚你。不要再来麻烦我了。"1376年6月初，黑太子的健康状况明显恶化了。他正在走向死亡，而且不是身为遍体鳞伤的战士战死沙场，也不是身为国王在统治多年后寿终正寝。他正当壮年，大业未成，传奇未尽，却被疾病侵蚀。英格兰曾歌颂他的勇武，如今这个国家却陷于党争与自我质疑，变得四分五裂。

当时即将度过46岁生日的黑太子被病痛支配了。"那是一种严重的疾病，"《佚名编年史》记载道，"令他在病榻上备受折磨。"托马斯·沃尔辛厄姆补充说："五年多来，他一直受到一种严重且让人极为难受的病痛折磨⋯⋯他因此极度虚弱，甚至有时他的仆人会以为他死了。"

黑太子在6岁时受封成为英格兰历史上的首位公爵；16岁时在克雷西英勇奋战，初露锋芒；26岁时在普瓦捷俘虏法王约翰二世，震动欧洲；36岁时在纳胡拉大获全胜，达到了他军事成就的巅峰。如今，他几乎无法动弹，只能回到肯宁顿的庄园休养。国王终于摆脱了爱丽丝·佩勒斯的影响，在6月1日前来探视黑太子，同一天晚些时候还命人将黑太子抬到威斯敏斯特的王宫。爱德华三世希望能够离自己的儿子近一点，因为黑太子预计将不久于人世。父子和解之举令人动容,也大大拉近了他们二人之间的关系。

6月7日,星期六,"在可敬可畏的我主、我父、我王的威斯敏斯特宫殿中的我的居室内",黑太子让他的文员们为他起草了遗嘱。黑太子在遗嘱的开头说:"首先,我将我的灵魂献给造物主上帝,献给圣洁的三位一体,献给荣耀的圣母玛利亚以及所有圣徒。"

他指示说,要把自己的遗体安葬在坎特伯雷大教堂,并向其捐赠了他的每日祈祷书、弥撒经书和绘有鸵鸟羽毛图案的挂毯。他向伯克姆斯特德城堡附近的阿什里奇(Ashridge)伯诺姆修会(House of Bonhommes)的教友捐赠了一座金银制成的圣坛,上面镶嵌有红宝石、蓝宝石和珍珠,以及一块真十字架的碎片。他给儿子理查留下了挂毯、精美的服装和"绣有天使的我的大床";给"我的妻子王妃殿下"留下了一块红色绒线制成的墙幔,上面织有老鹰和狮鹫的图案。

他在上帝面前卑微恭敬,但是为自己在俗世中取得的成就自豪。他指示说,他的墓冢应当设在大教堂的地宫中距圣母小礼拜堂10英尺(3米)远的地方。墓冢应当如此建造:

> 用大理石以高超的工艺打造。我还希望在墓冢周边有12个黄铜纹章,每个都有1英尺宽,其中6个是我自己的纹章,另外6个带有鸵鸟羽毛图案,并且每个纹章上……都应写有"高尚的勇气"……一座依据我的形象制作的铜鎏金浮雕,展现我全副武装、准备战斗的样子……上面放着我的狮盔。

黑太子要求在墓冢四周刻上如下墓志铭："世人视我曾如当下的你，如今的我正是你未来的模样。"

黑太子还详细说明了"护送我的遗体穿过坎特伯雷城，抵达修道院"的方式：

> 我希望有两匹战马身披带有我的纹章的罩袍，由两人分别骑乘，驮着我的盔甲和装备，走在我遗体的前方……带着我所有的旗帜、标记和徽章。

393 他在遗嘱上签名盖章，命人将他的房门打开，将他的仆从带到屋里。《佚名编年史》的作者回忆说，黑太子请求在场的所有人好好照看英格兰，维护其法律和传统。托马斯·沃尔辛厄姆的记载更为私人化。"先生们，"太子说，"原谅我，因为说实话，你们都曾忠诚地为我效力，但我无法给你们每个人奖赏。可是我以上帝圣洁的名字起誓，他会在神圣的天堂中赏赐你们的。"

爱德华三世悔恨不已，决定承担黑太子无力偿还的一切债务。这些债务共有94项，总计2972英镑，其中有32项是黑太子躺在临终病榻上确认的。此外，还有一项特别的赔偿措施，爱德华三世后来就此解释说：

> 柴郡的许多忠实的臣民在威勒尔森林受到了伤害、压迫和损失。我的儿子非常希望维护他们的安宁生活，减轻他们的困难，并且在生命即将走到尽头时，向我提出了强烈建议。因此，我决定使上述地点永远免受森林法约束（免于缴纳林业捐税的义务）。

尽管黑太子试图通过这项措施补偿长期受苦的柴郡平民,但他最关心的还是手下的将士,汉普郡(Hampshire)的骑士约翰·桑迪斯(John Sandys)爵士就是其中一人。他是在纳胡拉之战中加入黑太子的队伍的。1367年1月27日,在大军翻过比利牛斯山之前,他获得了每年50英镑的可观年金。他一直留在黑太子的军队中,先是在西班牙效力,之后又去了法国。桑迪斯回到英格兰之后,在1375年11月被指控从拉姆西修道院(Romsey Abbey)绑架了在此暂住的新近丧偶的寡妇琼安·布里奇斯(Joan Bridges)。他遭到逮捕,并且他的财产受到了调查(次年1月他的财产被带回伦敦时,有人发现其总量超过120英镑,而且原本属于琼安的亡夫)。黑太子只得派出一名骑士侍从去将琼安带回伦敦,以便御前会议进行调查。调查结果显示,桑迪斯已经强行与她成婚。

这可不是符合骑士精神的行为。然而,经过黑太子斡旋,国王在1376年4月8日赦免了桑迪斯包括谋杀和强奸在内的所有重罪,让桑迪斯松了一口气。他被要求向国王支付1000英镑罚款,但是这笔钱被算在了黑太子的账上。而在临终前,黑太子又向爱德华三世表示,希望将这笔罚款也免除。桑迪斯正是通过这桩投机的婚事成了大地主。他之后继续从军,1377年秋随黑太子最小的弟弟伍德斯托克的托马斯出海对抗卡斯蒂利亚舰队,之后又成了南安普顿城堡的统帅。他的新妻子对此有何看法,则完全没有留下任何记载。

不过,黑太子心中还有更担心的事情。沃尔辛厄姆回忆说,在告别人世的时刻,黑太子对周围的人说:"我把儿子托付给你们,他尚年幼;我请求你们对他尽忠尽责,就像你们曾为我做的那样忠心耿耿地效力。"在他生命的最后时刻,他满心都在为他9岁的儿子理查的未来担心。

  他唤来了国王和兰开斯特公爵（冈特的约翰），向他深爱的妻儿称赞他们，并且请求他们每个人都向他的妻儿提供帮助。每个人都以《圣经》起誓，并且慷慨地承诺说，会帮助他的孩子，维护孩子的权益。

钱多斯传令官写道：

  愿上帝给予我帮助，因为从来没有什么事和看着他离去一样痛苦。可爱而高尚的王妃是如此的悲痛，她的模样令人几近心碎。这样的悲叹足以打动世界上的任何人。

395　黑太子的生命力正在迅速流失。第二天是1376年6月8日，星期天：

  圣三一节……大约（下午）3点时……他开始昏迷、脱力，几乎没有了呼吸。这时，在场的班戈（Bangor）主教走到他身边说："现在，死神无疑即将降临……因此，我的领主，我建议你原谅那些冒犯过你的人。"

  太子勉强说出"我会的"，但无法再发出可以让人听懂的声音……主教拿着洒水器，在他躺着的房间四角洒下圣水……突然，太子双手合十，两眼望天，说："噢，上帝啊，我为您的所有恩惠感谢您，又为我饱受痛苦的灵魂卑微地请求您怜悯，请您宽恕我对您犯下的罪过；我全心请求获得您的宽恕。"他说完这番话后就去世了。

"他是骑士精神之花，"让·傅华萨说，"在战斗中武运最佳，也完成了最多的英勇壮举。"

诗人约翰·高尔称赞他是骑士的典范：

> 他在战斗中从不会感到不安，既不害怕战场的喧闹嘈杂，也不恐惧行军的艰难困苦。他就是勇气的源泉。他的名字永远不会从世上消失，因为他的勇武甚至超过了赫克托耳。

这是中世纪的最高赞誉了，而且其他人也纷纷附和这种观点。莫尔文的约翰强调说："他的武运与赫克托耳别无二致。""他就是第二个赫克托耳，"托马斯·沃尔辛厄姆说，"他在世的时候，英格兰人不惧怕任何进犯。"

这些赞誉都是说给公众听的。外科医生阿德恩的约翰治疗过黑太子手下的不少战士，他在一篇1376年写成的医学论文中用更加私人化的方式向黑太子致敬。在这份手稿的一处注释中，他发自肺腑地写道："这一年，奋发、尚武的太子前去了上帝那里。他死于圣三一节的周日，死于伟大议会的召开期间。愿上帝保护他，因为他是最美的骑士之花，在这个世界上无人可与他媲美。"

黑太子死后，爱德华三世离开了伦敦，前往位于黑弗灵（Havering）的王室庄园。直到7月初他都待在那里独自哀悼黑太子。1376年9月29日，黑太子的葬礼在坎特伯雷大教堂举行。这场葬礼"极为虔诚"，展现了尊敬和荣誉。罗切斯特

主教托马斯·布林顿进行了布道。他说全国都感到了"巨大的悲伤",又说:

> 任何王公都应当在力量、智慧和善良这三个方面超过他的臣民,圣三一的形象代表的正是这些品质:圣父代表力量,圣子代表智慧,圣灵代表善良。而在这位王子身上,这三项品质都达到了极致。

对英格兰的武运衰败,布林顿深有感触;他大力赞扬黑太子的美德,为的是揭露英格兰武士阶层中常见的道德沦丧现象:

> 他的力量展现在他最伟大的胜利之中,他因此也应当获得极高赞誉……尤其是他在普瓦捷的胜利。当时法王身边有如此强大的兵力,每个英格兰人都要对抗十位保卫国土的法国骑士;但获得上帝垂青的是正义的一方。法军被彻底击溃,他们的国王也遭到俘虏……其原因是他在西班牙的所作所为。

接下来,布林顿提出了更重要的论点。考虑到当时在法国发生的局势反转,他声称,在战时帮助国王是骑士的职责之一,而骑士地位既是荣誉的标志,也是责任的体现,他们需要全力奋战,不辱使命。"一名真正的骑士,"主教接着说,"在国王要求他战斗时,必须做好奋战的准备;他绝不能弃战而逃,也不能拒绝为了公众利益而战;最重要的是,他必须英勇无畏地作战。"

布林顿无疑想起了若弗鲁瓦·德·夏尼的著名格言:"谁做

得越多，谁就越有价值。"德·夏尼撰写了有关骑士精神的著作，还在普瓦捷之战中高举红色王旗，并且为了保卫国王而战死。主教以黑太子为典范，谈起了一个似乎已经逝去的时代：

> 他的智慧体现在他谨言慎行的习惯和举止中，因为他不像今日的领主那样只说不做，而是身体力行。只要他开始做一项伟大的工作，就一定会令其圆满结束并获得赞赏……他的善行主要体现在三个方面。俗世的领主们通常压迫、折磨他们的佃户；但这位领主总是照顾他们，用各种方式安抚他们。其他领主往往对那些为他们效力、与他们共同征战的人缺乏感激；可这位领主如此慷慨地对待他的仆从，以至于他使他们都变得富有，自己却变得贫穷。俗世的领主们通常不会对上帝虔诚，对是否举行弥撒或宗教仪式也不甚在意，只会走形式；他却对崇拜上帝的仪式如此虔诚，在这样的时代难以找到第二位这样的领主。

这是理想化的描述。黑太子并不总是照顾他的佃户，他在威勒尔做的事清楚地反映了这一点，尽管他后来又为此感到后悔。而为约翰·桑迪斯爵士求得赦免的事，则是把对战友的忠诚置于司法程序之上。此时，黑太子的神话已经在构建了。尽管如此，其中也包含了真相。最有力的赞誉则来自黑太子的对手们。让·傅华萨讲述说，查理五世和他的宫廷搁置了所有指控和申诉，在巴黎的圣礼拜堂（Sainte-Chapelle）举行了一场弥撒，向黑太子致以最庄重的敬意。再也没有其他英格兰的将领获得过如此厚待。《瓦卢瓦四王纪》的作者还补充说：

> 亲王是世人见过的最伟大、最好的骑士之一。在他的时代，他享有举世盛名，赢得了所有人的尊敬。他的去世让英格兰陷入了深深的悲痛和震惊。听说亲王的死讯之后，法兰西国王这位亲王的对手为他举行了最庄严的纪念仪式。

法国人说得对。托马斯·沃尔辛厄姆写道：

> 就这样，英格兰的希望死了。只要他还活着，他们就不惧怕任何人来犯，不惧怕战斗中的任何进攻。只要有他在，他们也不会战绩不佳，或是逃离战场。他的进攻目标悉数被他征服，他发起围攻的城市统统被他夺取。

整个骑士世界的时间在那一刻凝固了。大家不分敌友，都在纪念刚刚去世的黑太子，在哀悼一个时代的终结。

后 记

爱德华三世年老体衰，在黑太子死后没有活太久。他死于1377年6月21日。黑太子的儿子理查在三周多后，也就是7月16日，加冕即位。理查在统治早期非常害怕他的叔叔冈特的约翰会夺取王位。冈特的约翰没有被任命为摄政王，理查成年之前，国事一直由一个议事会议管理。为了继续与法国作战，英格兰承受了越发沉重的赋税压力，然而战事从整体上看收效甚微，人民对政府的不信任也与日俱增。1381年夏，英格兰民众揭竿而起。

这场起义的直接原因是一项在全英格兰范围内征收的人头税，而农民和地主之间的紧张关系更是火上浇油。这是两轮黑死病流行造成的后果之一。起义最初于5月下旬在肯特和埃塞克斯爆发，到6月时已经蔓延到了伦敦和全国各地。

6月12日，大批农民在起义领袖瓦特·泰勒（Wat Tyler）的率领下，聚集在布莱克希思（Blackheath）。他们烧毁了冈特的约翰的萨伏伊宫，还杀害了理查二世的大法官、坎特伯雷大主教西蒙·萨德伯里（Simon Sudbury）和财政大臣罗伯特·黑尔斯（Robert Hales）。14岁的国王和剩余的大臣躲在伦敦塔中。他们一致认为，他们没有足够的兵力驱散人群，唯一的选择就是与农民谈判。

三天之后，国王前往史密斯菲尔德接见起义的农民。他听取了他们的要求,对他们的申诉给出了积极回应。然而,农民领袖瓦特·泰勒和国王的部分随从发生了冲突,被伦敦市长拉下马来杀害了。聚集在此的大批农民得知此事后,准备杀掉国王的全部随从。这时,年轻的理查临危不乱,展现出了极大的勇气。他骑马来到起义农民面前说:"我就是你们的领袖,随我来!"之后他就将他们带走了。国王赦免了他们所有人,并且允许他们回家去。然而危机一过,他就撕下了仁厚的伪装,采取了严酷的处罚措施,还撤销了赦免。在接下来的几周中,这场起义被镇压下去了。

在这样的危机中,年轻的理查二世短暂地展现出了与他父亲相似的勇气。可惜,这样的闪光时刻再未重现。理查成年之后,沉迷于王室华服和宫廷礼仪,还慷慨资助艺术家。然而,和他的父亲、祖父不同的是,他不懂得如何将这样的表演转化为真正的权力和威望。

理查的母亲肯特的琼安死于1385年8月7日。她晚年时仍颇受欢迎,但容貌衰老且受到水肿困扰,几乎无法离开她最爱的牛津郡沃灵福德寝宫。在农民起义后的几年中,理查二世与神圣罗马帝国皇帝查理四世(Charles Ⅳ)的女儿波希米亚的安妮(Anne of Bohemia)成婚,还挑选了他将来的谋臣。他结交的是一群野心勃勃的年轻贵族,而且他们都对冈特的约翰的权势和雄心极为妒忌。这让宫廷里充满了仇恨和猜疑的气氛。

理查二世与法国达成了一份协议,暂时中止了爱德华三世挑起的冲突。那时,战争不再受人支持,还有许多人指责大臣们腐败无能。在中世纪晚期,战士的社会地位也下降了。与他的父亲和祖父不同,理查对军事行动没有兴趣。他也无法将英格兰的贵族们团结在一起。理查对他的宠臣非常宠信，对可能给他造成威胁的贵族则暴躁易怒、睚眦必报。一群被称为追诉派（Appellants）的贵族公开起兵反叛理查，削弱了他手中的权力。但是在理查统治的最后几年中，他向追诉派发起了反击。

让·傅华萨称自己"心中充满了回到英格兰的强烈愿望"，于1395年7月来到埃尔特姆，造访了理查二世的宫廷，并且献上了他的诗歌体小说《梅利亚多》的副本。理查对这份礼物非常满意。他欣赏着这份手抄本的精美装帧，翻阅着书页，还用流利的法语诵读其中的章节。之后，他让一名侍从把这本书放在他的私人房间中。理查的宫廷华丽非凡，让傅华萨印象深刻，但傅华萨也察觉到宫廷之中暗流涌动。

这一次，傅华萨的直觉是准确的。四年之后，也就是1399年，理查二世越发暴虐的行为举止引发了一场政治危机，最终使他丢掉了王位。取而代之的是冈特的约翰的长子博林布鲁克的亨利（Henry of Bolingbroke），也就是亨利四世（Henry IV）。理查被囚禁在庞蒂弗拉克特（Pontefract）的城堡，并在那里遇害。几乎可以肯定的是，他死于新国王下达的命令。黑太子的血脉至此画上了悲剧性的句号。

†

黑太子地位崇高，而英格兰在他死后令人扼腕地迅速衰落。两者形成了鲜明反差，但他仍然当之无愧地受到推崇。对他名誉的"抹黑"在一定程度上也是让·傅华萨的含沙射影造成的，而今天我们可以为他正名了。1367年，在南征西班牙的过程中，他并没有不顾后果地追求荣誉。在那次出征之后,他也没有愚蠢地疏远大部分加斯科涅贵族。随着他身患疾病,他的愤怒和沮丧情绪与日俱增,但他也没有在1370年9月对利摩日的平民大开杀戒。

他是一位未曾登基为王的王子。他与父亲的关系要求他对国王服从、忠诚,这是福也是祸。但黑太子在年富力强之时,为周围的人创造了一个焕发英雄主义魅力的世界,且这个世界并非只以他的个人魅力和英勇为支撑。不论是在柴郡还是在加斯科涅,他都赢得了坚韧、富有独立精神的人的支持。黑太子做到这一点靠的不只是践行骑士精神,还靠让自己成为这种精神的代表和化身。

黑太子的行为当然也不是无懈可击。他总是入不敷出;即使在普瓦捷之战中他抓获了大批俘虏,但由于对人慷慨已成为他的习惯,其账目还是呈亏损状态。托马斯·布林顿主教在黑太子的葬礼上这样说道:"这位领主如此慷慨地对待他的仆从,以至于他使他们都变得富有,自己却变得贫穷。"黑太子崇拜的波希米亚国王卢森堡的约翰也曾因为他那几乎不计后果的慷慨而受到赞誉,但这样的赞誉是有两面性的。《盈利者和挥霍者》就探讨过肆意挥霍和吝啬存钱的话题,提到了财富被收进宝箱,不见天日。但是存钱未必意味着吝啬。查理五世存下的财富自然是见了天日的:这笔财富支持了法方在阿基坦的作战,击溃了阿基坦公国的势力。

黑太子恪守骑士精神,力图做个好领主,却对手下部分士兵犯下的恶行视而不见。此外,他还会让情感蒙蔽自己的判断力。他身为阿基坦亲王,却没能和阿马尼亚克伯爵建立良好的关系,这最终让他损失惨重。然而,我们应当把黑太子的这些瑕疵置于当时的大环境下审视。在这样一个受疫病和暴力袭扰的时代，黑太子给了人们振奋人心的力量，有时只是通过寥寥数语或是简单的举动。

普瓦捷会战时，加斯科涅贵族阿尔诺·德·普雷萨克（Arnaut de Preissac）曾在黑太子的卫队中参加战斗。战斗结束时，黑太子对普雷萨克的英勇奋战表达了感谢。他还注意到，普雷萨克为了保护自己，"未能抓获任何用以换取赎金的俘虏"，阿尔诺的兄弟贝特朗（Bertran）却与另外五人一同俘虏了法军元帅都德雷昂。黑太子得知此事后，赏赐给阿尔诺200克朗金币的年金作为补偿。

用现在的观念看，我们往往会对这样的行为心存疑虑，将其视为作秀、冲动之举，认为这与精心策划的治国之道不可相提并论。然而在骑士的世界中，这样的恩惠有着巨大的能量。1376年6月上旬，黑太子的生命已如风中残烛，而冈特的约翰谈成的一年停战期已经结束，于是法国方面重开战端，集中力量对加斯科涅仍在英格兰控制下的部分发动攻势。普雷萨克坚守战略要地吉伦特河畔莫尔塔涅（Mortagne-sur-Gironde）的城堡，抵挡了法军的攻势。凭借这一壮举，他在理查二世统治时期被提拔成为嘉德骑士团成员。阿尔诺坚守此地是出于他对黑太子的尊敬和欣赏，而加斯科涅也因此保住了。

黑太子也没有逃避治国理政的重任。1365年7月15日，他恢复了阿基坦东部的凯尔西地区的一系列特权。这些特权最初是由法国国王腓力四世在14世纪初授予的。黑太子本来只需走个过场，把用拉丁语写成的原文件诵读一遍，再加上表示确认的语句即可。但黑太子仔细阅读了这份文件，自行加入了几个条款，用行号来指称其中的段落，并澄清了原文中的含糊之处。如此这般，黑太子达到了化繁为简的效果。

黑太子毕生都致力于践行"高尚的勇气"的理念。普瓦捷之战中的经历使他相信，他几乎受到了某种超自然力量的护佑。正因为如此，黑太子对于其他人的类似经历十分感兴趣，不管是雕刻在坎特伯雷大教堂中他那小礼拜堂之穹顶上的《圣经》大力士参孙，还是穆瓦萨克修道院的一位大力僧侣。后者据称伸手就能拦住慢跑的马，还能徒手折弯长枪。穆瓦萨克修道院的编年史作者艾默里克·德·佩拉克就回忆说，黑太子非常喜欢听人讲述这位大力僧侣的壮举。

对中世纪的骑士而言，最大的勇气就是不惧甚至蔑视死亡。黑太子在普瓦捷和纳胡拉体现出的领导才能很好地证明了这一点。他一生戎马，也要以战士的身份死去。他计划挂在自己墓冢之上的丧徽包括了他的盾牌、头盔、头冠和华丽的三狮纹章。这样的设计早在1362年9月1日黑太子给坎特伯雷大教堂的一份捐赠文书中就出现了。在这份文书的蜡印中，以上图案细节翔实，而且各物件的相对位置与黑太子墓冢上的陈设几乎一致。

这一设计在黑太子去世前十四年就已经成形了。这说明，在其俗世成就处于巅峰之时，在他刚刚成婚，即将起航前往阿基坦时，黑太子就已经计划将自己葬在坎特伯雷大教堂，也在考虑该使用哪些陪葬品了。面对死亡，他没有退缩，而是视死如归，这让他在战斗中展现了一种带有特别力量的勇气。

黑太子选择葬在坎特伯雷，是因为他相信在普瓦捷，正是因为圣托马斯·贝克特显灵，他和他的部队才能够直面恐惧和绝望的情绪，克服困难，免于一劫。布林顿主教曾这样描述法国国王身边的兵力之强："每个英格兰人都要对抗十位保卫国土的法国骑士；但获得上帝垂青的是正义的一方。"

几乎肯定,布林顿是在引述黑太子本人的回忆。黑太子完全沉浸在骑士的内心世界中,那是一个充满虔诚和奉献的世界,也成了他在战场上的力量源泉。黑太子奉行的信条正是若弗鲁瓦·德·夏尼在他的骑士精神之书中颂扬的美德:"对朋友保持谦逊,对对手骄傲而大胆,对需要帮助的人心存慈悲,对仇敌残酷复仇。"黑太子为这些美德注入了活力。当我们注视他的墓冢时,我们也是在向一位属于那个时代的实至名归的英雄致敬。

附录：黑色宣传和利摩日屠杀

中世纪的骑士英雄应富有魅力、慷慨无私，能够争取到其他人对他的支持；但他也可能遭到流言蜚语、含沙射影和谗言诋毁的袭扰。在爱德华三世统治之初，有人指控他于1336年谋杀了他的弟弟埃尔特姆的约翰，还有人说国王于1342年趁自己的密友和战友索尔兹伯里伯爵威廉在国外效力，诱奸了伯爵的妻子凯瑟琳·格兰迪森（Catherine Grandison）。这两类指控都是由编年史作者提出的［提出者分别是福尔登的约翰（John of Fordun）和让·勒贝尔］。史学家们根据其他编年史作者的记载和文献资料对这两桩指控进行了分析，得出的结论是，这两桩指控属实的可能性极小。埃尔特姆的约翰在那一年9月13日死于珀斯，不过死因不明，可能死于热病；但是国王与弟弟十分亲近，痛失手足让他悲痛欲绝。至于牵涉到索尔兹伯里伯爵夫人的流言，则显然是让·勒贝尔编造的，目的正是要抹黑爱德华三世的名声。

所谓的黑太子在1370年9月19日对利摩日屠城的说法主要来自一位编年史作者的记载，那就是让·傅华萨。托马斯·沃尔辛厄姆在一则简短得多的评论中复述了傅华萨的说法。沃尔辛厄姆提到黑太子十分愤怒，还补充说，在这座城市被攻克之后，"他几乎将其完全摧毁，并杀掉了那里的所有人，只有少数几人幸免于难，成为俘虏"。但是在其他文本中，沃尔辛厄姆将利摩日围城战写成黑太子最为自豪的战斗之一,还这样描述黑太子的病情:"看到曾在普瓦捷、纳胡拉和利摩日取胜的将领现在这样羸弱,真是令人伤感。"钱多斯传令官只是写道,"那里的所有人不是被杀,就是被俘",但是这指的更有可能是士兵,而不是整个市民群体。利摩日当地圣马夏尔修道院的编年史作者称,"他们洗劫了这座城市,然后在这里纵火",但他给出的死亡人数是300人,而不是3000人。

此外,我们还可以参考同时代的查理五世的传记作者克里斯蒂娜·德皮桑的记载。她没有提到对平民进行屠杀的暴行,而是仅将利摩日围城战作为1370年夏季军事行动的一部分进行描述。她强调说,那一年夏季,法军计划的攻势相对而言是失败的,而贝特朗·杜·盖克兰在成为法军统帅之后不久,就采取了一种新的策略。她给出的利摩日围城战的死亡或被俘人数为400人。包括考古证据在内的各种材料都可以证实,利摩日被称为城市区的部分在1370年的围城战中受损严重,许多房屋被烧毁。至于那之后发生的事,傅华萨的说法并未得到各种史料证据的支持,而且文献资料给出的信息与之相反。

1. 1370年7月1日,黑太子在与冈特的约翰和英格兰国王议事时,拒绝对那些投向查理五世、之后又意欲回到英格兰一方的城镇采取惩罚政策。黑太子明确说明,他更希望摆出仁慈的态度。这一决定记载在《加斯科涅卷轴》中(TNA,C61/94/40,由"《加斯科涅卷轴》项目"翻译)。这一文件还记载了把开展军事行动的整体权力移交给冈特的约翰的决定;任何有关利摩日平民命运的决定都必须要由黑太子和冈特的约翰两人一致做出。

2. 利摩日大部分居民都保持了对黑太子的忠诚。城堡区拒绝向贝里公爵约翰投降，而城市区只是因为当地主教让·德克罗声称黑太子已经死亡才开门献城。一份1370年8月24日的投降文件留存至今，但仍处于草案状态，因为没有获得足够多的市民的签名同意（AD de la Haute-Vienne, AA13）。最重要的是，黑太子曾在多封信中授予当地大教堂的圣职团管理城市区的权力；这些信显示，他并不为利摩日主教的叛变而怪罪当地的教士或居民（AD de la Haute-Vienne, G8）。依据黑太子的授权，当地圣职团于1371年2月3日接管了城市区。

3. 关于屠杀本身，留存的文献资料指向的是与傅华萨的叙述完全不同的方向。两位利摩日的商人曾于1404年7月10日在巴黎议会做证（Bizé versus Bayard, Archives Nationales, X2a/14, ff. 193–194），其中名为巴亚尔的商人声称自己的家族一向支持法国王室，另一位商人比泽（Bizé）对此做出了回应。巴亚尔称，他的父亲在利摩日曾是"重要人物"，并曾于1370年协助城市区向查理五世投降，国王也曾因此向他父亲赏赐了官职与土地。比泽的律师驳斥了这一说法，并详细描述了巴亚尔的父亲和其他城市区居民在黑太子围攻利摩日时的行为。为了加强论证，比泽还额外提供了一个细节：巴亚尔的父亲在城门上立起了英格兰和法兰西的旗帜，这显然是在给英格兰－加斯科涅联军发信号。比泽声称，1370年9月19日，利摩日的平民在为黑太子的部队打开城门之后，就被法方守军杀害了。以下是比泽证词的节选：

相反，巴亚尔的父亲是个穷人，是一个皮货商；对法王保持忠诚的是比泽的父亲，而不是这个皮货商。此外，巴亚尔的父亲同其他皮货商一道，带着英方的旗帜前往利摩日城门，并在那里被守军将领抓获，随后被枭首。

4. 整体背景也非常重要。在1369年英法重新开战时，黑太子就已经是恶意宣传的目标人物了，而且那时他遭到的指控看起来毫无根据。他很清楚，利摩日之战会是他最后一次出征，因此就他的声誉及他在上帝面前的地位而言，他在利摩日的行为将会决定别人和上帝对他抱有何种看法，还会影响上帝对他做出的裁决。吉扬·佩潘（Guilhem Pépin）最近在西班牙的文献中发现了一封信，是黑太子于1370年9月22日写给富瓦伯爵加斯顿·费布斯的。黑太子在信中显得十分自豪，提到他收复了利摩日，抓获了包括让·德克罗和罗歇·德博福尔在内的重要俘虏，还称自己俘获了200名骑士和重装士兵，但没有提到平民伤亡。另外，似乎查理五世将平民的死亡归咎于守将让·德维尔米，并为此惩罚了他。尽管德维尔米为保卫利摩日而英勇奋战（傅华萨和《瓦卢瓦四王纪》的作者均为此赞扬了他），但查理五世还是收回了此前授予德维尔米的克勒斯河畔布朗的城镇和城堡，而且再也没有将军事指挥权交给他。1375年5月13日，德维尔米在贫困中死去，他那两个年幼的孩子的监护权被交给了他的叔叔（Archives Nationales, JJ100/292, 819；X1a/24, f6）。当黑太子的死讯传到巴黎时，查理五世为他举行了庄严的纪念弥撒；如果黑太子真的在不久前屠杀了3000个法国平民，那么查理五世还要纪念他就实在是太古怪了。我想，就像当年史学家们澄清对爱德华三世的指控那样，现在我们应当可以驳斥傅华萨对黑太子的诽谤了。

注 释

序 幕

我尤为感谢坎特伯雷大教堂的藏品部经理 Sarah Turner 和图书馆馆长 Karen Brayshaw 允许我仔细观察黑太子的丧徽。关于罩袍的有用信息,可参见 Janet Arnold, 'The jupon or coat-armour of the Black Prince in Canterbury Cathedral', *Church Monuments*, 8(1993); Stella Newton, *Fashion in the Age of the Black Prince*。坎特伯雷大教堂档案馆(后文简称 CCA)的引文出自文件 CCA/DCc/ChAnt/C/145(以圣三一之名设立小礼拜堂)和文件 DCc/ChAnt/N/37(1359 年 2 月 17 日的信件)。关于穆瓦萨克,参见 Régis de la Haye (ed.), *Chronique des Abbés de Moissac*。黑太子在整个英法百年战争期间都受到推崇:Christopher Allmand, 'Edward, the Black Prince', *History Today*, 26(1976)。关于历史上对黑太子的总体看法,可参见 Barbara Gribling, 'The Black Prince: hero or villain?' *BBC History Magazine*(January 2013),以及她即将出版的 *The Black Prince in Georgian and Victorian England: Negotiating the Medieval Past*。学界最近对于黑太子提出了新的批评意见,有些较为尖锐。例如 Scott Waugh 在 1991 年出版的 *England in the Reign of Edward III* 中称黑太子在阿基坦的统治"以争吵和无能为标志";Mark Ormrod 在 2000 年出版的 *The Reign of Edward III* 中称黑太子"完全误解了当地(加斯科涅)的传统",急切地抓住了南征纳胡拉的机会,以便"逃避无聊的行政工作",而他对利摩日的屠杀"摧毁了人们对英格兰残存的一丝同情","导致英格兰在法国南部的统治垮台"。

第一章

要理解爱德华三世统治早期的得意之感,我们必须先认识到,此前在英格兰王室统治下占据主导地位的是政治上的混乱和军事上的惨败。对此事的概括性叙述参考了以下著作：Roy Haines, *King Edward II*; Seymour Phillips, *Edward II*; Kathryn Warner, *Edward II : The Unconventional King* and *Isabella of France : The Rebel Queen*; Mark Ormrod, *Edward III*; Ian Mortimer, *The Greatest Traitor and The Perfect King*。此外，以下文章也极有帮助：Claire Valence, 'The deposition and abdication of Edward II', *English Historical Review*（后文简称 EHR），113（1998）; Caroline Shenton, 'Edward III and the coup of 1330', in *The Age of Edward III*。关于爱德华王子（未来的爱德华三世）的出生对爱德华二世的情感的重要性，可参见 Denholm-Young（ed.），*Vita Edwardi Secundi*："一个模样好的儿子正是国王长期所求……这大大减轻了皮尔斯·加韦斯顿之死带给国王的痛苦。"

关于班诺克本之战，经典之作是 Geoffrey Barrow, *Robert Bruce*; 近期的有价值之作是 David Cornell, *Bannockburn*。爱德华二世与儿子之间痛苦的书信往来引自 James Halliwell（ed.），*Letter of Kings of England*, vol. I, 25 - 29。伊莎贝拉指责丈夫与休·德斯潘塞有染的经过见 *Vita Edwardi Secundi*。关于埃诺的菲利帕的材料来自 Juliet Vale, 'Phillippa, queen of England, consort of Edward III', *The Oxford Dictionary of National Biography*（后文简称 Oxford DNB）。对于她的描述见 Francis Hingeston-Randolph（ed.），*The Register of Walter de Stapledon*。关于在加斯科涅进行的战斗，参见 Pierre Chaplais（ed.），*The War of Saint-Sardos*。关于爱德华三世 1327 年被苏格兰人击败的耻辱经历，见 Ranald Nicholson, *Edward III and the Scots : The Formative Years of a Military Career*; Cliff Rogers, *War Cruel and Sharp*。关于此事可能对国王造成的影响，参见 Rogers, 'Edward III and the dialects of strategy', *Transactions of the Royal History Society*, 4（1994）。爱德华二世之死的确切情况仍难以重现：Paul Doherty, *Isabella and the Strange Death of Edward II*; Ian Mortimer, 'The death of Edward II in Berkeley Castle', *EHR*, 120（2005）。对这一问题最近的一次审视，参见 Andy King, 'The death of Edward II revised', in James Bothwell and Gwilym Dodd（eds.），*Fourteenth Century England*, Volume 9。关于威廉·蒙塔古在诺丁汉政变中的重要作用，以及他与爱德华三世的友谊，见 Mark Ormrod, 'William Montagu, first earl of Salisbury（1301 - 1344），soldier and magnate', in *Oxford DNB*。关于爱德华三世 1333 年在哈利登山的胜利，见 Nicholson, *Formative Years*; Matthew Strickland and Robert Hardy, *The Great Warbow*。

第二章

关于骑士精神和宫廷生活,我参考了 Richard Barber, *Reign of Chivalry*; Maurice Keen, *Chivalry*; John Scattergood and James Sherborne (eds.), *English Court Culture in the Late Middle Ages*。关于黑太子受到的教育,Margret Sharp 有两项先锋性的研究:'The central administration system of Edward, the Black Prince', in Thomas Tout, *Chapters in the Adminstrative History of Medieval England*; 'The administrative chancery of the Black Prince before 1362', in *Essays in Medieval History presented to Thomas Frederick Tout*。Richard Barber, *Edward Prince of Wales* 也十分有帮助。黑太子童年和青少年时期的一些家庭账目留存了下来。英国国家档案馆(后文简称 TNA)的文件 E387/25、E388/12 涵盖了 1336~1338 年的账目;E389/6、E389/13 和 E389/15 涵盖了 1340~1344 年的账目。关于格罗斯蒙特的亨利和《神圣医药之书》,见 Margret Labarge, 'Henry of Lancaster and *Le Livre de Seyntz Medicines*', *Florilegium*, 2(1980); Kenneth Fowler, *King's Lieutenant*。关于在苏格兰的征战,见 Rogers, *War Cruel and Sharp*。关于埃尔特姆的约翰之死,见 Tom James, 'John of Eltham: history and story', in *Fourteenth Century Studies*, II; Scott Waugh, 'John earl of Cornwall (1316 - 1336)', in *Oxford DNB*。关于黑太子和爱德华三世之间的通信,见 Clifford Rogers(ed.), *The Wars of Edward III*。关于 1340~1342 年的更为广泛的政治危机,见 Ormrod, *Edward III*。

并非所有人都折服于爱德华三世的表现与排场,之后也有人对黑太子提出过类似的批评。对此,Andy King, 'A helm with a crest of gold: the Order of Chivalry in Thomas Gray's *Scalacronica*', in *Fourteenth Century Studies*, I 尤为有帮助。但是这样的表象有时是具有欺骗性的。爱德华三世非常坚韧,也为自己和手下的贵族设定了极高的标准,有时几乎高到了不现实的地步,可参见 Richard Partington, 'The nature of noble service to Edward III', in *Political Society in Later Medieval England*。国王如此雄心勃勃、坚持不懈,对其他人产生了重大影响,这也体现在他和他长子的关系中。关于爱德华国王向年轻的黑太子和其他重要贵族赠送礼物,以便促进战友情谊的行为,见 Thom Richardson, 'Armour in England, 1325 - 99', *Journal of Medieval History*, 37(2011)。伯格什家族的背景见 Anthony Verduyn, 'Burgesh, Bartholomew, the elder, second Lord Burgesh

(d. 1355), magnate and administrator', in *Oxford DNB*。

关于斯勒伊斯海战和图尔奈围城战,Kelly DeVries 有两篇重要的文章:'God, leadership, the Flemings and archery: contemporary perspectives of victory and defeat at the battle of Sluys, 1340', *American Neptune*, 55 (1995);'Contemporary views of Edward III's failure at the siege of Tournai', *Nottingham Medieval Studies*, 39 (1995)。关于爱德华三世的贷款,以及佩鲁齐和巴尔迪两大银行家族的垮台,见 Edmund Fryder, 'Financial resources of Edward III in the Netherlands, 1337 – 40', *Revue Belge de Philologie et d'Histoire*, 45 (1967);Edwin Hunt, 'A new look at the dealings of the Bardi and the Peruzzi with Edward III', *Journal of Economic History*, 50 (1990)。Julian Munby, Richard Barber and Richard Brown, *Edward III's Round Table at Windsor* 中叙述了 1344 年在温莎举办的比武大会。黑太子 1344 ~ 1345 年的门户账目来自 BL, Harley Ms 4304。David Green 在 'The household and military retinue of Edward the Black Prince', University of Nottingham Ph. D. thesis (1998), 以及之后的 *The Black Prince* 和多篇文章(后文将有阐述)中对黑太子扈从的变化进行了重要研究。

第三章

巴塞洛缪·伯格什报告黑太子率领的先头部队之进展的信件来自 Richard Barber, *Life and Campaigns of the Black Prince*。Jules Viard, *La Campagne de Juillet-Août 1346* 和 Alfred Burne, *Crécy War* 一书对克雷西会战的开创性叙述,现在得到了一系列重要研究的补充,其中包括 Andrew Ayton and Philip Preston, *The Battle of Crécy, 1346*; Jonathan Sumption, *Trial By Battle*; Rogers, *War Cruel and Sharp*; Michael Livingston and Kelly DeVries, *Crécy: A Casebook*。本章的原始资料来自 Barber, *Life and Campaigns*; Rogers, *Wars of Edward III*; Livingston and DeVries, *Crécy*。关于博华萨的记载,本书尽可能地使用了 Kervyn de Lettenhove 的版本;而关于让·德韦内特的记载,我们现在有了 Colette Beaune 的近期版本(2011 年)。

黑太子经历了诸多战斗,对其中两场,也就是克雷西会战和普瓦捷会战的发生地,目前学界仍存在争议;只有对纳胡拉之战的发生地,学者们十分肯定。关于克雷西会战,Livingston 和 DeVries 提出过一些其他的可能地点,但是综合目前的各项证据来看,关于这场战斗发生地的传统观点可能是正确的。Gordon Corrigan 在 *Military History of the Hundred Years War* 中表示:"最好的论据就是如果爱德华三世想要交战……在行军一天可达的范围内,没有别的地方能够让他拥有类似于克雷西那样的地形优势。"我非常感谢 Gordon Corrigan 和 Sir Philip Preston 与我探讨这一问题。关于骑士的内心世界,见 Richard Kaeuper(ed.),*The Book of Chivalry of Geoffroi de Charny*。关于后勤,参见 Michael Prestwich, *Armies and Warfare in the Middles Ages*; Yuval Harari, 'Inter-frontal co-operation in the fourteenth century and Edward III's 1346 campaign', *War in History*, 6 (1999)。关于在诺曼底的征战和编年史的史料,Henri Prentout, *La prise de Caen par Edouard III* 仍十分有用。关于黑太子身边战斗的激烈程度,见 Livingston and DeVries, *Crécy*; 黑太子"因为找回我的旗帜"而奖赏丹尼尔斯的记载来自 Black Prince's Registers(后文简称 BPR),I, 45。该资料的第一卷里有黑太子在 1346 年 7 月至 1348 年 1 月发出的盖了御玺的信件。另外三卷收录了 1351 年 2 月至 1365 年 11 月发出的执行令,其中一卷收录柴郡的此类文件,一卷收录康沃尔的,剩下的那卷与黑太子在英格兰和威尔士的其他领地以及相关随从事务有关。

413   关于托马斯·布拉德沃丁对爱德华三世和他手下将士的致辞的引文来自 Gilles Teulié and Laurence Lux-Sterritt(eds.), *War Sermon*。关于阿德恩的约翰和他对鸵鸟羽毛的看法,见 D'Arcy Power(ed.), *John Arderne: Treatises of Fistula*。然而,黑太子只有 1363 年 7 月在阿基坦使用过"我效力"(Ich Dien)和"高尚的勇气"(Houmont)这两个座右铭,而且是用在黑太子手写的密文中,似乎与克雷西会战并无关联。黑太子于 1346 年 9 月 12 日给切斯特法官托马斯·费勒斯爵士写信,对对方的"英勇之举"做出了揭示性的评论。这封信的内容见 TNA, E36/144, fo. 12。信的开头部分在 BPR, I, 14 中仅以注释形式出现:"在上帝的帮助下,太子在他目前的出征途中取得了成功。"

第四章

关于黑死病的暴发,参见 Barbara Tuchman, *A Distant Mirror*; Benedict Gummer, *The Scourging Angel*; Philip Ziegler, *The Black Death*; Colin Platt, *King Death*; Rosemary Horrox(ed.), *The Black Death*。关于军事行动,参见 Susan Rose, *Calais: An English Town in France*; Craig

Lambert, 'Edward III's siege of Calais: a reappraisal', *Journal of Medieval History*, 37 (2011)。关于黑太子的病症，见 BPR, I, 51; Jan Willems (ed.), *En Letterkunde en de Geschiedenis des Vaderlands*。黑太子从疾病中迅速地、几乎是奇迹般地康复的事实，让他变得更加虔诚了。大主教约翰·斯特拉特福德在1348年8月23日的遗嘱中，留给黑太子一本"精美的弥撒用书"和一个银制的耶稣复生场景模型。关于虔诚之举的激增和为死者灵魂进行的祷告，见 Nigel Saul, 'The Lovekyns and the Lovekyn Chapel at Kingston-upon-Thames', *Surrey Archaeological Collections*, 96 (2011)。关于加来的防御，见 Yuval Harari, *Special Operations in the Age of Chivalry*。关于温切尔西海战，见 Graham Cushway, *Edward III and the War at Sea*。关于肯特的琼安，见 Karl Wentersdorf, 'The clandestine marriages of the Fair Maid of Kent', *Journal of Medieval History*, 5 (1979)。Margaret Galway, 'Joan of Kent and the Order of the Garter', *University of Birmingham Journal*, I (1947) 中的观点现已得到彻底修正（见 Barber, *The Black Prince* 中的评论）。以下文献均非常有帮助：Richard Barber, *Edward III and the Triumph of England*; Mortimer, *Perfect King*; Jonathan Sumption, 'Sir Walter Mauny (c. 1310–1372), soldier and founder of the London Charterhouse', in *Oxford DNB*。

嘉德骑士团创始成员的完整名单摘自15世纪的一份骑士团章程副本，但是当我们将这一版本与杰弗里·贝克提供的那份虽不完整但几乎同时代的创始成员名单做比较时，就可以发现一些不一致之处（关于北安普顿伯爵、萨福克伯爵和威廉·莫尼爵士的入选时间）。关于黑太子地产的管理，参加 John Hatcher, *The Rural Economy in the Duchy of Cornwall*; David Evans, 'Some notes on the history of the Principality of Wales in the time of the Black Prince (1343–1376)', *Transactions of the Honourable Society of Cymmrodorion* (1925–26); David Pratt, 'The leading mining community at Minera in the fourteenth century', *Transactions of the Denbighshire Historical Society*, II (1962); Paul Booth, *The Financial Administration of the Lordship and County of Chester* and 'Taxation and public order: Cheshire in 1353', *Northern History*, 12 (1976)。亨利·奈顿的编年史在事发大约四十年后写成，书中暗示黑太子通过威逼牟利；与之相比，Booth 为黑太子此次访问切斯特提供了更为积极的背景。关于温菲尔德爵士采用的无情而高效的措施，见 Mark Bailey, 'Sir John de Wingfield and the foundation of Wingfield College', in Peter Bloore and

Edward Martin (eds.), *Wingfield College and its Patrons*。在黑死病首次暴发之后，黑太子在英格兰和威尔士的领地经过一定的恢复，每年可带来大约 8600 英镑的收入。

经过现代改编的《盈利者和挥霍者》见于 Victoria Flood,'*Wynnere and Wastoure* and the influence of political prophecy', *Chaucer Review*, 45 (2015)。认为这首诗 1353 年 8 月在切斯特城堡表演的观点见 Thorlac Turville-Petre,'*Wynnere and Wastoure*: When and Where?', in L. A. J. R. Houwen and Alasdair MacDonald (eds.), *Loyal Letters*。关于参加此次宴会的邀请函，见 BPR, 3, 112。红色挂饰和装点着老鹰（"最高贵的鸟类"，这一元素常出现在黑太子赠给战友的礼物上）的祭衣见 Juliet Vale,'Image and identity in the Order of the Garter', in Nigel Saul (ed.), *St George's Chapel, Windsor, in the Fourteenth Century*。John Scattergood, 'Wynnere and Wastoure and the mid-fourteenth century economy', in Thomas Dunne (ed.), *The Writer as Witness: Literature as Historical Evidence* 总结说,"这些证据中的每一项都不够有说服力……但作为整体来看，帮助确定该诗创作年代为 1353 年的证据十分有力"。关于 1353~1354 年的比武大会和到访康沃尔的行程，见 Richard Barber, *Edward, Prince of Wales and Aquitaine*。伯克姆斯特德城堡的改进工程参见 John W. Cobb, *History and Antiquities of Berkhamsted*。

第五章

我要感谢康沃尔公爵领档案办公室允许我使用 Henxteworth Day Book。关于大劫掠的主要研究为 H. J. Hewitt, *Black Prince's Expedition*。关于其整体背景，参见 Pierre Capra,'Le siège d'Aiguillon en juin 1354', *Revue de l'Agenais*, 2 (1962); Jonathan Sumption, *Trial by Fire*。关于战役的准备工作，见 BPR, 4, 157-168; Mollie Madden,'The indenture between Edward III and the Black Prince for the prince's expedition to Gascony, 10 July 1355', *Journal of Medieval History*, 12 (2014)。关于黑太子抵达波尔多时的情形，见 Guilhem Pépin,'La collégiale Saint-Seurin de Bordeaux aux treizième et quatorzième siècles et son elaboration d'une idéologie du duché d'Aquitaine anglo-gascon', *Le Moyen Âge*, 118 (2011)。关于让·德·格拉伊，见 Malcolm Vale,'Jean III de Graily (known as Captal de Buch) d. 1377, soldier', in *Oxford DNB*。关于黑太子在波尔多

的居所，见 Archives Départementales（后文简称 AD）de la Gironde, G238；Pierre Capra, 'Le séjour du Prince Noir à l'archevêché de Bordeaux', *Revue Historique de Bordeaux et de la Gironde*, 7（1958）。关于沃里克伯爵，见 Anthony Tuck, 'Thomas Beauchamp, eleventh earl of Warwick, soldier and magnate', in *Oxford DNB*。关于罗伯特·内维尔和罗伯特·马尼的细节来自 *House of Commons*, *1388 - 1422*。关于亚当·莫特拉姆和理查德·马希的细节来自 Philip Morgan, *War and Society in Medieval Cheshire*。

Nicholas Gribit, *Henry of Lancaster's Expedition to Aquitaine*, *1345 - 46*, 中对格罗斯蒙特的亨利当时和十年前采用的招兵体系进行了有益的比较。Mollie Madden, 'The Black Prince at war: the anatomy of a chevauchée', University of Minnesota Ph. D.（2014）对后勤进行了出色的阐述。关于阿马尼亚克伯爵让，参见 Bertrand Darmaillacq, 'Le Prince Noir contre le comte d'Armagnac: l'expedition de 1355', *Revue de Gascogne*, 14（1914）。Dominique Barrois, 'Jean, premier comte d'Armagnac', University of Lille doctorate（2004）是对这项研究的补充。关于这场战役本身的关键史料摘自 Barber, *Life and Campaigns*; Rogers, *Wars of Edward III*。杰弗里·贝克的记载尤为可贵，因为他收录了一位参战士兵的每日记录。他的编年史有一个新版本，即 David Preest and Richard Barber（eds.）, *Chronicles of Geoffrey le Baker of Swinbrook*。黑太子本人对事件的记录可在他1355年12月25日写给温切斯特主教的信中找到。这封信和黑太子的财政总管约翰·温菲尔德爵士的评论都来自 Barber, *Life and Campaigns*。

关于黑太子从村庄波尔泰附近的哪个具体位置渡过了加龙河, Peter Hoskins, *In the Steps of the Black Prince* 提出的观点可由 Archives Municipales de Montpellier, AA9 佐证。向忠诚的向导支付赏金的记载来自 Henxteworth Day Book。关于法国方面日益严重的惊慌情绪和试图抵抗的措施，见 Archives Municipales de Nîmes, LL1; Henri Bousquet, *Comptes de Rodez*（*1350 - 1358*）。对阿马尼亚克伯爵按兵不动的批评之声越来越多，关于这一事实，见 Barrois, 'Jean, premier comte d'Armagnac'。关于黑太子与富瓦伯爵的会面，参见 Henxteworth Day Book; *Chronicle of Geoffrey le Baker*; Pierre Tucoo-Chala, *Gaston Fébus et Le Prince Noir*。

就这次出征的整体评价而言，Jacqueline Caille, 'Nouveaux regards sur l'attaque du Prince Noir contre Narbonne en Novembre 1355', *Bulletin de la Société d'Études Scientifiques de l'Aude*, 109（2009）针对之后法国对黑太子

的错误观点进行了颇受欢迎的重新评估。部分建筑遭到破坏，（在后世的民间传说中）这被归咎于英军，但实际上它们是在17世纪被拆除的。然而，14世纪的这次行动的破坏轨迹也非常真实，参见Sean McGlynn,'"Sheer terror" and the Black Prince's grand chevauchee of 1355', in *The Hundred Years War（Part III）：Further Considerations*。卡尔卡松总管蒂博·德巴尔巴赞的调查见 Henri Roucou,'Bernard de Bonne, seigneur de Graulhet', *Bulletin de la Société de Histoire de Graulhet*, 35（2014）。值得注意的是，德巴尔巴赞并未指责黑太子搞破坏，而是批评相关人员未能维持该地区的防御水平。黑太子批准"我们的一位长弓手"，即威廉·乔德雷尔回家过圣诞的假条见 Margaret Sharp,'A Jodrell deed and the seals of the Black Prince', *Bulletin of the John Rylands Library*, 7（1972）。关于约翰·斯特雷顿和理查德·马希，见 Philip Morgan, *War and Society in Late Medieval Cheshire*。约翰·温菲尔德爵士1355年12月23日写给温切斯特主教的信（见 Barber, *Life and Campaigns*）揭示了支撑此次军事行动的冷冰冰的经济计算。Henri Mullot,'Nouvelles reschercres sur l'itinéraire du Prince Noir à Travers les païs de l'Aude', *Annales du Midi*, 21（1909）中引用的法国文献显示，黑太子的官员们特意使用地产的账目和记录来证实破坏的具体规模。关于"忠诚的朋友"的引文来自 Clifford Rogers,'The Black Prince in Gascony and France（1355-57）, according to Ms78 of Corpus Christi College, Oxford', *Journal of Medieval History*, 43（2009）。

第六章

关于黑太子的精神世界，见 Joseph Parry（ed.）, *Register of John de Trillek*（其中收录了1356年6月25日黑太子写给赫里福德主教的信）；Preest and Barber（eds.）, *Chronicle of Geoffrey le Baker*。此外，在起航前往加斯科涅之前，黑太子于1355年9月7日"为一本每日祈祷书的配图和修复"付了款（这本祈祷书可供黑太子随身携带，里面有天主教日课的所有祷文），见 BPR, 4, 167。关于普瓦捷战役，有许多极具价值的研究：Hewitt, *Black Prince's Expedition*；David Green, *Battle of Poitiers*；David Nicolle, *Poitiers, 1356*；Peter Hoskins, *In the footsteps of the Black Prince*；Christian Teutsch, *Victory at Poitiers*。此外 Rogers, *War Cruel and Sharp* 和 Sumption, *Trial by Fire* 也对此进行了概述。文献资料来自

Barber, *Life and Campaigns*; Rogers, *Wars of Edward III*。

1356 年 7 月 3 日，一份大主教的文件记载道，"他的所有骑士及其他人都离开了波尔多"，前往黑太子的集结点与黑太子会合（AD de la Gironde, G238）。然而阿马尼亚克伯爵让对加斯科涅发动的入侵（见 Bibliothèque Nationale, Collection Doat 和 Barrois's 2004 thesis）令局势大为改变。关于黑太子在贝尔热拉克进行的艰难谈判，小城梅赞请求黑太子补偿他们因被阿马尼亚克伯爵围攻而遭受的损失，以及梅赞的特权得到确认的经过，见 TNA, SC8/211/1051/1054。

关于战役的大背景，见 Ormrod, *Edward III*；Fowler, *King's Lieutenant*。*Oxford DNB* 的下列文章也让我有了一定收获：Mark Ormrod, 'Robert Ufford, first earl of Suffolk（1298 – 1369），soldier and diplomat'; Micheal C. E. Jones, 'Sir James Audley (c. 1318 – 1369), soldier'; John Leland, 'William Montagu, second earl of Salisbury'。Frank Haydon（ed.），*Eulogium Historiaum* 中给出的黑太子行军路线已得到 Peter Hoskins, *In the footsteps of the Black Prince* 中珍贵研究的补充。有人批评黑太子进攻罗莫朗坦是在"浪费时间"，但 René Crozet, *Le Siège de Romoratin* 重新进行了评估，并依据文献证据强调，这次行动大大提升了士气。关于普瓦捷会战本身，Barber, *Edward III* 和 Strickland and Hardy, *Great Warbow* 都很有帮助。

从战术上看，利马隆日的战斗（在这场战斗中使用夹击战术的是法军）和普瓦捷会战十分相似，这一点很值得关注。只有一份文献记载了利马隆日之战，即 Auguste and Émile Molinier（eds.），*Chronique Normande*。Émile 注意到，在这两场战斗中，让·德·格拉伊都是参与者，而且四处劫掠的普瓦图贵族波米耶男爵阿曼努都起到了重要作用，令人印象深刻。由于阿曼努有出色的军事技能，英方将他招入麾下。*Chronique Normande* 认为，正是多亏了阿曼努，英军才能在利马隆日反败为胜，而且他四年后在科雷兹（Corrèze）击败都德雷昂元帅时也展现出了极高的战术素养（这场战斗发生时，英法理论上本应处于和平状态）。*Chronique Normande* 还将阿曼努列为黑太子在普瓦捷会战时的主要军事顾问之一。文献学家 Paul Guérin 曾说："到 1356 年 9 月时，他已成为黑太子手下最重要的将领之一。"这句话出自 Guérin, *Recueil des documents concernant le Poitou*, *1334 – 48*（该评论是关于 1345 年波米耶男爵军事生涯如何起步的一个脚注，在第 412～413 页）。

关于让·德·格拉伊的精锐部队与黑太子的主力之间的精妙配合，

以及军事信号的使用，见 Guilhem Pépin, 'Les cris de guerre "Guyenne!" et "St Georges!"', *Le Moyen Âge*, 112（2006）; Robert Jones, *Bloodied Banners*。Andrew Ayton, 'War and the English gentry under Edward III', *History Today*, 42（1992）中准确地指出，黑太子在普瓦捷会战后授予詹姆斯·奥德利爵士 400 英镑的年金，是"极为慷慨之举"。奥德利对法军发起冲锋是这场战斗的转折点，而他也险些为此付出生命的代价。

关于谁有权获得俘虏这一棘手的问题，Françoise Bériac-Lainé and Chris Given-Wilson, *Les Prisonniers de la Bataille de Poitiers* 中进行了详尽研究。关于这场战斗的后续影响，见 Archives Municipales de Montpellier, AA9; Françoise Autrand, 'La deconfiture: la Bataille de Poitiers', *Guerre et Société*（这篇文章引用了阿马尼亚克伯爵打动人心的信件）。黑太子在 1356 年 10 月 20 日的一份授予文书中幽默地将佩里戈尔主教的领地纳入英格兰的保护范围，见 AD des Pyrénées-Atlantiques, E746。

黑太子在 1356 年 10 月 20 日写给伍斯特主教雷吉纳尔德·布赖恩的信中明确说明，他对圣托马斯·贝克特遗体转葬日（7 月 7 日）十分推崇。黑太子还向主教表示，他的军队正是在遗体转葬日的前一天出发，而且他希望把这场战斗的胜利归功于上帝和圣贝克特（另见黑太子在 1356 年 10 月的某一天写给温切斯特隐修院院长的信）: Charles Lyttelton, 'A letter from the Black Prince to the bishop of Worcester', *Archaeologia*, 1（1779）; Arthur Goodman (ed.), *Chartulary of Winchester Cathedral*。傅华萨和坎特伯雷的佚名编年史作者都记载了黑太子回到英格兰后，心怀感激地前往贝克特的神龛并献上供品。在黑太子自己看来，他最辉煌的胜利和坎特伯雷的圣贝克特崇拜之间有很深的联系。这或许是对黑太子为什么想要葬在坎特伯雷大教堂，也就是"真正的烈士、我的托马斯领主遗体安息之地"，而且想葬得尽可能靠近圣贝克特（见于 Arthur Stanley, *Historical Memorials of Canterbury* 全文转载并翻译的黑太子遗嘱）的最好解释。坎特伯雷大教堂中黑太子的小礼拜堂里的象征性图案，以及这些图案与普瓦捷会战的明显联系，见 William Scott Robertson, 'The chantries of the Black Prince', *Archaeologia Cantiana*, 13（1880）中的讨论。那里的图案，包括大力士参孙驯服狮子、藤蔓枝叶（象征保护着英格兰－加斯科涅联军的灌木丛）等，均与杰弗里·贝克的记载相符。贝克还记录了黑太子展现出的"狂野的勇气"："手持利剑，劈砍法军……让敌人见识到了什么才是真正的战争之怒。"

黑太子的部分士兵于 1356 年 10 月 2 日就抵达了波尔多（AD de la

Gironde, G238)。黑太子本人则于三日后正式入城。一份同时代的报告讲述了普瓦捷会战及其后续影响, 见 Charles Higounet and Arlette Higounet-Nadel（eds.）, *Le Grande Cartulaire de l'Abbaye de la Sauve-Majeure*。这一文献（据我所知尚未被用来还原普瓦捷会战的经过）提到, 这场胜利"归功于加斯科涅诸位领主的力量"。这份文献还给出了被杀、被俘和据信逃跑的敌军数目, 并且提到了"一个叫作 Beuvoyr 的地方"。Beuvoyr 即今天的博瓦尔（Beauvoir）村, 位于普瓦捷东南方 3 英里（4.5 公里）、努瓦耶－莫伯修斯（Nouaillé-Maupertius）西南方不足 1 英里（1.5 公里）处。Patrice Barnabé, 'Guerre et mortalité au debut de la guerre de cent ands: l'exemple des combattants gascons（1337 – 1367）', *Annales du Midi*, 113（2001）中列出了参战的 23 名加斯科涅贵族的名字。关于黑太子给这座修道院的捐款, 见 British Library（后文简称 BL）, Add. Ch. 66316。黑太子和约翰二世于 1357 年 4 月 19 日从波尔多起航, 见 AD de la Gironde, G238; 关于他们抵达英格兰并在伦敦受到迎接的经过, 见 Given-Wilson and Scott-Stokes（eds.）, *Chronicle of the Anonymous of Canterbury*。

第七章

关于黑太子的祖母伊莎贝拉, 见 Edward Bond, 'Notices of the last days of Isabella, queen of Edward II, drawn from an account of the expenses of her household', *Archaeologia*, 35（1854）; Michael Bennett, 'Isabella of France, Anglo-French diplomacy and cultural exchange in the late 1350s', in James Bothwell（ed.）, *The Age of Edward III*。关于法王约翰二世, 见 Neil Murphy, *The Captivity of John II*。黑太子在普瓦捷会战后的负债情况 Paul Booth, The Financial Administration of the County of Chester; Paul Booth and Anthony Carr（eds.）, *The Account of John de Burnham, 1361 – 62*。关于黑太子负债的后果, 见 P. Hill and J. Heery（eds.）, *The Cheshire Forest Eyre Roll*, Lancashire and Cheshire Record Society, 151（2015）。关于肯宁顿, 见 Graham Dawson, 'The Black Prince's Palace of Kennington, Surrey', *British Archaeological Reports*, 26（1976）。关于韦尔罗亚尔修道院, 见 John Brownbill（ed.）, *Ledger Book of Vale Royal Abbey*。整体叙述见 Barber, *Edward, the Black Prince*; Green, *Black Prince*。

关于法国方面的混乱局面, 见 Tuchman, *A Distant Mirror*。关于扎克雷起义，见 Justine Firnhaber-Baker,'Soldiers, villagers and politics: military violence and the Jacquerie of 1358', in Guilhem Pépin, Françoise Lainé and Frédéric Boutoulle（eds.）, *Routiers et Mercenaires*。关于自由佣兵团，即 *Routiers*, *Routiers et Mercenaires* 中也有许多相关文章，如 Armand Jamme,'Routier et distinction sociale: Bernard de la Salle, l'Angleterre et le Pape'; Guilhem Pépin,'Les routiers gascons, basques, agenais et périgourdins du parti anglais'。波米耶男爵阿曼努 14 世纪 40 年代在圣东日靠当四处劫掠的佣兵队队长发家，之后被英军招募，参加了普瓦捷会战，再之后又被法国收买。法国政府将他之前的劫掠生涯一笔勾销，还每年给他可观的 1500 图尔里弗尔。这显然是因为他在战斗中发挥了重要作用，见 Guérin, *Recueil des documents*。关于兰斯之战，见 Rogers, *War Cruel and Sharp*; 托马斯·格雷的记录收录于 Rogers, *Wars of Edward III*。关于围城战本身，见 Henri Moranville,'Le siège de Reims, 1359 - 1360', *Bibliothèque de l'École des Chartes*, 56（1895）。莫伯利"因病"死亡的记录收录于 Morgan, *War and Society*。关于《布雷蒂尼条约》，见 John Le Patourel,'The treaty of Brétigny, 1360', in *Transactions of the Royal Historical Society*, 10（1960）。

黑太子与肯特的琼安结合后，他们在阿基坦设立了华丽的宫廷。这桩婚事引发了极大争议。对此的评论可见 Given-Wilson and Scott-Stokes（eds.）, *Chronicle of the Anonymous of Canterbury*。和黑太子一样，琼安的开支也十分巨大；他们夫妻二人的排场在黑太子统治加斯科涅的后期为他招致了不少批评。但是人们都认为，在任何有些分量的欧洲宫廷，这样的炫耀和排场是理所应当的（关于这一点，见 Malcolm Vale, *Princely Court*）。此外，黑太子的妻子既美丽又聪慧，这在骑士的世界中非常有用。最近，Penny Lawne, *Joan of Kent* 对琼安做了积极的新评价。关于黑太子用在妻子身上的开支，见 BPR, 4 401 - 3, 427, 475 - 6; Green, *Black Prince*。对肯特的琼安和黑太子的妹妹伊莎贝拉的比较，见 James Gillespie,'Isabella, countess of Bedford（1332 - 1379）', in *Oxford DNB*。

关于预言与黑太子：Lesley Coote, *Prophecy*; Ian Mortimer, *Fears of Henry IV*。描绘英法国王和普瓦捷的约翰二世的页边插画，见 BL, Egerton Ms. 3227, f. 68v。关于购买圣咏经，见 BPR, 4, 476; Jeremy Catto,'The prayers of the Bohuns', in Peter Coss and Christopher Tyerman（eds.）, *Soldiers, Nobles and Gentlemen*; Lucy Sandler, *Illuminators and Patrons in Fourteenth Century England: The Psalter and Hours of Humphrey* de Bohun; Lynda Dennison, 'British Library, Egerton Ms. 3277: a fourteenth century psalter-hours and the question of the Bohun family ownership', in Richard Eales and Shaun Tyas (eds.), *Family and Dynasty in Late Medieval England*。

关于阿基坦在黑太子抵达之前的准备工作,以及约翰·钱多斯爵士作为总督在那里的作用,见 Robert Favreau, 'Comptes de la sénéchaussée de Saintonge (1360 - 1362)', *Bibliothèque de l'École des Chartes*, 117 (1959); 'La cession de la Rochelle à l'Angleterre', in Robert Bautier (ed.), *La 'France Anglaise'*; Max Aussel, 'Conditions dans lesquelles Cahors accepte la domination anglaise, Janvier 1362', *Bulletin de la Société des Études du Lot*, 119 (1998)。

黑太子在加斯科涅的进展和宣誓效忠仪式的细节来自 Delpit, *Documents Français*。关于黑太子统治情况的珍贵背景资料反映了他与加斯科涅贵族的合作关系,见 Pierre Capra 1972 年的毕业论文 'L'administration anglo-gasconne au temps de la lieutenance du Prince Noir, 1354 - 62', 以及 'Les bases sociales du pouvoir anglo-gascon au milieu du quatorzième siècle', *Le Moyen Âge*, 81 (1975)。另见 Eleanor Lodge, *Gascony under English Rule*; Margaret Wade Labarge, *Gascony: England's First Colony*。Guilhem Pépin 提供了关于萨拉主教的参考文献以及黑太子将自己的披风赠给主教的记载。黑太子与费布斯在阿让会面的背景,尤其是黑太子试图调停的阿马尼亚克伯爵和阿尔布雷男爵(二人均在洛纳克被俘)的赎金谈判,见 Bibliothèque Nationale, Collection Doat。

肯特的琼安宣告她儿子诞生的信来自 Corporation of London Archives, Letter Book G, f. 168。她的"紧身胸衣在两侧大幅剪裁,配以白鼬皮",以及她"金银丝线织就的装饰有宝石的腰带",显然在加斯科涅引起了震动,见 Mila de Cabarieu, 'Documents historiques sur le Tarn-et-Garonne', *Bulletin Archéologique et Historique de Tarn-et-Garonne*, 14 (1886)。让·德博马努瓦的反应见 Michael C. E. Jones, *Letters and Orders of du Guesclin*(该文献确定了朗德夫朗谈判的时间,并给出了普瓦捷协议的内容); David Green, *Edward the Black Prince: Power in Medieval Europe*。

为庆祝昂古莱姆的爱德华的降生而举行的比武大会开销极大,见 Antonia Gransden, 'A fourteenth century chronicle from the Grey Friars at Lynn', *English Historical Review*, 72 (1957)。理查德·菲隆利的三本账

簿（TNA, E177/1, 9, 10）和 1363~1364 年阿基坦的征税官伯纳德·布罗卡斯（Bernard Brocas）的一本账簿（TNA, E177/3）只能让我们窥见黑太子财政管理的部分情况。对黑太子铸币一事的研究，见 Pierre Capra, 'L'histoire monétaire de l'Aquitaine anglo-gasconne au temps du Prince Noir', *Bulletin de la Société Archéologique de Bordeaux*, 64（1968）; Jean-Paul Casse,'La monnaie du Prince Noir', in Jacques de Cauna (ed.), *L'Aquitaine au Temps du Prince Noir*。关于黑太子对收入来源的探索以及他对收税展现出的个人兴趣，见 Adrien Blanchet,'L'atelier monétaire du Prince Noir à Limoges en 1365 et 1366', *Revue Numismatique*, 54（1898）。

与黑太子的弟弟克拉伦斯公爵莱昂内尔对爱尔兰的治理的比较，参考了 David Green,'Lordship and principality: colonial policy in Ireland and Aquitaine in the 1360s', *Journal of British Studies*, 47（2008）。与黑太子不同的是，克拉伦斯公爵并未对他的爱尔兰臣民表现出任何同情。黑太子曾在 1365 年 2 月 2 日和 6 月 27 日给阿让总管去信，分别讲了阿尔诺·德迪尔福与阿让城的纠纷和路易·德马尔瓦尔强占尤利亚克城堡这两件事。信件来自 AD de Lot-et-Garonne（Agen）, FF 144。黑太子在信中称，他"意欲让他的领地恢复秩序与法治"，这和他在十二年前告诉柴郡居民的话一致。

关于圣迈克桑修道院、图阿尔子爵路易和马伊勒，见 Bibliothèque Municipale de Poitiers, Collection Dom Fonteneau; Louis de la Boutière (ed.), *Cartulaire de l'Abbaye d'Orbestier*; Archives Nationales, X1a 1472, 18 February 1380。上面提到的最后一份文献回顾说，在黑太子和费尔顿的时代，"无人胆敢违抗他们"。对贝阿恩领主头衔的研究，见 TNA, C61/78/39; Pierre Tucoo-Chala, *Gaston Fébus et la Vicomté de Béarn*。黑太子写给费布斯的信收录于 AD des Pyrénées-Atlantiques, E409。黑太子（于 1364 年 12 月 4 日前）用托马斯·维腾霍尔爵士取代马代朗男爵（lord of Madaillan）阿曼努·杜福萨，让前者出任鲁埃格总管的决定被证明是个严重失误，见 William Bliss and Jessie Twemlow (eds.), *Calendar of Papal Registers*, vol. 4, 17-18, 20, 22。关于阿马尼亚克伯爵的宣誓效忠，见 Bibliothèque Nationale, Collection Doat; 黑太子的赌咒以及他提及馅饼的话，见 AD des Pyrénées-Atlantiques, E251, 转引自 Guilhem Pépin,'Towards a new assessment of the Black Prince's principality of Aquitaine: a study of the last years（1369-72）', *Nottingham Medieval Studies*, 50（2006）。

第八章

　　Peter Russell, *English Intervention in Spain* 中对于纳胡拉之战的观点，即黑太子"让自己的野心……凌驾于英格兰的战略上"，受到了 Clara Estow, *Pedro the Cruel* 的挑战。Estow 认为，Russell 以"不公平的标准"评价黑太子的行动，此事应当得到彻底的重新评估。关于欧赖之战，见 Strickland and Hardy, *Warbow*。关于黑太子与约翰·德·孟福尔的友谊和孟福尔 1365 年继承布列塔尼公爵之位后迎娶黑太子继女的经过，见 Micheal C. E. Jones, *Ducal Brittany*。关于佩德罗的个性，见 Benjamin Taggie, 'Pedro I of Castile (1350 – 69): a Mediterranean prince captured in a chivalric paradigm', *Mediterranean Review*, 4 (2011); Bretton Rodriguez, 'Pedro López de Ayala and the politics of rewriting the past', *Journal of Iberian Studies*, 7 (2015)。傅华萨描述说，黑太子对南征西班牙的计划充满热情，但是文献证据并不支持这种说法。在这件事上，雷丁的约翰、坎特伯雷的佚名编年史〔此文献的新版本见 Christopher Given-Wilson and Charity Scott-Stokes (eds.), *Chronicle of the Anonymous of Canterbury*〕以及《不列颠人纪事》提供了不同的叙述。18 世纪时，Thomas Rymer, *Foedera* 转录了在利布尔讷签订的协议的部分条款，但是其他条款被省略了。黑太子坚持要求佩德罗立下誓言的部分（雷丁的约翰和《不列颠人纪事》记载的重要内容）受损，因此没有被 Rymer 收录。但是这一誓言确实存在，印证了雷丁的约翰的记载（TNA, E30/1255）。奥多纳伯爵的信也说明黑太子对于帮助佩德罗心存疑虑，见 Mahine Béhrouzi, 'Le procès fait à Bernat de Cabrara (1364 – 1372)', University of Bordeaux dortoral thesis, 2014。

　　关于傅华萨和出征的准备工作，见 Peter Ainsworth, 'Collationnement, montage et jeu parti: le début de la campagne espagnole du Prince Noir (1366 – 67) dans les chroniques de Jean Froissart', *Le Moyen Âge*, 100 (1994)。关于埃尔姆伍德、戈达德、穆瓦涅和萨维尔，见 *House of Commons, 1388 – 1422*。在黑太子的部队集结时，人们有一种吃惊而敬畏的感觉。对此，《瓦卢瓦四王纪》的记载也得到了塞维利亚大主教佩德罗·德阿尔沃诺斯（Pedro de Albornoz）（转引自 Moisant, *Le Prince Noir en Aquitaine*）的印证。但冈特的约翰的增援部队拖得越久，纳瓦拉的查理与恩里克和查理五世进行密谋的风险就越大（TNA, C61/79; Archivo Generalo de Navarra, Comptos Cajón,

21)。关于十字军圣战的背景,见 Timothy Guard, *Chivalry, Kingship and Crusade*。关于黑太子对塞浦路斯的彼得的使节的接待,见 BPR, IV, 428。佩德罗授权黑太子在"征讨异教徒的军队"的先头部队中作战,见 TNA, E30/237。关于 1367 年 2 月 20 日黑太子借出 5000 弗罗林金币,以便佩德罗能和他一起在龙塞斯瓦列斯修道院献上供品的记载,见 TNA, E30/231。

对这场战役的出色叙述,见 Peter Russell, *English Intervention in Spain*; Kenneth Fowler, *Medieval Mercenaries*。关于费尔顿,见 Richard Barber, 'Sir William Felton the younger, soldier and administrator', in *Oxford DNB*。关于这场战斗本身,见 Strickland and Hardy, *The Great Warbow*; Andrew Villalon, 'Spanish involvement in the Hundred Years War and the battle of Nájera', in *The Hundred Years War: A Wider Focus*。英格兰方面关于纳胡拉之战的亲历者记录有钱多斯传令官的记载和彼得伯勒的沃尔特的 *Victoria Belli in Hispania*,后者详细记载了黑太子在交战前举行的仪式。卡斯蒂利亚方面关于纳胡拉之战的亲历者记录有佩德罗·德阿亚拉的 *Crónica del rey don Pedro y del rey don Enrique*。关于黑太子和恩里克之间的战书往来,见 Roland Delachenal, *Histoire de Charles V*, vol. 5。关于黑太子写给肯特的琼安的信,见 Eugène Déprez, 'La bataille de Nájera (3 avril 1367): le communiqué du Prince Noir', *Revue Historique*, 136 (1921) 中的讨论。关于战斗的结果,见 Donald Kagay and Andrew Villalon, 'Poetry in celebration of the battle of Nájera (1367)', *Journal of Medieval Military History*, 11 (2013); David Carlson, 'The English literature of Nájera from battlefield dispatch to the poets', in *John Gower in England and Iberia*。

最重要的几位俘虏的赎金并非像傅华萨所说的那样,是在心血来潮下决定的。都德雷昂元帅和贝特朗·杜·盖克兰的赎金都是经过细致的谈判后才确定下来的,见 Bibliothèque Nationale, Pièces Originales (d'Audrehem), 18 - 30; Jones, *Du Guesclin*。这场战斗的军事成果是真实存在的,而通过战斗培养的战友情谊也相当真挚:当鲍齐尔男爵(Lord Bourchier)约翰从战场归来时,布列塔尼公爵向他写信称赞"我的同袍领主和兄弟的战功",见 Michael C. E. Jones, 'The fortunes of war: the military career of John, second lord Bourchier (d.1400)', *Essex Archaeology and History*, 26 (1995)。Archives Municipales de Montpellier, AA9 中关于这场战斗的报告显示,法国方面接到黑太子获胜的消息后极为忧虑。然而，在政治层面，此次南征最终成了一场灾难。

第九章

对黑太子的极高赞誉，见 *Chronique des Abbés de Moisssac*；这一文献资料在 Barber, *Black Prince* 中有所探讨。但是院长自己对于黑太子的统治给出了清醒而正面的评价，赞扬了黑太子的政治智慧和他带给阿基坦的安宁。关于黑太子寻求精神慰藉的事，见 Melville Bigelow, 'The Bohun wills', in *American Historical Review*, I (1896); Jeremy Catto, 'The prayers of the Bohuns', in *Soldiers, Nobles and Gentlemen*. 对炉灶税的征收进行的主要重新评判，见 Guilhem Pépin, 'The Parlement of Anglo-Gascon Aquitaine: the Three Estates of Aquitaine (Guyenne)', *Nottingham Medieval Studies*, 52 (2008). Jonathan Sumption, *Divided Houses* 提供了极具洞察力的概述，助益极大。关于灯塔，见 TNA, C61/112/104; Gustave Labat, *Documents sur la Tour de Cordouan*。河道清理计划见 AD du Lot (Cahors), EDT/042/DD34 and 35。促进葡萄酒贸易的措施见 de la Haye, *Archives de Moissac*。

黑太子的怒气和沮丧之情被他的对手利用，当作改旗易帜的借口，但是这些借口并非总是有足够强的说服力。弗洛索利耶男爵（lord of Flocellière）雅克·德叙热尔（Jacques de Surgères）曾向查理五世表示，黑太子对自己"抱有极大憎恨"，还不公正地剥夺了自己在普瓦图的领地。但文献学家 Paul Gaul Guérin 指出，"这份憎恨似乎并未阻碍他在黑太子手下飞黄腾达"。德叙热尔仍坚持效忠于黑太子，直到1372年11月30日才终于在图阿尔向法国投降（Archives Nationales, JJ118/123; Guérin, *Recueil des documents concernant le Poitou*）。

关于查理五世日益增长的信心，见 Françoise Autrand, *Charles V: Le Sage*; Craig Taylor, *Chivalry and Ideals of Knighthood in France*。关于向法国国王提出的司法申诉，见 Edouard Perroy, 'Edouard III d'Angleterre at les seigneurs Gascons en 1368', *Annales du Midi*, 61 (1948); Delachenal, *Charles V*, vol. 5。Perroy 注意到，在与对黑太子提出诉讼的贵族进行谈判的同时，查理五世还先后鼓动阿马尼亚克伯爵和阿尔布雷男爵向爱德华三世设在威斯敏斯特的高等法庭提出申诉。（阿尔布雷男爵于1368年9月8日正式向查理五世提出申诉；一周之后，也就是9月15日，他又

425 向爱德华三世提出了申诉。）Perroy 相信，法国国王此举是为了破坏爱德华三世和黑太子之间的关系。

关于阿马尼亚克伯爵让和居伊·德赛韦拉克就佩尔拉德的城堡和领主头衔展开的争端，以及黑太子在争端中扮演的角色，见 Bibliothèque Nationale, Collection Doat。关于阿尔布雷男爵，见 Gabriel Loirette, 'Armand Amanieu, sire d'Albret, et l'appel des seigneurs Gascons en 1368', *Mélanges d'Histoire Offert à Charles Bémont*。关于佩里格对黑太子的忠心，见 Ariette Higounet-Nadel, *Les Comptes de la Taille de Périgueux au Quatorzième Siècle*。关于波米耶家族，见 Françoise Beriac and Eric Ruault, 'Guillaume-Sanche, Elie de Pommiers et leurs frères', *Cahiers de Recherches Médiévales*, I（1996）。（这一波米耶家族与波米耶男爵阿曼努并非同族：后者的领地在普瓦图－夏朗德的波米耶－穆隆，前者的领地则在拉雷奥勒附近。）特拉斯塔马拉的恩里克和安茹公爵路易签订的《艾格－莫尔特条约》（1367年8月13日签订），见 Roland Delachenal, *Charles V*, vol. 5。我要感谢 Paul Booth 的翻译。关于安茹公爵描绘末日景象的挂毯的描述，见 Liliane Delwasse, *La tenure de l'Apocalypse d'Anger*。关于黑太子1368年秋从英格兰招募更多士兵，见 David Green, 'The later retinue of Edward the Black Prince', *Nottingham Medieval Studies*, 44（2000）。

关于黑太子恶化的病情，见 AD de la Gironde, G239（1368年11月18日和12月10日他先后向波尔多最著名的医生之一皮埃尔·德曼尼支付费用）；Ernst Wickersheimer, *Dictionnaire Biographique des Médecins*。这些文献支持钱多斯传令官的观点，也就是黑太子的健康状况严重恶化之后（这件事到1368年11月才开始出现在文献资料中，此时距纳胡拉之战结束、黑太子率军回到加斯科涅已经过去了一年多），"他的敌人们才决定重新开战"。《佚名编年史》的作者和钱多斯传令官都将这种疾病描述为"一种令人消瘦的病"。1367年在西班牙染上阿米巴性痢疾的那些人都没能坚持很长时间，亨利·奈顿对此评论称："大量英格兰人在那里死于赤痢，只有不足五分之一的人回来了。"亨利五世1422年在围攻莫城时患上这种疾病，在两个月后就离世了。痢疾可能是另一种潜在疾病的次要症状。有两份文献提及黑太子受到此种疾病困扰：Haydon (ed.), *Eulogium Historiaum* 认为这种疾病最早发作于1369年；托马斯·沃尔辛厄姆则称，黑太子"在他生命的最后五年中"间断性地受其影响，也就是说它发作于1371年他回到英格兰之后。

阿马尼亚克伯爵的家族档案显示，查理五世一听说黑太子的病情十分严重，就向他发出传唤，要求他前往巴黎的议会。信使们于 1368 年 11 月 23 日（从图卢兹）抵达波尔多（而非如傅华萨所说，在 1369 年 1 月下旬到达）。这些文献还显示，黑太子并未下令囚禁这些信使并任由其自生自灭（这也是傅华萨影射的内容）。实际上，两名信使在当年就获释了。贝尔纳·帕洛（Bernard Palot）1369 年 11 月就回到了图卢兹；差不多在同一时间，让·德夏彭瓦尔（Jean de Chaponval）被用来交换同年夏季遭法国人俘虏的英格兰骑士托马斯·巴纳斯特（Thomas Banaster）。

关于哈威尔，见 Roy Haines,'John Harewell, administrator and bishop of Bath and Wells'; in *Oxford DNB*。关于黑太子认为自己离不开此人的评论，见 TNA, C61/81/54（28 November 1368）。对《佚名编年史》中关于黑太子在阿基坦统治的负面描写的反击，见 David Trotter, 'Le Prince Noir et les Dominicains de Bagnères-de-Bigorre', *Annales du Midi*, 114（2002）。关于阿尔布雷的贝拉尔，见 TNA, C61/79/99；AD des Pyrénées-Atlantiques, E203。黑太子给他父亲的信引自 Perroy, 'Les seigneurs Gascons en 1368', 译本见 Barber, *Black Prince*。听取申诉的高级法庭到 1370 年时才在加斯科涅设立，当时一切都为时已晚。关于米约持续忠于黑太子的记录，见 Archives Municipales de Millau, CC（1368-9）。关于爱德华三世 1369 年 2 月将御医纪尧姆·阿蒙派往黑太子处，见 Simon Harris and Anne Curry, 'The surgeon prior and the Black Prince', on www.gasconrolls.org/fr/blog。关于阿基坦的整体悲观情绪，见 Dominica Legge（ed.）, *Anglo-Norman Letters*；Morgan, *War and Society*。

第十章

对黑太子与阿拉贡失败的外交谈判的描述，见'The unstable bond between Castile and Aragon in the late fourteenth century', in Donald Kagay, *The Emergence of León-Castile*。关于罗什舒瓦尔子爵的申诉，见 Archives Nationales, JJ100/137。关于德庞斯，见 Jules Chavanon, 'Renaud de Pons, vicomte de Turenne et de Carlat, seigneur de Ribérac', *Archives Historiques de la Saintonge*, 31（1992）。居伊·德赛韦拉克的故事参考了 Bibliothèque Nationale, Collection Doat；Étienne Cabrol, *Annales de Villefranche*。关于阿基坦东部地区的顽强抵抗，见 Philip Morgan, 'Cheshire and the defence of the principality of Aquitaine', *Transactions of*

Historic Society of Lancashire and Cheshire, 128（1978）；Pépin,'The last years（1369－72）'。黑太子写给圣克鲁瓦修道院的信，见 AD de la Gironde, H377。关于黑太子 1370 年 3 月下放自己在普瓦图的权力，见 Bibiothèque Municipale de Poitiers, Collection Dom Fonteneau。

爱德华三世一心投入法国北部的事务，James Sherborne,'John of Gaunt, Edward III's retinue and the French campaign of 1369', in *War, Politics and Culture in Fourteenth Century England* 对此进行了出色的阐述。Robert Jones, *Bloodied Banner: Martial Display on the Medieval Battlefield* 尤为精彩地介绍了约翰·钱多斯爵士之死。关于利摩日，见 Alfred Leroux, Le Sac de Limoges。最近，Catherine Faure-Delhoume,'Le sac de la Cité de Limoges par le Prince Noir en 1370', in *Le Limousin: Pays et Identités* 对这件事重新进行了评判。与钱多斯相反，拉捷·德贝尔福出于个人利益考虑背弃了对黑太子的效忠誓言，将蒙托邦献给了法国人，随后迫害了诸多反对这种做法的市议会成员（有些人被投入监狱，有些人被驱逐出城）。关于钱多斯和德贝尔福的对比，见 Emmanuel Monreau,'Ratier de Belfort, capitaine quercinois durant la guerre de cent ans', in *Vivre et Mourir en Temps de Guerre*。路易·德马尔瓦尔重新为法国效力或许是因为黑太子没收了他的尤利亚克城堡（德马尔瓦尔从艾蒂安·德蒙特鲁手中非法强占了该城堡），见 AD de Lot-et-Garonne, FF144。黑太子将尤利亚克城堡归还给了原主人德蒙特鲁，这让德马尔瓦尔怒火中烧，随后在威斯敏斯特的御前会议向爱德华三世提出申诉。关于德蒙莱翁，见 Archives Nationale, JJ103/6；KK251。关于佩瑟瓦尔·德库隆热，见 Peter Edbury,'The crusading policy of Peter I of Cyprus', in Peter Holt（ed.）, *The Eastern Mediterranean Lands in the Period of the Crusades*。德库隆热坚持抵抗查理五世，一直到 1372 年 11 月 30 日才在图阿尔投降。

利摩日主教让·德克罗和贝里公爵约翰之间不完整的对话记录显示，支持德克罗献出利摩日城市区的人寥寥无几，见 AD de la Haute-Vienne, AA13。贝里公爵自己记录了他是如何刺激黑太子的，见 Archives Nationales, KK251。关于贝里公爵资助艺术创作的情况，见 Françoise Lehoux, *Jean de France, Duc de Berri*。巴黎议会的案件卷宗显示，有一批利摩日市民当时为英军打开了城门，随后被法方守军所杀。这些卷宗收于 Archives Nationales, X2a 14, ff. 193－194。*BBC History Magazine*（July 2014）讨论了 Guilhem Pépin 发现黑太子 1370 年 9 月 22 日在利摩日写给加斯顿·费布斯的信的经过。

黑太子之后将利摩日的城市区交给当地大教堂的圣职团管理，并明确指出圣职团和当地居民都不应为主教的叛变负责，见 AD de la Haute-Vienne, G8。黑太子还给利穆赞的总管查德·阿伯伯里爵士写信，要他"命令所有官员彻底执行我的命令，不得进行骚扰或阻碍"，见 Bonaventure de Saint-Amable, *Histoire du Limousin*。阿伯伯里是黑太子最信任的官员之一，关于此人的职业生涯，见 Simon Walker, 'Sir Richard Abberbury and his kinsman', *Nottingham Medieval Studies*, 34（1990）。

贝特朗·杜·盖克兰军事声望的迅速提升，见 Ambroise Ledru, 'La bataille de Pontvallain, 4 décembre 1370', *La Province du Maine*, 2（1894）, 14（1907）; Richard Vernier, *Flower of Chivalry*。以下作品对于杜·盖克兰的能力有精准的分析，且不局限于他在一场战役中的表现：Michael C. E. Jones, 'Bertrand du Guesclin, the truce of Bourges and campaigns in Périgord（1376）', in *Soldiers, Nobles and Gentlemen*。Richard Barber, 'Jean Froissart and Edward the Black Prince', in *Froissart: Historian* 对傅华萨的可靠程度进行了令人信服的审视。Paul Remfrey, *The Wigmore Chronicle, 1066 – 1377* 对 *English Historical Literature in the Fourteenth Century* 中的《威格莫尔编年史》（"The Wigmore Chronicle"）进行了整理，该史料认为昂古莱姆的爱德华"在圣米迦勒节前后"去世，也就是在1370年9月29日前后。

爱德华三世废除炉灶税的信件全文见 Gabriel de Lurbe, *Chronique Bourdeloise*。关于国王此前对这一项税种感到愤怒的记载，见 *Calendar of Patent Rolls, 1367 – 70*, entry of 23 March 1368（黑太子"即将遵从国王命令，从阿基坦地区返回英格兰"）。黑太子拒绝批准与纳瓦拉的查理的协议一事，见 Denis-Françoise Secousse, *L'Histoire de Charles, roi de Navarre*。Eleanor Lodge, *Gascony under English Rule* 准确地指出，爱德华三世就炉灶税采取的措施是为了让儿子感到屈辱。在这样的情况下，黑太子的反应并不令人意外。

第十一章

关于英格兰在国外运势的不断走低，见 Sumption, *Divided House*。Ormrod, *Edward III* 很好地捕捉了英格兰国内越发焦虑的气氛。关于冈特的约翰日益增长的影响力，见 Anthony Goodman, *John of Gaunt*; David Nicolle, *John of Gaunt's Raid in France, 1373*。关于黑太子与圣阿尔班修

道院的紧密关系，见 James Clark, *Monastic Revival at St Albans*; James Clark, 'Thomas de la Mare, abbot of St Albans', in *Oxford DNB*; Green, *Black Prince*。沃尔辛厄姆的编年史有一份重要的新版本（2011年出版），见 John Taylor, Wendy Childs and Leslie Watkiss, *St Albans Chronicle, 1394 - 1422*。有两篇有用的文章：David Green, 'Masculinity and medicine: Thomas Walsingham and the death of the Black Prince', *Journal of Medieval History*, 35（2009）; Paul Booth, 'The last week in the life of Edward, the Black Prince', *Contact and Exchange in Later Medieval Europe*。

关于欧文·劳格赫，见 Anthony Carr, 'Owen of Wales', in *Oxford DNB*; Adam Chapman, *Welsh Soldiers*。关于弗龙萨克子爵雷蒙，见 Archives Nationales, JJ104/343。黑太子在生命中最后一年收到的请愿书，见 TNA, SC8/333。正如 Gwilym Dodd, 'Kingship, parliament and the court: the emergence of the "high style" in petitions to the English crown, c. 1350 - 1400', *English Historical Review*, 129（2014）指出，在给英格兰国王的申诉状中出现的"新风格"，即诸如"高贵的殿下"和"善良的大人"之类的称呼，并不像《佚名编年史》的作者认为的那样，是傲慢和冷漠的体现，而是与宫廷礼仪的改变有关。

Holmes, *The Good Parliament* 中探究了日趋恶化的政治形势。关于肯特伍德和桑迪斯，见 *House of Commons, 1388 - 1422*。黑太子对伯诺姆修会的资助，见 Henry Chettle, 'The Bonhommes of Ashridge and Edington', *Downside Review*, 62（1944）。关于黑太子的死亡、葬礼和纪念活动，见 Arthur Stanley, *Historical Memorials of Canterbury*; John Harvey, *The Black Prince and His Age*; David Carlson, *John Gower: Poetry and Propaganda*; Mary Devlin（ed.）, *The Sermons of Thomas Brinton*; Diana Tyson, 'The epitaph of the Black Prince', *Medium Aevum*, 46（1977）。关于阿德恩的约翰，见 Peter Murray Jones, 'Four Middle English translations of John of Arderne', in Alastair Minnis（ed.）, *Latin and Vernacular*。

后　记

对这个儿子永远也无法达到父亲的高度的悲伤故事，以下作品做了精彩阐述：Nigel Saul, *Richard II*; Mortimer, *The Fears of Henry IV*。关于理查二世和厌战情绪，见 Nigel Saul, 'A farewell to arms? Criticism of warfare in late fourteenth-century England', *Fourteenth Century England*, II。

关于黑太子那显示其盾牌、头盔、头冠的文书蜡印，见 CCA/DCc/ChAnt/F/49 [黑太子 1362 年 9 月 1 日将沃克斯霍尔（Vauxhall）庄园送给坎特伯雷大教堂的捐赠文书]。我要感谢 Sarah Turner 提醒我注意这一图案。黑太子给凯尔西的捐赠，见 Sotheby's Medieval and Renaissance Catalogue（8 December 2015）。同样值得注意的是 1363 年和 1364 年之间的那个冬季，约翰·德尔夫斯（John Delves）去阿基坦拜访黑太子的记录（TNA, E1647），其中列出了黑太子在英格兰的议事会议成员希望得到黑太子指示或是征求黑太子意见的事项。关于阿尔诺·德普雷萨克，见 Guilhem Pépin, 'Les soudans de Preissac ou de la Trau', *Les Cahiers du Bazadais*, 54（2014）。关于穆瓦萨克，见 *Chronique des Abbés*。德普雷萨克并不是唯一坚持效忠于黑太子的人。到 1376 年时，米西当男爵雷蒙仍在继续"自掏腰包，忠诚地为太子效力"。这时，米西当男爵已经损失了他的大部分领地和财产，但仍未背弃自己的效忠誓言，见 TNA, SC8/262/13069。

附　录

关于针对爱德华三世的指控，两篇关键的文章是：Tom James, 'John of Eltham: history and story', in *Fourteenth Century England*, 2（2002）; Antonia Gransden, 'The alleged rape by Edward III of the countess of Salisbury', *English Historical Review*, 87（1972）。关于傅华萨记载的可靠性，见 Richard Barber, 'Jean Froissart and Edward the Black Prince', in *Froissart: Historian*。利摩日围城战的关键文献，见 TNA, C61/94/40; AD de la Haute-Vienne, AA13 and G8; Archives Nationales, X2a/14, ff. 193–4。

参考文献

Ainsworth, Peter, *Jean Froissart and the Fabric of History: Truth, Myth and Fiction in the Chroniques* (Oxford, 1990)
Allmand, Christopher, *Society at War: The Experience of England and France in the Hundred Years War* (Edinburgh, 1973)
   The Hundred Years War (Cambridge, 1988)
   The De Re Militari of Vegetius: the Reception, Transmission and Legacy of a Roman Text in the Middle Ages (Cambridge, 2011)
Ambühl, Rémy, *Prisoners of War in the Hundred Years War: Ransom Culture in the Late Middle Ages* (Cambridge, 2013)
Armitage-Smith, Sydney, *John of Gaunt* (London, 1904)
Artières, Jules (ed.), *Documents sur la Ville de Millau* (Millau, 1930)
Ashbridge, Thomas, *The Greatest Knight: The Remarkable Life of William Marshal* (London, 2014)
Autrand, Françoise, *Charles V le Sage* (Paris, 1994)
Ayton, Andrew, *Knights and Warhorses: Military Service and the English Aristocracy under Edward III* (Woodbridge, 1994)
Ayton, Andrew and Preston, Philip, *The Battle of Crécy, 1346* (Woodbridge, 2005)
Barber, Richard, *Edward, Prince of Wales and Aquitaine* (Woodbridge, 1978)
   The Life and Campaigns of the Black Prince (Woodbridge, 1979)
   The Reign of Chivalry (Woodbridge, 1980)
   Edward III and the Triumph of England (London, 2013)
Barckhausen, Henri (ed.), *Livre de Coutumes* (Bordeaux, 1890)
Barnie, John, *War in Medieval Society: Social Values and the Hundred Years War* (Ithaca, New York, 1974)
Barrow, George, *Robert Bruce and the Community of the Realm in Scotland* (London, 1965)
Bautier, Robert (ed.), *La 'France Anglaise' au Moyen Âge* (Paris, 1988)
Beaune, Colette (ed.), *Chronique dite de Jean de Venette* (Paris, 2011)
Bell, Adrian, *War and the Soldier in the Fourteenth Century* (Woodbridge, 2004)

Bell, Adrian and Curry, Anne (eds), *The Soldier Experience in the Fourteenth Century* (Woodbridge, 2011)
Bennett, Michael, *Community, Class and Careerism: Cheshire and Lancashire Society in the Age of Sir Gawain and the Green Knight* (Cambridge, 1983)
Bennett, Nicholas (ed.), *The Registers of Henry Burghersh, 1320–1342* (Lincoln, 1999–2011, 3 vols)
Bériac-Lainé, Françoise and Given-Wilson, Christopher, *Les Prisonniers de la Bataille de Poitiers* (Paris, 2002)
Bicknell, Alexander, *History of Edward the Black Prince* (London, 1777)
Binski, Paul, *Westminster Abbey and the Plantagenets: Kingship and the Representation of Power, 1200–1400* (New Haven, 1995)
  Medieval Death: Ritual and Representation (London, 1996)
  Gothic Wonder: Art, Artifice and the Decorated Style, 1290–1350 (New Haven, 2014)
Birdhall, Jean and Newhall, Richard (eds), *The Chronicle of Jean de Venette* (New York, 1953)
Blanchard-Dignac, Denis, *Le Captal de Buch: Jean de Grailly 1331–1376* (Bordeaux, 2011)
Bliss, William and Twemlow, Jessie (eds), *Calendar of Entries in the Papal Registers, vol. 4* (London, 1902)
Bloore, Peter and Martin, Edward, *Wingfield College and its Patrons: Piety and Pedigree in Medieval Suffolk* (Woodbridge, 2015)
Booth, Paul, *The Financial Administration of the Lordship and County of Chester, 1272–1377* (Manchester, 1981)
Booth, Paul and Carr, Antony, *Account of Master John of Burnham, Chamberlain of Chester, 1361–62* (Stroud, 1991)
Bothwell, James (ed.), *The Age of Edward III* (Woodbridge, 2001)
Bothwell, James, and Dodd, Gwilym (eds), *Fourteenth Century England, Volume 9* (Woodbridge, 2016)
Bousquet, Henri (ed.), *Comptes Consulaires de la Cité et du Bourg de Rodez* (Rodez, 1943)
Boutruche, Robert, *La Crise d'une Société: Seigneurs et Paysans du Bordelais pendant la Guerre de Cent Ans* (Paris, 1963)
Bradbury, Jim, *The Medieval Siege* (Woodbridge, 1992)
Brereton, Geoffrey, *Jean Froissart: Chronicles* (London, 1978)
Brie, Friedrich (ed.), *The Brut or the Chronicles of England* (London, 1906)
Broome, Dorothy, *The Ransom of John II, King of France, 1360–1370* (London, 1926)
Brownbill, John (ed.), *The Ledger Book of Vale Royal Abbey* (Manchester, 1914)
Burne, Alfred, *The Crécy War* (London, 1955)
Cabrol, Étienne, *Annales de Villefranche-de-Rouergue* (Villefranche, 1860)

Carlson, David, *John Gower: Poetry and Propaganda in Fourteenth-Century England* (Woodbridge, 2012)
Cazelles, Raymond, *Société politique, noblesse et couronne sous Jean le Bon et Charles V* (Paris, 1982)
Chaplais, Pierre (ed.), *The War of Saint Sardos* (London, 1954)
Chapman, Adam, *Welsh Soldiers in the Later Middle Ages, 1282–1422* (Woodbridge, 2015)
Charrière, Ernst (ed.), *Chronique de Bertrand du Guesclin par Jean Cuvelier* (Paris, 1839, 2 vols)
Chazaud, Martial-Alphonse (ed.), *Chronique du Bon Duc Loys de Bourbon* (Paris, 1876)
Clark, James, *A Monastic Renaissance at St Albans: Thomas Walsingham and his Circle, circa 1350–1440* (Oxford, 2004)
Cobb, John, *History and Antiquities of Berkhamsted* (London, 1883)
Cole, Hubert, *The Black Prince* (London, 1976)
Collins, Arthur, *The Life and Glorious Actions of Edward Prince of Wales* (London, 1741)
Collins, Hugh, *The Order of the Garter, 1348–1461: Chivalry and Politics in Late Medieval England* (Oxford, 2000)
Contamine, Philippe, *War in the Middle Ages* (New York, 1984)
Contamine, Philippe, Giry-Deloison, Charles and Keen, Maurice (eds), *Guerre et Société en France, en Angleterre et en Bourgogne* (Lille, 1991)
Cooper, Stephen, *Sir John Chandos: the Perfect Knight* (self-published, 2011)
Coote, Lesley, *Prophecy and Public Affairs in Later Medieval England* (Woodbridge, 2000)
Cornell, David, *Bannockburn: The Triumph of Robert the Bruce* (New Haven, 2014)
Corrigan, Gordon, *A Great and Glorious Adventure: A Military History of the Hundred Years War* (London, 2013)
Coss, Peter and Tyerman, Christopher, *Soldiers, Nobles and Gentlemen: Essays in Honour of Maurice Keen* (Woodbridge, 2009)
Creighton, Louise, *Life of the Black Prince* (London, 1877)
Curry, Anne and Hughes, Michael (eds), *Arms, Armies and Fortifications in the Hundred Years War* (Woodbridge, 1994)
Cushway, Graham, *Edward III and the War at Sea: the English Navy 1327–1377* (Woodbridge, 2011)
Davies, Clarice (ed.), *A History of Macclesfield* (Manchester, 1961)
Davies, Rees, *Lordship and Society in the March of Wales, 1282–1400* (Oxford, 1978)
   The Revolt of Owain Glyn Dwr (Oxford, 1995)
Dawes, Michael (ed.), *The Black Prince's Register* (London, 1930–3, 4 vols)
De Cauna, Jacques (ed.), *L'Aquitaine au temps du Prince Noir: Actes du colloque de

Dax, 12 Décembre 2009 (Cressé, 2010)
De La Boutière, Louis, *Cartulaire de l'Abbaye d'Orbestier* (Poitiers, 1877)
Delachenal, Roland, *Histoire de Charles V* (Paris, 1909–31, 5 vols)
Delachenal, Roland (ed.), *Chronique des règnes de Jean II et de Charles V* (Paris, 1910)
De La Haye, Régis (ed.), *Chronique des Abbés de Moissac* (Moissac, 1999)
    Les Archives Brûlées de Moissac: Reconstitution du Chartrier de la Ville (Moissac, 2005)
Delpit, Jules (ed.), *Collection générale des documents français qui se trouvent en Angleterre* (Paris, 1847)
De Lurbe, Gabriel, *Chronique Bourdeloise* (Bourdeaux, 1594)
Delwasse, Liliane, *La tenture de l'Apocalypse d'Angers* (Paris, 2008)
Denifle, Henri, *La Guerre de Cent Ans et la désolation des églises, monastères et hospitaux en France* (Paris, 1902)
DeVries, Kelly, *Infantry Warfare in the Early Fourteenth Century* (Woodbridge, 1996)
Devals, Jean-Ursule, *Histoire de Montauban sous la domination anglaise* (Montauban, 1843).
Deviosse, Jean, *Jean le Bon* (Paris, 1985)
Devlin, Mary (ed.), *The Sermons of Thomas Brinton, Bishop of Rochester, 1373–1389* (London, 1954, 2 vols)
Ducluzeau, Robert, *Guichard d'Angle* (Paris, 2002)
    Le Connétable du Prince Noir: Jean Chandos (Stroud, 2004)
Dunn, Diana (ed.), *War and Society in Medieval and Early Modern Britain* (Liverpool, 2000)
Dunn-Pattison, Richard, *The Black Prince* (London, 1910)
Dunne, Thomas (ed.), *The Writer as Witness: Literature as Historical Evidence* (Cork, 1987)
Duplès-Agier, Henri (ed.), *Chroniques de Saint Martial de Limoges* (Paris, 1874)
Dupuy, Micheline, *Le Prince Noir* (Paris, 1970)
Eales, Richard, and Tyas, Shaun (eds), *Family and Dynasty in Late Medieval England* (Donington, 2003)
Edbury, Peter, *The Kingdom of Cyprus and the Crusades, 1191–1374* (Cambridge, 1991)
Emerson, Barbara, *The Black Prince* (London, 1976)
Emery, Anthony, *Seats of Power in Europe during the Hundred Years War* (Oxford, 2015)
Estow, Clara, *Pedro the Cruel of Castile* (Leiden, 1995)
Faucon, Jean-Claude (ed.), *La Chanson de Bertrand du Guesclin par Cuvelier* (Toulouse, 1990–1, 3 vols)
Favier, Jean, *La Guerre de Cent Ans* (Paris, 1980)

Favreau, Robert (ed.), *Aunis, Saintonge et Angoumois sous la domination anglaise* (Poitiers, 1999)
Firnhaber-Baker, Justine, *Violence and the State in Late Medieval Languedoc, 1215–1400* (Cambridge, 2014)
Foissac, Patrice (ed.), *Vivre et mourir en temps de guerre: Quercy et régions voisines* (Toulouse, 2013)
Fowler, Kenneth, *The King's Lieutenant: Henry of Grosmont, First Duke of Lancaster, 1310–1361* (London, 1969)
   The Age of Plantagenet and Valois (London, 1980)
   Medieval Mercenaries (Oxford, 2001)
Galbraith, Vivian (ed.), *The Anonimalle Chronicle, 1333–1381* (Manchester, 1970)
Gertz, Sunhee, *Visual Power and Fame in René d'Anjou, Geoffrey Chaucer and the Black Prince* (New York, 2010)
Getz, Faye, *Medicine in the English Middle Ages* (Princeton, 1998)
Given-Wilson, Christopher, *The Royal Household and the King's Affinity, 1360–1413* (London, 1986)
   The English Nobility in the Later Middle Ages (London, 1996)
Given-Wilson, Christopher (ed.), *The Chronicle of Adam of Usk* (Oxford, 1997)
   Fourteenth-Century England, II (Woodbridge, 2002)
Given-Wilson, Christopher and Scott-Stokes, Charity (eds), *The Chronicle of the Anonymous of Canterbury, 1346–1365* (Oxford, 2008)
Goodman, Anthony, *John of Gaunt: the Emergence of Princely Power in Fourteenth-Century Europe* (Harlow, 1992)
Goodman, Arthur (ed.), *Chartulary of Winchester Cathedral* (Winchester, 1927)
Grandcoing, Philippe and Tricart, Jean, *Le Limousin: Pays et identités* (Limoges, 2006)
Green, David, *The Black Prince* (Stroud, 2001)
   The Battle of Poitiers, 1356 (Stroud, 2006)
   Edward the Black Prince: Power in Medieval Europe (London, 2007)
   The Hundred Years War: A People's History (London, 2014)
Gribit, Nicholas, *Henry of Lancaster's Expedition to Aquitaine, 1345–46: Military Service and Professionalism in the Hundred Years War* (Woodbridge, 2016)
Gross, Guy, *Le Prince Noir en Berry: 1356* (Bourges, 2004)
Guard, Timothy, *Chivalry, Kingship and Crusade: the English Experience in the Fourteenth Century* (Woodbridge, 2013)
Guenée, Bernard, *Histoire and culture historique dans l'Occident médiéval* (Paris, 1980)
Guérin, Paul (ed.), *Recueil des documents concernant le Poitou, 1334–48; 1348–69; 1369–1376* (Poitiers, 1883–91, 3 vols)
Haines, Roy, *King Edward II: The Reign and its Aftermath* (Quebec, 2003)

Harari, Yuval, *Special Operations in the Age of Chivalry, 1100–1550* (Woodbridge, 2009)

Harriss, Gerald, *King, Parliament and Public Finance in Medieval England to 1369* (Oxford, 1975)

Harvey, John, *The Black Prince and His Age* (London, 1976)

Hatcher, John, *Rural Economy and Society in the Duchy of Cornwall, 1300–1500* (Cambridge, 1970)

The Black Death: An Intimate History of the Plague (London, 2008)

Haydon, Frank (ed.), *The Eulogium Historiarum* (Wiesbaden, 1967)

Henneman, John, *Olivier de Clisson and Political Society in France under Charles V and Charles VI* (Philadelphia, 1996)

Hewitt, Herbert, *The Black Prince's Expedition of 1355–57* (Manchester, 1958)

The Organisation of War under Edward III (Manchester, 1966)

Hicks, Eric and Moreau, Thérèse (eds), *Christine de Pizan: Le Livre des faits et bonnes moeurs du roi Charles V le Sage* (Paris, 1997)

Higounet, Charles and Higounet-Nadal, Arlette, *Le Grand Cartulaire de l'Abbaye de la Sauve-Majeure* (Bordeaux, 1996, 2 vols)

Higounet-Nadal, Arlette, *Les Comptes de la taille de Périgueux au quatorzième siècle* (Paris, 1965)

Hill, Phyllis and Heery, Jack, *The Cheshire Forest Eyre Roll* (Lancashire and Cheshire Record Society, 2015)

Hingeston-Randolph, Francis (ed.), *The Register of Walter de Stapledon, Bishop of Exeter, 1307–1326* (London, 1892)

Holmes, George, *The Good Parliament* (Oxford, 1975)

Holt, Peter (ed.), *The Eastern Mediterranean Lands in the Period of the Crusades* (Warminster, 1977)

Horrox, Rosemary (ed.), *The Black Death* (Manchester, 1994)

Hoskins, Peter, *In the Steps of the Black Prince: the Road to Poitiers, 1355–1356* (Woodbridge, 2011)

Houwen, Luuk and MacDonald, Alisdair (eds), *Loyal Letters: Studies in Alliterative Poetry* (Groningen, 1994)

Hughes, Jonathan, *The Rise of Alchemy in Fourteenth-Century England* (London, 2012)

Isaacson, R. F. (ed.), *Calendar of Patent Rolls: Edward III, 1327–1377* (London, 1901, 16 vols)

James, George, *A History of the Life of Edward the Black Prince* (London, 1839, 2 vols)

Jones, Dan, *The Plantagenets: The Kings Who Made England* (London, 2012)

Jones, Michael C. E., *Ducal Brittany, 1364–1399* (Oxford, 1970)

Letters, Orders and Musters of Bertrand du Guesclin, 1357–1380 (Woodbridge, 2004)

Jones, Robert, *Bloodied Banners: Martial Display on the Medieval Battlefield* (Woodbridge, 2010)
Kaeuper, Richard, *Chivalry and Violence in Medieval Europe* (Oxford, 1994)
Kaeuper, Richard and Kennedy, Elspeth (eds), *The Book of Chivalry of Geoffroi de Charnay* (Philadelphia, 1996)
Kagay, Donald and Snow, Joseph (eds), *Medieval Iberia: Essays on the History and Literature of Medieval Spain* (New York, 1997)
Keen, Maurice, *The Laws of War in the Late Middle Ages* (London, 1965)
  Chivalry (New Haven, 1984)
Kendall, Elliot, *Lordship and Literature: John Gower and the Politics of the Great Household* (Oxford, 2008)
Labarge, Margaret Wade, *Gascony: England's First Colony 1204–1453* (London, 1980)
Labat, Gustave, *Documents sur la ville de Royan et le Tour de Cordouan* (Bordeaux, 1884–1901, 5 vols)
Lawne, Penny, *Joan of Kent* (Stroud, 2015)
Lefferts, Peter, *The Motet in England in the Fourteenth Century* (Lincoln, Nebraska, 1983)
Legge, Dominica (ed.), *Anglo-Norman Letters and Petitions* (Oxford, 1941)
Lehoux, Françoise, *Jean de France, duc de Berri (1340–1416)* (Paris, 1966)
Lépicier, Jules (ed.), *Archives Historiques du département de la Gironde* (Bordeaux, 1902)
Leroux, Alfred, *Le sac de la cité de Limoges et son relèvement, 1370–1464* (Limoges, 1906)
Lettenhove, Kervyn de, *Chroniques de Jean Froissart* (Brussels, 1867–77, 26 vols)
Little, Andrew and Powicke, Frederick, *Essays in Medieval History Presented to Thomas Frederick Tout* (Manchester, 1925)
Livingston, Michael and DeVries, Kelly, *The Battle of Crécy: A Casebook* (Liverpool, 2015)
Lodge, Eleanor, *Gascony Under English Rule* (London, 1926)
Luce, Siméon (ed.), *Chronique des quatre premiers Valois (1327–1393)* (Paris, 1861)
Luce, Siméon and Mirot, Léon (eds) *Chroniques de Jean Froissart* (Paris, 1869–1975, 15 vols)
Mann, Sir James, *The Funeral Achievements of Edward the Black Prince* (Beccles, 1950)
Martin, Geoffrey (ed.), *Knighton's Chronicle, 1337–96* (Oxford, 1995)
Maxwell, Herbert (ed.), *Thomas Gray: Scalacronica* (Glasgow, 1907)
McGlynn, Sean, *By Sword and Fire: Cruelty and Atrocity in Medieval Warfare* (London, 2008)
McKisack, Mary, *The Fourteenth Century, 1307–1399* (Oxford, 1959)

Milner, Nicholas, *Vegetius: Epitome of Military Science* (Liverpool, 1996)
Minnis, Alastair (ed.), *Latin and Vernacular: Studies in Late Medieval Texts and Manuscripts* (Cambridge, 1989)
Minois, George, *La Bataille de Poitiers* (Paris, 2014)
Moisant, Joseph, *Le Prince Noir en Aquitaine* (Paris, 1894)
Molina, Angel-Luis (ed.), *Documentos de Pedro I, 1334–1369* (Murcia, 1978)
Molinier, Auguste and Émile (eds), *Chronique normande du quatorzième siècle* (Paris, 1882)
Molinier, Émile, *Étude sur la vie d'Arnoul d'Audrehem, maréchal de France* (Paris, 1883)
Morgan, Philip, *War and Society in Medieval Cheshire, 1277–1403* (Manchester, 1987)
Mortimer, Ian, *The Greatest Traitor: The Life of Sir Roger Mortimer* (London, 2003)
  The Perfect King: The Life of Edward III (London, 2006)
  The Fears of Henry IV (London, 2007)
  The Time Traveller's Guide to Medieval England (London, 2009)
Munby, Julian, Barber, Richard and Brown, Richard (eds), *Edward III's Round Table at Windsor: The House of the Round Table and the Windsor Festival of 1344* (Woodbridge, 2007)
Murphy, Neil, *The Captivity of John II, 1356–60: The Royal Image in Later Medieval England and France* (New York, 2016)
Myers, Alec, *English Historical Documents 1327–1485* (London, 1969)
Newton, Stella, *Fashion in the Age of the Black Prince* (Woodbridge, 1980)
Nicolas, Sir Harris and Tyrrell, Edward (eds), *A Chronicle of London from 1089 to 1483* (London, 1827)
Nicolle, David, *Poitiers 1356* (Oxford, 2004)
  The Great Chevauchée: John of Gaunt's Raid on France, 1373 (Oxford, 2011)
Nicholson, Ranald, *Edward III and the Scots: The Formative Years of a Military Career, 1327–35* (Oxford, 1965)
Oduna, German (ed.), *Pedro de Ayala: Crónica Del Rey Don Pedro y Del Rey Don Enrique* (Buenos Aires, 1997, 2 vols)
Orme, Nicholas, *From Childhood to Chivalry: The Education of the English Kings and Aristocracy, 1066–1530* (London, 1984)
Ormrod, Mark, *The Reign of Edward III* (Stroud, 2000)
  Edward III (London, 2011)
Pailhès, Claudine, *Gaston Fébus* (Paris, 2007)
Palacios, Bruno Ramirez de, *Charles dit le Mauvais: Roi de Navarre* (Paris, 2015)
Palmer, John, *England, France and Christendom, 1377–1399* (London, 1972)
Palmer, John (ed.), *Froissart: Historian* (Woodbridge, 1981)
Parry, Joseph (ed.), *Register of John de Trillek, Bishop of Hereford, 1344–1361*

(Hereford, 1910–12, 2 vols)

Paterson, Linda, *The World of Troubadors: Medieval Occitan Society* (Cambridge, 1993)

Pépin, Guilhem, Lainé, Françoise and Boutolle, Frédéric (eds), *Routiers et mercenaires pendant la guerre de cent ans* (Bordeaux, 2016)

Phillips, Seymour, *Edward II* (New Haven, 2010)

Platt, Colin, *King Death: The Black Death and its Aftermath in Late Medieval England* (London, 1996)

Pope, Mildred and Lodge, Eleanor, *Life of the Black Prince by the Herald of Sir John Chandos* (Oxford, 1910)

Power, D'Arcy, *John of Arderne's Treatise of Fistula in Ano: Haemorrhoids and Clysters* (London, 1910)

Preest, David and Barber, Richard, *The Chronicle of Geoffrey le Baker of Swinbrook* (Woodbridge, 2012)

Preest, David and Clark, James (eds), *The Chronica Maiora of Thomas Walsingham (1376–1422)* (Woodbridge, 2005)

Prentout, Henri, *La Prise de Caen par Edouard III, 1346* (Caen, 1904)

Prestwich, Michael, *The Three Edwards: War and State in England, 1272–1377* (London, 1980)

Armies and Warfare in the Middle Ages: The English Experience (London, 1996)

Putnam, Bertha, *The Place in Legal History of Sir William Shareshull, Chief Justice of the King's Bench, 1350–1361* (Cambridge, 1950)

Rawcliffe, Carole, *Medicine and Society in Later Medieval England* (Stroud, 1995)

Remfry, Paul (ed.), *The Wigmore Chronicle, 1066–1377* (Malvern, 2013)

Renaud, Yves (ed.), *Bordeaux Sous Les Rois d'Angleterre* (Bordeaux, 1965)

Rogers, Clifford, *The Wars of Edward III: Sources and Interpretations* (Woodbridge, 1999)

War Cruel and Sharp: English Strategy Under Edward III 1327–1360 (Woodbridge, 2000)

Rollason, David and Prestwich, Michael (eds), *The Battle of Neville's Cross, 1346* (Stamford, 1998)

Rose, Susan, *Calais: An English Town in France, 1347–1558* (Woodbridge, 2008)

Roskell, John, Clark, Linda and Rawcliffe, Carole (eds), *The History of Parliament: The House of Commons, 1386–1421* (Woodbridge, 1993)

Rougerie, Jacques-Marcelin (ed.), *Tableau synoptique des Archives Communales de Limoges* (Limoges, 1900)

Rouquette, Joseph, *Le Rouergue sous les Anglais* (Millau, 1887)

Ruddick, Andrea, *English Identity and Political Culture in the Fourteenth Century* (Cambridge, 2013)

Russell, Peter, *The English Intervention in Spain and Portugal in the Time of*

Edward III and Richard II (Oxford, 1955)
Rymer, Thomas (ed.), *Foedera* (London,1816–69, 4 vols)
Sáez-Hidalgo, Ana and Yeager, Robert (eds), *John Gower in England and Iberia: Manuscripts, Influences, Reception* (Woodbridge, 2014)
Saint-Amable, Bonaventure, *Histoire de St Martial et du Limousin* (Limoges, 1685)
Sandler, Lucy, *Illuminators and Patrons in Fourteenth Century England: The Psalter and Hours of Humphrey de Bohun and the Manuscripts of the Bohun Family* (Toronto, 2014)
Saul, Nigel, *Richard II* (New Haven, 1997)
　Death, Art and Memory in Medieval England: The Cobham Family and their Monuments, 1300–1500 (Oxford, 2001)
　For Honour and Fame: Chivalry in England, 1066–1500 (London, 2012)
Saul, Nigel (ed.), *Fourteenth-Century England*, I (Woodbridge, 2000); *St George's Chapel, Windsor, in the Fourteenth Century* (Woodbridge, 2005)
Savy, Nicolas, *Cahors pendant la Guerre de Cent Ans* (Cahors, 2005)
　Les villes de Quercy en guerre: La défense des villes et des bourgs du Haut-Quercy pendant la Guerre de Cent Ans (Pradines, 2009)
　Bertrucat d'Albret: Le destin d'un capitain Gascon du roi d'Angleterre pendant la Guerre de Cent Ans (Pradines, 2015)
Scattergood, John and Sherborne, James (eds), *English Court Culture in the Later Middle Ages* (London, 1983)
Secousse, Denis-François, *Mémoires pour servir à l'histoire de Charles, Roi de Navarre, dit le Mauvais* (Paris, 1758)
Sedgwick, Henry, *The Black Prince, 1330–1376: The Flower of Knighthood* (Indianapolis, 1932)
Sharpe, Reginald (ed.), *Calendar of Letter Books of London, G (1352–1374)* (London, 1905)
Skoda, Hannah, Lantschner, Patrick and Shaw, Robert (eds), *Contact and Exchange in Later Medieval Europe: Essays in Honour of Malcolm Vale* (Woodbridge, 2012)
Soar, Hugh, *The Crooked Stick: A History of the Longbow* (Yardley, Pennsylvania, 2010)
Southworth, John, *The English Medieval Minstrel* (Woodbridge, 1980)
Stanley, Arthur, *Historical Memorials of Canterbury* (London, 1868)
Stratford, Jenny, *Richard II and the English Royal Treasure* (Woodbridge, 2012)
Strickland, Matthew and Hardy, Robert, *The Great Warbow* (Stroud, 2005)
Sumption, Jonathan, *The Hundred Years War I: Trial by Battle* (London, 1990)
　The Hundred Years War II: Trial by Fire (London, 1999)
　The Hundred Years War III: Divided Houses (London, 2009)
Tait, James (ed.), *Chronica Johannis de Reading et Anonymi Cantuariensis, 1346–1367*

(Manchester, 1914)
Talbot, Charles, *Medicine in Medieval England* (London, 1965)
Talbot, Charles and Hammond, Eugene, *The Medical Practitioners in Medieval England: A Biographical Register* (London, 1968)
Taylor, Craig, *Chivalry and Ideals of Knighthood in France during the Hundred Years War* (Cambridge, 2013)
Taylor, John (ed.), *The Universal Chronicle of Ranulph Higden* (Oxford, 1966)
  English Historical Literature in the Fourteenth Century (Oxford, 1987)
Taylor, John, Childs, Wendy and Watkiss, Leslie (eds), *The St Alban's Chronicle: The Chronica Maiora of Thomas Walsingham, 1394–1422* (Oxford, 2011)
Teulié, Gilles and Lux-Sterritt, Laurence (eds), *War Sermons* (Newcastle upon Tyne, 2009)
Teutsch, Christian, *Victory at Poitiers: The Black Prince and the Medieval Art of War* (Barnsley, 2010)
Thompson, Benjamin and Watts, John (eds), *Political Society in Later Medieval England: A Festschrift for Christine Carpenter* (Woodbridge, 2015)
Thompson, Edward Maunde, *Adam Murimuth Continuatio Chronicarum: Robertus de Avesbury De Gestis Mirabilibus Regis Edwardi Tertii* (London, 1889)
Timbal, Clément, *La Guerre de Cent Ans vue à travers les registres de parlement, 1337–1369* (Paris, 1961)
Todesca, James (ed.), *The Emergence of León-Castile, 1065–1500: Essays Presented to J. F. O'Callaghan* (New York, 2016)
Tourneur-Aumont, Jean, *La Bataille de Poitiers et la construction de la France* (Paris, 1940)
Tout, Thomas, *Chapters in the Administrative History of Medieval England*, V (Manchester, 1930)
Tricart, Jean, *Les campagnes Limousines du quatorzième au quinzième siècles* (Limoges, 1996)
Trigg, Stephanie (ed.), *Wynnere and Wastoure* (Oxford, 1990)
Tuchman, Barbara, *A Distant Mirror: The Calamitous Fourteenth Century* (New York, 1978)
Tuck, Anthony (ed.), *War, Politics and Culture in Fourteenth Century England: The Essays of James Sherborne* (Woodbridge, 1994)
Tucoo-Chala, Pierre, *Gaston Fébus et la vicomté de Béarn* (Bordeaux, 1959)
  Gaston Fébus et le Prince Noir (Bordeaux, 1985)
Turville-Petrie, Thorlac, *The Alliterative Revival of the Later Middle Ages* (Cambridge, 1977)
  England the Nation: Language, Literature and National Identity, 1290–1340 (Oxford, 1996)
Tyerman, Christopher, *England and the Crusades, 1095–1588* (Chicago, 1988)

Tyson, Diana (ed.), *Chandos Herald: La vie du Prince Noir* (Tübingen, 1975)
Vale, Juliet, *Edward III and Chivalry* (Woodbridge, 1982)
Vale, Malcolm, *War and Chivalry* (Oxford, 1981)
  The Origins of the Hundred Years War: the Angevin Legacy, 1250–1340 (Oxford, 1996)
  The Princely Court: Medieval Courts and Culture in North-West Europe, 1270–1380 (Oxford, 2001)
Vernier, Richard, *The Flower of Chivalry: Bertrand du Guesclin and the Hundred Years War* (Woodbridge, 2003)
Viard, Jules, *La campagne de Juillet–Août 1346* (Abbeville, 1926)
Viard, Jules and Déprez, Eugène (eds), *Chronique de Jean le Bel* (Paris, 1904)
Villalon, Andrew and Kagay, Donald (eds), *The Hundred Years War, Part 1: A Wider Focus* (Leiden, 2005)
  The Hundred Years War, Part 2: Different Vistas (Leiden, 2008)
  The Hundred Years War, Part 3: Further Considerations (Leiden, 2013)
Vitz, Evelyn, Regalado, Nancy and Lawrence, Marilyn (eds), *Performing Medieval Narrative* (Cambridge, 2005)
Walker, Simon, *The Lancastrian Affinity, 1361–1399* (Oxford, 1990)
Warner, Kathryn, *Edward II: The Unconventional King* (Stroud, 2015)
  Isabella of France: the Rebel Queen (Stroud, 2016)
Waugh, Scott, *England in the Reign of Edward III* (Cambridge, 1991)
Wickersheimer, Ernst, *Dictionnaire biographique des médecins en France au moyen âge* (Paris, 1979)
Wilkins, Nigel, *Music in the Age of Chaucer* (Woodbridge, 1995)
Willems, Jan (ed.), *Belgische Museum Voor de Nederduitsche Tael – En Letterkunde en de Geschiedenis des Vaderlands*, vol. 4 (Ghent, 1840)
Wood, Charles, *The Age of Chivalry: Manners and Morals, 1000–1450* (London, 1970)
Wright, Nicholas, *Knights and Peasants: the Hundred Years War in the French Countryside* (Woodbridge, 1998)
Wright, Thomas, *Political Poems and Songs Relating to English History* (London, 1859)
Wroe, Ann, *A Fool and His Money: Life in a Partitioned Town in Fourteenth Century France* (London, 1995)
Zaerr, Linda, *Performance and the Middle English Romance* (Cambridge, 2012)
Ziegler, Philip, *The Black Death* (Stroud, 1991)

致　谢

黑太子是中世纪英格兰名副其实的骑士英雄，能讲述他的故事是我的荣幸。我在布里斯托尔大学撰写关于百年战争的博士论文时，得到了 James Sherborne 的大力帮助；他还多次给我讲解 14 世纪的征战情况，给了我支持和友谊，我将永怀感激。他关于冈特的约翰 1369 年之出征的重要文章就是在当时完成的，此外他还和 John Palmer 合作编写了 Froissart: Historian 一书。让·傅华萨对每位历史学家来说都是一个挑战：从好的一面说，他消息灵通，可以将那个时代的事迹描述得栩栩如生；从不好的一面说，他有时显得不太可靠，对实际情况有些漫不经心。John Palmer 评论说，傅华萨为我们打开了一扇检视他那个时代的独特窗口；James Sherborne 则补充说，傅华萨有时很乐于编故事。这两种说法都是正确的，而本书也不可避免地受到这一矛盾的影响。我尽力在我认为傅华萨做了可靠记载之处采用他的记录；对于他笔下的黑太子军旅生涯晚期的事迹，我也提出了质疑。

我想对鼓励我写下这本书的人表示感谢，尤其是 Guilhem Pépin。他本人对黑太子在阿基坦的行政治理的研究，为我带来了新的重要原始资料，也对一些批评过于尖锐的史料进行了修正。Michael C. E. Jones 教授对于 14 世纪的政治生活，尤其是贝特朗·杜·盖克兰的生涯的掌握，对本书大有裨益。同样，Clifford Rogers、Matthew Strickland 和 Kelly DeVries 三位教授，以及 Dr Philip Morgan 对中世纪柴郡的战争和社会的研究，都大大增进了我们对那一时期的战争的理解。Sir Philip Preston 是我的朋友，也非常支持我，和他一起在克雷西的战场上当向导是非常愉快的经历。Andrew Ayton 教授与我分享了他对克雷西会战以及中世纪晚期军事扈从的理解。Richard Eales 为我提供了关于加斯顿·费布斯在波城（Pau）和奥尔泰兹的城堡的资料。Carole Rawcliffe 教授与我探讨了黑太子的病症。我还要感谢 Dr Ian Mortimer，他非常热情，阐述了他对爱德华三世的统治，以及整个中世纪晚期的理解。

本书参考了许多学者的研究成果，在注释和参考书目中，我尤其对 Richard Barber 充满感激。他撰写的黑太子传记、搜集的原始资料以及对爱德华三世和骑士精神的研究，都为我提供了极大帮助。此外，Dr David Green 对黑太子生平、这一时期的政治背景，尤其是黑太子扈从部队运作的研究也极为有益。关于黑太子活跃时期的整体背景，Jonathan Sumption 对百年战争进行的权威研究，以及 Kenneth Fowler、Michael Prestwich 和 Mark Ormrod 三位教授的作品，都是撰写本书的重要基础。关于黑太子在柴郡的事迹，以及对他的生平和动机更全面的检视，我找到了 Paul Booth 教授的著作和文章，它们都非常有价值。我也非常感谢 Gascon Rolls 项目（www.gasconrolls.org）的每一位参与者。关于黑太子生平的研究工作仍在不断推进。我非常愿意向 Peter Hoskins 表示感谢，因为他对 1355 年和 1356 年征战的日程进行了缜密研究。我还要感谢 Mollie Madden，因为她对各方的后勤运作进行了研究。

一本中世纪人物的传记不仅需要讲述人物的故事，还需要援引史料和文献，从而让故事变得鲜活起来。我想感谢英国国家档案馆的工作人员和康沃尔公爵领档案办公室，感谢他们允许我阅读 Henxteworth Day Book。我认为，研究黑太子统治阿基坦的后期时，引入法国方面的最新史料非常重要。为此，我要感谢法国的国家档案馆和国家图书馆的工作人员，感谢阿让、波尔多、卡奥尔、利摩日和波城等地的省级档案馆，以及科尼亚克、米约和普瓦捷等地的市级档案馆。我还要感谢潘普洛纳的纳瓦拉总档案馆提供的西班牙方面关于 1367 年纳胡拉战役的史料。

我想感谢 Anthony Cheetham、Richard Milbank、Elen Parnavelas、Head of Zeus 出版社的所有人，以及我的代理人 Charlie Viney，感谢他们在我写作本书的过程中给予的鼓励和支持。

最后，因为历史的意义就在于建立与过去的联系，我想感谢坎特伯雷大教堂的藏品部经理 Sarah Turner 和图书馆馆长 Karen Brayshaw，感谢她们允许我检视黑太子的丧徽以及大教堂档案室中关于他生平的一些手稿。她们正在进行 Canterbury Journey 项目，还计划对公众展示我国最伟大战士遗留的文物，我祝她们取得成功。

# 索 引

（索引中的页码为本书页边码）

acts of royal homage, 333
 to the Black Prince in Aquitaine, 267–8, 271, 272, 274–5, 328, 352–3, 363
 Black Prince to Edward III, 265
 Brittany to John II, 257
 described, 11
 disputes concerning, 60, 61, 106, 180, 191, 257
 with Armagnac, 276–7, 326–7
 with Fébus, 269–70, 275–6, 300
 French rebels to Edward III, 194
 Prince Edward to Charles IV, 10–11, 12, 18
 tenants to the Black Prince, 148
Agenais, 273, 357, 414
Aigues-Mortes, Treaty of, 336
Albret, Bérard (Lord of Vayres), 262, 328, 340
Albret, Lord Arnaud Amanieu I of
 in alliance with Armagnac, 270, 327
 in alliance with Charles V, 333–4, 336
 attending the Black Prince, 158, 268, 294
 and Edward III, 335, 336, 339, 340, 354, 373
 in uneasy alliance with the Black Prince, 300, 301, 321–2, 325, 328, 330, 372
 quoted, 338
Albret, Lord Bernard-Ezi IV of, 158, 262
Alfonso XI of Castile, 115, 121, 122, 141, 282–3

Andrew of Wyntoun: quoted, 38–9, 59
Angevin empire, 242
Angoulême Castle, 268, 271, 274, 325, 326, 353, 357, 360, 368
Anjou, 242, 257
 see also Louis of Anjou
Anonimalle chronicler, 261, 338, 351, 393
 quoted, 14, 249, 250, 382, 384, 388, 389–90, 391
Aquitaine, 3, 6, 10, 12, 33, 47, 60, 77, 153, 179, 180, 184, 187, 203, 234, 235, 257, 258, 265, 267, 271, 273, 274, 275, 283, 288, 325, 326, 328, 330, 334, 335, 341, 345, 346, 347, 350, 351, 352, 354, 362, 368, 386
 see also acts of royal homage; Black Prince
archers 133, 155–6, 175, 267
 at Caen, 81, 87–9
 at Calais, 138, 140–1
 at Crécy, 95, 98, 100–2, 205
 guarding the Tower of London, 65
 marauding in France, 154, 159, 161, 166–7, 187–8, 191, 199
 at Nájera, 300–1, 307, 310, 311, 312
 at Poitiers, 205–8, 211–14, 216–19, 221, 284
 at Rheims, 247, 248–9, 250
 against the Scots, 29, 38–40, 58, 103–4, 113
 at Sluys, 72, 73, 74
 see also longbow
Armagnac, Count Jean I of, 164–9, 171, 178–9, 186, 187, 360, 402

in alliance with Charles V, 333–4, 345–6, 350–1
in alliance with John II, 193, 202, 223
as the Black Prince's enemy, 158–9, 177–8, 180, 336, 342, 350, 360
and Edward III, 373
as Fébus' enemy, 173–4, 178, 270
as Gascony's enemy, 151–2, 180, 186, 193
his lands laid waste, 161–4, 186–7
overtures to Edward III, 180
uneasy alliance with the Black Prince, 276–7, 294, 304, 325, 326–8, 330, 402
quoted, 223–4
see also acts of royal homage; Albret
Arthurian legends, 16–17, 33–4, 37, 40, 50, 53, 76–7, 172, 232, 263, 332
artillery, 99
Atholl, Countess of, 57–9, 185
Audley, Sir James, 216
death, 353
French expeditions, 174, 187, 194–5, 196, 247
friend and warrior, 108, 154, 155
as Garter knight, 128, 154, 155, 215
at Poitiers, 207, 215, 216, 217, 218, 222, 227
at tournament, 148, 151
Auray, Battle of, 284
Avignon, 77, 112, 118, 133, 153, 167, 170, 203, 362, 371
Avignon papacy 125, 204

Balliol, Edward, 56, 57
Bannockburn, Battle of, 16, 34, 38, 40, 53
Bayonne, Treaty of, 283–4, 288
Becket, St Thomas à, 1, 6, 192, 223, 322–3, 404
Bergerac, 52, 193–4, 204, 205, 268
Berkhamsted Castle, 64, 148, 233, 264, 383, 392
Berry, 195, 244

Berry, Duke of (Count John of Poitiers), 191, 195–6, 197, 239, 357, 360, 361–6, 368, 370, 389
Black Death, 141, 368, 402
in England, 112–13, 116, 117–18, 122–4, 126–7, 129, 135, 137, 259, 262, 378, 399
in Europe, 111–13, 115, 118–22, 124–7, 135–6, 190, 259, 282
imagined causes/remedies, 123–4
'Black Monday' (freak storm in France), 255–6, 296
Black Prince, the (Edward of Woodstock), 71, 73, 133, 246
apparel, armour and appurtenances, 1–2, 9, 37, 45–6, 64–5, 115, 148, 157, 159, 163, 263, 271–2
into battle
Calais, 138–41, 152
Crécy, 98, 99, 103, 104–6, 107, 108
Limoges, 365–8
Nájera, 309–14, 320
Normandy, 77–8, 81–3, 86–94
Poitiers, 205–21
Winchelsea, 141–2
birth, 9
brutality (apparent), 5, 177, 338
chevauchée, 160, 161, 163, 166–9, 171, 176–7, 186, 193, 194, 196, 310, 388
laying waste
Armagnac and beyond, 152–4, 161–71
Loire valley, 193–5
childhood/upbringing, 45–6
chivalric ideal, 1, 6, 46, 77, 223, 271, 286, 293, 374
demands thereof, 156, 238, 339, 347
inhuman side, 177–8, 402
military prowess, 77, 83–4, 180, 311
see also Order of the Garter
created Duke of Cornwall, 64, 391
created Earl of Chester, 45
created Prince of Aquitaine, 258, 265

created Prince of Wales, 76
death, 6, 108, 238, 395
    eulogy quoted, 396, 397, 402, 404
as enlightened landowner (and not), 143–7, 148, 271
    Aquitaine, 325–6, 329
    Cheshire, 144–5, 155–6, 237–8, 241, 247, 248, 267, 325, 334, 393, 402
    Vale Royal Abbey, 239–40
    Cornwall, 64, 143, 144, 148, 152, 188, 239, 241, 247, 266–7, 390
    Wales, 241, 247, 334
and Fébus, 171, 174, 269–70, 294, 300
finances
    administering his father's funds, 66–7
    building projects, 77, 239–40, 267, 325–6, 339
    cost of war, 77, 146–7, 153–6, 247–8, 267, 286, 297–8, 323–4, 339
    debt, 146–7, 248, 324, 386–7, 393
    extravagance, 146–8, 157, 238–9, 248, 264, 265, 271–2, 273, 275, 338
    fouage/hearth tax, 272, 324–6, 330, 333, 335, 338, 354
    revoked by Edward III, 373–4, 379–80
    issue of coinage, 272, 325
    levies, 144–5, 237–8, 247–8, 338
    monies owed to him, 315, 323
    plunder, 168, 175, 177, 184, 188, 204, 238–9, 266–7
    ransom, 167, 188, 221, 222, 226, 239, 315, 323
    a struggle, 3, 143, 145, 241, 248, 301, 323–4, 333, 349, 402
    taxation policy, 329, 380, 393
forward planning for battle, 165–6, 179, 206–7, 211, 299
as 'guardian of England', 63, 65, 66, 76
household, 116–17
indisposed
    beginning of mortal illness, 329

confined to bed, 6, 336, 342, 354, 360, 374, 389
coping with mortal illness, 377, 382–3, 386, 391
effect on his temper, 329–30, 337, 364, 371, 372, 401
on a litter/stretcher, 5, 367, 370
relinquishes lieutenancy of Aquitaine, 358
struck down in battle, 105–6
taunted by the Duke of Berry, 363, 365
temporary illness, 114
and Joan of Kent, 133, 260–4
jousting/tournaments, 4, 46, 77, 134, 148, 151, 271, 273
knighted, 82, 83, 84–5
largesse, 226–7, 231, 271, 324, 339, 392, 402
    gifts, 71, 77, 115, 117, 146, 156, 269
    with money, 143, 146, 155–6, 239–41
as leader of men, 155–6, 159, 162–3, 177, 180, 195, 199, 200, 205, 210, 222, 250
as lieutenant of Aquitaine, 153, 158, 273–4, 358
manner, 5, 338
negotiations with the French, 209
papers, 3
piety, 86, 108, 163, 183, 215, 223, 265–6, 302, 322, 330, 392
political judgement, 4–5
relations with his father, Edward III, 20, 391, 402
    childhood impressions, 55–6
    at cross-purposes, 204, 295–6, 373–4, 379–80
    decline and reconciliation, 383, 386–7, 391
    prepared for warfare, 31, 41
statue, 4
tomb, 1–2, 4, 6, 135, 392, 404
valour, 3, 4, 6
quoted, 166, 169, 170, 184, 215, 237–8, 273, 311, 315, 367–8
    to Albret, 330

on Armanac, 158, 159, 163
to Enrique of Trastamara, 309
on fighting the French, 168,
175, 200, 205
with God's help, 183, 206, 211,
302, 337
on his death bed, 391, 392, 393,
394
on his father, 195, 287
letters to his father, 340–1, 374
letter to Fébus, 275–6
letter to his mother, 66–7, 67
letter to Joan of Kent, 313–14
on Pedro of Castile, 287
see also acts of royal homage;
Albret; Armagnac; Edward
III; Enrique of Trastamara;
John II; Pedro of Castile
Blanche of Bourbon, 283, 290, 292, 295, 304, 383–4
Blanche of Lancaster (wife of John of Gaunt), 246, 296, 383
Boccaccio, Giovanni: quoted, 111–12, 262
Bourgeois of Valenciennes, 90–1
Brabant, Duke John of, 68, 71
Bretex, Jacques, 47–9
quoted, 48
Brétigny, Treaty of, 256–9, 264–5, 274, 275, 283–4, 295, 327, 334, 341, 359, 363
Breton Succession, War of the, 76, 102, 193–4, 284, 348, 370
Bridlington Prophet (John Erghome), 264, 295
Brut, The 31, 35
quoted, 32, 39, 40, 73–4, 75, 255, 264, 293
Burghersh, Bartholomew *fils*, 128, 144, 205, 247
Burghersh, Bishop Henry of Lincoln, 45, 64
Burghersh, Sir Bartholomew, 32, 64, 117, 264
quoted, 82–3, 89, 90
Burgundy, 259

Burgundy, Duke of (Philip de Rouvres), 252, 253–4

Caen, 87–9, 96, 190, 369
Calais, 127, 153, 157, 170, 184, 185, 234, 249, 257, 350, 369, 388
defence of, 138–41, 152, 350
siege of, 112–13, 114, 130, 134, 208, 216, 251, 259
Calatrava, Order of, 304
Calveley, Sir Hugh, 284, 302, 307
Cambrésis, 70, 160
Canterbury Cathedral, 1–3, 6, 135, 392, 396, 403, 404
chantry chapel, 2–3, 323
Canterbury chronicler, 294
quoted, 225, 226, 227, 261, 272, 293
Capetian dynasty, 60, 266
Captal de Buch,
see de Grailly, Jean
Carcassonne, 168–9, 170, 175, 176, 269
cartography, 185
Castle Rising, 232, 233
cavalgada (mounted raid), 310
Champagne, 235–6, 244, 253
Chandos, Sir John, 136, 210, 211, 272, 275, 284, 354
at Auray, 284, 348
death, 137, 355–6
French expeditions, 154, 174, 186, 187, 194–5, 196, 215, 247
friend and warrior, 108, 141, 154–5
as Garter knight, 128, 137, 141, 154, 215
gifts/honours from the Black Prince, 117, 151, 155, 311
as mentor, adviser and diplomat, 71, 144, 154, 264–5, 272, 276, 329, 337, 341
at Nájera, 299, 303, 307, 311
at tournament, 77, 148, 151
at Winchelsea, 141
quoted, 216, 355
Chandos Herald, 147, 206, 386
observing Limoges, 367

observing the Black Prince, 3–4, 155, 337
quoted, 301
on the Black Prince, 85–6, 151, 266, 271, 274–5, 334
at Caen, 90
his decline, 354, 382, 394, 395
on Joan of Kent, 261, 302
on John II, 215, 224
on Nájera, 299, 303–4, 306, 307–8, 309, 310, 312, 313
on Pedro of Castile, 281
on Poitiers, 221
Charles IV of France, 10–11, 18, 60, 266
see also acts of royal homage
Charles of Blois, 194, 268–9, 284, 348
Charles of Navarre, 348, 358
in opportunist alliance with England, 153, 178, 184, 192, 252, 286, 294, 297, 298, 369, 373–4
playing off both sides, 305, 347
plotting against Charles V, 235, 247, 333
quarrel with John II, 188–9, 190–1
reconciled with Charles V, 254
temporary switch to Enrique of Trastamara, 301, 302
Charles V of France, 202, 331–5, 347, 352, 364, 389, 397–8, 402
and Albret, 328, 333–4, 335, 336
and Armagnac, 276–7, 333–4, 345–6, 350, 351
becomes King, 275, 348
and Charles of Blois, 284
as dauphin, 188–9, 196, 208, 235–7, 242, 245–7, 250–2, 254–7, 259, 270
and du Guesclin, 348–9, 369, 385–6, 388
and Enrique of Trastamara, 285, 306, 309, 314, 346
and Limoges, 368
and Louis of Anjou, 300, 345, 368
and Scotland, 383
war with England, 345, 357, 368–9, 385–6, 387, 388, 402
quoted, 277, 345–6, 350, 359, 387

see also Charles of Navarre; John II
Chartres, 195, 196, 198
Château-Gaillard (Norman castle), 57
Chaucer, Geoffrey, 253, 339
Book of the Duchess quoted, 246
Chauvency tournament, 47–9
Cheshire,
Black Prince's visit (1353), 144–5
Black Prince's visit (1358), 237–8
chevauchée (mounted raid), 160, 161, 163, 166–9, 171, 176–7, 186, 193, 194, 196, 310, 388
Cheverston, Sir John, 179, 193
chivalric romances, 23, 37, 50, 172, 232, 332, 401
chivalry, 46, 52, 59, 83, 115, 177, 223, 270, 289, 320, 403
and Bertrand du Guesclin, 349, 370
and the Black Prince, 4, 395, 396
and Sir John Chandos, 154, 356
and Geoffrey de Charny, 84–5, 320, 397, 404
and Gaston Fébus, 172, 178
and John II of France, 189
and Peter IV of Aragon, 289
church, the,
and the Black Death, 126, 127
Black Prince's relations with, 293, 356–7
financial contributions to the war in France, 383
and the Flagellants, 127
and Pedro of Castile, 290, 291, 292
Black Prince's banning of plunder of church property during *chevauchée* 163, 177
schism between western and eastern churches 203
view of tournaments, 50
churching (ritual purification of women), 151, 273
Clement VI, Pope, 125–6, 133, 136
quoted, 125
Cobham, Lord (Sir Reginald), 141, 154, 162, 220
Cognac, 268, 349, 354, 360

coinage, 272, 325
Count Roland, legend of, 3, 160, 296, 303
Crécy, Battle of, 98–108, 205, 350
　aftermath, 112, 113, 115, 206
　Black Prince as a target, 103–6, 197
　Blanchetaque crossing, 93–7, 165, 186
　site, 96, 102, 214
　'stuff of legend', 3, 4, 152, 382, 391
　veterans of, 129, 130, 134, 154–5, 160–1, 162, 210, 214, 216, 248, 259, 351
crossbowmen, 100, 101, 212

d'Angle, Guichard, 335, 357–8, 365
Danmartin, Count of, 220
Danyers, Sir John, 155
d'Aubrecicourt, Sir Eustace, 128, 244–5, 251–2, 365
d'Audrehem, Arnoul, 348
　in battle, 196, 208, 211, 221, 306–7, 310, 311–12
　capture and ransom, 213, 241, 313–14, 323–4, 403
　quoted, 211, 309, 312
David Bruce (David II of Scotland), 32–3, 56–7, 59, 60–1, 86, 113, 232, 233
　imprisoned, 113, 115, 231
Dax, 299, 300, 301, 302
de Ayala, Pedro, 315
　quoted, 292, 309–10
de Bueil, Jean: *Le Jouvencel* quoted, 217
de Cervole, Arnaud, 243
de Charny, Geoffrey, 83–5, 108, 139–40, 184, 209, 219
　quoted, 84–5, 320–1, 338, 397, 404
de Clermont, Jean, 164, 192, 196, 201, 208, 210, 211, 213
　quoted, 211
de Cros, Jean (Bishop of Limoges), 363, 364, 367, 371
de Grailly, Jean (Captal de Buch), 151–2, 158, 178, 294, 300, 341–2, 354
　in battle, 186, 215–18, 236–7, 348, 365
　capture and death, 386, 388
　on crusade, 173, 236

Garter knight, 128, 151, 215
　quoted, 151
de la Mare, Thomas (Abbot of St Albans), 377–8, 390
de Montfort, John, 193, 268, 284–5
　becomes Duke of Brittany, 284
Dene, William: quoted, 55, 56, 57, 75
Denia, Count Alfonso of, 310, 312, 313, 323–4
de Peyrac, Aymeric, 5, 320, 404
　quoted, 319
de Ribemont, Eustace, 208
　quoted, 212
de Sévérac, Guy, 327, 359–60
Despenser the Younger, Hugh, 13–14, 15–16, 17–18, 32, 190
　execution, 23–4
de Troyes, Chrétien, 50
de Villemur, Jean, 364, 366, 367, 368, 370–1
Douglas, Sir William, 30, 162–3, 308
du Guesclin, Bertrand, 347–9, 364, 369–70
　in alliance with Enrique of Trastamara, 287–8, 299, 306, 309–12, 346–7, 348–9
　at the Battle of Auray, 348
　capture and escape/release, 308, 313–14, 323–4, 353
　as Constable of France, 369, 370, 386, 406
　leader of Free Companies, 285, 305, 348, 349, 360
　and ransoms, 353, 357
　superstition, 349
　see also Charles V
Dupplin Moor, Battle of, 38, 104

Edmund of Langley, Prince (son of Edward III), 151–2, 246, 259–60, 261, 336, 341, 349–50, 358, 384, 385
　created Earl of Cambridge, 296
Edward I, 33–4, 49, 56, 129, 240, 260, 328
Edward II, 10–13, 16, 34–5, 46, 49, 117, 242, 328

alienation from Prince Edward,
    18–21, 22, 41
  death, 31–2
  defeat and imprisonment, 23–5
  homosexual relationships, 13–16,
    190
  as Prince of Wales, 33–4
  quoted, 18–20
Edward III, 6, 151
  accession, 24
  ailing/decline, 338, 351–2, 380, 383,
    384, 388, 389
  as a battle strategist, 93, 94–6,
    101–7, 138–40, 185
  betrothal and marriage, 20–3, 32
  birth of his first son, 9
  brutality, 89, 106
  chivalry, 115, 127–9, 134, 231, 296
  death, 399
  fighting the Scots, 25–31, 38–40, 46,
    53–62, 77, 103–4, 113, 162–3, 170, 191
  finances, 114, 132, 226, 253, 339
    funding war, 66, 71, 184, 247
    running a deficit, 68–9, 75–6
    taxation, 97, 115, 184, 354, 380
    wool tax, 67
  and the French crown, 134
    as a bargaining chip, 153,
      179–80, 251, 253–4
    claimed through Queen
      Isabella, 1
    popular indifference, 97
    proclaims himself king of
      France, 70–1, 75, 180
    renounces claim, 257
    sought through military
      victory, 77–8, 82, 168–9, 246, 345
  and the French (fighting them)
    see Caen; Calais; Crécy; Poiters;
    Ponthieu; Rheims; Sluys;
    Winchelsea
  and the French (squaring up to
    them), 59–63, 65–74, 151–3, 184, 242,
    246
  jousting/tournaments, 32, 36,
    37–8, 46–7, 49–53, 68, 77, 115, 134, 231,
    246, 388
  as a leader of men/of the people,
    56, 81–2, 94–107, 114, 127, 141
  manner, character, appearance,
    9–10, 115, 141, 246, 388
    as Prince Edward, 10–11, 12–13,
      14–20
    witness to execution, 23–4
    see also Roger Mortimer
  rift with his mother, 33, 35
  quoted, 105, 187–8, 197, 210, 262, 393
    to the Black Prince, 75, 76, 265,
      275, 373
    complaints of lack of support,
      54–5, 66, 69
    on his and French tactics,
      70, 351
    on/to Philippa of Hainault,
      21, 140–1
    to Philip VI, 92
    on the plague, 122–3, 124, 137
    see also acts of royal homage;
      Albret; Armagnac; Pedro of
      Castile
Edward of Angoulême (The Black
  Prince's son), 272
Edward of Woodstock, see The Black
  Prince
Eleanor of Aquitaine, 33
Enrique of Trastamara, 281–3, 289, 290,
  301–2, 347, 352
  in Aragon and Languedoc, 282,
    285, 314, 336, 340
  escape, 314, 336, 346
  fighting the Black Prince, 298, 300,
    303, 304–6, 309–14, 322, 384–5
  invasion of Castile, 285, 292–3, 299,
    346, 348, 349
  quoted, 292, 304, 309
  see also Charles of Navarre;
    Charles V
Eu, Count of (Raoul de Brienne),
  87–9, 90, 115, 132, 189–90

Fébus, Gaston (Count of Foix), 171–3, 178, 236–7, 275–6, 300, 326, 327, 367
  see also acts of royal homage; Armagnac; Black Prince
Felton, Sir Thomas, 305, 307, 309, 328, 349
Felton, Sir William, 307–9, 311
Filongley, Richard, 323, 339, 387
Flagellants, 126–7
fouage (property tax), 272, 324, 325, 326, 330, 332, 335, 338, 354, 373, 374, 379,
Foxwist, Robert, 237–8
Free Companies/*routiers* (gangs of discharged troops), 253, 300, 302
  disruption and excess, 244, 245, 247, 308, 333, 349
  groupies, 268, 269
  integration with other armies, 284, 285, 286, 299, 348, 349, 365
  origins, 242–3
Froissart, Jean, 214, 216, 264, 288, 339, 371, 401
  and Albret, 321, 327–8
  observing Charles V, 397–8
  observing Edward III, 256, 288
  observing Joan of Kent, 262, 270
  observing Pedro of Castile, 292–3
  observing Philippa of Hainault, 10, 21
  observing Sir John Chandos, 154
  observing the Black Prince, 3, 5, 262, 295, 296, 321, 353, 365, 401
  and Richard II, 401
  unreliability on Limoges, 372–3, 401
  quoted, 84, 118, 236, 243, 253, 255–6, 258, 365, 395, 401
    on the Black Prince, 223, 271, 286, 287–8, 324, 325, 333–4, 337, 364
    on Charles V, 337
    on Crécy, 219–20, 221–2, 222–3, 223
    on Duke of Berry, 361
    on English archers, 100–1, 312
    on English fighting/

plundering techniques, 166–7, 194, 198, 199, 207
    on Fébus, 172, 173–4
    on Henry of Grosmont, 52, 114
    on Joan of Kent, 129, 271
    on Limoges, 372
    on Pedro of Castile, 291–2
    on Philip VI, 100
    on Sir Eustace d'Aubrecicourt, 244–5
    on Sir John Chandos, 355
    at Winchelsea, 141, 142

Gaddesden, John: *Rosa Medicinae*, 116–17
Garter, Order of the, 142, 147, 148, 154, 189, 231, 260
  Garter knights, 138, 141, 154, 163
    founder members, 128, 134, 141, 151, 154, 155, 215, 244, 251
    obligations, 128–9, 134, 136, 137
    replacement members, 128, 137, 138, 259–60, 403
  inauguration, 127, 135
  origins, 115–116, 130–1, 134, 296, 304
Gascony, 24, 33, 52, 61, 81, 97, 113, 122, 151, 152, 153, 154, 155, 157, 160, 170, 173, 177, 179, 180, 184, 185, 186, 187, 193, 197, 198, 202, 218, 223, 241, 257, 262, 264, 265, 271, 274, 281, 283, 284, 285, 286, 288, 295, 297, 298, 299, 314, 315, 323, 324, 325, 327, 338, 341, 345, 347, 351, 359, 368, 372, 380, 282, 384, 385, 386, 389, 401, 403, 410, 415, 416, 420
  see also Armagnac, Count Jean I of
Gaveston, Piers, 15, 32, 190
Geoffrey le Baker (Walter of Swinbroke), 163, 171, 174, 220–1, 225
  quoted, 163, 165, 186, 201, 214, 222
    on the Black Prince, 105, 158, 177, 183, 195, 199, 207, 218–19
    on Edward III's battle tactics, 98, 106, 138, 139, 140
    on English archers, 213–14, 219, 221
    on French forces, 212, 219

on the Garter knights, 127
on Henry of Grosmont, 201
on Hugh Despenser, 14
on Roger Mortimer, 36
on Spanish ships, 142
quoting Edward III, 56
Geoffrey of Harcourt, 86—7, 191, 192, 194
Geoffrey of Monmouth, 33, 34, 37, 53
Geoffrey of Paris, 22
quoted, 12
Germany, 61, 67
Anglo-German forces, 68—9, 70
Gower, John: quoted, 381, 395
Granada (Muslim emirate), 282, 291, 293, 295, 304, 348
Gray, Sir Thomas, 16—17, 35, 47, 68, 322
quoted, 57, 62, 248—9, 254, 255
on Edward II, 17
on Edward III, 36, 46, 61, 61—2, 68
on Henry of Grosmont, 52, 62
Guînes, 179, 257
treaty of 153

Halidon Hill, Battle of, 38—40, 46, 54, 60, 63, 86
Harewell, John, 325, 328, 354
Henry of Grosmont, 144, 184, 191, 193—4, 196—204, 242, 243—4, 333
as adviser and diplomat, 115, 153, 197, 232, 256, 283
created Duke of Lancaster, 191
created Earl of Derby, 61
daughter marries into the royal family, 246, 296
death, 259
fighting the French, 77, 81, 113—14, 152, 155, 176, 249, 251, 348
fighting the Scots, 57
finances, 153, 157, 241
jousting/duelling/pursuits, 50—1, 116, 200—1
and the Order of the Garter, 115, 128
piety, 50, 51, 321
as a warrior, 52, 191, 192, 321

at Winchelsea, 141, 142
quoted, 51, 52, 256
Henry of Anjou (Henry II of England), 33
Henry of Lancaster, 25—6, 29
Hereford, Earl of (Humphrey de Bohun, son of Earl of Northampton), 266, 330, 350
quoted, 321
Higden, Ranulf: quoted, 32, 260, 263
Holland, Sir Thomas, 88, 90—1, 128, 130—4, 142, 221, 259, 261
homage, 11
see also acts of royal homage
Hyde, Sir John, 248

Innocent VI, Pope, 170, 187, 202—3, 243, 260, 291, 292
Isabella, Princess (daughter of Edward III), 45, 117, 262—3, 275
Isabella of France (Edward II's Queen), 1, 11, 12—15, 21, 60, 96, 231—3
arrest and imprisonment, 35—6, 60
death, 241—2
invasion against her husband, 23
relationship with Roger Mortimer, 15—19, 24, 25, 33, 35, 60
saved by her husband, 11—12
quoted, 13
Isabelle of Juliers, 244—5
Islip, Simon (Archbishop of Canterbury), 242, 261

Jacquerie (peasants' revolt in France), 235—7
Jean de Venette: quoted, 92, 235, 245, 254—5
Jean le Bel, 98, 106
quoted
on the Black Prince, 87—8
on Caen, 88, 89
on Edward III, 31, 40, 67—8, 71, 249—50
on English forces, 26, 27—8, 29, 31

on Philip VI and his forces,
    91–2, 99–100, 101
  on Scottish forces, 25, 29–30, 30
Jean of Harcourt, 188–9, 190
Jean of Luxembourg, 93, 107–8, 179,
    190, 402
Jews, 126
Joan, Princess (daughter of Edward
    II), 12, 33, 232
Joan, Princess (daughter of Edward
    III), 45, 117, 121–2, 141, 263, 283
Joan (the Fair Maid) of Kent, 1, 129–34,
    221, 259, 268–9, 270, 302, 323, 374, 379,
    392
  death, 400
  marries the Black Prince, 260
  quoted, 272–3, 382
  see also The Black Prince
John II of France, 189–91, 194, 254, 267
  and Armagnac, 152, 164, 173, 202
  and Charles the dauphin, 188–9
  fighting the Black Prince at
    Poitiers, 211–21, 335, 363, 396
  finances, 176, 189, 191, 198, 242, 275
  friendship with the Black Prince,
    235
  a prisoner in England, 225–6, 231,
    233, 275, 348, 371–2
  psychological warfare with
    Edward III, 153, 170, 184, 187
  release settlement, 234, 257–8
  squaring up to the Black Prince,
    191–2, 195–6, 198, 202, 204, 205–6,
    207–8
  taken captive, 3, 219–20, 222–3, 224,
    225, 243, 266, 391
  temporary truces with the
    English, 200–1, 208–10, 225, 247, 257
  tendresse for Charles de la Cerda,
    190
  quoted, 258
  see also acts of royal homage;
    Armagnac; Charles of Navarre
John of Arderne, 107–8, 396
  quoted, 108, 396
John of Eltham, 63–4

John of Gaunt, Prince (son of Edward
    III), 260, 352, 374, 377, 383–6, 390, 394,
    399, 400
  blooded and knighted, 151–2
  created Lord of Bergerac, 368
  fighting in France (eventually),
    250, 300–3, 307, 311, 314, 350–1, 387, 389
  fighting in Spain, 320, 336
  as Garter knight, 259–60
  his son, Henry of Bolingbroke
    (later Henry IV), 401
  at Limoges, 358, 364, 365–7
  marriage, 246, 296
  religious observance, 137
John of Hainault, 20, 25
John of Malvern, 310, 313, 395

Kennington Palace, 64, 71, 239, 248,
    295, 391
knighthood, orders of, see Garter,
    Order of the; Sash, Order of the;
    Star, Order of the
Knighton, Henry, 379
  quoted, 31, 50, 120–1, 159, 240–1, 251, 259,
    313
Knolles, Sir Robert, 192, 243–4, 369
Kyriel, Sir John, 351–2

Libourne, Treaty of, 297–8, 301, 304, 347
  renegotiated at Burgos, 315, 347
Limoges, 360–1, 363–6, 401
  siege of, 5, 366–8, 371–2
Limousin, 194, 195, 203, 257, 273, 308, 325,
    352, 357, 362, 363, 364, 373
Lionel of Antwerp, Prince (son of
    Edward III), 246, 259–60, 338–9, 384
  blooded and knighted, 151–2
  created Duke of Clarence, 296
  as Garter knight, 259–60
Lisle, 2nd Baron Sir John de, 141, 154,
    163
longbow, 38, 301
  at Crécy, 101
  at Neville's Cross, 113
  see also archers

Loring, Sir Nigel, 128, 136, 144, 155, 224, 227, 294, 296–7, 379
Louis, Duke of Anjou, 275, 314, 334, 336, 340, 341, 350, 357, 360, 368, 389
    quoted, 300, 345
    see also Charles V
Louvre Palace, 201, 332
Ludwig of Bavaria, 61, 69

Magna Carta, 34
Maine, 242, 257, 369
Mascy, Richard, 161, 175, 267
Mauny, Sir Walter, 127, 137, 141–2
Meaux, 236, 270
    Abbey chronicler, 96, 123
    quoted, 50, 53, 120
Méliador (verse romance by Froissart), 172, 401
Mobberley, Sir Ralph, 155, 159, 252
Montagu, Sir William, 35, 50, 59, 61, 128, 129, 131
    created Earl of Salisbury, 61
    death, 129
Mortimer, Roger, 13, 21, 29, 31, 129
    arrest and execution, 35–6, 60
    created Earl of March, 33
    influence on Prince Edward, 16–17, 19–20
    see also Isabella of France
Mortimer, Sir Roger (grandson), 128, 138, 232, 249, 253

Nájera, Battle of, 309–14, 356, 379, 382
    aftermath, 328, 329, 336, 346, 387
    financial cost, 326
    result reversed, 349
    'stuff of legend', 3, 391, 404
    veterans, 353, 390, 393
Narbonne, 126, 167, 169, 170, 176
    Viscount Amaury VI, 167, 170–1
Navarre, 282, 304, 309
Navarrete, 305, 313,
Neville's Cross, Battle of, 113, 232
Normandy, 57, 77, 81, 82, 86, 90, 112, 153, 160, 185, 186, 190, 191, 192, 196, 204, 242, 244, 257, 284, 301, 337, 348, 351, 358, 369, 389
Northampton, Earl of (William de Bohun), 61, 77, 82, 95–6, 98, 102, 128, 141, 160

Odona, Count of (Bernat de Cabrara), 293–4
    quoted, 294
Orthez, castle of, 172, 300,
Oxford, Earl of (John de Vere), 154, 207, 253

Palais des Papes (Avignon), 125
papacy, 133, 136
    Avignon papacy, 125, 203
Paris, 91–3, 96, 184, 251, 254, 263
Parlement (Paris), 308, 337, 345, 359, 366, 407
Parliament (England), 32, 34, 36, 61, 69, 71, 115, 127, 203, 354, 380, 387, 389, 390, 396
Pedro of Castile, 281–3, 287, 300, 321–2, 348, 360, 383, 385
    alliance with the Black Prince, 281, 285–7, 293–4, 297–8, 301, 304, 308, 314–15, 323–4, 346–7, 360, 384
    death, 346
    excommunicated, 291, 292, 348, 379
    fight to regain his throne, 3, 303, 309–14, 321
    overthrown, 285, 290–1
    as 'Pedro the Cruel', 288–90, 291–2, 295, 297, 304, 315, 380, 383–4
    relations with Edward III, 121–2, 281–3, 285, 287, 288, 374, 383
Pembroke, Earl of (John Hastings), 341, 349–50, 352, 385
Périgord, 194, 195, 357, 364, 365
Périgord, Cardinal of (Hélie de Talleyrand), 202, 203–4, 208, 225
Périgord, Count Archambaud of, 327, 328–9, 333–4, 335
Périgord, Marguerite de 359
Perrers, Alice, 380–1, 388, 389, 390, 391

Peter IV of Aragon, 178, 282, 283, 285, 288–9, 291, 300, 347, 384
  quoted, 301
Petrarch, Francesco, 339
  quoted, 126, 249
Philip, son of John II of France (later Duke of Burgundy), 219–20, 225, 234, 239
Philip of Navarre, 191, 192, 194, 242
Philippa of Hainault (Edward III's Queen), 9, 18–19, 37, 40–1, 65, 117, 140–1, 151, 244, 380
  appearance, 21
  betrothal and marriage, 20–3, 32
  character, 9–10, 55
  death, 351, 354, 371
Philip VI of France, 60, 62, 86, 87, 107, 114, 123, 127, 173, 189, 232
  attacks English coast, 65
  confronting the English (and not), 60–1, 70, 72, 74, 75, 77, 81, 90–3, 96, 113–14
  at Crécy, 99–100, 104, 106
  influence in Scotland, 56–7, 60–1, 86, 113
  quoted, 113, 123
Picardy, 93, 236, 245, 250, 351
plague, see Black Death
Plantagenets, 33, 114, 179, 184, 233, 242, 257
Poitiers, 224, 268, 272, 354, 386
  Battle of, 205–21, 234, 266, 306, 308, 320, 322, 323, 366
    aftermath, 223, 224, 226, 233, 239, 241–4, 249, 265, 371, 402
    'stuff of legend', 3, 56, 223, 258, 391, 396, 403–4, 406
    veterans of, 236, 248, 253, 267, 284, 299, 335, 351, 363, 382, 390, 397, 402–3
  raid on, 113–14
  see also Berry, Duke of
Poitou, 113, 200, 202, 215, 217, 225, 234, 257, 267, 308, 324, 335, 354, 357, 365, 373, 385, 386, 389

Pommiers, Lord Amanieu of, 158, 206, 207, 216
Ponthieu, 96, 234, 257, 350

Quercy, 234, 265, 268, 346, 350, 403

Reading chroniclers
  John, 294–6, 380
    quoted, 301
  Robert quoted, 14
religious observances, 85–6, 118, 127, 128–9, 136–7, 163, 171, 323, 331
  before battle, 99, 159–60, 183–4, 215, 296
Rheims, 246, 250–1, 254, 296, 322
Richard, son of the Black Prince (later Richard II), 6, 302, 365, 374, 379, 392, 394, 399–401
river crossings
  Blanchetaque, 93–7, 165, 186
  Garonne, 164, 165–7, 174, 179, 186
  Loire, 184, 186, 195, 201–2
Robert of Avesbury, 97
  quoted, 72, 126, 153, 167
Robert the Bruce (Robert I of Scotland), 16, 25, 32–3, 34, 56
Rokesby, Thomas, 28
Roman de Fauvel (allegorical poem), 32, 37
Rouergue, 257, 265, 272, 276, 324, 325, 327, 330, 346, 350, 359, 422
routiers, see Free Companies
Roxburgh, campaign of, 53–4, 55, 56, 210

Saintonge, 192, 257, 268, 324, 325, 354, 386, 389
Salisbury, 2nd Earl (William Montagu), 129–34, 141–2, 154, 162, 187, 188, 207, 217, 220–1, 261
  see also Montagu, Sir William
Santiago, Order of, 304
Sash, Order of the, 115, 116, 283, 304, 309, 310
Shakespeare, William
  Henry V quoted, 4

signs and superstitions, 96–7, 111–12, 135–7, 233, 256, 263–4, 319–21, 349
 'divine intervention'/punishment, 106–7, 122–3, 125–6, 356–7, 360, 379
Sluys, 114
 Battle of, 73–5, 128, 154–5
Spain, 112, 121, 122, 162,
 Black Prince's campaign in, 3, 281–315
 see also Nájera, Battle of
Stafford, 1st Baron of Clifton (Sir Richard), 144, 184, 187–8
Stafford, 1st Earl of (Ralph de), 128, 144
Star, Order of the, 189
St Mary's Abbey, York chronicler: quoted, 249, 385, 390
St Paul's Cathedral, 40
St Paul's chronicler: quoted, 36, 37
Stratford, Archbishop John of Canterbury, 65, 72, 73, 76, 133
Suffolk, 1st Earl of (Robert d'Ufford), 128, 154, 162, 187, 188, 207, 214, 223, 261

Tello Alfonso of Castile, 306–7, 309, 310, 312, 313
Thomas of Woodstock (son of Edward III), 151, 384, 394
Toulouse, 164, 165, 171, 174, 176, 179
 chronicler, 166
Touraine, 242, 257
tournaments, 1, 4, 9, 10, 16, 34, 36, 37, 45, 53, 76, 77, 115, 116, 134, 138, 148, 151, 156, 189, 231, 233, 273, 348, 388
 Black Prince's first, 46,
 evolution and nature of, 47–52
 John of Reading's disapproval of, 294
Tyler's Rebellion, 399–400

Urban V, Pope, 276, 292–3, 349, 360

Valois, House of, 236, 252, 353,

Valois, Philip of, *see* Philip VI of France
Vergil, Polydore, 130
 quoted, 130
Villani, Matteo, 175, 253–4
 quoted, 203, 219, 251
Vincennes, Chateau of, 12, 331–2

Wallingford Castle, 3, 239
Walsingham, Thomas, 241, 253, 351, 377–8, 379, 381, 391, 393, 394
 quoted, 162, 244, 378, 381, 382, 390, 391, 395, 398
Walter of Peterborough, 311, 320
 quoted, 303, 313
Warwick, Earl of (Thomas de Beauchamp), 152, 162, 256, 260, 267, 351, 352
 chivalry, 220
 fighting in France, 82–3, 87, 141, 144, 186–8, 207, 211–12, 223
 Garter knight, 128, 154
 quoted, 217
Weardale, campaign of, 24–31, 38, 40, 53, 308
Westminster chronicler, 63–4
Wettenhall, Sir Thomas, 272, 276, 330, 353–4
William of Hainault *fils*, 62
William of Hainault *père*, 17, 18, 21, 22, 53
Winchelsea, 254, 386
 Battle of, 141–3, 146, 155, 200, 263, 283
Windsor Castle, 37, 76, 77, 115, 127–9, 296, 379
 St George's Chapel, 116, 128, 136, 147
Wingfield, Sir John, 143, 144, 145, 155, 241, 247–8, 259
 quoted, 165, 166, 168, 176, 186–7, 238, 252
Woodstock (royal palace), 1, 9, 45, 116
Wynnere and Wastoure (poem), 145–7, 148, 402

图书在版编目(CIP)数据

黑太子:中世纪欧洲骑士精神之花的传奇 / (英)迈克尔·琼斯(Michael Jones)著;王仲译. -- 北京:社会科学文献出版社,2021.1

书名原文:The Black Prince

ISBN 978-7-5201-7069-7

Ⅰ.①黑… Ⅱ.①迈… ②王… Ⅲ.①骑士(欧洲中世纪)-研究 Ⅳ.①D59

中国版本图书馆 CIP 数据核字(2020)第 146493 号

黑太子
——中世纪欧洲骑士精神之花的传奇

著　　者 /〔英〕迈克尔·琼斯(Michael Jones)
译　　者 / 王　仲

出 版 人 / 谢寿光
组稿编辑 / 董风云
责任编辑 / 廖涵缤

出　　版 / 社会科学文献出版社·甲骨文工作室(分社)(010)59366527
　　　　　　地址:北京市北三环中路甲29号院华龙大厦　邮编:100029
　　　　　　网址:www.ssap.com.cn
发　　行 / 市场营销中心(010)59367081　59367083
印　　装 / 天津千鹤文化传播有限公司

规　　格 / 开　本:889mm×1194mm　1/32
　　　　　　印　张:17　插　页:0.625　字　数:378千字
版　　次 / 2021年1月第1版　2021年1月第1次印刷
书　　号 / ISBN 978-7-5201-7069-7
著作权合同
登 记 号 / 图字01-2017-8393号
定　　价 / 92.00元

本书如有印装质量问题,请与读者服务中心(010-59367028)联系

版权所有 翻印必究